Erzählungen von der Alhambra

Washington Irving

Erzählungen von der Alhambra

Washington Irving

Editorial Everest dankt Ihnen für den Kauf dieses Buches und das Vertrauen, das Sie damit bewiesen haben. Dieses Buch wurde von einem erfahrenen Team aus Fotografen, Illustratoren und Reise-Fachautoren in Zusammenarbeit mit unserer modernen Kartographie-Abteilung erstellt. Everest übernimmt die Garantie dafür, dass die in diesem Buch enthaltene Information zum Zeitpunkt der Veröffentlichung auf dem neuesten Stand ist. Wir freuen uns über jegliche Anregungen, die zur Verbesserung unserer Bücher beitragen können, denn unser oberstes Ziel ist stets: QUALITÄTSTOURISMUS.

Bitte senden Sie Ihre Vorschläge und Kritiken an
Editorial Everest. Dpto. de Turismo
Apartado 339 – 24080 León (Spanien)
oder per E-Mail an: turismo@everest.es

Nachdruck, auch auszugsweise, verboten. Kein Teil dieses Werkes darf ohne schriftliche Einwilligung der Inhaber des Copyrights in irgendeiner Form (Fotokopie, Mikrofilm oder ein anderes Verfahren) reproduziert oder unter Verwendung elektronischer Systeme gespeichert, verarbeitet, vervielfältigt oder verbreitet werden.
Alle Rechte vorbehalten, einschließlich des Rechts auf Verkauf, Vermietung, Verleih oder jegliche andere Form der Überlassung dieses Werkes.

© EDITORIAL EVEREST, S. A.
Carretera León - La Coruña, km 5 – LEÓN
ISBN: 84-241-0505-2
Depósito legal: LE. 328 - 2005
Printed in Spain

Druck: EDITORIAL EVERGRÁFICAS, S. L.
Carretera León - La Coruña, km 5
LEÓN (Spanien)

DIE REISE

Im Frühjahr 1829 machte der Verfasser dieses Werkes, den wie so viele andere die reine Neugierde nach Spanien getrieben hatte, in Gesellschaft eines Herrn der russischen Botschaft in Madrid einen Ausflug von Sevilla nach Granada. Der Zufall hatte uns aus den weitentferntesten Gegenden der Erde zusammengeführt, aber trotz der rassischen Unterschiede, die uns trennten, einte uns eine bestimmte gemeinsame Geschmacksrichtung, ein unleugbarer Gleichklang in der Weltanschauung und Weltauffassung, so dass wir beschlossen, vereint in den romantischen Bergen Andalusiens herumzustreifen. Sollten diese Blätter ihm je zu Gesichte kommen, wohin ihn auch die Berufspflichten geführt haben mögen, sei es dass er an dem glanzvollen Gepränge der Fürstenhöfe teilnimmt, sei es dass er in Ruhe und seelischer Ausgeglichenheit die viel gediegenere Schönheit der Natur betrachtet und des Schöpfers Allmacht bewundert, so sollen sie in ihm die Erlebnisse jener Tage wachrufen und damit zugleich die Erinnerung an den, in dessen Seele weder Zeit noch Raum das Andenken an sein feines Wesen und inneren Wert auslöschen konnte.

Und jetzt, bevor ich fortfahre, möchte ich einige einleitende Bemerkungen über Spanien, Land und Leute, ihre Sitten und Bräuche machen, die für jeden fremden Reisenden zum Verständnis der Andalusier, dieses edlen und stolzen Volkes, unbedingt notwendig sind. Viele denken sich wohl Spanien als ein mildes, meridionales Land, das mit allen Zauberreizen des üppig weichlichen Italiens ausgestattet sei. Dies ist aber nicht der Fall! Wenn man einige Küstenprovinzen ausnimmt, so ist Spanien grösstenteils ein ernstes, melancholisches Land mit rauhen Gebirgen, lang sich hinziehenden Ebenen, ohne Bäume, und unbeschreiblich schweigsam, stumm und abgeschieden, ähnlich der wilden Einsamkeit Afrikas. Es fehlen Waldungen, Büsche und Hekken, keine Singvögel beleben Felder, Wiesen und Gärten. Wohl steigen aus den Ebenen Adler und Geier empor und umkreisen wilde Felsenkuppen, man sieht scheue Trappen auf den Ackern, doch nur in den wenigsten Gegenden hört man das muntere Zwitschern, Trillern und Singen jener Unzahl von kleinen Vögelchen, die anderswo Obstgärten und Pflanzungen Leben geben, des Menschen Ohr erfreuen und sein Herz höher schlagen lassen.

In den inneren Regionen kommt der Wanderer zuweilen durch ausgedehnte Strecken, die bis zum Horizont, soweit das Auge reicht, mit Getreide bebaut sind, und daher bald in wogendem Grün, bald nackt und von der heissen Sonne trockengebrannt dastehen. Aber vergebens wird man die Menschen suchen, die im Schweisse ihres Angesichtes den harten Boden bebauen. Endlich, wenn sich des Wanderers Auge bereits an die grosse Weite gewöhnt hat, dann bemerkt er auf einer steilen Höhe oder an einem rauhen Felsen klebend ein Dorf mit zerbröckelnden Mauern und verfallenem Burgfried aus der Maurenzeit. Einstens war es eine feste Burg, in der sich die umwohnenden Bauern und Handwerker bei Maureneinfällen und in Bürgerkriegen schützen und wehren konnten, wohin sie ihr Hab und Gut, Weib und Kind retteten, wenn die wilden Reiter des Islams durchs Land fegten, oder zwei Thronanwärter sich um die gleiche Krone stritten.

Aber obgleich einem grossen Teil Spaniens der Schmuck von natürlichen Wäldern, künstlerischen Pflanzungen und sanften landschaftlichen Reizen fehlt, so ist doch der Charakter des Landes in seiner Strenge edel und im vollen Einklang mit den geistigen und den sittlichen Eigenschaften, dem Wollen und Streben, Sollen und Können des iberischen Volkes. Ich verstehe den stolzen, kühnen, mässigen und enthaltsamen Spanier, seine mannhafte Verachtung aller Mühen und Leiden, seinen dem Tod kühn ins Auge blickenden Mut viel besser, seitdem ich das Land sah, das er bewohnt.

In den streng einfachen Zügen der spanischen Landschaft ist dazu etwas, das die Seele des Menschen mit dem Gefühl des Erhabenen erfüllt. Die grossen Ebenen beider Kastilien und der *Mancha,* deren Grenzen eines Menschen Auge nicht ermessen kann, beeindrucken gerade durch diese ihre Nacktheit und ihre Weite und haben etwas von der feierlichen Grösse des Ozeans an sich. Durchwandert man diese endlosen Felder, Wiesen, Heiden, Steppen, dann sieht man hier und dort manchmal eine einzeln ziehende Rinderherde, von einem einsamen Hirten bewacht; wie eine Statue steht er unbeweglich da, den langen Hüterstab gleich einer in die Höhe ragenden Lanze in der Hand. Oder man erblickt einen grossen Trieb von Maultieren und Eseln, der sich in der Einöde langsam wie eine Karawane fortbewegt. Manchmal taucht auch ein einzelner Reiter auf, Hirt oder *Bandolero*; mit Doppelflinte und Stilett bewaffnet trabt er übers Land. So hat Spanien, ja selbst das Aussehen des Volkes und dessen Sitten und Bräuche etwas von dem arabischen Charakter an sich, der das Ergebnis einer jahrhundertelangen Maurenherrschaft und Maurenunterwanderung ist. Der durchgehende Gebrauch der Waffen, die Sitte des Waffentragens gilt als Beweis für die im Lande herrschende Unsicherheit. Der Hirt auf dem Felde, der Schäfer in der Ebene oder auf Bergeshängen trägt seinen Karabiner und sein Stichmesser. Selten wagt sich ein reicher Dorfbauer ohne *Trabuco* (1) in die nächste Stadt, und wenn er gar besonders sicher gehen will, dann nimmt er sich noch einen Knecht mit, der stolz eine Doppelflinte schulternd neben seinem Herrn herschreitet. Für die kleinsten Reisen trifft man Vorbereitungen, als handle es sich um einen Feldzug oder um einen Marsch durch Feindesland.

Die Gefahren der Landstrassen prägten auch eine ganz eigentümliche und für Spanien typische Reiseart, die etwa an die Karawanen des Ostens erinnert. Die *Arrieros* oder Maultiertreiber sammeln sich zu Geleitzügen und brechen in grossen, wohlbewaffneten Gemeinschaften an genau vorherbestimmten Tagen auf, wobei sich oft viele Einzelreisende ihnen anschliessen und so ihre Stärke und Schlagkraft erhöhen. Auf diese alt einfache Weise rollt sich auch der Handel des Landes ab. Der Maultiertreiber ist der Vermittler des Grosshandels, Transportunternehmer und Geschäftsreisender. Er durchzieht die iberische Halbinsel von den Pyrenäen und von den Bergen Asturiens bis hinunter in die *Alpujarra*, bis in die *Serranía* (2) von Ronda, ja sogar bis vor die Tore Gibraltars, zum spanischen San Roque.

---

(1) Kurze Büchse mit weiter Laufmündung.
(2) Bergland.

Er lebt mässig und hart. In seiner *Alforja* (1) aus grobem Tuch führt er den notwendigsten Lebensvorrat mit sich, am sattelknopf hängt die lederne mit Wein oder Wasser gefüllte Flasche, um auf öden Bergen und in trockenen, ausgebrannten Ebenen den Durst zu löschen. Eine auf den Boden gebreitete Pferdedecke ist des Nachts sein Lager und der Packsattel sein Kopfkissen. Seine kleine, aber wohlgeformte Gestalt ist nervig und zeugt von Kraft. Dunkel und sonnenverbrannt ist sein Gesicht, von ruhigem Ausdruck die Züge, entschlossen der Blick; feurig aber blitzen die Augen bei plötzlichen Gemütserregungen auf und lassen innere Flammen vermuten, die ihren Weg ins Freie suchen. Das Benehmen dieser *Arrieros* ist frei, männlich und höflich, und nie geht er an uns ohne den ernsten und schönen Gruss vorüber: *¡Dios guarde a usted! ¡Vaya usted con Dios, caballero! Gott beschütze Sie! Gehen Sie mit Gott, Herr!*

Oft steckt das ganze Vermögen dieser Leute in der Ladung ihrer Maultiere, daher haben sie auch die Waffen griffbereit am Sattel hängen, um sich im Falle eines Angriffes mutvoll zu verteidigen. Die grosse Zahl von *Arrieros* und anderer Reisenden, die eine der genannten Geleitschaften bilden, sichert sie vor den Übergriffen kleinerer Banden von Schnapphähnen und marodierenden Freischärlern; und der als Einzelgänger arbeitende schwer bewaffnete *Bandolero* (2) umschwärmt so einen Kauffahrerzug auf seiner andalusischen Stute gleich einem Seepiraten, der sich an ein Handelsschiff nicht herantraut.

Der spanische Maultiertreiber hat einen unerschöpflichen Vorrat an Liedern und Balladen, mit denen er sich die Zeit auf seinen langen und unaufhörlichen Wanderfahrten verkürzt. Die Melodien sind einfach, fast kunstlos, und bieten nur geringe tonliche Abwechslung. Er singt seine Weisen mit lauter Stimme und langem, schleppenden Tonfall im Seitsitz seines Maultieres, das ihm scheinbar in tiefem Ernste zuhört und mit klappernden Hufen den Takt zum Gesange schlägt. Die so gesungenen Lieder sind oft altüberlieferte Romanzen aus der Maurenzeit, Heiligenlegenden, Liebeslieder, oder, was noch

---

(1) Quersack, Proviantsack.
(2) Strassenräuber, Schnapphahn, Bandit.

häufiger vorkommt, Balladen von waghalsigen Schmugglern und kühnen *Bandoleros,* die beim Volke in Spanien fast in Ehren stehen, bewundert werden und als Helden gelten. Oft ist auch das Lied des *Arriero* ein Kind des Augenblickes und bezieht sich auf irgendein lokales Ereignis oder bemerkenswertes Reiseabenteuer. Ganz allgemein ist in Spanien dieses Talent des Gesangs und der Improvisation; es soll ein Erbteil der Mauren sein. Ein angenehm schauriges Nervenprickeln befällt jeden, der solche Melodien des *cante jondo* oder *liviano,* in rauhen und einsamen Gegenden hört, die sie schildern, und dabei vom dumpfen Stampfen der Hufe und dem silbernen Klingeln der Halfterglocken begleitet werden.

Von höchst malerischer Wirkung ist es auch, einem Zug von *Arrieros* in einem zerklüfteten Gebirgspass zu begegnen. Da vernimmt man den feinen Klang der vielen Glocken und Schellen der *Mulos,* dann die Stimme des Maultiertreibers, des *Muleros,* der ein säumiges oder von Wege abgekommenes Tier ermahnt, belehrt und, wenn es notwendig ist, auch beschimpft; oder einen anderen *Arriero,* der mit vollen Lungen eine alte Ballade singt, sein Leid den Winden klagt oder sonstwie seinem Herzen Luft macht. Endlich sieht man die Maulesel sich langsam den schroffen Engpass hindurcharbeiten; bald steigen sie auf Klippen hinunter, bald klettern sie aus öden Abgründen empor, bis sich oben ihre Körper scharf wie Schattenrisse vom abendlichen Himmel abheben. Später endlich, wenn der Zug sich nähert, glitzern und glänzen der Schmuck und die Zierden am Zaumzeug, Decken und Packsattel; aber man sieht auch den auf dem hinteren Sitz breitgehaltenen Karabiner, der von der Unsicherheit der Wege Zeugnis gibt.

Das alte Königreich Granada, an dessen Grenzen wir uns gerade befanden, ist eine der gebirgigsten Gegenden Spaniens. Gewaltige Sierras oder Bergketten, kahle und baumlose Hänge und Kare, von farbigem Marmor und Granit durchzogen, recken ihre sonnenverbrannten und ausgedörrten Gipfel in einen ewig tiefblauen Himmel; doch schliessen diese so grausigen Gebirgszüge grüne und äusserst fruchtbare Täler ein, wo sich Wüsteneien und Prachtgärten die Herrschaft streitig machen, und gleichsam der Felsen selbst gezwungen wird, Feigen, Reben, Palmen, Orangen und Zitronen zu tragen und von Myrthen, Rosen, Jasmin und Oleander zu erblühen.

Ummauerte Städte und Dörfer, die wie Adlernester zwischen den Klippen hängen, und verfallene, mit maurischen Zinnen geschmückte Wachttürme auf luftigen Höhen lassen in unserem Geiste jene ritterlichen Zeiten wieder aufleben, als im romantischen Kampf um Granada Christen und Moros um die Herrschaft stritten, bis endlich auf der Alhambra die grüne Fahne des Propheten eingeholt wurde, und die Königsstandarte von Aragón und Kastilien hochging. Der Wanderer, der durch diese unwirtliche Sierra zieht, wird oft absitzen und sein Pferd am Zügel führen, wenn er nicht stürzen und Schaden nehmen will, denn die steilen und ausgewaschenen Pfade, die einer alten zerfallenen Treppe mit bröckelnden Stufen gleichen, sind für einen Dauerritt wirklich wenig geeignet. Zuweilen windet sich der Weg an Abgründen und Schluchten entlang, dann wieder in grausige Tiefen hinunter und düstere, gefährliche Abhänge hinab, ohne dass eine Mauer, ein Geländer oder sonst eine Reihe von Wegsteinen des kühnen Reiters Sturz und Fall verhindern würden. Oftmals zwängt sich ein Saumpfad durch rauhe *Barrancos* oder Schluchten, von Wintergiessbächen ausgewaschene Engpässe, und die geheimen Schlupfwinkel der Schmuggler und Kontrabandisten. Ab und zu erinnert ein einsames Kreuz oder Marterl den Wanderer daran, dass er sich im Bereich der Banditen befindet, und vielleicht gerade in diesem Augenblick von einem *Bandolero* lauernden Blickes beobachtet wird. Oft, wenn der Reisende durch ein enges Tal zieht, schreckt ihn ein heiseres, dumpfes Brüllen aus seinem Sinnen, und er kann dann auf dem gegenüberliegenden Bergabhang oder in irgendeiner grünen Talmulde eine Herde grimmiger andalusischer *Toros* sehen oder gar miterleben, wie der *Mayoral* mit den berittenen Gehilfen einige Kampfstiere für die nächste *Corrida* absondert. Ich habe, wenn ich so sagen darf, einen angenehmen Schauer gefühlt, als ich diese schreckenerregenden, mit furchtbaren Kräften ausgerüsteten Tiere ganz in der Nähe beobachten konnte, wie sie in ungezähmter Wildheit ihre heimatlichen Weideplätze durchstreifen und keinen Menschen kennen, als den Hirten, der sie hütet; und selbst der wagt es manchmal nicht, sich ihnen zu nähern, wenn Wetter oder Brunst ihre Wildheit steigert. Das dumpfe Gebrüll dieser Stiere, ihr wenig beruhigender Anblick, bewaffnete *Arrieros*, Bauern mit geschultertem Karabiner und den Dolch im Gürtel, bedeutungsvolle Kreuze auf Steinhaufen, als *memento* einer Räuberei oder eines Mordes, das alles erhöht den an und für sich schon wilden Charakter der Landschaft, die jedem Besucher unvergesslich bleiben wird.

Ich habe mich unwillkürlich zu einer längeren Beschreibung der allgemeinen Voraussetzungen zu einer Reise in Spanien verleiten lassen als es eigentlich hätte sein sollen; aber allen Erinnerungen an die iberische Halbinsel haftet etwas Romantisches, ein liebevolles Gedenken an, von dem sich die menschliche Phantasie ungern trennt, und gerade das ist es, was im Besucher dieses südlichsten Teiles Europas unauslöschliche Eindrücke hinterlässt.

Am 1. Mai brachen wir also von Sevilla nach unserem Reiseziel Granada auf. Alle Vorbereitungen für eine solche Reise auf Saumpfaden, durch einsame, häufig von Räubern heimgesuchte Gegenden, waren getroffen. Der grösste Teil unseres Gepäckes wurde umsichtig bereits einige Tage vorher mit einem grossen, gesicherten Maultierzug und einem verlässlichen *Arriero* vorausgeschickt. Wir behielten nur die für die Fahrt unbedingt notwendigen Kleider und Wäschestücke zurück, einen ansehnlichen Reiseproviant und Geld in reichlichem Ueberschus, um im Falle eines Angriffes die Erwartungen der Schnapphähne nicht zu enttäuschen und uns auf diese Art vor rauhen Behandlungen zu schützen, die den allzu vorsichtigen geldarmen Reisenden zu Teil werden. Wir mieteten zwei kräftige Pferde für uns selbst, und ein drittes fürs Gepäck und für einen stämmigen Burschen aus der Biskaya, den wir auf Empfehlung guter Bekannter für unseren Ritt durch die Sierra angeworben hatten. Diesen zwanzigjährige *Mozo* (1) sollte uns durch das Labyrinth verworrener Gebirgspfade sicher an den

---

(1) Bursche, Diener.

Bestimmungsort bringen, für unsere Pferde sorgen, gelegentlich auch die erhabene Stelle eines Leibdieners einnehmen, immer aber unser Schutzgeist sein, dessen Umsicht und Mut wir unser Leben anvertrauen wollten. Bewaffnet war er mit einem wirklich schreckenerregenden *Trabuco*, von dem er viel Aufsehen machte, weil er uns damit gegen *Rateros* (1) und vereinzelte Räuber zu verteidigen versprach. Trotz seiner vielen und blumenreichen Worte hatten wir wenig Vertrauen zu seinem Feldherrntalent und zu seinem Geleitschutz, denn das einer kleinen Kanone ähnliche Schiesseisen hing meistens ungeladen hinten am Sattel. Er selbst war jedoch ein gutes, treues und munteres Wesen, voll von Sentenzen und Sprichwörtern wie jenes Wunder von einem Schildknappen, dem berühmten *Sancho* (2), mit dessen Namen wir ihn tauften. Obwohl er von uns mit kameradschaftlicher Vertraulichkeit behandelt wurde, und dies soll ganz besonders hervorgehoben werden, überschritt er als echter Spanier niemals auch nur für einen Augenblick und in bester Laune und Fröhlichkeit die gesteckten Grenzen eines respektvollen Abstandes.

So ausgerüstet brachen wir in bester Stimmung auf, mit dem festen Vorsatze uns gut zu unterhalten und an allen Ereignissen, wie sie auch kommen mochten, unseren Gefallen zu finden. Als echte *Contrabandisten* wollten wir so wie die Einheimischen durch die Gegend ziehen, um Land und Leute kennenzulernen. Und wirklich, es ist dies die einzige Art und Weise, auf der man Spanien verstehen, lieben und kennen lernt, die einzige Möglichkeit, um mit den Menschen zu fühlen und zu lernen, in einem Lande, wo das einfachste Wirtshaus, ein *Parador* oder sonst eine Herberge so voll von Abenteuern steckt wie ein verzaubertes Schloss aus einem Märchen, und wo jede Mahlzeit an und für sich schon eine Heldentat ist. Mögen andere es als Mangel und rückständig finden, dass in diesen wilden Gegenden dem Reisenden keine Kunststrassen zur Verfügung stehen, dass ihn keine modernen Hotels beherbergen, dass hier der verfeinerte Komfort jener bis zur Alltäglichkeit

---

(1) Diebe.
Sancho Panza, der Schildknappe Don Quijote's in dem bekannten Roman von Cervantes.

überzivilisierten Länder fehlt, so muss ich sagen, was mich angeht, dass ich all dem das rauhe Wanderleben durch die *Serranía* Andalusiens vorziehe, dass ich den halbwilden, offenen und wahrhaftig gastfreundlichen Sitten der romantischen Spanier viel mehr Geschmack abgewinne, als organisierten und vorgeplanten Reisen durch geistig ausgelaugte Fremdenverkehrsländer.

Schon unser erstes Nachtlager war äusserst interessant für uns. Nach einem ermüdenden, stundenlangen Ritt über eine weite, häuserlose, fast unbewohnte Ebene, wo uns wiederholt ein sommerlicher Regenschauer bis auf die Haut durchnässte, kamen wir endlich gegen Abend in eine kleine Bergstadt. Es brachte eine Abteilung von Landjägern, den bekannten und beliebten *Miqueletes*, etwas Leben und Abwechslung unter die biederen Bürger, die allabendlich mit Spannung den wortreichen Situationsbericht des Abteilungsleiters der zur Verfolgung und Aufspürung von Räubern eingesetzten kleinen Truppe erwarteten. Das Erscheinen von Fremden wie wir, das war natürlich auch ganz etwas Aussergewöhnliches. Der Wirt studierte mit zwei oder drei alten schwatzenden Freunden in einem Winkel der *Posada* (1) unsere Reisedokumente, während gleichzeitig ein *Alguacil* (2) im trüben Lichte einer Oelfunzel in einem Register langsam weltbewegende Eintragungen zu machen schien. Die Pässe waren in fremder Sprache ausgestellt und daher für die guten Leute unverständlich. Aber unser Schildknappe Sancho entwirrte auf bodenständige Art und Weise den Fall. In wortreichen, schön gesetzten Sätzen hob er die Wichtigkeit unserer Persönlichkeiten hervor und unterstrich seine Aufklärungen mit einigen unter die Leute verteilten Zigarren, was alles zum raschen Verständnis der Pässe und Legitimationen beitrug und auch half, eine bestimmte Freundschaft anzuknüpfen. Die *Posada* füllte sich, und bald hiessen uns alle Besucher herzlichst willkommen. Selbst der *Corregidor* (3) kam in höchst eigener person, um uns seine Aufwartung zu

---

(1) Gasthaus, Herberge.
(2) Gerichtsdiener, Gemeindediener.
(3) Die höchste Magistratsperson in den spanischen Städten.

machen, und die fesche Wirtin schob für diese so wichtige Autorität einen bequemen Lehnstuhl an den Tisch, wobei sie mit bedeutungvollen Blicken und Mienespiel zu verstehen gab, dass dies ein Ausnahmsfall sei. Der Befehlshaber der Jägerabteilung ass mit uns zu Abend; er war ein lebhafter, geschwätziger, ewig lachender Andalusier, der einen Feldzug in den Kolonien Südamerikas mitgemacht hatte und uns nun in blumenreichster Sprache, mit heftigen Handbewegungen und geheimnisvollen Augenrollen von seinen Heldentaten und Liebesabenteuern in Krieg und Frieden erzählte. Er sagte uns auch, dass er eine genaue Liste der das Land beunruhigenden Räuber habe, und dass er fest entschlossen sei, allen nachzuspüren, sie zu fassen und einen nach dem andern zu hängen. Zu gleicher Zeit bot er uns auch einen seiner Soldaten als Bedeckung an, wobei er sagte: «Einer ist genug, sie zu begleiten und zu beschützen, *señores,* denn die von Gott verdammten Räuber und Diebe kennen mich und kennen meine Leute; die Anwesenheit eines einzigen Jägers meiner weltbekannten Abteilung ist ausreichend, um das lichtscheue Gesindel der ganzen Sierra erzittern zu lassen». Wir jedoch lehnten dankend sein hochherziges Anerbieten ab und versicherten ihm, uns seine Sprechweise zum Beispiel nehmend, dass der so tapfere Sancho als Schutz und Begleitung genüge, da wir ja von ihm behütet, keine Räuberbande Andalusiens zu fürchten hätten.

Während wir mit unserem etwas prahlerischen, oder doch wenigstens dick auftragenden Freund bei Tisch sassen, hörten wir die klangvollen Saitentöne einer Gitarre und das rythmische Klappern von Kastagnetten, beides Instrumente, deren Spiel die Andalusier glänzend beherrschen. Gleich darauf eine Volksweise, von jungen Leuten im Chor gesungen, wobei Melodie und Takt in keine der herkömmlichen Musiken und Lieder zu reihen waren, sich dabei doch durch einen selten schönen Wohlklang, durch einen selten wilden und auch melancholischen Rhytmus auszeichneten. Wie man uns sagte, hatte der Wirt uns zu Ehren die Freunde von Gesang und Musik des Marktfleckens zusammengerufen und auch einige Mädchen aus der Nachbarschaft eingeladen, um einen netten andalusischen Abend zu veranstalten, wie dies sonst bei Kindstaufen,

Hochzeiten und Namenstagfesten der Fall war. Der *Posadero* führte uns auf den Hof hinaus; und wir nahmen mit ihm, der Wirtin und dem Führer der Feldjäger unter dem Bogengang des *Patios* Platz. Die Gitarre ging von Hand zu Hand; alle spielten, doch die herrlichsten und klangvollsten Töne entlockte ihr ein lustiger Schuhmacher, der unzweifelhaft der Orpheus des Ortes war. Ein lachender, sauberer junger Bursch wars, mit einem grossen schwarzen Backenbart; seine Hemdärmel bis an die Ellenbogen aufgekrämpt, spielte er meisterhaft die Gitarre und sang schöne kleine Liebeslieder mit einem ausdrucksvollen Seitenblick nach den Frauen hin, bei denen er sich offenbar eines grossen Ansehens erfreute. Nachher tanzte er zur grossen Freude der Zuschauer mit einer feurigen Andalusierin einen *Fandango*. Aber keines der anwesenden Mädchen konnte sich mit der hübschen Pepita, der Tochter unseres Wirtes messen, die sich eigens für das Fest zurechtgemacht hatte; rote Rosen und Nelken trug sie im pechschwarzen Haar und im eng anliegenden Mieder, und alles jubelte vor Freude, als sie voll majestätischer Haltung mit einem jungen schneidigen Dragoner einen *Bolero* sang und zur Melodie sich elegant im Tanze wiegte. Wir beauftragten unsere Wirt unter die so gemischte Gesellschaft Weine und Erfrischungen zu verteilen, da wir wussten, dass dies auf dem Lande so Sitte und Brauch war; und wirklich erreichte das improvisierte Fest einen herzlichen Höhepunkt, der uns unvergesslich bleiben wird, denn in diesem bunten Gemisch von Soldaten, Maultiertreibern, Bauern und Schmugglern übertrat niemand die Grenzen nüchterner Fröhlichkeit. Die Szene an sich wäre ohne weiteres eine Studie für einen Maler gewesen: die pittoreske Gruppe der Tänzer und Tänzerinnen, die Soldaten in ihren farbenreichen Uniformen, die Bauern in braune Mäntel gehüllt, finstere Gesellen in halbmilitärischen Anzügen, und im kurzen schwarzen Mantel der alte magere *Alguacil*, der von nichts, was um ihn vorging, Notiz nahm, sondern in einer Ecke sass und emsig beim trüben Licht einer grossen kupfernen Oellampe schrieb, die einmal in den Tagen des Don Quijote de la Mancha eine Rolle gespielt haben mag. Das alles kann wohl bestimmt nur hier in Andalusien in seiner Eigentümlichkeit gesehen und erlebt werden.

Ich will natürlich keinen regelrechten Reisebericht verfassen und beabsichtige auch keine Schilderung seltener Erlebnisse und Begebenheiten unserer mehrtägigen Wanderung über Berg und Tal, durch Wiesen und Täler. Nichts von all dem! Nur mein Fühlen und Denken, mein Wissen und Verstehen, meine Liebe und Bewunderung zu jenen offenen und natürlichen Menschen auf diesem kleinen Teil der iberischen Halbinsel möchte ich kundtun, damit auch andere sie achten und in ihr Herz schliessen, so wie ich es getan habe. Wir reisten gleich den Einheimischen und nahmen alles hin, ob gut ob schlecht, wie wir es fanden und feierten die Feste wie sie fielen. Mit allen Ständen verkehrten wir in brüderlicher Gemeinschaft, ohne auf Rang zu schauen noch nach Herkunft zu fragen. Wir wussten, dass unser Weg durch öde Landschaften führte, und wir kannten die Dürftigkeit mancher Landwirtshäuser; so liessen wir also bereits bei unserer Abreise die *Alforjas* unseres Knappen mit kalten Mundvorräten gut versehen und ausserdem noch eine *Bota* von stattlicher Grösse bis zum Hals hinauf mit gutem Valdepeñas-Wein füllen. Da dieser Kriegsvorrat für unseren Feldzug viel wichtiger war als Sanchos Karabiner, so legten wir ihm ans Herz, darauf ganz besonderes Augenmerk zu haben; und man muss dem guten Burschen Gerechtigkeit widerfahren lassen und sagen, dass selbst sein gefrässiger Namensvetter aus dem Don Quijote ihn als besorgten Proviantmeister nicht übertreffen konnte. Obschon die *Alforjas* und auch die *Bota* auf der Reise oftmals sehr kräftig angegriffen wurden, schienen sie doch die wunderbare Eigenschaft zu besitzen, nie leer zu werden. Es war dies ein unleugbares Verdienst unseres wachsamen Knappen, der Sorge trug, dass alles, was von unseren Abendmahlzeiten in den *Posadas* und Wirtshäusern übrig blieb, unwiderruflich in den Sack kam und als Ergänzung der Verpflegsration für den nächsten Tag aufgehoben wurde.

Herrliche und üppige Mahlzeiten hielten wir dank seiner Umsicht auf grünem Rasen neben einem Bach oder einer Quelle unter schattigen Bäumen! Und mit Freude erinnere ich mich noch der köstlichen Siestas, wenn wir uns auf unseren Mänteln ausstreckten und während der heissen Stunden des Nachmittags in Gottes freier Natur träumten!

Einmal hielten wir auf einer kleinen von herrlichen *Olivares* (1) eingesäumten grünen Wiese Mittagsrast. Sancho breitete unsere Mäntel unter einer grossen Ulme auf den Boden, pflockte dann die Pferde an, dort wo sie Futter und Wasser fanden, brachte schliesslich mit wahrer Siegermiene seine *Alforja* her und stellte deren Inhalt voll Freude vor uns aus. Sie enthielt die Vorräte von vier Reisetagen und war noch dazu durch einen kräftigen Nachschub vom vergangenen Abend bereichert worden, den uns ein gutes Gasthaus zu Antequera lieferte. Gemächlich zog unser Hofdiener Stück für Stück heraus, legte es vor uns hin und wollte bei seiner Arbeit zu keinem Ende kommen. Zuerst erschien ein gebackener Schöpsenschlegel, der durch das Abliegen bestimmt nicht schlechter geworden war; dann zog er ein ganzes Rebhuhn hervor, und ihm folgte ein schönes Stück gesalzenen Stockfisches, sorgsam in Papier gewickelt, und dazu noch der Rest eines geräucherten Schinkens. Ein knusperiges Backhendl sollte das Mahl vervollständigen, und ein bunter Haufen von Orangen, Feigen, Trauben, Rosinen und Nüssen als Nachtisch dienen. Schliesslich schwenkte er die prall gefüllte *Bota* wie einen Siegerkranz und erklärte uns geheimnisvoll, dass sie mit bestem Málaga gefüllt wäre. Bei jeder neuen Lieferung aus seiner tragbaren Speisekammer ergötzte er sich an unserem scherzhaften Erstaunen, warf sich rücklings ins Gras und schüttelte sich vor Lachen. Und als ich seine Fröhlichkeit mit der Sanchos verglich, die dieser angesichts der vollen Töpfe auf der Hochzeit des Camacho an den Tag legte, da zeigte es sich, dass er mit der Geschichte des Don Quijote sehr wohl vertraut war. Wie viele Leute aus dem Volke hielt allerdings auch er die gewiss sehr lehrreiche Erzählug für wahr.

«*Señor*, das alles muss doch vor sehr langer Zeit geschehen sein?», sagte er eines Tages mit fragendem Blick.

«Ja, vor sehr langer Zeit», war meine Antwort.

---

(1) Mit Olivenbäumen bepflanzte Hügel.

«Vermutlich vor mehr als tausend Jahren?», fragte er weiter, mit einer Stimme, die Zweifel ausdrückte.

«Ich glaube, dass es so lange her ist, lieber Freund.» Der Knappe war zufrieden. Nichts machte nämlich dem gutherzigen Burschen mehr Vergnügen als wegen seiner Vorliebe fürs Essen und Trinken mit dem dicken Materialisten Sancho verglichen zu werden, und mit freudigem Lachen dankte er es mir, wenn ich ihn bei diesem Namen rief.

Als wir, wie bereits gesagt, bei dem oben erwähnten Mahle sassen und an dem drolligen Wesen Sanchos unsere Freude hatten, näherte sich uns ein bejahrter Bettler ehrwürdigen Aussehens, das fast dem eines Pilgers glich. Er musste sehr alt sein, dem weissen Barte nach; auch sein von Runzeln, Falten und Runen zerfurchtes Gesicht zeugte von einem hohen Alter. Aber, obwohl er sich auf einem knorrigen Stock stützte, konnten ihn weder die Jahre noch ein bestimmt hartes Geschick niederbeugen. Er war von grosser, hochaufgerichteter Statur, und seine Gestalt hatte noch Spuren früherer Schönheit an sich. Dazu trug er einen runden andalusischen Hut, ein Schaffell als Jacke und Rock, lederne Hosen, Knopfgamaschen und Sandalen. Der Anzug war zwar alt und geflickt, doch anständig und sauber; sein Benehmen zeigte jene stolze und männliche Höflichkeit, die selbst dem Spanier aus den unteren Volksschichten zu eigen ist. Wir befanden uns gerade in einer gemütsvollen, für solche Besuche günstigen Stimmung und gaben dem Manne ganz impulsiv und freudig mit freundlichen Worten etwas Silbergeld, einen Laib feines Weizenbrot und ein Glas unseres auserlesenen dunkelroten Weines von den Hügeln um Málaga. Er nahm alles dankbar an, ohne dass er jedoch dabei die sonst bei Bettlern übliche dienerische und kriechende Unterwürfigkeit bezeugt hätte. Als er den ersten Schluck Weins getan hatte, hielt er ihn mit überraschtem Erstaunen in den Augen gegen das Licht und leerte dann den Becher auf einen einzigen Zug.

«Viele Jahre ist es her», sagte er, «dass ich keinen solchen Wein mehr trinke. Wahrlich, er stärkt und tröstet das Herz eines alten vom Schicksal zermürbten Mannes».

Und das schöne Weizenbrot betrachtend, sprach er ernst

und feierlich: «¡*Bendito sea tal pan!*» —«Gesegnet sei solch ein Brot!», und wollte es mit diesen Worten in seine Tasche stecken. Wir baten ihn, es sogleich zu essen, doch er antwortete uns: «Nein, *señores*! Den Wein trank ich, denn andernfalls hätte ich darauf verzichten müssen; aber das Brot, das kann ich mir mitnehmen und mit meiner Familie teilen.»

Sanchos Herz war gerührt, und mit freundlichem Blick bat er uns um die Erlaubnis, dem alten Mann etwas von den reichlichen Resten unseres Mahles geben zu dürfen. Und als wir ihn mit den Augen eine zustimmende Antwort gaben, da beschenkte er den Armen reichlichst, doch unter der Bedingung, dass er sich zu uns setze und seine Mahlzeit hielte.

Er setzte sich also in einiger Entfernung von uns auf den Boden und fing an, langsam und mit einer Schicklichkeit zu essen, die einem *Hidalgo* Ehre gemacht hätte. Der alte Mann legte überhaupt ein Benehmen, eine ruhige Selbstbeherrschung und eine Gemessenheit an den Tag, dass ich vermutete, er habe einmal bessere Tage gesehen. Ich hielt ihn für einen verarmten Edelmann, denn auch seine Sprache, seine Ausdrucksform waren einfach und fein, doch gleichzeitig auch malerisch und fast poetisch. Ich aber war im Irrtum; es war nichts als die angeborene Höflichkeit des Spaniers, und die poetischen Wendungen seiner Gedanken und Worte, die uns so zum Staunen brachten, waren gang und gäbe bei diesem verstandreichen und geistig hochstehenden Volke, das sich bis hinunter in die untersten Schichten seiner Menschen durch eine ausserordentliche Intelligenz auszeichnet. Er erzählte uns in gemessenen Worten, dass er durch fünfzig Jahre Schäfer gewesen sei, jetzt aber keine Arbeit habe und daher grosse Not leide.

«Als ich ein junger Mann war», sagte er, «konnte nichts mich grämen, niederdrücken oder beunruhigen; stets war ich voller Zuversicht, gesund, froh und heiter. Nun aber bin ich neunundsiebzig Jahre alt, ein Bettler ohne Heim und Haus. Was Wunder, wenn mich nun der Lebensmut verlässt, wenn ich anfange die Zukunft schwarz und traurig zu sehen!»

Er war arm, doch noch kein gewerbsmässiger Bettler. Erst vor wenigen Wochen hatte ihn bittere Not und Hunger zu dieser so tiefen Erniedrigung getrieben, erst seit wenigen Tagen hob er bittend die Hände um ein Almosen. Er entwarf uns ein rührendes Bild von dem Kampf zwischen Hunger und Stolz, der in seiner Brust tobte, da demütigender Mangel ihm zum ersten Male den Bettelstab in die Hand drückte. Es war auf dem Rückweg von Málaga, als er ganz ohne Geld und Mittel heimkehren musste. Er hatte seit einiger Zeit nichts gegessen und durchquerte schwach und krank vor Hunger eine jener Ebenen Spaniens, die äusserst schwach besiedelt sind und wo es nur einzelne und weit voneinander liegende Gehöfte gibt. Dem Tode nahe klopfte er an die Tür einer *Venta*, einer einsamen Strassenherberge; man nahm ihn aber nicht auf, und nichts schenkte man ihm; weder mit Speise noch mit Trank labten ihn die harten Menschen, sondern es erscholl die einen Bettler abweisende Antwort durchs geschlossene Fenster: «*Perdone usted, por Dios, hermano.*» —Verzeihen Sie in Gottes Namen, Bruder—.

«Ich wandte mich ab», sagte er, «voll Scham, voll Schmerz und Leid im Herzen, mich derart erniedrigen zu müssen, denn ich war kein Verworfener, und stolz konnte ich noch zum Himmel aufsehen. Kurz darauf kam ich an einen reissenden Gebirgsfluss mit überhöhten Ufern, und es fehlte nicht viel, dass ich mich in die Fluten geworfen hätte, denn «wozu», sagte ich mir, «soll so ein alter, abgearbeiteter und ausgemergelter Mensch wie ich es bin überhaupt noch leben?» Doch als ich oben auf der hohen Ufermauer stand, da erinnerte ich mich an die heilige Jungfrau Maria, der Trösterin aller Betrübten, und ich wandte mich allsogleich weg und zog gedrückt weiter. Etwas entfernt, erblickte ich dann, abseits der Landstrasse, einen schönen Landsitz, eine *Hacienda* wie man sagt, eines reichen Grundbesitzers. Ich trat durchs offene Hoftor und bat zwei am Fenster sitzende junge Frauen um ein Almosen, um Brot und Wasser. «*Perdone usted, por Dios, hermano*», war die Antwort und laut schloss sich der Flügel. Ich schleppte mich über den Hof bis zum Tor, wo ich vor Hunger zusammenbrach. Nun glaubte ich, dass meine letzte Stunde gekommen sei, verhüllte voll Schmerz mein Haupt und empfahl mich Gott und Seiner heiligsten Mutter, die mich auch nicht verliessen, wie Sie meine Herrn gleich sehen werden.

Denn kurze Zeit darauf kam der *Labrador*, der Hofbesitzer nach Hause und als er mich im Tore liegen sah, hatte er Mitleid mit meinen grauen Haaren, nahm mich ins Haus hinein und gab mir zu essen. Sie sehen, *Señores*, dass man immer auf den Herrgott vertrauen muss und kann, weil er keinen der Seinen verlässt.»

Der alte Mann war auf dem Wege nach seinem Heimatort Archidona, der ganz in der Nähe lag und vom jetzigen Standort aus deutlich zu sehen war. Unser neuer Freund wies mit der Hand nach der alten Maurenpfalz auf dem Schlossberg und sagte: «Jenes *Castillo*, das sie dort drüben sehen, verteidigte zur Zeit der schweren Kämpfe um Granada ein tapferer maurischer König, Isabel, die Königin von León und Kastilien, die Gemahlin Ferdinands des Katholischen, des Königs con Aragón, griff die feste Burg mehrmals mit einem starken Heer von Rittern an. Doch der Maurenkönig verlachte sie alle, denn uneinnehmbar war seine Feste hoch oben in den Wolken auf schroffem Felsen. Da erschien die *Virgen de los Reyes*, die heiligste Jungfrau der Könige, die heute noch im Dome zu Sevilla verehrt wird, und führte das Christenheer einen steilen Bergpfad hinauf, den früher niemand gesehen und gekannt hatte. Als sich der heidnische Maure so überrumpelt sah, erschrak er zutiefst und sprang von einer hohen Felsennadel mit seinem Pferd in die Tiefe, wo er zerschmettert im Kar liegen blieb. Die Hufspuren sind hute noch am Rand des Felsens, auf dem die Burg stand, sichtbar. Auch sehen sie dort noch den Weg, *Señores*, auf dem die Königin mit ihren rauhen aber frommen Kämpen emporstieg. Er zieht sich wie ein schmales Band steil den Berg hinan, wobei aber das Wunderbare an der Sache ist, dass man ihn wohl in der Ferne deutlich erkennen kann, dass er aber beim Näherkommen gänzlich verschwindet, und ihn bis heute kein Mensch mehr finden konnte.»

Dieser angebliche Weg, den uns der Alte zeigte, war ohne Zweifel ein sandiger Wasserriss des Berges, der, aus der Ferne gesehen, einem ausgetretenen Saumpfad glich, dessen Grenzen sich aber im Hang verloren, wenn man sich näherte.

Der gute Wein und das Essen hatten Körper und Geist des

alten Archidonensen gestärkt und erwärmt, und bald fing er an, uns die Geschichte von einem Schatz zu erzählen, der unterm Schlosse dieses letzten Maurenfürsten ruhen sollte. Er war über den ganzen Fall genauest unterrichtet, wie er sagte, denn sein eigenes Häuschen lag knapp an den Grundmauern der Burg; auch konnte er als Zeugen den Pfarrer und den Notar nennen, die dreimal hintereinander von dem versteckten Goldtruhen träumten und sogar nach dem Schatz gruben. Sein eigener Schwiegersohn hörte eines Nachts den Lärm von Krampen und Schaufeln, wie sie gruben und wühlten, um die Perlen und Münzen zu heben, von denen die Sage berichtet; allerdings konnte er uns nicht mitteilen, ob die beiden Autoritäten was gefunden haben, denn streng wahrten sie ihr Geheimnis, wennauch allgemein bekannt ist, dass sie plötzlich und auf unerklärliche Art und Weise sehr reich und begütert wurden. So stand einmal das Glück vor des Greises Hütte, ohne dass er es wusste und ohne dass es sich ihm zu erkennen gegeben hätte. Das harte Geschick gönnte ihm den Reichtum nicht!

Es ist wirklich bemerkenswert, dass sich in ganz Spanien gerade die armen Leute die verschiedensten Geschichten und Sagen von verborgenen Maurenschätzen erzählen, und jeder hofft, einmal einen solchen zu heben. So gleicht ein liebevolles und gütiges Geschick Härten aus, die sonst schwer zu tragen wären, und dank eines Traumes vergisst man die harte Gegenwart. Die Hoffnung auf eine bessere Zukunft macht den Mangel an irdischen Gütern tragbar. Der Durstige träumt von Quellen und wasserreichen Flüssen, der Hungrige von üppigen Gastmählern, und der Arme von Haufen verborgenen Goldes; dabei geht die Phantasie dieser vom Glück so stiefmütterlich behandelten Menschen oft bis ins Wunderbare, dass man mit vollen Recht sagen kann, dass nicht der der Reichste ist, der am meisten hat, sondern der, der am wenigsten braucht.

Wir ritten später weiter und kamen durch einen steilen und abschüssigen Engpass, der *Puerta del Rey*, dem Pass des Königs, bis nach Loja. Dieses Städtchen war zur Maurenzeit eine wichtige Grenzfeste und, sozusagen, der Schlüssel, der das Zufahrtstor nach Granada sperrte, und lange Zeit konnten die

Truppen König Ferdinands seine Wälle nicht stürmen und nehmen. Loja war die Burg des wilden Aliatar, des Schwiegervaters Boabdil's; hier sammelte der alte Krieger seine Getreuen und wagte mit ihnen einen verzweifelten Ausfall, der ihm, des Königs Alcayden und Vogt das Leben kostete und den Fall Granadas einleitete. In einer herrlichen Gegend liegt Stadt und Schloss Loja weithingestreckt an den Ufern des Genil zwischen Felsen und Hainen, Wiesen und wundervollen Gärten, und in der Ferne, als Abschluss dieses so abwechslungsreichen Landschaftsbildes sieht man die Schneehäupter der Sierra Nevada. Wir suchten hier eine *Posada* auf, *la Corona* war ihr Name, die sich wirklich gut in das Gesamtbild des Landes einpasste, dessen Bewohner und Bürger noch immer den kühnen und feurigen Geist der vergangenen Zeiten zu bewahren schienen. Das genannte Wirtshaus war im Besitze einer jungen und sauberen andalusischen Witwe. Ihre schmuck kleidsame Tracht, die hübsche schwarzseidene mit langen Fransen und Glaskorallen besetzte *Basquiña* (1) brachten das Spiel ihrer graziösen Gestalt und ihre runden schmiegsamen Glieder, die jedes Künstlerauge erfreuen konnten, so ganz richtig zum Ausdruck. Ihr Schritt war fest und elastisch, ihre dunklen Augen voll Feuer und Glut; ihre koketten Mienen, das Wiegen ihres Körpers und der ihre Gestalt zierende Schmuck bewiesen, dass sie gewohnt war, allerorts und bei jedermann Bewunderung zu erregen.

Ihr Bruder passte vorzüglich zu ihr und beide bildeten ein wirklick schönes Paar, so wie man sich *Majo* und *Maja* (2) Andalusiens vorstellt und aus Bildern kennt. Die Geschwister hatten fast das gleiche Alter. Er war gross, stark, kräftig und wohl geformt; sein Gesicht, von der Farbe heller Oliven, zierte ein gekräuselter brauner Backenbart, der unterm Kinn zusammenwuchs. Feurig glänzende dunkelblaue Augen zeugten, als Spiegel der Seele, von seinem lebhaften Charakter, wie er dort unten in diesen südlichsten Gegenden Europas fast überall zu finden ist. Der junge Mann war nach Landessitte gekleidet.

---

(1) Basquiña nennt man den schwarzen Ueberwurf der spanischen Frauen.
(2) Majo und Maja, ein fescher Bursche und ein sauberes Mädchen.

Er trug eine kurze, grüne Samtjacke, die sich genau an den Körper anlegte und mit silbernen Knöpfen reichlichst verziert war; ein weisses Tüchlein in jeder Tasche erhöhte den malerischen Effekt dieses typisch regionalen Kleidungsstückes. Die Beinkleider, ebenfalls eng anliegend, waren aus demselben Stoff und aussen an der Naht von der Hüfte bis zu den Knien mit kleinen Knöpfen besetzt. Ein rotes Seidentuch trug er um den Hals, das über der Brust des schön gefalteten weissen Hemdes ein Goldring zusammenhielt. Um die Hüfte hatte er einen Schal geschlungen, als breiter Gürtel passte er zum Halstuch. Fein gearbeitete *Botines* aus dünnen rotbraunem Leder legten sich eng an die schlanken Waden; sie waren zum Teile offen, so dass man die weissen Strümpfe sehen konnte. Braune Schuhe, schön geschnitten und genäht, kleideten vorteilhaft seine gutgeformten Füsse.

Als er so an der Tür der Gaststätte stand, kam ein Reiter die Strasse herab und fing mit ihm ein leise geführtes, ernstes Gespräch an. Seine Kleidung und Schmuck ähnelte dem Aeusseren seines Freundes und Genossen, nur war er etwas älter. Er dürfte ungefähr dreissig Jahre gehabt haben, war kräftig gebaut und sein hübsches Gesicht zeigte stark ausgeprägte romanische Züge, die leichte Blatternnarben keineswegs nachteilig beeinflussten, sondern den Ausdruck seines anmassenden Wesens eher noch erhöhten. Er redete mit freier, kühner und etwas herausfordernder Miene, wobei er die Umgebung garnicht beachtete. Sein kräftiger Rappe war schön auf andalusische Art gesattelt; Quasten, Troddeln aus goldenen und silbernen Fäden gearbeitet, sowie farbige Seidenbänder schmückten kunstvoll das Saumzeug, während zwei hinten am Sattel in Greifnähe befestigte Karabiner uns zu denken gaben. Der Mann hatte nämlich wirklich das Aussehen eines jener Schmuggler, die ich in der *Serranía* von *Ronda* gesehen hatte. Er verstand sich augenscheinlich mit dem Bruder der Wirtin sehr gut und war, ich glaube mich nicht zu irren, der begünstigte Verehrer der Witwe. Das Sprichwort: «sage mir mit wem du umgehst, so sag ich dir, wer du bist», bewahrheitete sich auch an diesem Ort, denn das Wirtshaus, seine Bewohner und Gäste hatten etwas eigentümlich wenig Beruhigendes an sich; etwas, das an Kontrabandisten erinnerte und an *Bandoleros* denken liess. Eine geladene Doppelflinte neben der Gitarre im Winkel des Gastzimmers unterstrich unseren Verdacht. Der eben erwähnte Reiter verbrachte dann den Abend in der *Posada* und sang später zur Gitarre mit lebhafter und guter Stimme recht kühne und kecke Bergromanzen. Als wir beim Abendessen sassen kamen zwei verängstigte Asturianer herein und baten um etwas Speise und ein Nachtlager. Die armen Teufel waren auf ihren Rückweg von einem Jahrmarkt von Räubern überfallen und ihres Hab und Gutes beraubt worden. Ein Pferd, der gesamte Warenvorrat, die Kleider und das Geld der beiden Marktfahrer war die Beute, mit der die Schnapphähne in den Bergen verschwanden, nachdem sie ihre Opfer misshandelt hatten und wund und krank auf der Landstrasse liegen liessen, weil sie sich nicht getrauten, ihr Eigentum zu verteidigen. Mein Reisegefährte bestellte mit der ihm eigenen Freigebigkeit Abendessen und Betten für die aller Mittel entblössten Asturianer und schenkte ihnen noch dazu genügend Geld, dass sie wohlbehalten bis nach Hause kommen konnten.

Beim fortschreitenden Abend wurde es in der Herberge lebendig, und zahlreiche Gäste füllten bald den Raum. So kam auch ein kräftiger grosser Mann herein, der gleich freundschatlichst mit der Wirtin zu plaudern begann. Er kleidete die gewöhnliche andalusische Werktagstracht, trug aber merkwürdigerweise einen schweren Reitersäbel unterm Arm. Ein grosser Schnurrbart gab seinem dunkeln Gesicht einen furchterregenden Anstrich; sein Benehmen war etwas grosstuerisch und aufgeblasen, prahlerisch und hochmütig. Herablassend grüsste er die Anwesenden, die ihn mit seltsamer Achtung und Ehrerbietung behandelten.

Sancho flüsterte uns erregt zu, dass es *Don Ventura Rodríguez* sei, der Nationalheld von Loja, weit über die Grenzen bekannt, wegen seiner Tapferkeit und der ausserordentlichen Kraft seiner gewaltigen Arme. Zur Zeit der französischen Invasion stiess er auf einem Streifzug auf sechs feindliche Dragoner. Er nahm den ungleichen Kampf mit ihnen auf, griff sie mit seinem Säbel an und tötete zwei oder drei, während er die anderen gefangen nahm und den Behörden übergab.

Für diese Heldentat bewilligte ihm der König eine Pension von einer Pesete täglich und verlieh ihm ausserdem noch den begehrten Titel eines DON.

Es war für mich lustig und unterhaltend, seinen weitschweifenden Reden zuzuhören, seine lebhaften Gesten zu beobachten und das Spiel seines Gesichtsausdruckes zu studieren. Er war ein echter und reinrassiger Andalusier. Alles in ihm vibrierte und alle seine Nerven arbeiteten ständig; er bewegte Hände und Füsse, um seine Erklärungen allgemein verständlich zu machen und seinen Worten den nötigen Nachdruck zu verleihen. Die Andalusier sind Kinder ihrer heissen Heimat, bestimmt etwas ruhmredig und prahlerisch, aber immer gute treue Freunde in der Not und tapfere Kameraden, die lachend ihr Leben für Gott, König und Vaterland aufs Spiel setzen. Unser *Don Ventura Rodríguez* erzählte von seinen Heldentaten, befasste sich mit Politik und kritisierte Verordnungen bezüglich der öffentlichen Ordnung; dabei legte er aber seinen Säbel keinen Augenblick aus der Hand. Ständig trug er dieses Schwert mit sich herum, so wie ein Kind seine Puppe, und nannte es seine *Santa Teresa*, seinen Schutzgeist und Nothelfer. Er schwor bei allen Heiligen und bei anderen Dingen, die mit Heiligkeit wirklick wenig zu tun hatte, dass die Erde zittere, wenn er den Säbel aus der Scheide ziehe und damit zum männermordenden Kampfe ausziehe.

Ich sass bis spät in die Nacht hinein im Gastlokal und lauschte interessiert den Gesprächen der bunten Gruppen, dieser aus allen möglichen Schichten und Klassen zusammengewürfelten Gesellschaft. Die Leute verkehrten untereinander offen und ungezwungen, mit einer Rückhaltslosigkeit, die man nur in spanischen *Posadas* finden kann. Wir hörten Romanzen, Fandangos, Schmugglerlieder und Räubergeschichten, Heldentaten von Widerstandskämpfern, Verbrechen von Heckenschützen und Invasoren, aber auch wunderschöne maurische Märchen aus alten Tagen, die im Volke mündlich überliefert werden. Unsere hübsche Wirtin gab uns in vollendet melodramatischer Form einen Bericht über die dunkeln unterirdischen Höhlen von Loja, wo Flüsse durch die Felsen toben und Wasserfälle dröhnen, und wo, nach der Meinung des

Volkes, seit der Zeit der Mauren der Kronschatz des letzten islamitischen Fürsten eingeschlossen sein soll.

Wir reisten am nächsten Tag froh und munter weiter und hatten eine Strecke lang den Chef der Grenzer und dessen Begleiter als Reisegenossen. Er hielt uns einen aufklärenden Vortrag über das Schmugglerunwesen in dieser Gegend, an der Küste und an der Grenze des von den Engländern zu unrecht besetzten spanischen Gibraltars. Viel hörten wir, was wir nicht wussten, und das uns zum Verständnis früherer Ereignisse und zukünftiger Vorfälle unumgänglich notwendig war. Gegen Mittag trennte sich der nette Offizier von uns, um mit seiner auf ihn wartenden Truppe irgendeine Streife durchzuführen.

Bald darauf kamen wir aus dem Bergland heraus und sahen vor uns die weite und fruchtbare *Vega* von Granada. Hier verzehrten wir am Ufer eines kleinen Baches unter Olivenbäumen unser Mittagsmahl. In der Ferne sahen wir schon die Hauptstadt des letzten Maurenreiches auf europäischen Boden; hoch oben die Alhambra, die alles überragende Burg, und draussen am Horizont die schneebedeckten silbrigen Gipfel der *Sierra Nevada*. Es war ein wolkenloser sonniger Tag. Ein kühler Bergwind machte die Hitze erträglich und lud zur Siesta ein, die wir auch ausgiebig hielten, eingelullt vom Gesumme der Bienen und Hummeln, vom Girren der Turteltauben, dem Zirpen der Grillen und den fernen Klängen der Mittagsglocken der Kirchen Granadas. Als die schwülen Stunden vorüber waren, sattelten wir neuerding unsere Pferde und zogen weiter auf einem Weg, der von Aloe und indischen Feigen eingesäumt war, bis wir gegen Abend endlich von den Toren Granadas standen.

DIE ALHAMBRA

Für den gefühlvollen Reisenden, der Sinn für Kunst, Poesie und Geschichte hat, der die Natur liebt und die Menschen in ihrer Ursprünglichkeit, dem ist die —rote Burg—, die Alhambra Granadas, ebenso ein Gegenstand der Verehrung, wie die Kaaba von Mekka, die jeden gläubigen Moslem in die Knie zwingt. Wie viele Legenden, Sagen und Erzählungen, wahre und erfundene Geschichten, wie viele spanische und maurische Lieder und Balladen von Liebe und Hass, Krieg und Kampf, Leben und Sterben, Rittern und Knechten sind mit diesem romantischen Bau aufs engste verwoben! Gross war daher unsere Freude, als uns nach einer einleitenden Vorsprache der Kommandant der Burg und deren Umgebung erlaubte, einige der freistehenden Gemächer des Maurenpalastes bewohnen zu dürfen. Leider wurde mein Reisegefährte bereits wenige Tage später von seinen Vorgesetzten abberufen und mit einer delikaten diplomatischen Mission in ein anderes Land, an einen fremden Hof geschickt, so dass ich allein zurückblieb und mehrere Monate wie gebannt in dem alten bezaubernden Gebäude lebte. Die nachfolgenden Blätter enthalten einige meiner Untersuchungen, Forschungen und Studien aus jener köstlichen Zeit, die ich in den märchenhaften Hallen der Alhambra verbrachte und mit den Menschen dort droben auf der *Asabica* verlebte, wo Wirklichkeit und Traum sich arabeskenhaft zu einem Gesamtbild verschlingen, das jedem Besucher unvergesslich bleiben wird, woher er auch kommen mag.

Die Alhambra war früher die Pfalz und der befestigte Palast der maurischen Könige Granadas, von wo aus sie dies ihr viel gerühmtes und heiss geliebtes irdische Paradies beherrschten, und wo sie zum letzten Kampfe in Europa antraten, ehe sie als Volk und Nation in Spanien für immer verschwanden. Der Palast als solcher nimmt nur einen Teil der Festung ein, deren mit starken Türmen besetzten Mauern den ganzen Kamm eines stattlichen Hügels einsäumen. Von dort oben, von diesem Ausläufer der Sierra Nevada hat man einen selten schönen Rundblick über Stadt und Land, hinüber zum *Albaicín*, bis hinaus zur Sierra Elvira, wo Himmel und Auen ineinander verschwimmen.

In der Maurenzeit konnte die Burg ein Heer von rund vierzigtausend Mann fassen, und hinter ihren Mauern und unterm Schutze der Besatzung verteidigten sich manchmal all zu unbeliebte Despoten gegen ihre rebellierenden und nach Gerechtigkeit und Freiheit stöhnenden Untertanen. Nach dem Fall des Maurenreiches wurde die Alhambra Krongut und diente zuweilen den spanischen Monarchen als Residenz. Der grosse Spross der Habsburger, Karl der I. als König von Spanien und der V. als Kaiser des Römisch-Deutschen Reiches, baute sich das schönste ausseritalienische Bauwerk aus der Hochrenaissance hinauf und wollte dort seinen Thron aufschlagen. Aber heftige Erdstösse und andere Widrigkeiten verhinderten leider die Erfüllung des kaiserlichen Bauauftrages und die Vollendung des Palastes. Am Anfange des achtzehnten Jahrhunderts hatte die Alhambra ihre letzten königlichen Gäste; es war Philipp der Fünfte und seine schöne Gemahlin Elisabeth von Parma. Grosse Vorbereitungen traf man zu ihrem würdigen Empfang. Die Palastbauten wurden renoviert, die Gärten einigermassen wieder hergestellt, eine ganze Flucht neuer Gemächer erbaut und von italienischen Künstlern und Innenarchitekten geordnet und geschmückt. Aber nur ganz kurze Zeit weilten die Monarchen in Granada, und bald nach ihrer Abreise war es wieder öd und leer oben in der alten Maurenresidenz, in den königlichen Salons, Zimmern und Bädern. Doch blieb die Alhambra als Folge dieses Besuches ein wichtiger militärischer Posten mit eigener Garnison, deren Kommandant nicht mehr dem Gouverneur von Granada untergeordnet, sondern selbständiger Führer und Statthalter des Königs war. Seine Gerichtsbarkeit reichte hinunter bis zur Stadtgrenze, die er nie ohne besonderen militärischen Pomp überschritt. Die Alhambra war zu dieser Zeit in der Tat ein kleiner Fleck mit zivilen und uniformierten Bewohnern. Mehrere Strassen durchzogen die alte *Medina*, die einstige Festungsstadt Boabdils und seiner Väter; fromme Söhne des heiligen Franziskus von Assis wahrten die religiöse Tradition und eine eigene Pfarre sorgte für das Seelenheil der Besatzung beiderlei Geschlechtes.

Für die Alhambra selbst war der Rückzug und die Verlagerung des Hofes ein schwerer Schlag. Ihre schönen Hallen vereinsamten, einige fielen sogar in Trümmer. Die Gärten verwüsteten und Unkraut überwucherte die Beete. Die Springbrunnen hörten auf zu spielen; die Wasserbecken trockneten aus. Und allmählich füllten sich die Räume mit einer zweideutigen und zuchtlosen Gesellschaft, die alles verräumte, was nicht niet und nagelfest war. Das lichtscheue Gesindel machte sich die freie Gerichtsbarkeit des Platzes zu Nutzen und trieb einen ausgedehnten und dreisten Schmuggelhandel mit Dieben aller Art und Schurken verwegenster Gattung, die sich hier alle sammelten, um von diesem für ihr Gaunerhandwerk so strategischen Punkte Granada und seine Umgebung plündern und brandschatzen zu können. Endlich trieben es dieser Auswurf der Manschheit und ihr Anhang den Behörden aber doch zu toll, und Truppen durchkämmten das Gebiet. Man sichtete und prüfte die ganze Gemeinde und lies für die Zukunft nur diejenigen dort wohnen und leben, die ehrlichen Charakters waren, einem Handwerk nachgingen oder sonst einem ehrlichen Tun und, was besonders wichtig war, eine gesetzmässige Berechtigung zum Aufenthalte hatten. Der grösste Teil der Häuser wurde abgerissen, und man liess ausser den eigentlichen Palastbauten und den Festungswerken nur ein kleines Dörfchen stehen, dazu noch das Franziskanerkloster und die Pfarrei. Während der napoleonischen Kriege lag eine starke französische Besatzung in der Alhambra, und den Palast bewohnte gelegentlich der Befehlshaber des Invasionskorps mit seinem Stabe. Mit Geschmack bewahrten die Eroberer diese Monumente und Denkmäler maurischer Eleganz und Grösse vor gänzlichem Verfall. Die Mauern wurden ausgebessert, Säle und Galerien abgedeckt und mit neuen Dächern versehen; ein wohl ausgebildetes Personal pflegte die Gärten, restaurierte die Wasserleitungen, so dass die Springbrunnen nochmals ihre glänzenden Strahlen in die Höhe sandten, und perlende Tropfen des köstlichen Nass Blätter und Blüten von Blumen, Bäumen und Sträuchen zierten. Spanien kann sich bei den Führern und Befehlshabern der französischen Truppen dafür bedanken, dass sie ihm mit jenem auserlesenen Geschmack, der dieser Nation von jeher zu eigen ist, seine schönsten maurischen Denkmäler erhalten hat.

Bei ihrem Abzug sprengten die Franzosen mehrere Türme der Aussenmauern und liessen die Festungsbauten rein militärischen Charakters in kaum haltbarem Zustand zurück. Dadurch verlor die Alhambra ihre Bedeutung als strategischer Stützpunkt und als Garnisonsort. Heute beherbergt sie nur noch eine handvoll Invaliden und abgerüstete Frontkämpfer, deren Aufgabe es ist, einige noch stehende Türme zu bewachen, die ab und zu als Staatsgefängnis dientn. Der Festungskommandant hat seinen Amtssitz in Granada aufgeschlagen, von wo aus er viel leichter und bequemer seinen Dienst erledigen konnte.

Die Alhambra als solche ist schon so oft und so genau und ausführlich von ihren vielen Besuchern beschrieben worden, dass, wie ich annehme, jede weitschweifende und eingehende Behandlung dieses kunsthistorischen Themas überflüssig ist. Deshalb soll einleitend nur ein kurzer Bericht den Leser in die granadinische Umgebung einführen, und in knappen Worten will ich von unserem ersten Ausflug auf die Alhambra erzählen.

Gleich am Morgen nach unserer Ankunft verliessen wir zeitig in der Früh die *Posada* und besuchten den Platz von *Bibarrambla*, wo einstens die maurischen Ritter ihre Kampfspiele feierten und Tourniere hielten; heute ist es ein volksreicher Marktplatz, auf dem Marktfahrer, Handwerker und Bauern ihre Produkte zum Kaufe anbieten. Von da gingen wir den *Zacatín* entlang, eine der Hauptstrassen der Stadt, früher der grosse Bazar, mit kleinen Läden und engen Seitengassen nach orientalischem Geschmack, bis wir endlich zum Palast des Generalstatthalters kamen. Den freundlichen Anweisungen der befragten Einheimischen folgend stiegen wir dann ein schmales, steiles und viel gewundenes. Gässchen hinan, dessen Name *calle de Gomeres* uns an die ritterlichen Tage Granadas erinnerte, als diese in Chroniken und Liedern gefeierte Familie dem maurisch-spanischen Vaterland noch tapfere Soldaten und kluge Diplomaten schenkte. Der genannte Weg führt bis zu einem im Auftrage Karls V. erbauten grossen und massiven

Tor und griechischem Baustil das den Eingang zur Alhambra darstellt.

Auf einer Steinbank vor diesem Tor, dem Granatentor, schlummerten friedlich zwei oder drei Soldaten in zerschlissenen Uniformen, die als Nachfolger der ehemaligen maurischen Hofherrn aus dem adeligen Geschlechte der —*Zegries* und *Abencerrajes*— dort ihren gewiss nicht aufreibenden Dienst versahen. Ein grosser, magerer Bursche, dessen brauner Mantel anscheinend den schlechten Zustand seines Anzuges verbergen sollte, hockte in der Sonne und plauderte mit dem auf Posten stehenden Veteranen. Als wir das Tor betraten, kam dieser junge Mann sofort gemessenen Schrittes auf uns zu und erbot sich, uns die Festung zu zeigen.

Wie alle erfahrenen Reisenden habe auch ich eine Abneigung gegen hauptberufliche und nebenberufliche Fremdenführer, ganz abgesehen davon, dass mir in diesem Falle auch das Aeussere des Bewerbers absolut nicht gefiel.

«Vermutlich sind Sie mit dem Ort genauest bekannt?»

«*Ninguno más; pues, señor, soy hijo de la Alhambra*».
«Niemand besser als ich, Herr, denn ich bin ein Kind der Alhambra.»

Die poetische Ausdrucksweise fesselte mich augenblicklich; selbst das zerlumpte Gewand meines neuen Bekannten nahm jetzt in meinen Augen eine bestimmte Würde an. «Ein Sohn der Alhambra!» In ihm verkörperte sich das wechselvolle Geschick dieses Platzes, und sein Aeusseres stand im Einklang mit der engeren Umgebung und passte vollkommen zum edlen Nachkömmling in einer Ruine.

Ich richtete einige weitere Fragen an den jungen Mann und fand, dass er sich mit vollem Recht obigen Titel zugelegt hatte. Seine Familie lebte von Geschlecht zu Geschlecht seit dem Abzug der Mauren und der Eroberung der Alhambra durch das Christenheer im Festungsbereich. Er heisse Mateo Jiménez, so sagte er mir.

«Dann sind Sie vielleicht gar ein Nachkomme des grossen Kardinals Jiménez?», fragte ich ihn.

«*¡Dios sabe, señor! Das weiss nur Gott, Herr! Möglich ist es*. Wir sind die älteste Familie auf der Alhambra; gehören zu den alten Christen —*cristianos viejos*—, sind reinblütig und niemals mischte sich einer von uns mit Juden oder Mauren. Ich weiss, dass wir einer adeligen Familie angehören, doch kann ich nicht sagen wie sie heisst. Mein Vater kann Sie darüber genauer unterrichten, denn in seiner Hütte oben auf der Festung hängt ein Wappen mit Farben und Adler im Schilde.»

Es gibt keinen Spanier, mag er auch noch so arm sein, der nicht irgendeinen adeligen Vorfahren oder den Anspruch auf ein Adelsprädikat hätte, was leicht verständlich ist, wenn man bedenkt, dass dieses tapfere Volk durch sieben Jahrhunderte im Kampf gegen die Mauren stand, bis endlich seine Heimat wieder frei und christlich ward. Bei meinem Freund Jiménez gefiel mir indessen der Titel, den er sich selbst zugelegt hatte, und gerne nahm ich daher die Dienste dieses «Sohnes der Alhambra» an.

Auf unserem Weitermarsch kamen wir in einen schluchtähnlichen, mit schönen, wohlriechenden Sträuchern und Büschen bewachsenen Graben. Ihn durchkreuzten Wege und Pfade, an deren Seiten sich bequeme Bänke und leise murmelnde Brunnen befanden, die zur Verschönerung des Gesamtbildes beitrugen. Zu unserer Linken ragten die Türme der Alhambra in den blauen Himmel hinein; rechts, auf der entgegengesetzten Seite der Schlucht beherrschten zwei Trutztürme auf einem zerklüfteten Felsvorsprung die Umgebung. Dies waren, wie man uns sagte, die —*Torres Bermejas*—, wegen ihrer Farbe die —Roten Türme— genannt, deren Ursprung niemand kannte, oder wenigstens sehr umstritten war. Bestimmt sind sie viel älter als die Alhambra selbst. Einige glauben, dass sie von den Römern erbaut wurden, andere wieder meinen, dass es sich um Reste einer frühzeitigen Phöniziersiedlung handle. Wir überliessen die Lösung dieser Frage gerne zuständigeren Personen und stiegen den schattigen Weg hinan und kamen schliesslich zu einem massiven, viereckigen maurischen Turm, eine Art von Aussenwerk, durch den der Haupteingang in die Festung führte. Auch hier war eine Wache von alten Soldaten; einige schliefen, andere rauchten und einer stand Posten, der eine feierliche Amtsmine aufsetzte, als er uns sah. Dieses Portal ist das Tor des Gerechtigkeit —*la*

Puerta de la Justicia—; so genannt wegen des mohammedanischen Brauches, unter seinem Bogen allsogleich kleinere Vergehen und Uebertretungen zu richten, damals als noch islamitische Gesetze galten. Es ist dies eine alte von orientalischen Völkern heute noch geübte Sitte, auf die schon in der heiligen Schrift angespielt wird, wenn der Gesetzgeber da sagt: Ihr werdet Richter und Schreiber in alle Tore setzen, welche mein Volk nach Fug und Recht mit ehrlichem Sinne richten sollen!

Den Torgang bildet ein grosser auf starken Kämpen ruhender arabischer Hufeisenbogen, der bis zur halben Höhe des Turmes hinaufreicht. Sein äusserer Keilstein zeigt eine Riesenhand, jedoch auf die Innenseite der Torhalle da meisselte der Baumeister einen grossen Schlüssel in den Bogenschlusstein. Historiker und Kunstkenner arabischen Schaffens behaupten, dass die Hand das Symbol der Lehre Mohammeds sei, und die ausgestreckten fünf Finger auf die koranischen Grundgebote Bezug hätten, die da sind: Fasten, Almosengeben, eine Pilgerfahrt nach Mekka, Waschung und Krieg gegen die Ungläubigen. Der Schlüssel, sagen sie weiter, sei das Wahrzeichen des Glaubens und der Macht, das die Fahnen der maurischen Eroberer schmückte, als Widersacher des Kreuzzeichens, als sie in wilden Horden Andalusien besetzten und brandschatzten. Allerdings gab uns der anerkannt legitime Sohn der Alhambra, und er musste es wissen, eine ganz andere Erklärung von beiden Zeichen, die sich mit der Wissenschaftler nicht deckte und bestimmt nicht von Bibelforschern und Korankennern stammte. Man muss nämlich bedenken, dass alles was irgendwie mit dieser alten maurischen Pfalz in Verbindug stand, für den Mann aus dem Volke Granadas etwas Geheimnisvolles und Magisches an sich hat, das er abergläubisch glaubt und als wahr annimmt.

So versicherte uns Mateo, dass nach einer mündlich überlieferten alten Sage, die ihm Grossvater und Vater erzählten, diese Hand und der Schlüssel Zauberzeichen wären, von denen das Geschick der Alhambra direkt abhinge. Der Erbauer der Burg war ein grosser Zauberer gewesen, und hatte, wie andere glaubten, sogar seine Seele dem Teufel verkauft und den ganzen Festungsbau unter einen magischen Bann gelegt. Als

Folge davon überdauerte dieser maurische Königspalast alle anderen Gebäude aus der gleichen Zeit, die von Erdbeben und Feuersbrunsten in Trümmer gelegt wurden. Dieser Zauber, so sagt die Legende weiter, werde Jahrhunderte und viele Lustren dauern, bis endlich die Hand den Schlüssel ergreifen und den Bann brechen könne. Dann sollten alle Bauwerke in Schutt zerfallen, Böden würden sich öffnen, Felsen spalten, Mauern stürzen, so dass die zur Maurenzeit vergrabenen Schätze ans Tageslicht kämen.

Trotz dieser bestimmt unheilschwangeren Prophezeiung schritten wir durch den verhexten Torweg und empfahlen uns der heiligen Jungfrau María, deren Skulptur wir in einer Mauernische bemerkten.

Wir liessen dann das genannte Aussenwerk hinter uns und stiegen eine schmale, sich zwischen Mauern dahinwindende Gasse hinauf und gelangten endlich auf einen freien Platz innerhalb der Festung der die *Plaza de los Aljibes* gennant wird. Hier befinden sich die in den lebenden Felsen gehauenen grossen Wasserbehälter und Zisternen —*los Aljibes*—, in denen sich das für die Bewohner der Paläste und die Besatzung der Festung notwendige Wasser sammelte und immer wieder frisch ergänzt wurde, um für solche Fälle Vorsorge zu treffen, wenn äussere oder innere Finde in Kriegen und bei Revolutionen den Potentaten und ihren Gefolgsmännern das köstliche Nass entzogen und die Wasserleitungen abschnitten. Sehenswert ist hier noch ein ungeheuer tiefer Brunnenschacht, aus dem man das reinste und kälteste Wasser der Umgebung mit Kübeln an langen Stricken heben konnte. Unermüdlich waren die Mauren auf der Suche nach jenem lebenswichtigen Element, das sie in seiner vollen Reinheit schöpfen wollten!

Auf der Vorderseite dieser Esplanade steht unvollendet der Kaiserpalast, der, von Karl dem Fünften begonnen, einmal die alte Residenz der maurischen Könige verdunkeln sollte. Bei all seiner Grösse und seinem unleugbaren architektonischen Werte passt er doch nicht harmonisch in die Umgebung und fügt sich keinesfalls schön in das orientalische Gesamtbild. Wie ein unerwünschter Eindringling schien er uns, anmassend und stolz, und schnell gingen wir an ihm vorüber und traten in ein einfaches, prunkloses Tor, das ins Innere der Alhambra führte.

Der Szenenwechsel war fast märchenhaft zu nennen. Wir fühlten uns in frühere Zeiten rückversetzt und als Teilhaber einer längst vergangenen Geschichte. Niemand kann sich die Herrlichkeiten vorstellen, die nach aussen so ärmlich schienende Maurenpaläste in sich bergen. Wir befanden uns in einem grossen mit weissem Marmor gepflasterten, reich verzierten Hof. An seinen beiden Enden konnte man schöne arabische Rundbögen bewundern, deren zierlichen Säulen Pilaster und Wölbungen architektonisch feinster Konstruktion trugen. Auch sahen wir herrliche Stuckarbeiten und Gipsschnitte zwischen Sims und Bogen von selten lebhafter und dabei doch feiner Polychromie. Das Wasserbecken in ungewöhnlichen Dimensionen, hundertdreissig Fuss lang und dreissig Fuss breit, das die Mitte dieses schönen *Patios* einnahm, war voll farbiger Fische, und von blühenden Rosenhecken eingefasst. *Patio de la Alberca* heisst dieser Hof, der als Musterbild solcher granadinischen Anlagen gelten kann. Das Bassin, spanisch *alberca* und arabisch *al beerkah* genannt, gab ihm den Namen. Der am oberen Ende der Anlage hintern Portikus stehende massive Turm, dessen Zinnen drohend herunterschauen, lässt die Galerien graziös und zierlich erscheinen. Es ist die *Torre de Comares*, der Bergfried der Alhambra.

Durch einen maurischen Bogengang gelangten wir weiter in den berühmten Löwenhof. Er gehört zu den bekanntesten und am meisten reproduzierten Teilen Granadas, und wohl kein Teil und kein Saal der Paläste gibt einen vollkommeneren Begriff von der ursprünglichen Schönheit und Pracht der maurischen Alhambra als dieser —*Patio de los Leones*—, dem die Jahre, die Witterung und menschliche Raubsucht wenig Schaden zugefügt haben. In seiner Mitte steht der in Gesängen und Erzählungen gefeierte und aus unzähligen Zeichnungen bekannte Löwenbrunnen. Die Alabasterschalen giessen noch immer ihre diamantenen Tropfen aus, wie damals zur Zeit Boabdils; und die zwölf Löwen tragen das Wasserbecken wie ehedem, als die Baumeister Mohameds V. das Kunstwerk schufen. Blumenbeete ersetzen die früheren Bodenfliesen aus reinstem Marmor. Diese Veränderung führten die französischen Truppen durch, als sie die unbeliebte und nichtgewollte Besatzung der Stadt stellten. Die den Hof umgebenden Arkaden, welche von zierlichen weissen Marmorsäulen getragen werden, zeigen herlichen Wabenschmuck, schönste Stuckarbeiten und künstlerischen Wandbelag. Wie in allen Teilen des Palastes zeigt auch hier die Architektur eher ausgesuchte Feinheit und exquisite Eleganz als bauliche Erhabenheit und Grösse. Sie verrät einen zarten, anmutigen Geschmack, der den Neigungen der Bewohner zu besinnlichem und müssigem Genuss und Vergnügen Rechnung trug. Wenn man die feenhaften Verzierungen an den Laubengängen betrachtet, die anscheinend zerbrechlichen Stukkaturarbeiten an Bögen und in den Wölbungen, die Waben und Ruten an Säulen und Trompen, dann staunt man wirklich, dass so viele seltene Kunstwerke den zerstörenden Einfluss der Jahrhunderte, die Stösse der Erdbeben, die Heftigkeit der Kriege und Revolutionen, und ganz besonders die stille, aber nicht minder verderbliche Diebshand und Sammelwut angeblich kunstsinniger Besucher überdauert haben. Diese Tatsache genügt wahrhaft, um den Volksglauben und die Sage vom magischen Baumeister der Alhambra als wahr anzunehmen, denn nur ein Zauber konnte die Burg beschützen und der Nachwelt erhalten.

Auf der einen Seite des Hofes führt ein reich verziertes Portal in eine hohe, mit weissem Marmor belegte Halle, dem Saal der beiden Schwestern, der wegen seiner prachtvollen Innendekoration zu den schönsten Räumen der Alhambra gehört. Ein Kuppel lässt von oben ein gedämpftes Licht ein und gestattet gleichzeitig der Luft freien Durchzug. Der untere Teil der Wände ist mit schönen maurischen Tonfliesen belegt, deren glasierte Ziermotive ein Meisterwerk sind, und teilweise bis heute unerreichte Farbtönungen aufweisen. Die Wände deckt an Filigranarbeiten erinnernder Stuck, wie er in Damaskus ausgeführt wurde, dessen Zeichnungen, Zierarten und Arabesken von Medaillons mit Koransprüchen und poetischen Inschriften unterbrochen werden, um auf diese Art keine Gleichförmigkeit aufkommen zu lassen. Die Verzierungen der Wände und Kuppeln sind reich vergoldet und die Zwischenräume mit Azurblau und anderen dauerhaften Farben bemalt. Auf jeder Seite des Saales gibt es Nischen für Ottomanen und Ruhebetten. Alles ist in dieser Halle perfekt, alles endgültig ausgearbeitet, und nie konnte ein besseres Kunstwerk mehr aus Gips, Lehm und Ton, Farben und Gläsern geschaffen werden. Mit Staunen bewundert man die herrliche Kuppel, die dank ausgezeichneter Lichtwirkungen gewichtlos, frei und luftig im Raum zu schweben scheint. Ueber einem inneren Bogengang befindet sich ein schöner Balkon, der früher mit den Frauengemächern in Verbindung stand. Sein Fenster besitzt noch das Gitterwerk aus der Maurenzeit, durch welches die dunkeläugigen Schönen ungesehen auf die Festlichkeiten im Saal herabblicken und *Zambras* und andere Tänze bewundern konnten.

Bei der Betrachtung dieses orientalischen Prachtwerkes erinnert man sich ungewollt an alte arabische Märchen, und der phantasievolle Besucher glaubt die ihm winkende weisse Hand einer schönen jungen Prinzessin zu sehen, oder er spürt gar den feurigen Blick eines dunkeln Auges, das durch das engmaschige Gitter des Fensters funkelt. Hier hat die Schönheit ihr Heim, und es scheint als hätte sie gestern noch leibhaftig mit ihrem Odem den Raum beseelt. Aber, wo sind die zwei Schwestern, wo die Zoraidas, wo die Lindarajas?

Auf der entgegengesetzten Seite des Löwenhofes befindet sich der Saal der Abencerrajes, so genannt nach den tapferen Rittern jenes erlauchten Geschlechtes, die in diesem Salón treulos und hinterhältig hingeschlachtet wurden. Allerdings gibt es Leute, die das grausame Ereignis nicht glauben wollen und diesen Massenmord eines königlichen Wüteriches als geschichtlich nicht erwiesen annehmen; doch unser Begleiter Mateo war viel besser unterrichtet, denn er zeigte uns die kleine Tür, durch welche die jungen Aristokraten einzeln, einer nach dem anderen, zum weissen Marmorspringbrunnen in der Mitte des Saales geführt wurden, wo auf sie bereits der Henker wartete, um augenblicklich seines blutigen Handwerkes zu walten. Er machte uns auch auf rote Flecken im weissen Pflaster aufmerksam, die er dem Volksglauben entsprechend als die unauslöschlichen Blutspuren jener Untat deutete. Mein gläubiger Blick munterte den guten Mateo auf, in seiner Erzählung fortzufahren, und er berichtete also, dass man oft in der Nacht im Löwenhof leise und unbestimmte Geräusche höre, so als ob eine grosse Menschenmenge versammelt wäre. Dann wieder vernahm man das ferne Klirren und Rasseln von Ketten und Ringen, unterbrochen von einem herzerweichenden Stöhnen, Seufzen und Weinen. All dieses Rauschen verursachte wahrscheinlich das Wasser, welches unter dem Pflaster in Röhren und Kanälen zu den Brunnenanlagen geleitet wird, aber der Sohn der Alhambra glaubt seinerseits diese für ihn banale Geschichte nicht, sondern er ist davon überzeugt, dass es die Geister der ermordeten Abencerragen sind, die zu nächtlicher Stunde den Schauplatz ihres Leidens besuchen und die Rache des Himmels auf ihre Mörder herabrufen.

Von Löwenhof kehrten wir wieder zum Fischteich im *Patio de la Alberca* zurück und wandten uns dem Turme des Comares zu, so genannt nach dem arabischen Architekten, der ihn entwarf. Dieses Bauwerk ist von massiver Stärke; es steht auf einem steilen jäh zum Darro abfallenden Felsen und überragt weit alle anderen Türme und Paläste. Ein maurischer Bogengang führt uns in eine geräumige Halle im Innern des Turms, die das Audienzimmer der Könige Granadas war und daher auch —*el Salón de Embajadores*—, der Salón der Gesandten genannt wird. Ebenso hier, wie überall reichste Spuren vergangener Pracht! Die Wände sind mit Stuck und Arabesken verziert; die gewölbte Decke, mit Zedernholz getäfelt, strahlt noch in reicher Vergoldung und Farbenpracht. Auf drei Seiten des Saales sind durch die dicken Mauern des Turmes tiefe Fenster geschlagen, deren Balkone auf das grüne Tal des Darro, auf die Strassen und Klöster des Albaycin herabsehen und eine Aussicht über die ganze Ebene der *Vega* von Granada gestatten. Hier im Salón der Gesandten war das Nervenzentrum des politischen und diplomatischen Lebens des spanisch-maurischen Königreiches, von wo aus das Geschick des islamitischen Granadas gelenkt wurde, als es bereits vom Tode gezeichnet war.

Ich könnte fortfahren und die anderen Gemächer dieses Teiles der Burg bis ins Einzelne beschreiben: so den *Tocador* oder das Ankleidezimmer der Königin, ein offener Wandelgang auf Turmeshöhe, wo Sultaninnen einstens lustwandelten und die Aussicht auf das umliegende irdische Paradies genossen, während die kalte Gebirgsluft von der Sierra Nevada her ihre heissen Gemüter kühlte. Ich könnte dem Leser vom Garten der Lindaraja erzählen, von seinem Alabasterspringbrunnen, von seinen Rosen und Myrthen, den Zitronen und Orangen, die darin wachsen und ihn zum Zufluchtsort romantischer Träumer macht. Berichten möchte ich allen Poeten von den kühlen Hallen und Grotten, den Bädern und Erkern, wo der Glanz und die Hitze der südlichen Sonne gemildert wird, so dass angenehme Kühle den Besucher umfächelt. Doch ich unterlasse es, denn der freundliche Leser soll jetzt nur den Schauplatz der Geschichten von der Alhambra in grossen und groben Zügen kennenlernen, um dann später allmählich mit dem ganzen Bau und allen seinen Lokalitäten, sowie auch mit Granada und seiner Umgebung bekannt zu werden.

Ein reicher Zufluss von Wasser, das durch alte maurische Leitungen vom Gebirge her dem Schlossberg zugeführt wird, fliesst und pulsiert durch den ganzen Palast; es strömt in die Bäder, bewässert die Fischteiche, sprudelt aus Brunnen und springt aus Fontänen, es murmelt in Kanälen oder ergiesst sich über Marmorböden. Hat nun das Wasser auf diese Art dem königlichen Palast seinen Tribut bezahlt, seine Gärten und Wiesen, Blumen und Bäume befeuchtet, dann fliesst es langsam den Hügel zur Stadt hinab, bildet Brunnen und Teiche, Rinnsal und Bach, und lässt so die Hänge der Alhambra in ewigem Grün prangen.

Nur wer im heissen Klima des Südens lebte, kann den Wert eines Ortes schätzen, wo kühle Gebirgsluft, saftig grüne Wiesen und Felder, Blumen und der Sang der Vögel des Menschen Leib und Seele stärken und erfreuen. Während die Stadt unten in der Glut der Mittagshitze schmachtet und die versengte Vega vor den Augen des Beschauers flimmert, ziehen angenehme Lüfte von der Sierra Nevada durch diese hohen Hallen und bringen das Aroma und den Duft der umliegenden Wundergärten mit sich. Alles ladet zu jener trägen und vergessenden Ruhe ein, die man nur im Süden kennt, fühlt und erlebt, wo das Rauschen des Laubes, das Murmeln eines fliessenden Wassers, das Plätschern eines Springbrunnens den Menschen sanft in Schlaf wiegt.

AUF DEM TURM DES COMARES

Nach dieser kurzen Beschreibung der Alhambra wollen wir uns nun auch, lieber Leser, die Umgebung näher ansehen, in die dieser «*zu Stein gewordene Traum aus den Märchen von 1001 Nacht*» von seinen arabischen Bauherrn hineingesetzt wurde. Wir steigen also an einem heiteren, klaren Sommermorgen frühzeitig bis zu den Zinnen der —*Torre de Comares*— hinauf. Noch hat die Sonne nicht genügend Kraft gehabt, um die frische Nachtluft zu erwärmen. Es ist angenehm kühl und also der richtige Zeitpunkt, sich Granada und die *Vega* aus der Vogelperspektive zu betrachten.

Wir durchschreiten raschen Schrittes die reichverzierte Vorhalle, die zum Saal der Gesandten führt. Doch betreten wir diesen nicht, sondern wenden uns links zu einer kleinen in die Wand geschlagenen Tür. Achtung! Es ist sehr wenig Licht und die Wendeltreppe windet sich steil durch den Turm. Auf dieser dunklen und engen Stiege, über dieselben ausgetretenen und verbrauchten Stufen, auf denen wir stehen, stiegen die stolzen Monarchen von Granada und ihre Sultaninnen zur Warte des Bergfrieds hinauf, um die Zuzüge zum Christenheer zu beobachten oder den Kämpfen in der Ebene zuzuschauen. Endlich sind wir oben auf der hohen Terrasse und schöpfen etwas Atem, denn anstrengend war der Weg. Mit einem einzigen Blick überschauen wir das glänzende Panorama von Stadt und Land, die wild zerklüfteten Berge, das ewig grüne Tal, die fruchtbare Ebene, die Burg, den Dom, maurische Türme und gotische Kirchen, zerfallende Ruinen, blühende Gärten und Haine.

An die Zinnen herantretend sehen wir unter uns, wie an einem Hochrelief, den ganzen Plan der Alhambra offen vor uns liegen. Gerade unten am Fusse des Turms ist der —*Patio de la Alberca*— mit seinem grosem blumenumkränzten Fischteich; dort liegt der Löwenhof mit dem berühmten Springbrunnen und seinen leichten maurischen Arkaden; in der Mitte, gleichsam als Herzstück des ganzen Baues, sehen wir den herrlichen *Jardín de Lindaraja*; bis zu uns herauf duften die

Rosen, leuchtet das Gelb der Zitronen und schillert das smaragdene Grün des Buschwerkes, das diesen poetischen Fleck ziert.

Der Gürtel von Mauern und Zinnen, die grossen viereckigen Türme, die sie stützen und festigen und den ganzen Bergrand einsäumen, bilden die Aussengrenze der Festung. Einige von den Türmen liegen in Trümmer, und alte Weinstöcke, knorrige Feigenbäume und Aloesträuche decken ihre massiven Bruchstücke, wie Efeu ein altes Heldengrab.

Und nun wollen wir uns der Nordseite des Turmes zuwenden. Aus schwindelnder Höhe ragt er steil empor und scheint direkt aus den Wipfeln der Bäume hervorzuwachsen, die den Berghang zieren. Etwas ängstlich beobachten wir einen Riss im Gemäuer, und gruselnd denken wir daran, dass ihn eines jener Erdbeben öffnete, deren Dröhnen Mensch und Tier erzittern lässt und von denen eines später einmal den zerbröckelnden Turm und das ganze Bauwerk in Schutt und Trümmer legen wird, an dem schon heute der Zahn der Zeit auffällig nagt. Die tiefe Schlucht unter uns, die sich allmählich erweitert, ist das vom Gebirge kommende Tal des Darro. Man sieht den kleinen Fluss, wie er sich unter schattigen Terassen durch Obstgärten und Blumenanlagen hinschlägelt. Einmal, lange ist's schon her, war er wegen seines Ruchtums an Gold berühmt, und gelegentlich noch wird sein Sand gereinigt und von armen Leuten beiderlei Geschlechts nach dem kostbaren Metall durchsucht. Viele der weissen Gartenhäuser, die hier und dort zwischen Bäumen und Weingärten hervorschimmern, waren maurische Landsitze, wo die Granden Granadas die heissen Stunden der Sommertage verbrachten. Mit Recht vergleichen Poeten diese lieblichen Ansitze mit Perlen, die ein kunstbeflissener Goldschmied in Smaragd fasste.

Der hohe Palast und seine schlanken weissen Türme und langen Säulengänge, er lehnt sich unter prachtvollen Baumgruppen und zwischen hängenden Gärten dort draussen an den Berg, das ist der Generalife, das Sommerschloss der Maurenkönige. Es ist ein Wunderwerk der Gartenbaukunst mit märchenhaften Blumenarrangements, an deren Ausführung besimmt Generationen fein fühlender Künstler arbeiteten. Der nackte Berggipfel, der über das Gartenschloss hinausragt, und wo man einige schon formlose Ruinen bemerkt, heisst *Silla del Moro*, der Maurenstuhl könnte man sagen; dorthin flüchtete sich König Boabdil während einer Volkserhebung und schaute mit tief betrübten Sinnen auf die empörte Stadt hernieder, deren Einwohner aktiv in die Innenpolitik des Landes eingegriffen hatten.

Dann und wann hört man vom Tale herauf das Wasser über die alte maurische Mühle am Fuss des Schlossbergs rauschen. Der von hohen, schattigen Bäumen eingesäumte Weg längs des Ufers des Darro ist die *Alameda*, wo abends Bürgersfamilien und Aristokraten lustwandeln, und nächtlich sich Verliebte ein Stelldichein geben. Dann, in lauen Sommernächten hört man von den Bänken her leise Liebeslieder zum reizenden Klang einer Gitarre. Jetzt allerdings, zu dieser frühen Stunde, bevölkern die *Alameda* nur einige gravitätisch daherschreitende und heftig gestikulierende Mönche und Priester, wie auch eine grössere Gruppe von Wasserträgern mit Krügen und Amphoren von rein maurischen Formen.

Aus den ruhigen und träumerischen Betrachtungen schreckt uns der starke Flügelschlag eines Habichts, den wir aus seinem Neste gescheucht hatten. Dieser alte Turm ist nämlich die bevorzugte und gesuchte Brutstätte hunderter Vögel; in den Ritzen, Spalten und Löchern des Mauerwerks nisten Scharen von Hausschwalben, Mauerseglern und anderen gefiederten Freunden des Menschen, die den ganzen Tag zwitschernd den Turm umflattern und reges Leben in die Einsamkeit bringen. Des Nachts, wenn die anderen Vögel schlafen, dann kommt die Eule aus ihrem Versteck hervor und lässt von den Zinnen ihren düsteren Schrei hören. Sieh nur!, werter Freund, wie der von uns aufgeschreckte Habicht über die Wipfel der Bäume dahinschwebt und nach der Beute stösst; jetzt segelt er hinüber zu den Ruinen oberhalb des Generalife, und nun verschwindet er fern in den Lüften!

Wenn wir diese Seite des Turmes nun verlassen und uns dem Westen zuwenden, dann schaut man hinaus über die weite *Vega* bis zu den fernen Bergen, wo einstmals die Grenze, die heiss umstrittene Mark des mohammedanischen

Granada und des Reichs der Christen stand. Noch sind deutlich Burgen und Wachttürme zu erkennen, sowie auch befestigte Dörfer, deren Mauern und Zinnen mit dem Felsen, auf dem sie erbaut wurden, ein Stück zu bilden scheinen. Da und dort, an genau berechneten Stellen des Gebirges ragen einsame Türme in die Wolken hinein; es sind die *Atalayas*, von deren Plattform aus die Wachmannschaften mittels Feuer in der Nacht, und Rauchzeichen unter Tags das Herannahen von Feinden anzeigten. Durch eine wilde Schlucht dieser Berge, über den Pass von Lope stiegen die christlichen Heere in die *Vega* hinab, und am Fusse jenes grauen, fast isoliert dastehenden Berges, der wie ein Vorgebirge, in die Ebene hineinreicht, war es, wo die christlichen Schwadrone unter Trommelwirbel und Trompetenschall mit fliegenden Fahnen zur Entscheidungschlacht Aufstellung nahmen. Dort hinten liegt auch die bekannte Brücke von Pinos, um deren Besitz sich oftmals Christen und Mauren stritten, denn sie gab den Weg nach Granada frei. Aber dieser Flussübergang hat auch seine welthistorische Bedeutung! Hier holten die Eilboten Isabells den Kolumbus ein, als dieser voll Verzweiflung Spanien den Rücken kehren und Frankreichs König seine Entdeckungspläne vorlegen wollte. Sie riefen ihn ins christliche Hauptquartier zurück, nach *Santa Fe*, der Stadt, die von den *Reyes Católicos*, den katholischen Königen, während der Belagerung von Granada gegründet wurde. In diesen Mauern, man sieht sie gerade im Herzen der *Vega* schimmern, war die Hofhaltung des königlichen Ehepaars, und dort sagte die weitsichtige Königin dem zukünftigen Grossadmiral Kastiliens all jene Unterstützung zu, die zur Entdeckung der westlichen Welt führte.

Nach dem Süden hin erfreut sich das Auge des Beschauers der üppigsten Reize. Eine blühende Wildnis von Bäumen, Blumen und weitausgebreiteten Obstgärten, durch die sich wie ein feines Silberband der Genil durchschlängelt und dabei eine Unzahl von Bewässerungskanälen speist; kunstvolle Anlagen der Mauren! Wie damals erfüllen sie weiter ganz ihren Zweck und lassen die *Vega* im Immergrün prangen. Hier, umgeben von Gärten standen die lieblichen Sommerhäuser und Landsitze der granadinischen Mauren, um die sie so verzweifelt kämpften und deren Besitz sie nicht missen wollten. Die armen Bauernhütten und Gehöfte, die nehmen heute ihren Platz ein; sie zeigen noch Spuren einstiger Grösse und Schönheit, und da und dort findet man Stuckarbeiten und Arabesken, geschmackvolle Fliesen und wertvolle Majolikaplatten, die des Kenners Auge erfreuen.

Über den schattigen Teil des Tales hinaus, dort wo ein langer Zug von Mauseln sich den ausgedörrten Hang eines Hügels herabbewegt, dort liegt der in Liedern und Romanzen gefeierte und als «Maurenseufzer» bekannte Gipfel, der letzte Anhaltepunkt Boabdils auf seiner Flucht aus Europa. Dort schaute er seufzend und weinend auf das verlorene Granada zurück, das er nicht zu verteidigen im Stande war.

Erhebe nun Beschauer deine Augen zu den schneeigen Gipfeln jener Gebirgsmasse! Wie eine blendend weisse Wolke glänzt sie am blauen Himmel. Es ist die *Sierra Nevada*, der Stolz, die Freude und das Entzücken Granadas; der Quell seiner kühlen Winde und des ewigen Grüns, seiner sprudelnden Brunnen und nie vertrocknenden Wasserwerke. Dieser herrliche Gebirgsstock ist es, der dem Granada des heissen Andalusiens die Reize des Nordens verleiht; in diesem Garten Gottes eint und mengt sich die frische Luft des gemässigten Klimas mit der Glut der tropischen Sonne, während sich über die grünende *Vega* ein wolkenloser blauer Himmel wölbt, wie man solchen nur weit im Süden finden kann. Die Gipfel der *Sierra Nevada* deckt ewiger Schnee, dessen Wässer im Sommer durch die Schluchten der *Alpujarra* brausen und Bäche und Flüsse speisen, deren Nass der Segen des Landes ist.

Die hohe Bergmasse Granadas beherrscht fast das ganze untere Andalusien und kann von fernher gesehen werden. Der Maultiertreiber begrüsst sie, wenn er von der schwülen Ebene aus ihre Schneehäupter erblickt, und dem Matrosen draussen weit im mittelländischen Meer ist dieser Bergstock ein Wahrzeichen der Heimat. Träumerischen Auges sieht er die weissen Gletscher, denkt dabei an das wonnevolle Granada und singt mit leiser Stimme melancholisch einen *Fandango*.

Doch genug nun, die Sonne steht bereits hoch am Himmel

und ihre Strahlen fallen brennend auf uns herab. Schon erhitzen sie die Turmterrasse. Gehen wir! Unter den Arkaden des Löwenhofes wollen wir uns erfrischen und von vergangenen Zeiten träumen. Es war einmal!...

DIE MAURENHERRSCHAFT IN SPANIEN

Von den drei Fensteröffnungen, die im schönen Salon der Gesandten die starken Mauern der *Torre de Comares* durchbrechen, war der Mittelbalkon mein Lieblingsplatz. Auch heute sass ich dort und genoss den Abend eines strahlenden Tages. Die Sonne versank gerade hinter den Bergen von Alhama und sandte noch einen Strom von Glanz und Licht auf das Tal des Darro herab. In melancholischer Pracht breitete sich der Wiederschein über die roten Türme der Alhambra, während die Vega, von einem leichten die Strahlen auffangenden Dunst bedeckt, einem Meer von flüssigem Golde glich. Kein Lufthauch störte die Ruhe der Stunde, und obwohl dann und wann leichte Musik und Gesang aus den Gärten unten zu hören waren, machten diese fernen Akkorde die Stille des Gebäudes nur noch viel fühlbarer. Eine jener Stunden und Ereignisse, in denen die Erinnerung eine fast magische Gewalt ausübt und gleich der diese morschen Türme beleuchtenden Abendsonne ihre zurückschauenden Strahlen aussendet, um die Schönheiten vergangener Zeiten in helles Licht zu rücken!

Während ich so die wunderbaren Lichteffekte betrachtete, die das untergehende Tagesgestirn auf die maurischen Mauern und Türme hinzauberte, erinnerte ich mich der leichten, eleganten und üppigen Formen, der Innenarchitektur der maurischen Paläste Granadas; unwillkürlich verglich ich die schwungvollen, leichten Formen des arabischen Kunstausdruckes mit der erhabenen und düsteren Feierlichkeit der gotischen Gebäude der spanischen Eroberer. Schon in der Bauart spiegeln sich die unversöhnlich entgegengesetzten Naturen zweier kriegerischer und ritterlicher Völker wider, die durch Jahrhunderte auf Leben und Tod um die Herrschaft auf der iberischen Halbinsel stritten. Wirklich seltsam, unerklärlich und traurig zugleich ist das Schicksal der *Moriscos*, der maurischarabischen Spanier, deren Dasein ein Märchen scheint, obwohl es dabei die seltsamsten und glänzendsten Episoden der europäischen Geschichte darstellt. Obwohl ihre Herrschaft dauerhaft und mächtig war, obschon Cordobas Kalifen und

Granadas Königen von Zeit zu Zeit eine grosse Bedeutung zukam und maurische Wissenschaften europäisches Denken beeinflussten, so wissen wir eigentlich nicht, mit welchem historischen Namen und unter welchem geschichtlichen Titel dieser Zeitabschnit des spanischen Seins behandelt werden soll. Die Mauren auf der iberischen Halbinsel waren gewissermassen eine Nation ohne rechtmässiges Vaterland und ohne Namen, ohne Heimat und Taufschein. Als eine ferne Woge der grossen arabischen Sturmflut kamen sie an europäische Gestade und landeten an den Küsten des Mittelmeeres, wo die Überfahrt am kürzesten war, mit der ganzen Wucht und der ursprünglichen Gewalt des vorwärtsstrebenden Islam. Ihr Eroberungszug vom Felsen Gibraltars, quer durchs Gotenreich bis hinauf zu den hohen und unübersteiglichen Pyrenäen war ebenso glänzend, rasch und unaufhaltsam wie die mohammedanischen Siege in Syrien und Aegypten. Ja, wäre ihnen nicht in der Ebene von Tours und Poitiers vom König der Franken «Karl Martell» ein energisches Halt geboten worden, derart, dass er sie nach der mörderischen Schlacht dort zum Rückzug nach Spanien nötigte, dann hätte die Weltgeschichte einen ganz anderen Lauf genommen, und auf den Türmen der Kirchen von Paris und London glänzte heute noch der Halbmond. Die Reiche Europas wären dann zerfallen und die christlichen Kulturen verschwunden, wie im Osten, in Afrika und Asien.

Einmal endgültig über die Pyrenäengrenze zurückgeworfen, gaben die aus asiatisch-afrikanischen Stämmen gemischten Eroberer das mohammedanische Prinzip der kriegerischen Ausbreitung auf und begannen in Spanien mit der Errichtung einer friedlichen und, ihrer Hoffnung nach, dauernden Herrschaft. Als Krieger waren sie tapfer, als Menschen ritterlich und als Machthaber klug und gemässigt. Fern ihrer alten Heimat liebten sie das Land, das, wie sie meinten, ihnen von Allah geschenkt worder war und bemühten sich, es mit all dem zu verschönern, was zum irdischen Glück eines Menschen beitragen konnte. Ihre Macht untermauerten und festigten sie durch ein System gerechter und weiser Gesetze; eifrig pflegten sie die freien Künste und alle Zweige der unterschiedlichsten Wissenschaften. Die umsichtigen Staatsoberhäupter und deren

Mitarbeiter förderten den Ackerbau, die Industrie und das Handwerk und schufen so allmählich ein Reich, dem wohl kein Land der Christenheit an Gedeihen, an Organisation und Entwicklung nahe kam. Auch umgaben sie sich mit all dem Schmuck, der lieblichen Anmut und Verfeinerung, dem Fühlen und Denken, dem Meditieren, den Lebensäusserungen, die die arabische Herrschaft im Osten zur Zeit ihrer grössten Blüte auszeichneten, so dass sich von hier das Licht orientalischer und klassischer Kenntnisse über den westlichen Teil des damals noch umnachteten Europas ausbreiten konnte.

Die Städte des arabischen Spaniens wurden der Sammelplatz christlicher Künstler und Handwerker, die sich im Süden bilden wollten. Wissbegierige Studenten aller Länder sah man in den Gängen der Universitäten von Toledo, Córdoba, Sevilla und Granada; angezogen vom Wissen grosser Lehrer kamen sie ins Maurenreich, um sich arabische Kultur anzueignen und die Schriften der grossen Männer und Klassiker des Altertums zu studieren, deren geistige Schätze zur Bildung und Formung europäischer Lebensäusserungen und westlicher Kultur so grundlegend massgebend wurden. Freunde von Poesie und Musik, grosse Mystiker und Denker gingen nach Córdoba und Granada; hier sollte ihnen die Sonne des Wissens aus dem Morgenland strahlen. An maurischen Fürstenhöfen und auf den Turnierplätzen hispano-arabischer Ritter traf man adelige Kämpen aus dem Norden, die sich hier in höfischen Sitten übten und auch im edlen Wettstreit hoch zu Ross mit den einheimischen Standesgenossen ihre Kräfte massen.

Wenn die mohammedanischen Bauten Spaniens, die Mezquita von Córdoba, der Alcázar von Sevilla und die Alhambra von Granada heute noch Inschriften zeigen, in denen von der Grösse und der Dauer der Maurenherrschaft gesprochen wird, und Dichter und Politiker sie für unvergänglich hielten, dann kann man dieses Hoffen und Glauben der einstigen Bauherrn wirklich nicht als eitel und unüberlegt, als ruhmredig und anmassend verurteilen oder gar belächeln. Jahrhunderte schon wehte die grüne Fahne des Propheten auf Türmen, Schlössern und Palästen Andalusiens, Geschlechter kamen und gingen, und noch immer hatten sie das Land in Besitz, das vor vielen Jahren ihre Urväter den römisch-gotischen Bewohnern entrissen. Sie waren bereits längere Zeit in Spanien als die Normannen in England! Es konnten daher die Nachkommen des Muza und Tarik auf keinen Fall wissen, dass sie über dieselbe Meeresenge, die einstens ihre Vorfahren siegreich übersetzten, einmal ins Exil hinübergetrieben würden, gerade so wenig wie die Normannen Englands und die Agnaten Wilhelms des Eroberers heute träumen mögen, dass sie wieder an die Küsten der Normandie zurück müssten, woher sie einstens kamen.

Bei all dem war dennoch das mohammedanische Reich in Spanien nur eine schöne ausländische Pflanze, die in dem von ihr verschönerten Boden keine Wurzeln schlug. Unübersteigbare Schranken des Glabens, der Sitten und des Volksbewusstseins trennten die spanischen Moriskos von ihren westlichen Nachbarn, während anderseits Meere und Wüsten im Osten jeden näheren Kontakt mit ihren Glaubensgenossen und Stammesbrüdern fast unmöglich machten. Die Mauren Spaniens waren immer ein isoliertes Volk, und ihre Existenz als solche, ein durch Jahrhunderte in die Länge gezogener ritterlicher Kampf ums Dasein in einem widerrechtlich in Besitz genommenen Land.

Sie waren die vorgeschobenen Posten des Islams im Westen Europas. Die iberische Halbinsel war die Walstatt, auf der die latino-gotischen Stammbewohner mit den arabischen Erobern um die Herrschaft stritten, bis endlich nach Jahrhunderten die feurige Kampfeslust der Mauren dem ruhigen Mut und der ausdauernden Tapferkeit der christlichen Spanier unterlag, und die Fahne mit den Wappen von Kastilien und Aragón auf der Alhambra Granadas gehisst wurde.

Die spanischen Mauren wurden als Volk ausgemerzt und als Nation vernichtet, was vollständiger bis heute noch nie geschah. Wo sind sie? Man frage die Küsten und Gestade Marokkos und der Berberei, ihre veröten Plätze! Die verbannten und flüchtigen Bewohner des so mächtigen Maurenreiches im Süden Europas verschwanden; von den barbarischen Stämmen Nordafrikas wurden sie aufgesogen und hörten auf, ein Volk zu sein. Durch acht Jahrhunderte kennt sie fast die Geschichte als Nation und Staat, als Volk, das geistig und politisch in die Formung europäischer Landesteile eingriff, und trotzdem, es blieb von ihm nicht einmal ein besonderer und bestimmter Eigenname. Ja selbst das Land, das sie als Heimat annahmen, das sie durch Jahrhunderte besassen, das sie bebauten und mit aller Kraft ihres feurigen Herzens liebten, selbst dieses Land kennt sie nur als unerwünschte Eindringlinge und Usurpatoren. Nur wenige zerfallene Denkmäler sind es, die heute noch von ihrer einstigen Macht und Herrschaft zeugen. Einsam und vereinzelt stehen sie da, ähnlich grossen Felsen und Steinklötzen, die von Hochwasser angeschwemmt noch nach Jahren an die stattgehabte Katastrophe erinnern. Ein Mahnmal dieser Art ist die Alhambra. Sie ist ein mohammedanisches Kunstdenkmal mitten in einem christlichen Land; ein orientalisches Bauwerk unter gotischen Palästen und Kirchen des Westens; das Gedenkzeichen an ein tapferes, kluges und anmutiges Volk, das eroberte, herrschte, baute und dahinschwand.

MEINE HAUSHALTUNG

Nun wird es endlich Zeit, dass ich eine kurze Beschreibung von meinem seltsamen Wohnsitz mache und dem lieben Leser etwas aus meiner nächsten Umgebung erzähle.

Eine alte Dame bester Herkunft, Doña Antonia Molina ist ihr Name, hat den königlichen Palast auf der Alhambra unter ihrer Aufsicht. Allgemein wird aber diese äusserst liebe und gutmütige alte Frau nach spanischer Sitte ganz vertraulich nur *Tía Antonia*, die Tante Antonie gerufen. Sie hält die maurischen Hallen und Gärten in Ordnungn, und als liebenswürdige Fremdenführerin zeigt sie diese Schönheiten den fremden Besuchern aus aller Welt. Für ihre Mühewaltungen stehen ihr alle Gartenerzeugnisse zu, ausgenommen dann und wann ein kleiner Zehent an Blumen und Früchten, der nach jeweiligem Wunsch dem in Granada wohnenden Festungskommandanten abzuführen ist. Auch fliessen die von ausländischen und einheimischen Besuchern je nach Herkunft und Charakter mehr oder weniger reichlich bemessenen Spenden in die private Schatulle unserer guten *Tía Antonia*. Sie bewohnt einige kleinere Räume, arabischen Stils die einen, spanischer Bauart die anderen, die in einem netten Winkel des Palastes liegen. Sie war nicht allein in ihrer poetischen Wohnung, sondern hatte einen Neffen und eine Nichte bei sich, Kinder zweier verschiedener Brüder, und lebte mit beiden jungen Menschen in wahrhaft glücklicher Gemeinschaft. Der Neffe hiesse Manuel Molina; ein hübscher junger Mann von gediegenem Wert und echt spanischem Wesen. Seinen Militärdienst hatte er bereits in Spanien und in Westindien abgedient und nun studierte er Medizin, in der Hoffnung, einmal mit der Stelle eines Amtsarztes auf der Festung betraut zu werden, ein äusserst erstrebenswerter Posten, der ihm wenigstens hundertvierzig *Duros* (1) jährlich eintragen würde. Die Nichte Dolores (2) war ein kleines etwas untersetztes Mädchen, schwarzhaarig und glut-

---

(1) 140 Taler.
(2) Die Schmerzensreiche.

äugig, das seine andalusische Herkunft nicht verleugnen konnte. Seines fröhlichen Charakters und der lustigen Laune wegen passte eigentlich dieser ernst traurige Taufname gar nicht zu ihr. Sie war dem vertraulichen Berichte Mateos nach die erklärte Erbin aller Besitzungen ihrer Tante, nämlich einiger halb verfallener Häuschen im Festungsbereich, die an die hundertfünfzig Duros jährlich abwarfen. Aus der gleichen Quelle erfuhr ich auch, dass zwischen dem ehrenvollen Manuel und seiner lustigen Base Bande der Liebe bestünden und dass zur Verwirklichung ihrer Wünsche nichts anderes fehle als das Doktordiplom und die päpstliche Dispens wegen der bestehenden Blutsverwandtschaft.

Die gute Frau Antonia erfüllt gern, gut und genau den mit mir abgeschlossenen Mietsvertrag. Die Kost ist schmackhaft, die Wohnung sauber, und die kleine herzige Dolores, die das Essen aufträgt und meine Zimmer in Ordnung hält, scheint mir jeden Wunsch von den Augen abzulesen. Mir steht dann noch ein grosser blondhaariger Junge Namens Pepe zur Verfügung, dem man wegen eines Sprachfehlers, er stotterte, nur zu Gartenarbeiten verwenden konnte, da er zur Führung von Fremden deswegen ungeeignet war. Gern wäre der arme Kerl mein Kammerdiener geworden, doch darin war ihm Mateo «der Sohn der Alhambra» zuvorgekommen. Mateo ist ein flinker und dienstfertiger Bursche, der es, ich weiss selbst nicht wie, fertig gebracht hatte, sich bei mir unentbehrlich zu machen. Seitdem ich ihn am Aussentor der Festung traf und als Gelegenheitsführer anwarb, war er bei mir und hatte die Fähigkeit, sich in alle meine Angelegenheiten derart einzumischen, dass er schliesslich und endlich so die Stelle eines Kammerdieners und Führers, Wächters und historiographischen Sekretärs bekleidete. Diese von ihm selbst beantragten und surchgeführten Beförderungen zwangen mich dann, sein Aeusseres dem von ihm bekleideten Dienstposten anzupassen und den Zustand seiner Garderobe von Grund auf zu verbessern. Er warf also seinen alten Mantel und das schäbige Unterkleid ab, ähnlich wie eine Schlange ihre alte Haut, und schreitet nun voll Stolz und Freude, und zum Staunen seiner Kameraden in andalusischer Tracht mit kurzer Jacke und breitkrämpigem Hut herum, als wäre er in höchst eigener Person der Herrgott auf der Alhambra. Unangenehm ist manchmal nur sein enormer Trieb und die Sucht, mir auf irgend eine Art nützlich zu sein. Im Bewusstsein, sich in meine Dienste gedrangt zu haben, strengte er seinen ganzen Verstand an, um sich unentbehrlich und unersetzlich zu machen, denn auf keinen Fall wollte er die fette Pfründe an meiner Seite verlieren. So bin ich gewissermassen das Opfer seiner Dienstfertigkeit; kaum setze ich meinen Fuss über die Schwelle des Palastes, und ehe ich noch in einem Garten herumstreifen kann oder einen Turm bestiegen habe, da ist er schon neben mir, erklärt mir alles, was wir sehen, oder erzählt, was ihm erzählenswert schien.—Bei Ausflügen in die Umgebung Granadas oder bei Streifpartien auf die umliegenden Hügel begleitet er mich unwiderruflich als opferfreudiger und mutvoller Leibwächter, obwohl ich sehr stark argwöhne, dass er im Ernstfalle mehr auf seine langen Beine als auf seinen starken Arm vertraut hätte. Aber trotzdem ist mir der arme Bursche zeitenweise ein netter Gefährte und unterhaltender Gesellschafter. Er ist einfachen Herzens, fröhlichen Gemütes und immer glänzenden Humors; geschwätzig wie ein Dorfbarbier spricht er mit allen und von allen Leuten und kennt daher die kleinen Ereignisse des Ortes und seiner Umgebung. Worauf er aber am meisten stolz ist, das sind seine ausserordentlichen Lokalkenntnisse. Von jedem Turm, Gewölbe und Torweg der Festung weiss er die wunderschönsten Geschichten und Legenden zu erzählen, an die er alle unbedingt und ernsthaft glaubt.

Die meisten derselben kannte er, wie er sagte, von seinem verstorbenen Grossvater, einem kleinen, sagenkundigen Schneiderlein, das beinahe hundert Jahre alt geworden war. Nur zweimal während seines Lebens kam dieser dabei über Granada hinaus, in die Umgebung seiner engeren Heimat, die ihm alles war. Fast ein Jahrhundert lang trafen sich in seiner kleinen Werkstätte täglich Vetter und Gevatter aus der Nachbarschaft und plauderten miteinander halbe Nächte über Tagesereignisse und erzählten sich auch wunderbare Geschichten aus längst vergangenen Zeiten. Das ganze Leben, Weben, Denken und Tun dieses kleinen mit der Geschichte und Tradition der Alhambra verwachsenen Handwerkers blieb in den Mauern der alten Maurenpfalz fest drinnen; hier war er geboren, in den Gärten und Patios ihrer Paläste spielte er als Kind, in einem Winkel der Festung hatte er sein bescheidenes Heim, arbeitete und fand seinen Lebensunterhalt, und als er alt und müde die Augen zufrieden und gottergeben für immer schloss, da wurde er auch an der Stätte seines Wirkens zur ewigen Ruhe bestattet. Seine Sagen und Erzählungen, Märchen und Berichte aber leben weiter und gehen von Mund zu Mund, von Ohr zu Ohr und erfreuen die kleine Nachwelt dort oben auf der *Asabica Granadas*.

Mateo hörte schon als kleiner Knirps aufmerksam den Berichten seines Grossvaters zu, und die Gespräche der um den Zuschneidetisch versammelten Stammgäste blieben ihm unvergesslich. Unerschöpflich ist also sein Schatz wertvoller Kenntnisse über die Alhambra, ihre Vergangenheit und deren einstigen Bewohner. Es handelt sich dabei um Geschichten und Sagen, die man in keinen Büchern finden kann, die aber wissenswert sind und die Aufmerksamkeit eines jeden Reisenden verdienen.

Das sind also, in kurzen Worten bechrieben, die Persönlichkeiten meines königlichen Hofstaates auf der Burg Granadas; und ich glaube, dass vor mir hier heroben wohl kein mohammedanischer oder christlicher Fürst treuere und liebenswürdigere Gefolgsmannen gehabt hätte als ich, und dass keines Potentanten Herrschaft fröhlicher und gemütlicher war als die meine.

Früh am Morgen, kaum dass ich aus den Bette stieg, bringt mir Pepe, der stotternde Gärtnerbursch, einen schönen Strauss frisch geschnittener Rosen, die dann Dolores mit Kunstsinn und Geschick in Vasen ordnet und damit mein Zimmer schmückt und heimisch macht. Meine Mahlzeiten nehme ich je nach Laune und Tageszeit ein, bald in einer der maurischen Hallen, bald unter den Arkaden im Löwenhof, bald neben einem kühlen Springbrunnen oder von Blumen umgeben in einem der wundervollen Gärten. Auf meinen Spaziergängen begleitet mich als Führer und Leibgardist mein unermüdlicher Mateo und zeigt mir die schönsten Plätzchen auf dem Schlossberg. Er geht mit mir in die Umgebung Granadas, und gemeinsam durchstreifen wir die nahen Täler. Voll Freude und Begeisterung führt er mich zu Palästen und Hütten, auf verlorenen Stegen und Steigen zu Ruinen von Lusthäusern aus alten Zeiten, und von Überall und von Allem weiss er irgend eine wunderbare Erzählung.

Obwohl ich es liebe allein zu sein, um so meinen Gedanken und meiner Phantasie freien Spielraum zu lassen, gehe ich doch von Zeit zu Zeit am Abend recht gerne zu Doña Antonia und verbringe im Familienkreis einige wirklich angenehme Stunden. Wir sind dann gewöhnlich in einem alten maurischen Zimmer versammelt, das als Wohnraum dient. Verrauchte Wände und der die alten Arabesken fast zudeckende Russ lässt leicht darauf schliessen, dass der historische Salón auch als Küche verwendet wird, und dass der in einer Ecke stehende Herd mit offener Feuerung noch seinen praktischen Wert hat. Durch ein grosses Balkonfenster dringt die kühle Abendluft. Hier ist dann mein Lieblingsplätzchen, wo ich das frugale Mahl einnehme und dabei auf das Tal des Darro hinausschaue, während mir Dolores Obst und Milch serviert. Mit Vergnügen mische ich mich auch in die Unterhaltung der Familie, denn der Spanier besitzt einen angeborenen Mutterwitz, der ihn zu einem angenehmen und geistreichen Gesellschafter macht. Was auch immer für eine Stellung er bekleiden möge, wie lückenhaft seine Bildung auch manchmal sein kann, nie wird er pöbelhaft oder gar gemein, immer zeichnet ihn eine geistige Würde aus, die in anderen Ländern und Breiten selten zu finden ist. Die alte Tante Antonia ist eine Frau starken Charakters und Gott hat sie mit einer natürlichen Klugheit ausgestattet. Sie ist feinfühlend und hellhörig, und immer machen mir ihre Gespräche Freude, mag auch ihr schulmässiges Wissen gering sein. Dolores wieder war ein bezauberndes Wesen, naiv und dabei doch von gesundem Verstand. In ihrem ganzen Leben hat sie bestimmt nicht viel mehr als drei Bücher gelesen, und trotzdem musste ich oft über ihre ungekünstelten Einfälle und treffenden Antworten staunen. Auch der Neffe von Frau Antonia trägt zur Unterhaltung bei, und oft liest er uns aus Werken Calderons oder Lope de Vegas vor. Dabei beabsichtigt er, so scheint es mir wenigstens, zwei Fliegen auf einen einzigen Schlage zu treffen, nämlich die von ihm so heiss verehrte Base nicht nur zu unterhalten sondern auch zu bilden, mit dem Wunsche, die grössten Wissenslücken auszufüllen. Zu seinem Leidwesen hatte aber der wohlmeinende Lehrer und besorgte Anbeter wenig Erfolg, denn die gute Dolores schlief bei solchen Vorlesungen ein, ehe noch der erste Akt eines klassischen Dramas zu Ende war. Zuweilen bekommt Tante Antonia auch Besuch. Es kommen dann Freunde aus der Nachbarschaft oder die Frauen der invaliden Soldaten von der Alhambra, die alle zu ihr, dem Schlossvogt, mit Achtung aufsehen. Als Zeichen ihrer Verehrung bringen sie Nachrichten aus der Stadt, erzählen Neuigkeiten und Gerüchte, erlebten und hinterbrachten Familienklatsch, Berichte, die dann später im engeren Familienkreis weiter behandelt und erörtert wurden. Interessant waren solche Abende für mich, und ihnen danke ich es, die Sitten und Bräuche des Volkes kennen und die Alhambra lieben gelernt zu haben.

Aus obiger Umgebung heraus entstanden die Berichte meines granadinischen Skizzenbuchs, in denen ich erlebte Einzelheiten und primitive Freuden meiner engsten Umgebung behandle. Nur die Natur des Ortes der Handlungen verleiht dieser meiner Arbeit eine ganz bestimmte Wichtigkeit und nur der historische Boden, auf dem sich die Ereignisse abwickelten, macht sie interessant. Hier stehe ich auf gefeitem Grund, und romantische Erinnerungen umgeben mich, die bis auf mein frühestes Knabenalter zurückgehen. Als ich damals vor vielen Jahren zum ersten Male die Bücher des *Ginés Pérez de Hita* in die Hände bekam, ich weiss nicht wie, da las ich fern von Granada an den Ufern des Hudson voll innerer Begeisterung von den Kämpfen um Stadt und Festung des letzten Maurenreiches; die Taten der tapferen Ritter aus den Familien der Zegries und Abencerrajes erregten mein junges Gemüt und die Alhambra wurde zum Gegenstand meiner Träume. Meine romantische Phantasie liess mich durch die grossen Hallen der Paläste eilen, auf Türmen in die Ferne sehen und Kunstwerke bewundern, die ich nun, da sich mein Wunsch erfüllte, handgreiflich vor mir habe. Oft traue ich nun meinen Sinnen nicht und glaube noch zu träumen, denn unmöglich schien es mir, dass ich Boabdils Palast bewohne und von seinen Balkonen das herrliche Granada bewundere. Während ich durch die orientalischen Gemächer schreite und dem Gemurmel der Brunnen lausche, den Gesang der Vögel höre oder über den Sinn eines geheimnisvollen Atauriquemusters mir den Kopf zerbreche, wenn ich den Duft der Rosen einatme und mich am balsamischen Klima ergötze, dann glaube ich im Paradies Mohammeds zu sein; und die liebe kleine Dolores scheint mir oft den glutäugigen Huries zu gleichen, deren Aufgabe es ja ist, die Glückseligkeit der Rechtgläubigen allzeit zu fördern.

DER FLÜCHTLING

Seit ich die vorstehenden Seiten niedergeschrieben habe, ereignete sich inzwischen auf der Alhambra ein Fall, der unsere Familie etwas beunruhigte, derart, dass eine düstere Wolke das sonst sonnige Antlitz der regsamen Dolorcita überschattete. Besagtes Burgfräulein hatte nämlich eine echt weibliche Leidenschaft und Vorliebe für alle möglichen Haustiere. Eine Folge davon war der überfüllte Geflügelhof in einem etwas baufälligen Winkel der Alhambra. Dort schwingen ein stattlicher Pfau und seine Damen ein königliches Szepter über aufgeblähte Truthähne und streitsüchtige Perlhühner; ganz abgesehen von den vielen Hähnen und Hühnern, die sich ganz proletenhaft zwischen ihren aristokratischen Artgenossen tummeln. Nun aber konzentrierte sich die ganze Liebe der fein besaiteten Dolores auf ein junges Taubenpaar, das erst vor kurzer Zeit in den heiligen Ehestand getreten war, und es dank seiner mustergültigen Führung sogar zuwege brachte, eine herzige Angorakatze mit ihren Jungen dem Herzen des Mädchens zu entfremden.

Als Wohnung hatte Dolores dem jungen Ehepaar ein kleines Zimmer neben der Küche zugewiesen, dessen Fenster auf einen stillen maurischen Hof hinausging, dass also keine unvorhergesehenen Ereignisse den jungen Haushalt stören konnten. Hier lebten Taube und Täuberich glücklich und zufrieden, in glücklicher und beneidenswerter Unwissenheit all dessen, was jenseits des Hofes und seiner sonnigen Dächer draussen in der grossen Welt vorging. Niemals sehnten sie sich nach Flügen zu den Zinnen der Burg, auch machten sie keine Ausflüge in die nahen Gärten; wie richtige Täubchen liebten sie sich und erfüllten dabei voll und ganz ihre ehelichen Pflichten. Zur grossen Freude ihrer kleinen Herrin wurde diese tugendhafte Vereinigung endlich durch zwei fleckenlose, milchweisse Eier belohnt. Das Benehmen und Verhalten der jungen Eheleute war wirklich lobenswert, denn abwechselnd sassen sie auf dem Neste, bis die Eier ausgebrütet waren, und es die Aufzucht ihrer unbefiederten Nachkommen verlangte. Mit Geduld und

Ruhe blieb ein Elternteil daheim, wärmte und schützte seine Brut, während der andere draussen in Küche und Hof nach Futter suchte und reichliche Nahrung nach Hause brachte.

Doch dieses eheliche Glück sollte bald einen argen Stoss erhalten. Das war nämlich so: Als Dolores heute in der Früh die Tauben fütterte, da fiel ihr ein, ihn einen Blick in die Welt tun zu lassen. Sie öffnete daher das auf den Darro hinausgehende Fenster und warf den gefiederten Herrn ins Freie, dass er sich jenseits der Zinnen der Alhambra etwas umsehe. Zum ersten Male in seinem Leben konnte also der erstaunte Vogel die volle Kraft seiner Flügel versuchen. Er schwebte in das Tal hinab, schwang sich dann aufwärts und stieg fast bis zu den Wolken empor. Nie zuvor hatte er sich bis zu so einer Höhe erhoben: niemals früher fand er eine solche Freude am Fliegen. Wie einem jungen unerfahrenen Manne, der unerwartet eine grosse Erbschaft machte, schien auch ihm das Übermass an Freiheit und das unbegrenzt sich vor ihm auftuende Feld den Kopf verdreht und jedwediger Überlegung beraubt zu haben. Den ganzen Tag beschrieb er in launiger Fröhlichkeit seine Kreise von Turm zu Turm, von Baum zu Baum. Jeder Versuch, ihn durch Ausstreuen von Korn und Futter auf die Dächer und in das Fenster zurückzulocken, war vergebens; er schien jeden Gedanken an die Heimat, an seine zarte Genossin und an seine nackten, unbefiederten Jungen verloren zu haben. Und als dann Dolores gar noch sah, wie sich zwei *palomas ladronas* zu ihrem flüchtigen Liebling gesellten, da kannte ihr Schmerz wirklich keine Grenzen mehr, denn sie wusste, dass solche Räubertauben aus Instinkt unerfahrene männliche Artgenossen in ihre eigenen Schläge zu locken pflegten. Gleich einem gedankenlosen Jüngling war auch er bei seinem ersten Eintritt in die Welt von den beiden neuen Gefährtinnen äusserst entzückt, und scheinbar dankte er es ihnen, dass sie so freundlich waren, ihm das Leben zu zeigen und in die Gesellschaft einzuführen. Er flog mit ihnen über alle Dächer und Kirchtürme Granadas bis hinaus in die weiten Gärten. Weder ein über Stadt und Land hereingebrochenes Gewitter, noch Blitz und Donner trieben den Leichtfuss ins heimische Nest zurück. Schon brach die Nacht herein, und noch immer war er nicht da! Um die Tragödie noch zu erhöhen, erhob sich die Täubin nach einigen Stunden vergeblichen Wartens, überliess die Jungen ihrem Schicksale und flog fort, den treulosen Gatten zu suchen. Als Folge dieser unübf ̠gten Tat kamen die Kleinen natürlich um und gingen elendiglich ein. Zur späten Abendstunde wurde dem in Tränen aufgelösten Fräulein Dolores gar gemeldet, dass der Landstreicher auf den Türmen des Generalife gesehen worden sei. Der Verwalter dieses alten Sommerpalastes der Maurenkönige hatte ebenfalls einen Taubenschlag, das war allgemein bekannt, und nach Aussage von Kennern der näheren Umstände sollten sich unter dem dortigen Taubenvolk zwei bis drei Lockvögel aufhalten, deren Benehmen und Handlungsweise alle Taubenfreunde der Nachbarschaft in Schrecken setzte. Aus diesen gegebenen Tatsachen folgerte Dolores allsogleich, dass jene beiden gefiederten Schelme, die man in Begleitung ihres tugendsamen Täuberichs sah, auf den Generalife gehörten und eine Abordnung der dortigen Freibeutergruppe bildeten. Die Sachlage war nun nicht so einfach, denn der Generalife stand unter einer anderen Gerichtsbarkeit als die Alhambra, und zwischen beiden Verwaltern herrschte natürlich immer ein gewisser Kompetenzstreit, der noch durch kleine Eifersüchteleien von den untergeordneten Hütern und Wächtern kräftigst geschürt wurde. Man hielt also Kriegsrat im Zimmer der Frau Antonia und beschloss, den stotternden Pepe als parlamentär zu besagtem Administrator zu entsenden. Dabei sollte er dem hohen Herrn auf diplomatische Art und Weise die Bitte seiner Nachbarn von der Alhambra vortragen, er möge den Flüchtling, falls dieser sich in seinem Machtbereich befände, als lästigen Ausländer ausweisen und seiner rechtmässigen Herrin zurückstellen. Der Gärtnerbursche brach ohne Zeitverlust auf, um sich seines äusserst delikaten Auftrages zu entledigen. Er durcheilte die vom Mondlicht erhellten Haine, Gartenanlagen und Wege, während auf der Alhambra alles gespannt seine Rückkunft abwartete. Nach knapp einer Stunde war er bereits wieder da und brachte die betrübliche Nachricht, dass der gesuchte Tauber im Taubenschlag des Generalife nicht zu finden wäre. Tröstlich war jedoch die Antwort des Herrn Administrators von dort, der sein Kavalierswort verpfändet hatte, den in Betracht kommenden

Landstreicher bei seinem eventuellen Erscheinen, und seies Mitternacht, zu verhaften und als Gefangenen seiner kleiner glutäugigen Herrin zurückzuschicken.

Das war der Tatbestand, der im Palast so viel Trauer und Sorge verursachte und der untröstlichen Dolores eine schlaflose Nacht bereitet hatte.

«Nachts weilen die Sorgen, doch die Freude kommt am Morgen!» So wars immer, so ists und so wirds auch in Zukunft sein. Als ich also heute in der Früh mein Zimmer verliess, da stiess ich schon unter der Tür mit der vor Freude strahlenden Dolores zusammen, die den ungetreuen Tauber in den Händen hielt. Beim Morgengrauen, sagt sie, sass er schon auf den Zinnen der Burgmauern und flog dann scheu von Dach zu Dach, bis er endlich durchs offene Fenster in die Stube kam und sich reumütig zum Fressnapf hockte. Heisshungrig schlang er das vorgesetzte Futter hinunter, woraus man schliessen konnte, dass es mit seiner Reue nicht gar so weit her war, und dass ihn nur der Hunger in die heimatlichen Gefilde zurückgetrieben hatte. Wenig traute ihm daher Dolores, und vorsichtshalber schloss sie das Fenster, um weitere Eskapaden zu verhindern. Sie warf dem Reulosen sein wirklich schlechtes und schamloses Verhalten vor und gab ihm eine Menge von Schimpfnamen, die sicherlich in keinem Wörterbuch verzeichnet waren. Nach Frauenart drückte sie ihn aber dabei an ihren vollen Busen und bedeckte ihn tränenden Auges mit heissen Küssen. Bei diesem Gefühlsausbruch meiner jungen Freundin machte ich auch eine für mich sehr interessante Entdeckung, als ich bemerkte, dass die schlaue Spanierin trotz der offenkundigen Reuebezeugungen dem Nachtschwärmer ehrlich misstraute und ihm aus weiser Vorsicht die Flügel ganz kräftig zustutzte, eine Massregel, die ich zum Besten aller derer erwähne, die ungetreuer Liebhaber oder umherschweifende Ehegatten ihr Eigen nenne. Welch wertvolle Lehre lässt sich aus der Geschichte der Dolores und ihrer Taube ziehen!

DIE GEHEIMNISVOLLEN ZIMMER

Als ich meine Wohnung in der Alhambra aufschlug, richtete man einige leere Gemächer am Ende einer langen Flucht von Zimmern zu meinen Aufenthalte her. Es handelte sich um die für den Kommandeur der Festung bestimmten Räume und waren im modernen Stil gehalten. Sie lagen auf der Vorderseite des Palastes mit der Aussicht auf die Esplanade und standen auf der anderen Seite mit einer Reihe von Zimmern in Verbindung, die von der alten Tía Antonia und ihrer Familie bewohnt wurden. Dieser Wohntrakt nun endigte in der bereits erwähnten grossen Küche, welche der ehrwürdigen Dame als Gesellschaftsraum und Audienzsaal diente. Es muss zur Zeit der Mauren ein glanzvolles Lokal gewesen sein, aber, wie bereits gesagt, der Rauch der Feuerung vom Herd in der Ecke entfärbte mit den Jahren die reichen Wände und vernichtete die Verzierungen, sodass heute alles einen traurigen und muffigen Eindruck machte. Von diesen wirklich düsteren Gemächern führt ein schmaler Gang mit wenig Licht und dann eine dunkle Wendeltreppe zu einem Winkel des Turmes des Comares hinab, wo es noch finsterer war als oben im Gang. Dort unten tappt man sich dann langsam die mit Spinnweben bedeckten Wände entlang bis in den äussersten Hintergrund und findet endlich eine ganz kleine Tür, deren Riegel man zurückschiebt und... vom Licht geblendet dasteht. Der erstaunte Besucher befindet sich in der Vorhalle des Saales der Gesandten und hat den strahlenden Springbrunnen des Hofes zur Alberca vor sich.

Ich war mit meinen relativ modernen und nach aussen liegenden Zimmern nicht zufrieden und hatte den Wunsch und Willen, mich im Innern des Palastes einzunisten. Als ich so eines Tages auf der Suche war und in den verschiedenen maurischen Hallen herumstreifte, fand ich in einer entlegenen Galerie eine Pforte, die ich vorher noch nie bemerkt hatte. Sie führte augenscheinlich zu Gemächern, die normalerweise dem Zutritt des Publikums entzogen sein mussten. Da die Riegel mit festen Schlössern gesichert waren, vermutete ich gleich hinter der ganzen Sache ein Geheimnis und nahm an, dass sich da der Teil

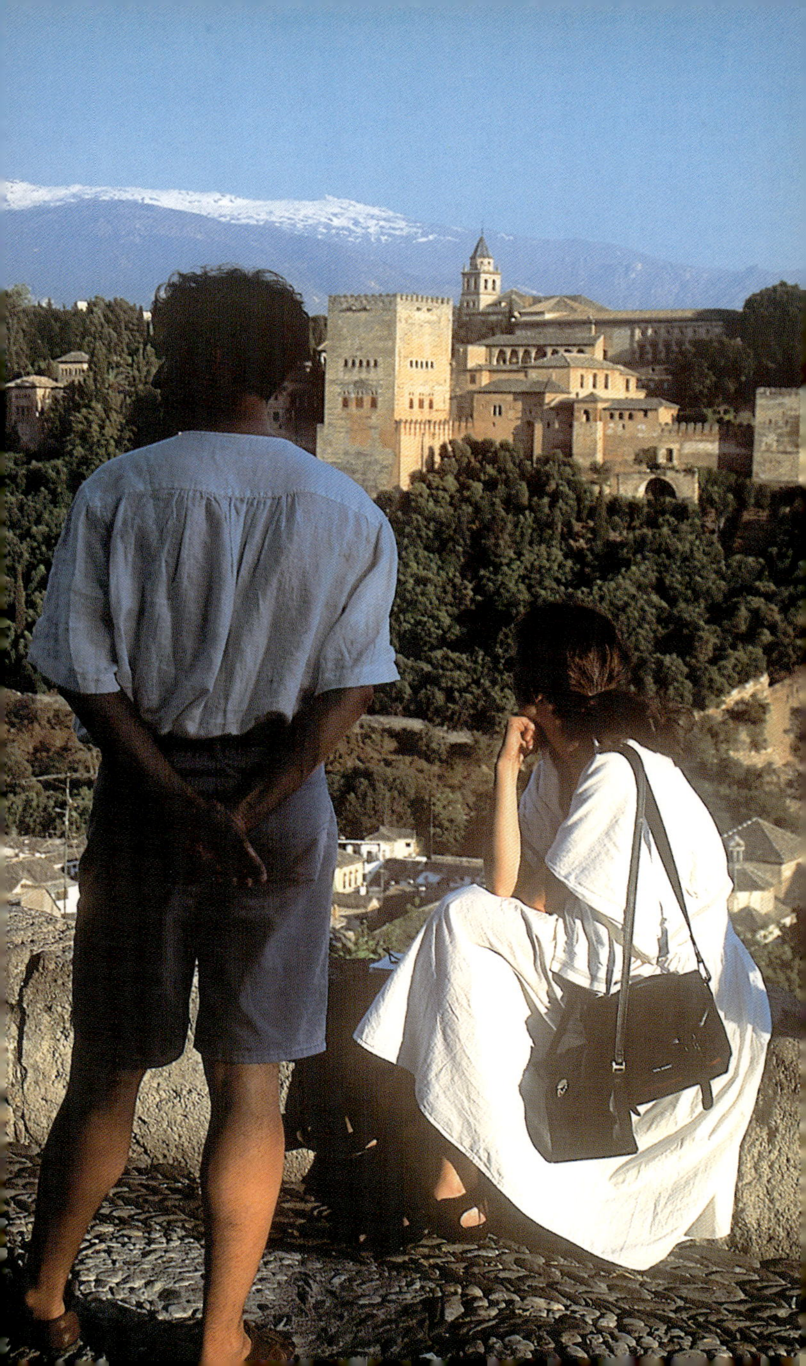

◀ *Ansicht der Alhambra vom „Mirador de San Nicolás" aus.*

Die Alhambra bei Nacht mit der Stadt im Hintergrund.

Die Alhambra vom Albaicin aus. ▶

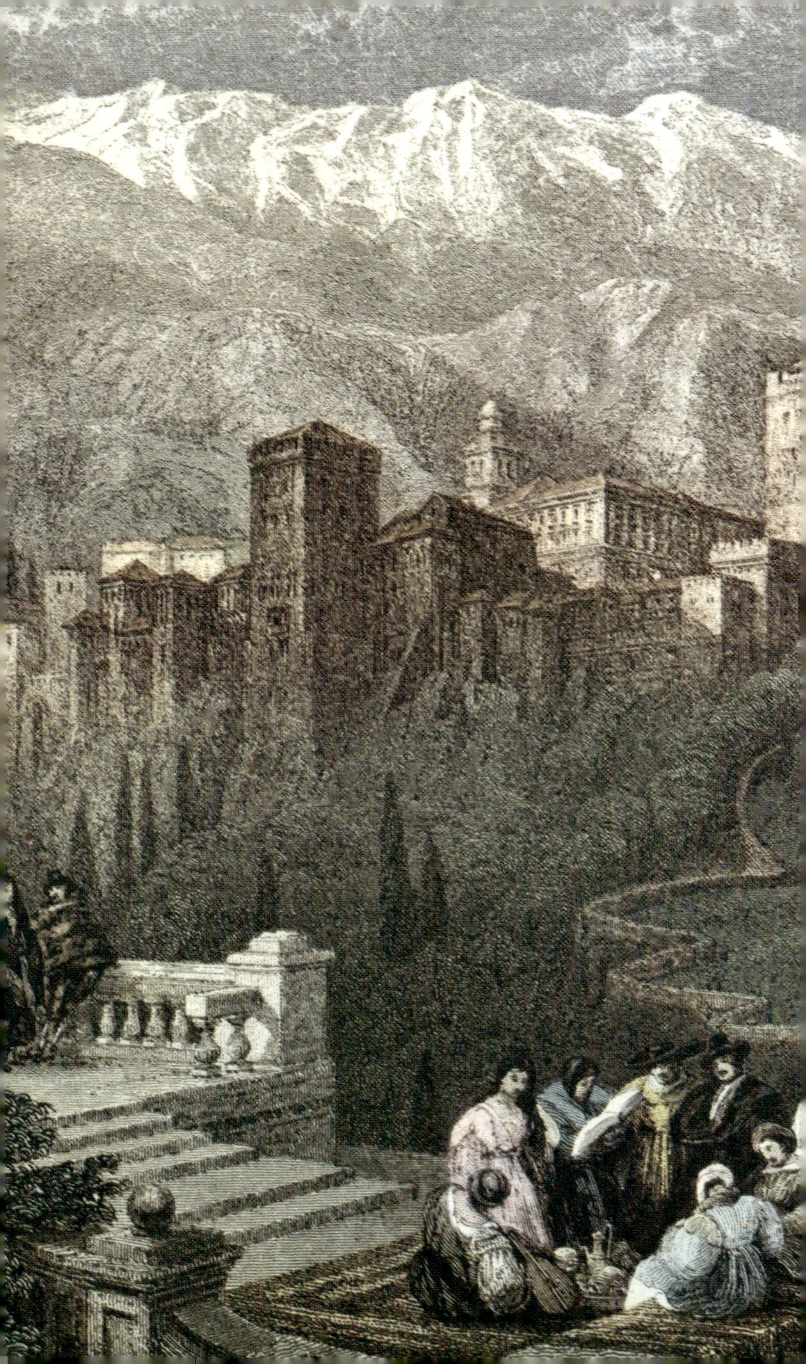

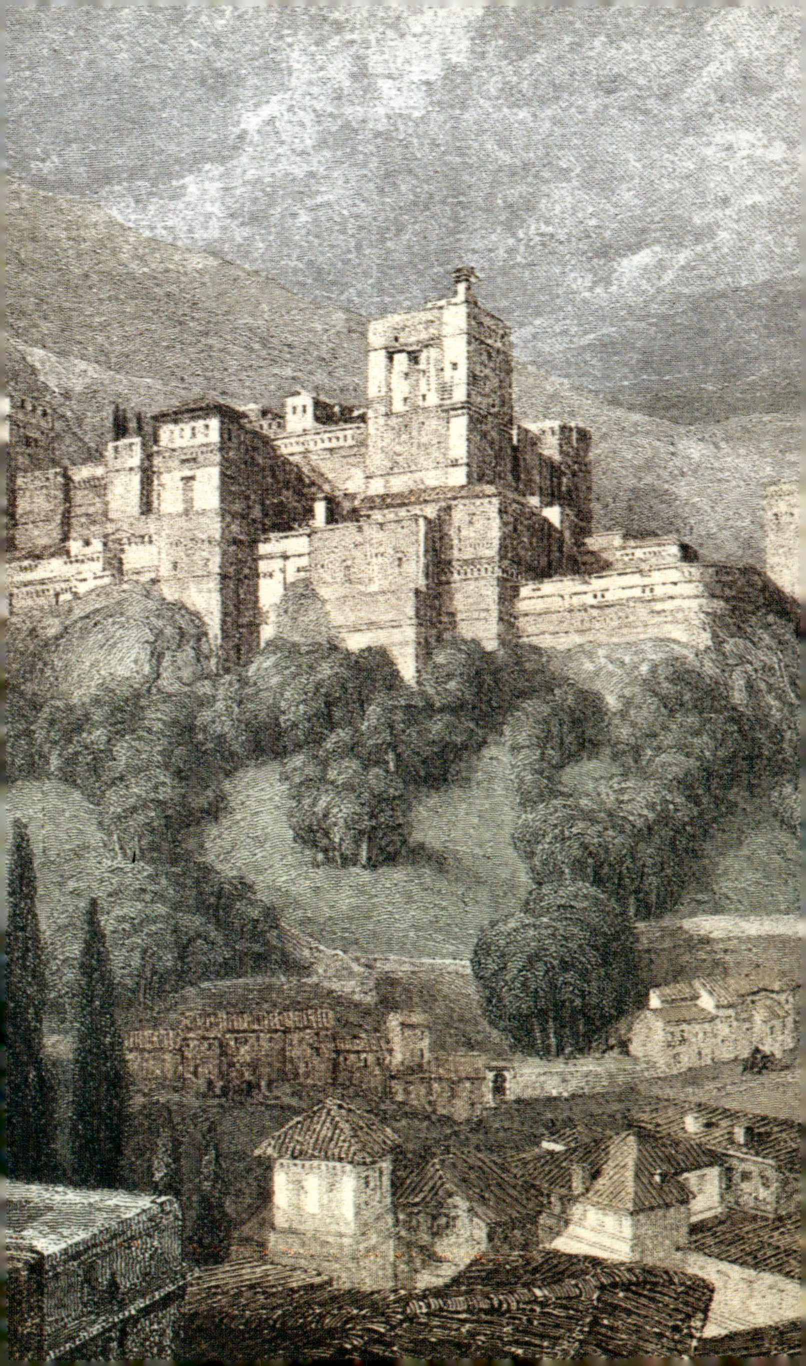

Der „Mirador de Lindaraja". ▶

Der Saal Mexuar.

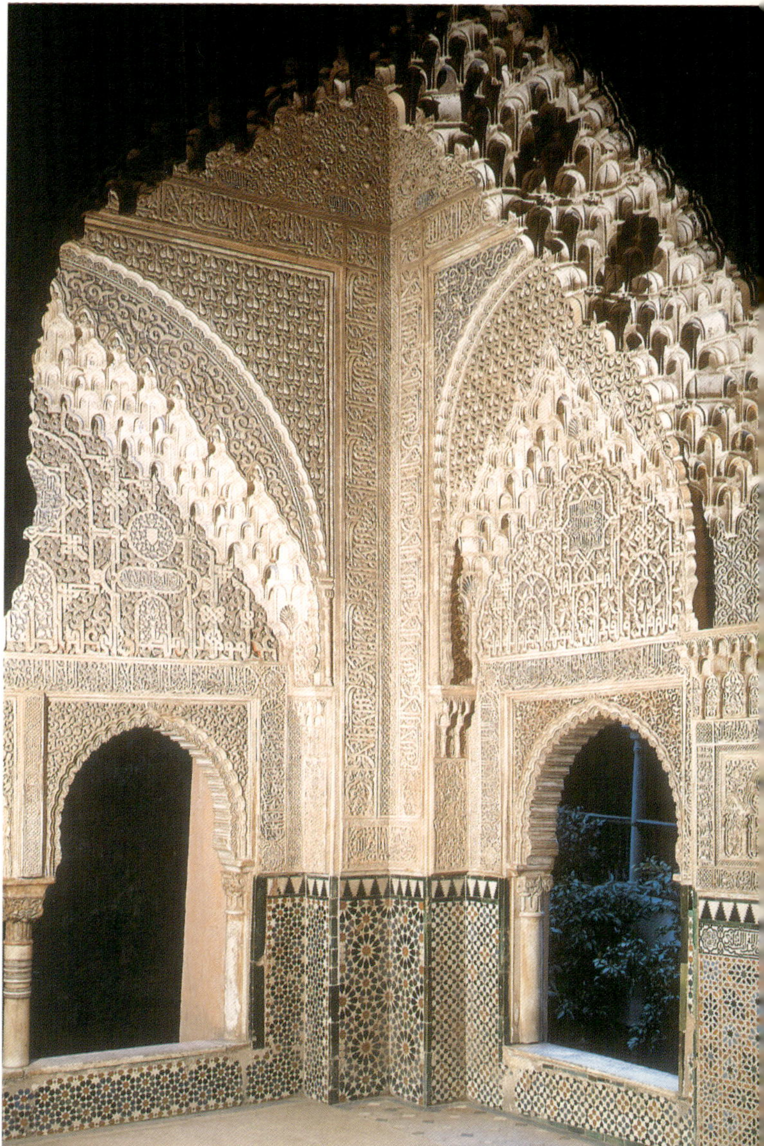

Arabische Bäder in der Alhambra.

des Schlosses befand, von dem man so viele Geistergeschichten erzählte. Sofort war ich entschlossen den Schleier zu lüften und den noch unbekannten Trakt zu studieren. Ich verschaffte mir alsogleich die Schlüssel, öffnete neugierig die Tür und schritt dann durch eine Reihe leerstehender Zimmer, deren Innenarchitektur sich von der des übrigen Palastes unterschied und trotz Schönheit und Alter unleugbar europäischen Ursprungs war. Keine Spur von maurischer Arbeit! Die ersten zwei Zimmer waren sehr hoch, und ihre Decke, aus feinstem Zedernholz gearbeitet, zeigte schöne Schnitzereien wie Blumen, Früchte und groteske Gesichtsmasken. Die Wände waren offenbar früher einmal mit Damast behangen. Doch heute stehen sie nackt da, zerbröckeln langsam gleich dem Zederndach, das sie deckt, und nur nichtssagende Namen und blödsinnige Inschriften eitler Reisender zieren ihre Oberfläche. Die Fenster waren ohne Stöcke und Flügel, ohne Glas und Scheibe und liessen Wind und Wetter freien Zutritt. Durch sie sah man auf einen kleinen Garten hinaus, wo zwischen Rosen und Myrten in einer Alabasterschale ein lieblicher Brunnen sprudelte, der Azahar der Orangen duftete und Zitronenbäume ihre langen Aeste bis in die leeren Zimmer schickten. Jenseits dieser Räume lagen zwei weniger hohe Salons, deren Fenster ebenfalls auf den gleichen Garten hinaus gingen. Auch ihre Decke war getäfelt und die einzelnen Felder kunstvoll bemalt; es sprechen feinst ausgearbeitete und noch gut erhaltene Bilder von Blumengirlanden und Körben mit allerart Früchten von des damaligen Meisters Kunst. Die Wände der Zimmer schmückten italienische Fresken, die heute leider bereits ganz verwischt sind. Die Fenster waren in demselben wüsten Zustand wie in den vorher gezeigten Gemächern. Diese phantastische Reihe von Räumen endigte in einer offen Galerie mit Ballustraden, welche in einem rechten Winkel dann auf der anderen Seite des Gartens weiterlief. Alle diese Gemächer zeichnete eine Eleganz und Feinheit aus, die einzig waren; sie lagen derart ausgewählt und diskret längs des kleinen und verstecken Gartens, und ihre Innenarchitektur dabei so verschieden von Wand, Decken und Bodenschmuck der übrigen Räume des Palastes, dass meine

Neugierde geweckt wurde und ich beschloss, nach deren Bauherrn und Geschichte zu fragen.

Auf meinen Nachforschungen erfuhr ich, dass dieser Flügel anfangs des vorigen Jahrhunderts von italienischen Künstlern hergerichtet und ausgeschmückt wurde, damals als man Philipp V. und seine zweite Gattin Isabel de Farnesio auf der Alhambra erwartete. Die Zimmer waren für die Königin und ihren Hofstaat bestimmt. Das Schlafgemach ihrer Majestät lag hoch und luftig und wohl einzig in seiner Art: Eine schmale, jetzt vermauerte Treppe führte zu einem entzückenden Söller, den früher ein maurischer König seiner schönen Gemahlin erbauen liess; dort adaptierte man diesen *mirador* zum Boudoir der liebenswerten Isabel, und heute noch heisst dieses Schmuckkästchen, zwischen Thronsaal und Harem, der *Tocador de la Reina*, der Putztisch der Königin. Vom erwähnten Schlafzimmer hat man eine gute Aussicht auf den Generalife und seine schattigen Gartenterrassen. Ein anderes Fenster geht auf den herzigen Garten der *Lindaraja* hinaus, in dessen Mitte in alabasternen Schalen ein Springbrunnen leise plätschert, und der Duft seltener Gewächse emporsteigt. Dieser Zufluchtsort romantischer Träumer führte meine Gedanken weit, weit zurück bis in die Tage der maurischen Sultaninnen, als Lindaraja, die schöne Tochter des Alcaiden von Málaga, am Hofe Mohammeds des Linkshänders lebte.

Treffend wahr ist die Inschrift, die da sagt: «Wie schön ist dieser Garten, wo die Blumen der Erde mit den Sternen des Himmels sich vergleichen können! Was gibt es Herrlicheres als dieses Alabasterbecken voll des hellsten und klarsten Wassers? Nichts als den am unbewölkten Himmel silbern glänzenden Vollmond!»

Jahrhunderte sind dahingegangen, und doch blieb viel zurück von der sonst so vergänglichen Schönheit. Der Garten der Lindaraja ist wie einst voll duftender Blumen; der Springbrunnen zeigt noch den kristallenen Wasserspiegel. Nur der Alabaster hat sein Weiss verloren und in dem mit Unkraut überwachsenen unteren Becken nisten Eidechsen und Salamander. Aber gerade dies Verfallen und Zerfallen erhöht den romantischen Wert des Ortes und aus ihm spricht jenes memento, das uns an die Vergänglichkeit des Menschen und seiner Werke erinnert. Die Oede und Einsamkeit in den verlassenen Räumen, einst die persönlichen Kemenaten der stolzen und hochgebildeten Isabel, waren von so eigentümlicher Art und von einem Reiz, der nicht beschrieben werden kann. Mir gefiel es hier wunderbar, und ich beschloss, in diesen Zimmern mein Quartier aufzuschlagen.

Der Entschluss überraschte natürlich die ganze Familie, die sich nicht erklären konnte, warum ich an den bezeichneten Zimmern solchen Gefallen gefunden hätte, in den abgelegenen und entfernten Räumen zu wohnen. Sie sagte, dass die ganze Umgebung von Strauchdieben unsicher gemacht würde, in den benachbarten Höhlen wimmle es von Zigeunern, die von dort aus ihre Raubzüge unternähmen. Auch sei der Palast im Verfall und an vielen Stellen offen und leicht zugänglich. Das Gerücht, dass ein Fremder in einem der verlassenen Gemächer ausserhalb der Hörweite der übrigen Insassen wohne, würde natürlich sofort unwillkommene Nachtbesucher heranlocken, da man ja immer voraussetze, dass Fremde reichlichst mit Geld versorgt wären. Dolores ihrerseits schilderte mir in schaurigen Worten die Einsamkeit des Palastes, wo nichts als Fledermäuse und Eulen herumflögen, und sogar noch dazu ein Fuchs und eine Wildkatze nachts die Gewölbe unsicher machten.

Natürlich war ich von meinem Vorhaben nicht abzubringen, und mit Hilfe eines Tischlers und des immer diensteifrigen Mateo Jiménez wurden Türen und Fenster in einen halbwegs ordentlichen Zustand gesetzt, so dass sie wenigstens einige Sicherheit boten, und ungeladene Gäste nicht ohne weiteres eindringen konnten. Doch ich muss gestehen, trotz aller dieser Vorsichtsmassregeln war mir in der ersten Nacht, die ich in diesem Quartier zubrachte, nicht recht geheuer zu Mute. Die ganze Familie begleitete mich abends bis zu meinem Zimmer und verabschiedete sich dort von mir mit den besten Wünschen und Gottes Segen auf mich herabflehend. Als sich die lieben Leute entfernt hatten, und das Echo ihrer Schritte durch die wüsten Vorzimmer, leeren Gänge und Galerien herüberschollen, da kamen mir jene Gespenstergeschichten wieder ins Gedächtnis zurück, wo der Held allein aushält, um den Kampf mit Hexen,

Zauberern und bösen Geistern aufzunehmen, die ein verwunschenes Schloss unsicher machten, einen Schatz bewanchten oder eine schöne Prinzessin gefangen hielten.

Sogar der Gedanke an die reizende Elisabeth und an die Schönheit ihrer Hofhaltung hier in diesen Zimmern erhöhte wegen der bestehenden Kontraste ganz enorm die Düsterkeit des Ortes. Hier war also der Schauplatz ihrer Freuden; hier schaltete und waltete eine der schönsten Königinnen voll Fröhlichkeit und Liebe, voll von Plänen und Gedanken. Noch waren die Spuren ihrer Eleganz, ihres Kunstsinns und ihres Genusses zu sehen! Doch wo war sie? Wo ihre Freunde und ihr Hofgesinde? Staub und Asche! Bewohner des Grabes! Schattenbilder der Phantasie!

Ein unbestimmter und unbeschreiblicher Schauer überfiel mich. Ich hätte mein Gruseln gern den Räubergeschichten zugeschrieben, die abends beim Kaminfeuer erzählt wurden; doch fühlte ich, dass was ganz anderes in mir vorging, dass irgend etwas Wesenloses sich meiner Sinne bemächtige. Längst begrabene Eindrücke aus der Kinderstube lebten wieder auf und legten sich auf mein Gemüt. Alles um mich herum schien sich zu ändern. Meine Nerven spannten sich, und Phantasiebilder gaukelten vor meinen Augen. Das Flüstern des Windes in den Zitronenbäumen unter meinem Fenster hatte etwas Unheimliches. Ich schaute in den Garten der Lindaraja hinab, und die Bäume und Blätterkronen schienen einen finsteren Schlund zu bilden, gleich einem Abgrund im Reiche der Schatten. Die Sträucher und Gebüsche nahmen gnomenhafte Gestalten an, die zu mir herauf wollten. Ich schloss das Fenster und ging ins Zimmer zurück. Aber auch dieses war bereits von Phantasmen in Besitz genommen. Eine Fledermaus, die vorhin herein gefunden hatte, flatterte gespensterhaft durch den Raum und mir um den Kopf. Das flackernde Licht der Lampe beleuchtete Wände und die Decke aus Zedernholz, deren geschnitzte Gesichter und groteske Masken mich voll Hohn anzugrinsen schienen. Das leise Bohren des Holzwurms war hörbar, und Mäuse und Ratten raschelten in den Ecken.

Über meine augenblickliche Schwäche lächelnd beschloss ich Nerven und Phantasie zu zügeln und allen Einbildungen zu trotzen. Ich nahm die kleine Lampe in die Hand und begann einen Rundgang durch den alten Palast. Das Unternehmen war nicht so einfach, denn die Strahlen der Lampe leuchteten nur auf eine ganz kurze Entfernung um mich herum, so dass ich in einem kleinen Lichtkegel wandelte, über den hinaus alles in die dichteste Finsternis gehüllt war. Die gewölbten Gänge und Korridore glichen Höhlen; die Decke der Hallen verloren sich im Dunkeln, das kein Lichtschimmer durchbrechen konnte. Welch ungesehene Feinde konnten vor, hinter und neben mir lauern! Der Widerhall meiner eigenen Schritte schreckte mich, und mein an den Wänden hinschwebender Schatten liess mich gruseln.

Als ich in dieser Seelenverfassung den grossen Salón der Gesandten durchschritt, hörte ich, es war kein Traum und keine Einbildung mehr, klagende Töne und Schreie, die einem durch Mark und Bein gehen konnten. Lauschend blieb ich stehen; ein tiefes Stöhnen und ein unbestimmtes Rufen schien gleichsam unter meinen Füssen emporzusteigen. Dann kam es wieder aus dem Turm, dann tönte es von aussen her. Bald glich das Geschrei dem Geheul eines Tieres, bald waren es erstickte Schreie voll Wut und tobendes Brüllen. Mir graute, denn die Wirkung dieses Höllenkonzertes in stiller Nachtstunde und an solch einsamen Ort blieb nicht aus. Eiligst kehrte ich in mein Zimmer zurück; ich hatte keine Lust mehr, meinen einsamen Spaziergang durch die öde Alhambra fortzusetzen. Freier atmete ich auf, als die Tür hinter mir verschlossen war, und ich im Bette lag. Erst die durchs Fenster fallenden Sonnenstrahlen weckten mich morgens auf und zeigten mir meine Umgebung in ihrer vollen Schönheit und Herrlichkeit, dass ich mich kaum der Trugbilder erinnerte, die in der vergangenen Nacht mein Gemüt belasteten.

Doch blieben das unheimliche Geheul und die Klagen, die ich gehört hatte, wahrlich keine Einbildung! Darüber klärte mich allsogleich Dolores auf. Es handelte sich um das Geschrei eines armen Irrsinnigen, eines Bruders ihrer Tante, den man bei heftigen Tobsuchtsanfällen einfach in ein Gewölbe unterhalb der Halle der Gesandten sperrte und den armen Teufel dort liess, bis er sich beruhig hatte.

DIE ALHAMBRA IM MONDLICHT

Ich habe von meinem Zimmer ein Bild entworfen, wie es war, als ich von ihm Besitz nahm. In wenigen Abenden hingegen veränderten sich vollständig sowohl die mich umgebende Szenerie als auch meine eigenen Gefühle. Der damals unsichtbare Mond gewann allmählich die Herrschaft über die Nacht. Er schwebt in seinem vollen Glanz über den Türmen und Mauern und überströmt jeden Hof und jede Halle mit silberner Lichtflut. Der Garten unter meinem Fenster wird sanft erleuchtet; die Orangenbäume und *Limoneros* sind mit Silberbändern verbrämt. Der Springbrunnen funkelt in den Strahlen des Mondes, und sogar die Röte der herrlichen Rosen ist leicht erkennbar.

Stundenlang konnte ich am Fenster sitzen und träumend den süssen Duft des Gartens in mich hineinsaugen. Da erinnerte ich mich dann des wechselvollen Geschickes und des launenhaften Glücks derer, die hier einmal hausten und herrschten und deren Geschichte sich in den zierlichen und eleganten Denkmälern und Gebäuden ringsum schattenhaft abzeichnete. Wenn dann um Mitternacht alles still war, da wandelte ich durch das alte Schloss, durch seine Hallen und Zimmer. Es fehlen dem grössten Dichter die Worte, um eine Mondnacht unter solchem Himmel und in derart herrlicher Umgebung würdig und wahr schildern zu können! Die Temperatur, die Luft und der Duft einer andalusischen Sommernacht ist wirklich himmlisch! Gewichtslos scheinen sich die Menschen in der reinen Atmosphäre zu bewegen. Heiter ist die Seele, lebendig der Geist; voll Kraft der Körper und friedlich das Gemüt. Die blosse Existenz schon wird zum Genuss. Zauberhaft und märchenschön strahlt der Mond sein Silberlicht über die Alhambra. Risse und Spalten, die das Alter und die Zeit in den Mauern öffneten, Moderflecke und Trümmer, sie alle verschwinden, und in seiner ursprünglichen Schönheit leuchtet weiss der helle Marmor. Feenhaft glänzen im milden Licht die langen Säulenhallen; in überirdischer Schönheit liegen die Säle und Räume, die Hufeisenbögen, die Atauriques und bemalten

Fliesen vor dem Beschauer, der ein zu Stein gewordenes Märchen aus «Tausend und eine Nacht» zu sehen glaubt.

In solchen Stunden bin ich zum *tocador*, dem einstigen Ankleidezimmer der Königin, hinaufgestiegen und genoss von dort aus die herrliche Fernsicht über die im Mondlicht liegende Landschaft. Zur Rechten glänzten die Schneehäupter der Sierra Nevada wie Silberwolken am dunklen Himmel, und selbst die harten Umrisse dieses rauhen Gebirgsstockes hatten all ihre Schärfe verloren und hoben sich nur zart angedeutet vom Firmamente ab. Mit Entzücken lehnte ich mich über die Brustwehr hinaus und schaute auf Granada hinab, das wie ein Landkartenrelief unter mir ausgebreitet lag; alles in tiefer Ruhe begraben und seine weissen Paläste, seine herrlichen Kirchen und Klöster schienen in solchen Vollmondnächten gleich ihren Insassen friedlich zu schlummern.

Zuweilen drang der Klang von Kastagnetten einer verspäteten Tanzpartie von der Alameda zu mir, und dann wieder hörte ich die unbestimmten Töne einer Gitarre und die verwehte Stimme eines einzelnen Sängers, der seiner Herzallerliebsten in einer einsamen Strasse unterm Balkon ein Ständchen brachte. Solche Serenaden sind noch ein Ueberbleibsel aus früheren ritterlichen Zeiten, ein Brauch, der sich leider verliert und nur noch in entlegenen Städten und Dörfern Spaniens geübt und hochgehalten wird. Solche Szenen fesselten mich durch Stunden, wenn ich einsam über Höfe schlenderte, auf einem Balkon sass oder über die Zinne einer Turmmauer in die Ferne spähte. In diesen Stunden genoss ich in vollen Zügen jenes Gemisch von Träumerei und Wahrheit, das im milden Klima Andalusiens des Menschen Dasein versüsst und das Leben lebenswert macht. Oft war es fast Morgen, wenn ich mein Zimmer aufsuchte und mich zu Bett begab, dort weiterträumte und mich von den niederfallenden Wasserstrahlen des Springbrunnens der Lindaraja in Schlaf wiegen liess.

DIE BEWOHNER DER ALHAMBRA

Je stolzer und aristokratischer ein Gebäude in den Tagen seines Glücks und seiner Grösse besiedelt war, desto geringer pflegen die Bewohner eines solchen Palastes zu werden, wenn die Zeit seiner Dekadenz kommt und er langsam zu verfallen beginnt. So kann oft der herrlichste Prachtbau als Schlupfwinkel für Bettler oder als Lasterhöhle enden.

Die Alhambra scheint einem solchen Schicksal mit Riesenschritten entgegenzugehen. Sobald ein Turm in Trümmer fällt, gleich wird er von einer Zahl zerlumpter Gesellen mit Weibern und Kindern in Beschlag genommen, die dann gemeinsam mit Eulen und Fledermäusen in den ehemaligen Prunkräumen hausen und dort das Hauptquartier für ihre Diebszüge aufschlagen. Statt des Banners des Propheten oder der Königsstandarte sieht man jetzt Fetzen, Lumpen und drekkige Unterwäsche aus den Fenstern hängen und auf den Zinnen wehen, als Panier der Armut.

Gerne unterhielt ich mich damit, einige von diesen bunten Gestalten und seltenen Charakteren zu beobachten, die auf solche Art von Teilen der alten Pfalz widerrechtlich Besitz genommen hatten und vom Schicksal hierher gesetzt schienen, um dem Drama vom menschlichen Stolze ein komisches «Ende», einen spassigen «Schluss» zu geben. Sogar eine Königin gab es in dieser raren Gesellschaft; unter dem Titel kennt und verspottet man nämlich die alte María Antonia Sabonea, die gewöhnlich ganz allgemein *la Reina Coquina*, die Hutzelkönigin genannt wird. Sie ist von kleiner Gestalt, gerade recht um eine Hexe abzugeben, wie die Leute sagen, was stimmen mag, denn niemand weiss, woher sie kam und wessen Tochter sie war. Sie haust in einer Art Kammer unter der Aussentreppe des Palastes und sitzt den Tag über auf den kühlen Bodenfliesen des Korridors, wo sie emsig näht und dazu ohne Unterbrechung singt, vom Morgen bis zum Abend, und dabei jedem Vorübergehenden einige Scherzworte nachruft, denn Humor hatte das alte Weiblein. Arm war sie wie eine Kirchenmaus, was sie jedoch nicht zu verdriessen schien, denn immer war sie froh und zählte zu den Lustigsten dort oben auf der *asabica*, wo man jederzeit den lieben Herrgott einen guten Mann sein liess. Ihren Lebensunterhalt fristete die alte María Antonia mit Geschichten-Erzählen, eine Kunst, in der sich niemand mit ihr messen konnte, denn sie wusste ebensoviel Märchen, wie die gewandte Scherezade in «Tausend und Eine Nacht». Einige davon habe ich in den abendlichen *tertulias* erzählen hören, wenn wir bei Doña Antonia um den Tisch sassen und plauderten.

Irgend eine Zauberkraft musste in dem alten Weiblein stecken, was aus ihrem grossen Glück in Punkto Liebe hervorgeht. Trotzdem sie klein, hässlich und sehr arm war, hatte sie nach ihrem eigenen Geständnis fünf und einen halben Ehegatten gehabt; zum «Halben» rechnete sie einen jungen Dragonergefreiten, der während der Brautzeit starb. Als Nebenbuhler dieser Hutzelkönigin galt ein alter stattlicher Mann, dessen grosse Branntweinnase ein wahres Naturdenkmal darstellte. In verwahrlostem Anzug, auf dem nicht unschönen Schädel einen mit Wachstuch überzogenen Dreispitz, den eine rote Kokarde zierte, schritt er stolz wie ein Gockel daher und grüsste herablassend seine Bekanntschaften. Er ist einer der legitimen Söhne der Alhambra und hat sein ganzes Leben im Bereich der alten Festung verbracht. Auch hatte er schon in früheren Jahren mehrere Aemter bekleidet; so war er einmal stellvertretender Gerichtsdiener, dann Aushilfsmesner in der Pfarre und schliesslich Aufwärter und Hüter des Ballspielplatzes, der am Fuss eines der Türme den jugendlichen Schlossbewohnern zur Verfügung stand. Er ist ärmer als eine Ratte, was aber seinem Stolz keinen Abbruch tat, denn er rühmt sich, von der edlen Familie der Aguilar abzustammen, gleich dem grossen Feldherrn Gonzalo Fernández de Córdoba, der Ferdinand dem Katholischen viele Schlachten gewonnen hatte. Und es war kein Trug, der Mann hiess wirklich Alonso de Aguilar, einer der ältesten und bekanntesten Namen Spaniens, der bis in die Zeiten der *Conquista* zurückgeht, als Kastiliens Könige den Mauren Stück für Stück ihrer alten Heimat wieder abrangen. Die Spassvögel auf der Alhambra hatten ihm allerdings ebenfalls taxfrei einen Titel verliehen, und man kannte den gutmütigen Dicken nur unter dem Namen *el Padre Santo*, der heilige Vater, was mich einigermassen wunderte, denn ich glaubte, dass den Katholiken diese Bezeichnung zu wert wäre, um damit einen Mitmenschen zu verspotten. Es ist eine jener seltsamen Launen des Schicksals, in der Gestalt dieses zerlumpten Gesellen der Nachwelt einen Abkömmling des stolzen Alonso de Aguilar vorzustellen, der die Zierde andalusischer Rittergeschlechter war. Hier auf der Alhambra lebt als Bettler in einem Kellerloch der Nachfahre jenes spanichen Granden, der die gleiche Burg einstens an der Spitze seiner Vasallen stürmte. Bestimmt ein trauriges Los, aber es hätte ebenso gut auch die Nachkommen Agamemnons oder des Achilles treffen können, wenn ihre Ahnherrn in der Nähe der Ruinen von Troja geblieben wären.

Die Familie meines Knappen und Cicerone Mateo Jiménez ist, wenigstens zahlenmässig, auf der Festung von Wichtigkeit. Wenn der gute Bursche mir sagte, dass er ein Sohn der Alhambra wäre, so hatte er damit ganz recht. Seit der Eroberung durch die Christen leben die Jiménez oben in der Burg, und ihre Armut ist ein altes Erbgut, das seit vielen Jahren vom Vater auf den Sohn übergeht, und wohl nie hatte einer der Sippe einen Taler an Vermögen besessen. Der Vater meines Faktotums, der dem geschichtskundigen Schneider als Familienoberhaupt folgte, war Bandwirker von Beruf. Er zählte beinahe 70 Jahre und wohnte in einer Lehmhütte mit Strohdach, die er sich mit eigenen Händen und nach eigenen Plänen gerade über der *puerta de Hierro* auf den Hang hingebaut hatte. Die Einrichtung ist, wie zu erwarten, kaum nennenswert: ein ärmliches Bett, ein Tisch, zwei oder drei Stühle und ein hölzerner Schrank für die Kleider und das Familienarchiv, das aus alten Prozess-Schriften bestand, die er nicht lesen konnte. Doch den Stolz der Hütte bildet das an der Wand hängende Familienwappen, dessen Felder erkennen liessen, dass diese in Armut schmachtenden Menschenkinder mit den edelsten Familien Spaniens versippt zu sein schienen.

Was nun Mateo selbst anbelangt, so hatte er wirklich bis jetzt alles getan, um die Familie der Jiménez ja nicht aussterben zu lassen. Er wohnte mit seinem Weib und einer grossen Kinderschar in einer halb verfallenen Hütte in der Siedlung;

doch was er tat und wie er sich mit seiner Brut durchs Leben schlug, das weiss nur Gott, der alle Geheimnisse kennt. Ein Rätsel ist und bleibt immer die Existenz so einer armen spanischen Familie; aber es steht ausser allem Zweifel, sie leben wirklich, und was noch viel mehr sagen will, sie sind mit ihrem Dasein zufrieden und geniessen ihrer Art nach das Leben. So macht die Frau Mateos ihren Sonntagsbummel zum *Paseo* oder auf die Promenade von Granada; dabei trägt sie ein Kind auf dem Arm und ein gutes halbes Dutzend hängen ihr am Kittel oder folgen sich balgend nach. Die älteste Tochter, schon eine junge Gitsche, steckt sich Blumen ins Haar und tanzt lustig zum Schall der Kastagnetten, denn «wie die Alten sungen, so zwitschern die Jungen».

Es gibt auf Gottes weiter Welt nur zwei Klassen von Menschen, denen das Leben ein einziger langer Festtag zu sein scheint: die sehr Reichen und die ganz Armen; den einen, weil sie nichts zu tun brauchen, den anderen, weil sie nichts zu tun haben. Aber die grosse Kunst nichts zu tun und von nichts zu leben, das versteht wohl niemand besser als die Armen Spaniens. Das Klima tut dabei einen Teil und das Temperament das übrige. Man gebe einem Spanier Schatten im Sommer und Sonne im Winter, ein wenig Brot, Knoblauch, Olivenöl und eine Hand voll Kichererbsen, einen alten Mantel und eine Gitarre, dann komme, was kommen mag, und die Welt kann sich drehen wohin sie will! Was? Armut! Das ist hier keine Schande; man trägt sie mit Eleganz und hoch erhobenen Hauptes, denn auch der in Lumpen gekleidete Bettler ist ein *Hidalgo*, ein Ehrenmann.

Die «Söhne der Alhambra» veranschaulichen auf treffliche Weise diese praktische Philosophie. Wenn Mauren sich einstens vorstellten, dass das göttliche Paradies über diesem herrlichen Orte schwebe, dann lebt ohne Zweifel noch ein Schimmer dieses goldenen Zeitalters in der gegenwärtigen Bewohnerschaft des früheren Königsschlosses weiter. Sie haben nichts —sie tun nichts—, sie sorgen für nichts! Doch beobachten und feiern sie genauestens den Sonntag und alle vorgeschriebenen Festtage wie der fleissigste Handwerker, obwohl sie augenscheinlich die ganze Woche hindurch untätig herumlungerten und faul sich in der Sonne reckten und streckten. Sie fehlen bei keinem der Kirchtage und auf keinem Tanz in Granada und dessen Umgebung. In der Johannisnacht zünden sie ihre Höhenfeuer an und tanzen um die lohende Flamme. Bis vor kurzem gaben sie sogar ihr eigenes Erntedankfest und begingen feierlich den Tag, an dem ein kleiner Acker im Festungsbereich abgeerntet war, der kaum ein paar Scheffel Weizen zum Reifen gebracht hatte.

Die guten Leute auf der Alhambra trieben noch nebenher ihren eigenen und wohl konkurrenzlosen Sport, der seiner Ursprünglichkeit wegen wirklich erwähnenswert ist. Oft bemerkte ich einen langen, hageren Burschen auf einer der hohen Turmzinnen, der mit zwei oder drei Angelruten in der Luft zu fischen schien. Natürlich war mir diese Art von Tätigkeit unverständlich, und als dann auch auf anderen Mauerkränzen und Erkern ähnliche Angler erschienen, da zog ich sogleich meinen Mateo Jiménez zu Rate, der mir auch prompt das Rätsel löste.

Die reine und luftige Lage der Festung scheint sie, wie Macbeths Schloss, zu einem Eldorado für brütende Schwalben und andere Mauervögel gemacht zu haben. Diese gefiederten Bewohner der Alhambra tummelten sich jungen Schulbuben gleich zu Tausenden um Türme und Mauern. Die zerlumpten «Söhne der Alhambra» haben nun mit dem Scharfsinn und einen allen andalusischen Müssiggängern eigenen Witz die neue Kunst erfunden, in der Luft zu angeln und im Himmel zu fischen. Sie werfen ihre Ruten aus und bewegen mit Geschick die Schnüre, an dessen Hacken Fliegen hängen, bis einer der herumsegelnden Vögel den Köder erblickt, sich auf ihn losstürzt und anbeisst, was wirklich keine Seltenheit war, wie ich bemerken konnte.

DER LOEWENHOF

Der besondere Reiz dieses alten, träumerischen Palastes liegt in der ihm innewohnenden Macht, träumen zu lassen und Bilder aus der Vergangenheit hervorzuzaubern, die die nackte Wirklichkeit hinter dem schönsten Schleier der Illusion verbergen und die Härten des Kampfs ums Dasein abschleifen. Da es mir Freude machte, in diesen «eitlen Schatten» zu wandeln, suchte ich mit Vorliebe jene Teile der Alhambra auf, die zum Träumen einluden und dieses schöne Schattenspiel des Geistes förderten. Der Löwenhof und die ihn umgebenden Hallen sind wohl die geeignetsten Orte dazu. Hier ist die Hand der Zeit am schonendsten gewesen, und noch sind die Spuren maurischer Eleganz und Pracht fast in ihrem ursprünglichen Glanz vorhanden. Erdbeben haben die Fundamente der Burg erschüttert; ihre stärksten Türme und Mauern zeigen Risse. Doch sieh! nicht eine einzige der schlanken Säulen des Löwenhofes wurde verrückt, nicht ein Hufeisenbogen des so zerbrechlich scheinenden Peristyls hat nachgegeben. Und all die zarten Schnitzereien und Stuckarbeiten an den gewölbten Decken, so fein wie Eisblumen an Fensterscheiben, erfreuen uns heute noch nach Jahrhunderten und sind so frisch und schön, als kämen sie eben aus der Werkstätte des maurischen Künstlers.

Inmitten dieser historischen Kunstdenkmäler aus der grossen Vergangenheit Granadas arbeite ich schon am frühen Morgen und fülle in der oft genannten Halle der Abencerrajes Blatt um Blatt meines Heftes mit Aufzeichnungen und Skizzen. Vor mir habe ich den blutbefleckten Springbrunnen, das sagenhafte Mahnmal, das von der mörderischen Ausrottung dieses maurischen Adelsgeschlechtes erzählt. Der sich in der Luft zerstäubende Wasserstrahl glänzt in den Farben des Regenbogens, und winzige Tröpfchen netzen ab und zu mein Schreibpapier. Schwer ist es, die alte Erzählung von Familienzwist, Prinzenhader, Eifersuchtsszenen und Bluttaten mit der friedlichen und liebevollen Umgebung hier in Einklang zu bringen. Alles ist zart, fein, mild und schön, und scheint einzig und allein den Zweck zu haben, freundliche Gefühle zu erregen und glücklich zu machen. Selbst das Licht fällt von oben sanft durch die farbige Laterne einer herrlichen Kuppel, die von Feenhänden geschaffen schien. Durch den weiten, mit Stuckarbeiten versehenen Bogen des Portals sehe ich den Löwenhof im Glanz der Sonne, die an seinen Colonnaden entlang strahlt und in seinem Brunnen funkelt. Eine lebhafte Schwalbe taucht in den Hof, schwingt sich dann wieder aufwärts und fliegt zwitschernd über die Dächer hin und davon; die geschäftige Biene arbeitet summend zwischen den duftenden Blütenknospen, und bunte Schmetterlinge schweben von Blume zu Blume, flattern auf und nieder und spielen miteinander in der sonnigen Luft. Man braucht wirklich keine allzu grosse Phantasie zu haben und auch nicht verrückt zu sein, um eine schöne Haremsdame zu sehen, die nachdenklich und sinnend durch diese Hallen voll orientalischen Luxus dahinschreitet.

Mildern aber die Schatten des Abends die Helligkeit im Hofe, und verdüstern die umliegenden Säle, dann durchzieht ein melancholischer Geist die Räume und *patios*, und wehmütig erinnert sich der Besucher jener Lieder und Sagen, die uns von der grossen Vergangenheit der Alhambra erzählten. In solchen Minuten spricht das Schicksal zu uns von der Vergänglichkeit alles irdischen Guts.

Gerne setze ich mich öfter in die «Halle der Gerechtigkeit», deren Schatten spendende Arkaden sich quer über das obere Ende des Hofes hinziehen. Hier wurde bei der Besitznahme der Alhambra in Gegenwart König Ferdinands und Isabellas und ihres triumphierenden Hofstaates das feierliche Sieges-Hochamt gehalten. Selbst das Kreuz ist noch an der Wand zu sehen, wo der Altar errichtet ward, auf dem der Kardinal von Spanien und andere der höchsten kirchlichen Würdenträger des Landes den Dankgottesdient zelebrierten. Die Vertreter des siegreichen Heeres füllten zum Bersten den Platz; es herrschte ein Gedränge von Prälaten in grossem Ornat, von geschorenen Mönchen und Kutten tragenden Brüdern, von gepanzerten Rittern und eleganten Höflingen. Kreuze, Krummstäbe und Kirchenfahnen standen neben den stolzen Kriegsbannern, Standarten und Wappenschildern der Edlen und Granden, und die Fahne des geeinten Spaniens wehte zum ersten Mal über der mohammedanischen Residenz. Columbus mag vielleicht unbemerkt und von allen vernachlässigt in einem Winkel gestanden haben, als demütiger Zuschauer dieses einzigen Gepränges. Nun verneigt sich alles; alles beugt sein Knie. Das Königspaar tritt in den Saal, schreitet aufrecht zum Altar, wo es sich fromm niederwirft und Gott dem Allerhöchsten für den Sieg dankt, während feierlich das *Tedeum* durch Hallen und über Höfe braust.

Doch bald ist der Traum vorbei und die kurze Illusion vorüber. Das herrliche Schauspiel entschwindet der Phantasie. Monarchen, Priester und Krieger, schöne Frauen und Hofschranzen sind vergessen gleich den armen Mauren, die sie besiegten und vertrieben. Die Halle, wo der Triumph der christlichen Ritter so feierlich begangen wurde, ist nun wüst, öd und leer. Fledermäuse flattern durch die halbdunkeln Gewölbe, Eulen krächzen, und von der *torre de Comares* schreit der Uhu.

Als ich vor einigen Abenden den Löwenhof betrat, da blieb ich baff und erschrocken stehen, denn neben dem Springbrunnen dass ruhig und unbeweglich ein beturbanter Maure. Ich glaubte, dass eines der vielen Märchen sich nun verwirkliche und ein alter Bewohner der Alhambra den Zauber der Jahrhunderte gebrochen habe, um uns von *damals* zu erzählen. Aber es war nicht so, denn es handelte sich um einen ganz gewöhnlichen Sterblichen, der aus Tetuán in der Berberei stammte und nun einen Laden im Zacatín Granadas hatte, wo er Rhabarber, Schmucksachen und wohlriechende Essenzen verkaufte. Er sprach fliessend spanisch; und da er ein gut unterrichteter und kluger Mann war, konnte ich mich mit ihm vorzüglich unterhalten. Er erzählte mir, dass er des Sommers zuweilen den Hügel heraufkomme, um einen Teil des Tages in der Alhambra zu verbringen. Hier auf der *asabica*, sagte er, erinnere er sich an seine Heimat, wo ähnliche alte Paläste stünden, die allerdings nicht so prachtvoll gebaut und so herrlich verziert wären.

Als wir gemeinsam durch den Palast gingen und dies und jenes bewunderten, zeigte und entzifferte er mir auch verschiedene arabische Inschriften von selten schönem poetischen Inhalt.

«Ach *señor*», sagte er, «als die Mauren auf der Alhambra sassen, da waren sie ein viel froheres Volk als heut zu Tage. Sie dachten nur an Liebe, Musik und Poesie. Es waren viele Dichter unter den spanischen Mohammedanern, die schöne Verse machten und dazu die passende Musik komponierten. Pœten und Sänger mit klangvoller Stimme waren bei Hof und in Bürgerhäusern gern gesehen und durften allgemeiner Gunst gewiss sein. Wann in jenen Tagen einer bettelte, dann sagte man ihm —Mach mir einen Vers—, und oft wurde dann der Reimeschmied mit einem Goldstück belohnt, wenn die Bitte in kunstvoller Form vorgebracht wurde.»

«Und hat sich dieses ausgeprägte Gefühl für Poesie und Dichtkunst heute noch bei euch erhalten, oder ging es verloren?», fragte ich.

«Durchaus nicht, *señor*; das Volk drüben in der Berberei macht heute noch so gute Verse wie früher. Selbst in den niederen Klassen findet man Sänger, die sich zur Musik ihre eigenen Reime dichten. Was sich geändert hat, das ist das Interesse an der Sache, denn der Künstler wird nicht belohnt wie ehedem, und der reiche Kaufmann zieht das Klingen des Geldes dem Klang von Versen oder der Musik vor.»

Als er noch am Sprechen war, fiel sein Blick auf eine der Inschriften, in der den Gebietern und Herrn auf der Alhambra ewiger Ruhm, Allahs Segen, Macht und Herrlichkeit für immer verheissen wurde. Mein Begleiter schüttelte den Kopf und zuckte mit den Achseln, als er die Verse übersetzte. Dann sagte er: «Dies hätte der Fall sein können, und die Mauren sässen noch immer als Herrn auf der Alhambra, wenn Boabdil ein Mann und wahrer König und kein verräterischer Feigling gewesen wäre, der Stadt und Burg den Christen in die Hände gespielt. Die spanischen Monarchen und ihre Krieger hätten nie das Maurenheer in offener Feldschlacht besiegen oder gar die Burg stürmen können.»

Ich bemühte mich, den unglücklichen Boabdil zu verteidigen und sein Andenken zu retten; erzählte von den

Palastfehden und Zwistigkeiten, von Lug und Trug, Hass und Eifersucht, was alles zusammenwirkte, den Thron in seinen Grundfesten erschütterte und endlich zum Sturze führte. Ich sagte ihm, dass meiner Meinung nach, der grausame Vater Boabdilds die Schuld an allem Unglück habe, was aber der *Tetuaní* nicht gelten lassen wollte.

«Muley Hassan» sagte er ernst, «mag grausam gewesen sein, ich wills nicht bestreiten; aber er war tapfer, umsichtig, wachsam und ein ganz grosser Patriot. Hätte man ihm den notwendigen Beistand geleistet, so wäre Granada und die Alhambra heute noch unser; aber sein Sohn Boabdil durchkreuzte die königlichen Pläne und Massnahmen, lähmte die Macht und das Ansehen des Thrones, säte Verrat im Palast und Zwietracht im Heerlager. Möge ihn dafür der Fluch des Himmels treffen!» Mit diesen Worten verliess der Maure traurig die Alhambra.

Der Unwille meines Freundes im Turban stand mit einer Anekdote im Einklang, die mir ein Gefährte erzählte, der auf einer Studienreise durch die Berberei den Pascha von Tetuán sprechen konnte. Der maurische Statthalter erkundigte sich nach dem Leben und Treiben auf der iberischen Halbinsel, liess sich über Andalusien berichten und interessierte sich ganz besonders für das schöne Granada mit seiner entzückenden Königspfalz aus der Zeit, als seine Ahnen dort residierten. Die Antworten weckten in ihm offensichtlich alle die von den Mauren mit viel Pietät gepflegten Erinnerungen an die Epochen ihrer grössten Machtentfaltung damals, als sie Spanien zu ihren Ländern zählen konnten. Der Pascha wandte sich an sein mohammedanisches Gefolge, und sich melancholisch den weissen Vollbart streichend klagte er heftig darüber, dass dieses Reich den wahren Gläubigen verloren ging. Indessen tröstete er sich und gab seiner Überzeugung Ausdruck, dass Spaniens Macht langsam aber sicher im Abnehmen begriffen sei, und dass bald die Zeit kommen werde, wo die Mauren wieder in den Besitz ihres rechtmässigen Eigentums kämen. Der alte Muselman meinte, dass der Tag nicht fern sei, an dem man in der Mezquita Córdobas mohammedanischen Gottesdienst zelebriere und auf der Alhambra wieder ein maurischer Fürst seinen Thron aufschlage, der von dort aus über seine Glaubensbrüder in Spanien herrsche.

Der bärtige Pascha sprach dabei nur den Glauben und den allgemeinen Wunsch der Berbermauren aus, die Spanien und gans besonders Andalusien als ihr rechtmässiges Erbe betrachten, um dessen Besitz sie durch Verrat und Betrug gekommen waren. Die in den Städten der Berberei lebenden Nachkommen der letzten granadinischen *moros* hegen und pflegen diesen Glauben und diese Hoffnung seit Jahrhunderten und sorgen dafür, dass sie auch im Herzen der Jugend weiterlebten. Viele dieser Mauren Tetuans wahren noch gegenwärtig ihre altspanischen Namen, wie Medina oder Páez, und sind eine Art Oberschicht der Bevölkerung, die es ängstlich vermeidet, sich mit Familien zu verschwägern, die nicht gleicher Abstammung sind. Solche Geschlechter werden vom Volke mit einer allgemeinen Ehrfurcht behandelt, die in mohammedanischen Gemeinden sonst nur für Abkömmlinge aus königlichen Häusern üblich ist.

In diesen exclusiven Maurenkreisen erinnert man sich noch an das gerühmte irdische Paradies ihrer Vorfahren, und freitags beten sie in den Mezquitas zu Allah, er möge bald den Tag kommen lassen, an dem Granada den Rechtgläubigen zurückgegeben werde: ein die christlichen Kreuzfahrer die Befreiung des Heiligen Landes und der Stätten, wo Jesus Cristus lebte und lehrte. Man erzählt sich sogar, dass einige dieser altspanischen Familien im Exil die primitiven Besitzurkunden, Pläne und Kaufverträge ihrer Vorfahren aus Granda aufbewahren, ja dass manche überdies die Schlüssel zu den seinerzeit von den kastilischen Siegern enteigneten Häusern und Palästen besitzen, um auf diese Art am erhofften Tag der Restauration die Eigentumsrechte unzweideutig geltend machen zu können.

Der Löwenhof hat natürlich auch seine Spukgeschichten, und manches Geistermärchen wissen von ihm die Eingeweihten zu erzählen. Neben anderen recht merkwürdigen Vorfällen berichtet man gern, dass des Nachts die Seelen der hingemordeten *Abencerrajes* umgingen, was aus dem Gemurmel von Stimmen, dem Klirren von Ketten und Waffen und unterdrückten Klagen zu erkennen sei. Im Zusammenhang mit derlei

Berichten erzählte Mateo Jiménez bei einem der üblichen Abendplausche im Salón der Doña Antonia eine Geschichte, die sich zur Zeit seines Grossvaters, des sagenkundigen Schneiders, ganz bestimmt zugetragen hätte.

Einmal lebte auf der Alhambra ein ausgedienter Soldat, der dort das Amt eines Fremdenführers versah. Als er nun eines Abends in der Dämmerung langsam durch den Löwenhof ging, hörte er in der Halle der *Abencerrajes* ganz deutlich den Widerhall von Schritten. Er meinte, dass sich dort noch einige Fremde aufhielten und eilte hin, um den späten Besuchern seine Dienste anzubieten. Doch wie staunte der tapfere Kriegersmann, als er vier reich gekleidete Mauren erblickte, die feierlichen Schrittes hin und her gingen; im Schein der untergehenden Sonne blinkten ihre vergoldeten Harnische, die Schwerter in Silberscheiden und die mit Edelsteinen besetzten krummen Dolche. Als die arabischen Edlen den Soldaten bemerkten, blieben sie stehen und winkten ihm, dass er sich ihnen nähere. Der Veterane indessen bekams mit der Angst zu tun und lief auf davon, und keine zehn Pferde brachten ihn mehr ins Innere der Alhambra. —So kehren die Menschen oft dem Glück den Rücken zu, —denn Mateo glaubt fest und steif, dass die Mauren dem armen Schlucker die Stelle zeigen wollten, wo sie einstens ihre reichen Schätze vergraben hatten. Der Nachfolger des Veteranen im Amt des Fremdenführers war allerdings viel gewitzigter; arm wie alle kam er auf die Alambra, die er aber bereits nach einem guten Jahr schon wieder verliess. Er ging nach Málaga, kaufte sich dort ein Haus und mehrere Landsitze. Heute lebt er noch in der schönen Stadt an Mittelmeer als einer der reichsten und ältesten Herrn des Ortes. All der enorme Reichtum des vorzeitig abgemusterten Soldaten stammt natürlich, wie Mateo weise vermutet, von der vier Mauren in der Halle der *Abencerrajes*, die ihm ihre goldenen Geheimnisse geoffenbart hatten.

BOABDIL DAS KIND
«BOABDIL EL CHICO»

Mein Gespräch mit dem Mauren veranlasste mich, über das wirklich seltsame Geschick Boabdils nachzudenken. «*El Zogoibi*», den Unglückichen nannten ihn seine Untertanen; und das mit vollem Recht, denn von der Wiege bis zum Grab in fremden Landen, war er ein von Widerwärtigkeiten, Misserfolgen und Unglücksschlägen hart verfolgter Mensch. In zartestem Kindesalter wurde er von einem unmenschlichen Vater eingekerkert und zum Tode verurteilt, und nur die List seiner Mutter rettete ihn. In späteren Jahren verbitterte ihm ein herrschsüchtiger und den ganzen Palast revolutionierender Oheim das Leben, und gar oft brachten feindliche Invasoren von aussen her und Volkserhebungen im Inland den Thron Boabdils ins Wanken. Politisch gesehen war er ein Spielball König Ferdinands, der ihn den Umständen nach als Feind, Freund oder Gefangenen behandelte, bis endlich die spanischen Kreuzritter Granada besetzten und ihn, den letzten Maurenkönig, entthronten. Aus der Heimat seiner Väter verbannt suchte er Zuflucht bei einem Fürsten in Afrika, in dessen Diensten er tapfer kämpfend für eine fremde Sache den Tod fand. Aber das Missgeschick dieses Unglücksmenschen hörte nicht einmal mit dem Tode auf! Sein Name steht nicht in den Ehrenblättern der Geschichte, die uns von den Mauren in Spanien erzählen. Man schreibt Boabdil Grausamkeiten und Untaten zu, wie wohl keinem anderen islamitischen Monarchen diesseits und jenseits der Strasse von Gibraltar, und voll Unwillen wendet sich der romantische Historiker und dessen Hörer und Leser von diesem Wüstling auf dem Königsthron ab. Alle rührt zutiefst das Leid der edlen Königin, die Boabdil auf eine falsche Beschuldigung hin wegen ehelicher Untreue vor Gericht schleppte und zu foltern befahl. Wer entrüstet sich nicht, wenn er hört, dass dieser schlechteste aller Könige Granadas seine eigene Schwester und deren beiden Kinder in einem Anfall von Wut umgebracht haben soll? Wer empört sich nicht beim Bericht von der unmenschlichen

Niedermetzelung der ritterlichen Abencerrajen, von denen er sechsunddreissig, wie versichert wird, im Löwenhof enthaupten liess, um die Thronfolge nach seinem Willen und Gefallen regeln zu können! Alle diese Anschuldigungen hört man in den unterschiedlichsten Formen; da sind Balladen, Dramen und Romanzen, in denen uns von Boabdils schwarzer Seele erzählt wird, derart dass die verschiedensten Anschuldigungen bereits in der Volksmeinung fest verwurzelt sind und nicht mehr ausgerottet werden können. Es gibt sicher keinen ausländischen Besucher, der auf der Alhambra nicht nach jenen Brunnenbecken fragen würde, wohin Scharfrichter die Köpfe ihrer Opfer geworfen hätten; und Dämchen blicken voll Schauer nach dem Fenster, hinter dessen Gitter einstens die unschuldige Königin zitternd ihres unbestimmten Schicksals harrte. Besucht man eine Herberge an der Landstrasse, einen Bauernhof in den Bergen oder sonst einen Ansitz in der *vega* Granadas, so hört man in Dämmerstunden oft Romanzen, die uns vom Ende der braven Abencerrajen erzählen.

Nie aber wurde auf der ganzen Welt ein Mann schmählicher und ungerechter verleumdet. Ich prüfte Chroniken und Briefe, von spanischen Zeitgenossen Boabdils verfasst und geschrieben, von denen mehrere zu den Höflingen Isabells und Ferdinands zählten und mit dem Königspaar während des ganzen granadinischen Krieges im Lager lebten. Ich las auch alle arabischen Quellen in spanischer Übersetzung, soweit sie zugänglich waren, konnte jedoch nichts finden, was diese gehässigen Anklagen gerechtfertigt hätten. Alle diese erwähnten Schauermären sind im grossen und ganzen auf Arbeit eines gewissen *Ginés Pérez de Hita* aus Murcia zurückzuführen, der unter dem Titel «*Las Guerras Civiles de Granada*», *Die Bürgerkriege von Granada*, eine Geschichte von den Fehden der Zegries und Abencerragen während des letzten Kampfes um die maurische Herrschaft in Spanien nach arabischen Quellen, wie er sagt, wahrheitsgetreu erzählte. Das Werk wurde seitdem in mehrere Sprachen übersetzt, und *Florián* hat viel aus ihm zu seinem *Gonzalo de Córdoba* entliehen. Seitdem hält man diese Arbeit des ehrenwerten murcianer Bürgers für ein wirkliches Geschichtswerk, dessen Inhalt ganz besonders bei den Leuten von

Granada Glauben findet. Das Ganze ist indessen nur eine Anhäufung von historischen Lügen, untermischt mit wenigen entstellten Wahrheiten, die eben für Glaubwürdigkeit werben sollten. Doch spricht es selbst für seine Falschhit, da Sitten und Gebräuche der Mauren unwahr dargestellt und Szenen geschildert werden, die mit maurischen Gewohnheiten und islamitischem Glauben unvereinbar sind, derart, dass sie ein mohammedanischer Schriftsteller oder Dichter nie berichtet haben konnte.

Ich meine, dass offensichtlich böser Wille in den geflissentlichen Entstellungen dieses Werkes zu liegen schienen. Wenn man auch der romantischen Dichtung grossen Spielraum liesse, so gibt es immerhin Grenzen, die nicht überschritten werden dürfen: So soll man den Ruf toter Führer nie besudeln, ebensowenig wie den ehrenwerter Zeitgenossen. Und der unglückliche Boabdil hat für seine feindselige Haltung den Spaniern gegenüber bei Lebzeiten schon genug gebüsst; dafür verlor er Thron, Königreich und Heimat, und es wäre wirklich nicht notwendig, seinen Namen so mutwillig zu beflecken und in seinem Vaterland, ja selbst auf seinem Stammschloss durch den Kot zu zerren.

Es darf nun keineswegs behauptet werden, dass alles aus der Luft gegriffen wäre, was man sich heute noch von Boabdil erzählt; doch viele Untaten, die ihm in die Schuhe geschoben werden, gehen auf die Rechnung seines Vaters, des alten *Aben Hassan*. Wie aus christlichen und arabischen Chroniken zu entnehmen ist, war dieser Monarch ein gar wilder Mann und grausamer Despot. So war es unzweifelhaft er, der das ganze Geschlecht der Abencerrajen eines Verdachtes wegen auslöschte und die männlichen Sprossen hinmorden liess, weil er fürchtete, von ihnen entthront zu werden.

Auch was die Erzählung anbelangt, dass Boabdil seine jugendliche Gemahlin aus Eifersucht in einem der Türme auf der Alhambra eingekerkert habe und dort foltern liess, kann historisch nicht bewiesen werden; man dürfte aber wahrscheinlich nicht irre gehen, wenn man auch in diesem Fall den grausamen Aben Hassan als Hauptakteur annimmt. Er heiratete nämlich in ziemlich vorgerücktem Alter eine schöne christliche Gefangene von edelster Herkunft, *Zorayda* war ihr Name als maurische Königin, von der er zwei Söhne hatte. Sie war natürlich sehr darauf bedacht, dass ihren Kindern die Herrscherrechte gewahrt blieben und die Thronansprüche ihnen von niemandem streitig gemacht werden könnten. In der Verwirklichung dieser Pläne war sie gerade nicht wählerisch und engherzig in der Auswahl der ihr geeignet scheinenden Mittel. Sie bearbeitete das an sich argwöhnische Gemüt des Königs und erzählte ihm immer wieder, dass diese oder jene Kinder, die er von anderen Konkubinen und Frauen hatte, einen Anschlag auf sein kostbares Leben vorbereiteten, um den so ersehnten Thron auf der Alhambra endlich besteigen zu können, und Freunde und Verwandte dann als neue Stützen der Monarchie auf Posten und Pöstchen zu installieren. Verständlich ist es, dass der alte Liebhaber seiner Zorayda ein geneigtes Ohr schenkte und aufgestachelt bei Wutanfällen sogar einige seiner Sprösslinge erschlug. *Ayxa la Horra*, die tugendreiche Mutter Boabdils, einst die Favoritin des Tyrannen, verlor unter diesen Umständen ihren Ehrenplatz im Harem; Aben Hassam sperrte sie mit ihrem Sohn in die *torre de Comares*, und sicherlich wäre auch Boabdil ein Opfer seines entmenschten Vaters geworden, wenn ihn nicht Ayxa nachts an einem Gürtel die Turmmauer hinabgelassen hätte, und er so zu Freunden nach Guadix fliehen konnte.

Diese historische Wahrheit ist die einzige reale Grundlage, die ich für die «Romanze von der gefangenen Königin» finden konnte; und hier war Boabdil ohne Zweifel der Verfolgte und nicht der Missetäter.

Während seiner kurzen Regierungszeit, es waren stürmische und unruhige Jahre für Granada, zeigte sich Boabdbil als milder und leutseliger Herr und König, der sich im Flug die Herzen seiner Untertanen gewann. Er war gegen seine Feinde im Innern des Reiches nie gehässig oder gar grausam, und auf offenem Schlachtteld zeichnete er sich durch persönliche Tapferkeit aus, die selbst seinen Gegnern Achtung abzwang. Aber es fehlte ihm moralische Kraft und Ausdauer, Zivilcourage und Entschlossenheit, jene grundlegenden und so notwendigen Eigenschaften für einen Herrscher in unruhigen und verworrenen Zeiten des Umbruchs. Diese Charakterschwäche beschleunigte seinen Untergang und war die eigentliche Ursache, dass er nicht als einer der Grossen in die Geschichte einging; sie beraubte ihn jenes heroischen Ruhmes, der seinem Schicksale Grösse und Würde verliehen und ihn selbst wert gemacht hätte, das Drama von der Maurenherrschaft in Spanien würdig und rühmlich abzuschliessen, so wie es vor vielen Jahrhunderten einstens begonnen hatte. —Roderich der Gotenkönig fiel bei Jerez de la Frontera, in der Entscheidungsschlacht am Guadalete— und der letzte Maurenkönig, er verliess als Besiegter weinend die Heimat, die seine Väter einstens mit Feuer und Schwert eroberten.

EIN MEMENTO AN BOABDIL

Während sich mein Geist noch lebhaft mit dem unglücklichen Boabdil beschäftigte, machte ich mich daran, jenen Erinnerungszeichen nachzuspüren, die mit seiner Geschichte, seinem Leben und Streben in Verbindung standen. In der Gemäldegalerie auf dem *Generalife*, dem «Schönbrunn» der maurischen Könige, hängt ein Porträt von ihm. Es zeigt ein schönes, etwas melancholisches Gesicht, die Hautfarbe ist hell und das Haar blond. Diesem Bilde nach war der Mann, den es konterfeit, schwankend und unbestimmt, doch niemals grausam, denn keinen unfreundlichen oder abstossenden Zug findet man in seinen Linien.

Auf meiner Studienfahrt ging ich zunächst zur *torre de Comares* hinauf, wo sich unter der Halle der Gesandten das gewölbte Gemach befindet, in dem Boabdil der Gefangene seines harten Vaters war; gegenüber, nur durch einen schmalen Gang getrennt, lag das Gefängnis der tugendhaften Aixa la Horra, seiner unglücklichen Mutter. Auf der ganzen Alhambra gab es wohl keine geeigneteren Plätze, die für solche Zwecke dienlicher gewesen wären. Die Mauern ausserordentlich stark, die kleinen Zellenfenster durch eiserne Gitter gesichert! Eine schmale steinerne Galerie läuft auf drei Seiten um den Turm gerade unter den Fenstern hin, in schwindelnder Höhe. Man glaubt, dass die Königin in einer dunklen Nacht von diesem Laufgang aus ihren Sohn an zusammengeknüpften Gürteln auf der Hügelseite herabgelassen habe, wo treue Diener mit Rossen harrten und ihn schnell ins Gebirge entführten.

Während ich so diese Galerie entlangschritt und manchmal über die niedrige Brustwehr hinweg nach Granada hinunterschaute, da sah ich in meiner Phantasie die besorgte Königin, wie sie klopfenden Herzens voll Mutterliebe auf die leise verhallenden Pferdehufe lauschte, als ihr Sohn durchs Tal des Darro gelopierte.

Mein nächster Besuch galt dem Tor, durch welches Boabdil die Alhambra, die Burg seiner Ahnen für immer verliess, als bereits die Fahne des Propheten auf dem Bergfried eingezogen war. Mit der melancholischen Laune eines gebrochenen Geistes bat er damals das siegreiche spanische Königspaar, es möge verhindern, dass jemals ein Mensch wieder diesen Torbogen durchschreiten könne, der soeben für ihn geschlossen wurde. Gerührt vom Unglück ihres besiegten Feindes willfuhr die edle Isabell dem Wunsch Boabdils und liess die Tür vermauern. Ich suchte viele Tage erfolglos besagtes Portal; endlich erfuhr mein bescheidener Gefährte und Mitarbeiter Mateo von einem runzeligen Weiblein, dass der Sage nach ein alter Torweg bestünde, durch den der maurische Königshof die Alhambra verlassen habe, aber von niemandem wäre er jemals offen gesehen worden.

Mateo führte mich umgehend an die bezeichnete Stelle. Wir sahen den Durchgang; er liegt in der Mitte eines ehemals enormen Turms mit sieben Stockwerken, was aus seinem Namen zu schliessen ist, er heisst nämlich *la Torre de los siete suelos*. Dieser Turm der sieben Stockwerke wird von ängstlichen Seelen abergläubisch gemieden, denn es soll dort nicht ganz richtig zugehen. Man glaubt, dass maurische Zauberer, Hexen und böse Geister sich hier ein Stelldichein geben, um die Welt zu schrecken.

Dieser einst so feste Turm ist heute fast ein Trümmerhaufen, dank kriegerischer Ereignisse in friedlichen Landen. Damals als vor Lustren die napoleonische Besatzung abziehen musste, denn zu heldenmütigen Taten waren die Granadiere bereits nicht mehr fähig, da sprengten sie in ohmächtiger Wut den Maurenturm in die Luft. Grosse Mauerbrocken liegen umher; sie sind von Kräuterwuchs überwuchert, von wilden Rebstöcken und Feigenbäumen beschattet. Nur der geborstene Torbogen steht noch da, verschlossen, entsprechend dem letzen Wunsch Boabdils.

Zu Pferd nahm ich von hier aus den Weg, den einstens der letzte mohammedanische Herrscher Spaniens ritt, als er sein Knie vor den Siegern beugen musste, um dann in die Fremde zu ziehen. Ich überquerte den Hügel *Los Mártires*, gelangte zu einem Kloster gleichen Namens, an dessen Gartenmauer ich entlang trabte und stieg von dort vorsichtig in eine rauhe Schlucht hinab. Diese war mit Aloesträuchern und indischen

Feigenbäumen dicht bewachsen, und in den Hängen rings herum nisteten in Hütten und Höhlen eine Unmenge von Zigeunern. Steil war der Weg in die Schlucht hinunter und durch die Klamm hinaus, so dass ich meine Stute am Zügel führen musste. Diesen unwegsamen Steig ritt auch Boabdil entlang, denn er schämte sich durch die Stadt zu ziehen, die von Vorfahren gebaut ward, deren Erbe er nicht wahren konnte.

Als ich den Hohlweg verlassen hatte und an der *Puerta de los Molinos* vorüber war, kam ich zum *Prado*, der so schönen Promenade Granadas. Von dort dem Lauf des *Genil* folgend stiess ich auf eine Eremitage, die heute dem heiligen Sebastián geweiht ist und ehemals eine kleine Moschee war. Dort berichtet uns eine in der Mauer eingelassene Marmorplatte, dass an dieser Stelle Boabdil den kastilischen Königen die Schlüssel der Stadt übergeben hätte. Langsam folgte ich der *vía dolorosa* des maurischen Hofstaates, ritt über die Vega bis zu einem kleinen Dorf, wo der unglückliche König von seinem Haushalt und seiner Familie erwartet wurde; diese hatte er bereits in der vorhergehenden Nacht von der Alhambra aus hierher geschickt, denn er wollte nicht, dass auch Mutter und Gemahlin gedemütigt würden und den gaffenden Blicken der Eroberer ausgesetzt wären. Dem Weg der königlichen Verbannten weiter folgend, gelangte ich an den Fuss einer öden und kahlen Hügelkette am Rande der Berge der *Alpujarra*, über die ein Saumpfad hinüberführt. Vom Gipfel einer dieser Berge warf Boabdil noch seinen letzten Blick auf Granada zurück; *la Cuesta de las Lágrimas*, den Tränenhügel nennt ihn das Volk, das für des Königs Kummer Verständnis hat. Auf der anderen Seite des Gebirges windet sich durch eine rauhe, freudlose Oede der staubige Weg zur Küste hin, wo der Maurenkönig sich einschiffte und nach Afrika zurückkehrte, woher vor Jahrhunderten seine Ahnen kamen, als sie das hispanische Gotenreich in einem Meer von Blut ertränkten.

Ich spornte mein Pferd auf die Kuppe jenes Felsens hinauf, von dem aus Boabdil nocheinmal auf Granada hinunterschaute, um sich dann tränenden Auges abzuwenden und ins Exil zu ziehen. Sehr bezeichnend spricht man noch hier vom *letzten Mohrenseufzer, el último suspiro del moro*! Und wer könnte den bitteren Schmerz Boabdils nicht fühlen, da er aus einem solchen Reich und aus einem solch herrlichen Palast verbannt wurde? Mit der Alhambra gab er alle Ehren seines Geschlechtes, den Glanz seines Königtums und die Freuden seines Lebens hin, um als ein Niemand irgendwo und irgendwann zu sterben.

Aixa, die Königinmutter, jene tapfere Frau, die ihrem Sohn in Zeiten schwerster Gefahr so oft zur Seite gestanden war und sich ein Leben lang abmühte, ihm ihren eigenen entschlossenen Geist einzuflössen, hier —und angesichts der Tränen Boabdils sagte sie bitter: «Du tust wohl daran wie ein Weib zu beweinen, was du als Mann nicht verteidigen konntest»—, harte Worte, die mehr vom Stolz einer Fürstin als von Mutterliebe zeugen.

Als Bischof Cuevara dem grossen Habsburger Karl V. obige Anekdote erzählte, war dieser mit Boabdils Mutter einer Meinung. «Wäre ich er gewesen und er ich», sagte der stolze Potentat, «so würde ich diese Alhambra zu meinem Grabe gemacht haben, ehe ich ohne Königreich in die Alpujarra gegangen wäre.»

Wie leicht ist es für die, die auf dem Gipfel der Macht und des Glücks stehen, Besiegten und Armen Opfersinn und Heldentum zu predigen! Sie begreifen nicht, dass solchen vom Schicksal geschlagenen Seelen das Leben wertvoll ist, da ihnen ja nichts blieb und sie nichts haben als eben das nackte Leben.

DER BALKON

Wie ich bereits früher erwähnt habe, befindet sich am mittleren Fenster der schönen Halle der Gesandten ein Balkon, der hoch oben in der Luft über den Wipfeln der Bäume wie ein Käfig aus der Turmmauer hervorspringt. Er ist mein Observatorium, wo ich oft stundenlang sitze und nicht nur den Himmel über mir, sondern auch die Erde unter mir beobachte. Man hat eine prächtige Aussicht aufs Gebirge, übers Tal und die Vega hin, kann aber auch unter sich das geschäftige Treiben der Menschen betrachten, die am Fuss des Hügels auf der *Alameda* hin und her eilen oder, was öfters der Fall ist, auf und ab promenieren. Diese *Alameda*, kurz, «die Allee», ist eine der gut besuchten öffentlichen Bummelplätze Granadas, der allerdings nicht so in Mode ist, wie der neue *Paseo* am Ufer des Genils, aber sicherlich viel interessanter, seiner mannigfaltigen und malerischen Besucher wegen. Hier versammelt sich nämlich die alt eingesessene Noblesse der Vorstädte, dann Priester und Mönche, die ihren Verdauungsspaziergang machen, wie auch feueräugige sich in den schmalen Hüften wiegende *Majas* mit ihren heissblütigen Galans; schöne Paare aus der unteren Volksklasse in reicher andalusischer Tracht. Dann kommen renommierende Pascher und Schmuggler, und ab und zu vermummte Müssiggänger aus den höheren Ständen, die zu einem geheimnisvollen Stelldichein eilen.

Es ist ein bewegtes und buntes Bild spanischen Lebens und Charakters, das ich mit Freuden studiere und analysiere; und wie der Naturwissenschaftler sich bei seinen Arbeiten des Mikroskopes bedient, so habe ich ein kleines Taschen-Fernrohr, das mir die Gesichter der bunten Gruppen so nahe bringt, dass ich mir oft einbilde, ihre Unterhaltung und Konversationen aus dem Spiel der Mienen zu erraten. So bin ich gewissermassen immer ein unsichtbarer Zuschauer, der getarnt und ohne seine Einsamkeit zu verlassen sich jederzeit in Gesellschaft begeben kann, und dabei keine Belästigung zu fürchten hat. Es ist dies ein gar seltener Vorteil für einen Menschen, der wie ich etwas scheuen Charakters ist aber dennoch gerne das Leben der Mitbürger beobachten und das Drama des Lebens studieren möchte, dabei aber niemals Statist noch Mitspieler auf der Schaubühne werden will.

Am Fusse der Alhambra liegt eine stark bevölkerte Vorstadt, welche die ganze Talschlucht ausfüllt und sich noch auf der anderen Seite die Hänge des Albaicins hinaufzieht. Viele der Häuser sind im maurischen Still erbaut, mit dem offenen und ungedeckten *Patio* in der Mitte, den duftende Blumen schmükken und die Wasser eines Springbrunnens kühlen. Während des Sommers verbringen die Hausbewohner den grössten Teil des Tages und manchmal auch der Nacht in diesen Höfen oder auf den terrassenförmigen flachen Dächern, woraus folgt, dass ein Zuschauer wie ich aus den Wolken vieles sah, was nicht für die Oeffentlichkeit bestimmt war, er daher einen wirklich wahren Einblick ins Leben von Land und Leuten gewann.

Ich erfreue mich also in gewissem Sinne der Vorzüge jenes Studenten eines altspanischen Romans, der Madrid dachlos sah; und wie Asmodeo ihm, so erzählte mir mein gesprächiger Mateo Jiménez von den diversen An—und Stammsitzen und von deren Bewohnern oft die unterhaltendsten und nettesten Geschichtlein.

Doch manchmal ersann ich mir auch selbst Geschichten aus zufälligen Vorfällen und eigentümlichen Anzeichen, aus dem Handeln und Wandeln der Menschen unter meinem Balkon. Aus Gestalten, Gesichtern und Gesten stückelte ich mir dramatische Novellen zusammen, wenn auch nachher meine Akteure mich später oft Lügen straften und das Drama in Verwirrung setzten. Als ich neulich mit meinem Fernglas die Strassen und Gässchen des Albaicín absuchte, entdeckte ich eine Prozession, die sich langsamen und ernsten Schrittes auf die Pforten eines Nonnenklosters zubewegte. Man führte eine Novize in eine Abtei, dass sie dort den Schleier nehme. Mehrere von mir beobachtete merkwürdige Zustände und Umstände liessen mein Herz schneller pochen und voll Mitgefühl beschäftigte ich mich mit dem jungen Wesen, das nun lebendig dem Grabe überantwortet werden sollte. Zu meiner

Genugtung konnte ich feststellen, dass das arme Mädchen schön war; und die Blässe ihrer Wangen sagte mir, dass es sich um ein schweres Opfer handelte und um kein sich freiwilliges Weihen der Kirche in mystischer Klostergemeinschaft. Sie war in bräutliche Gewänder gekleidet und ein Kranz weisser Blumen schmückte ihr schwarzes Haar, doch ihr Herz sträubte sich gegen diese geistliche Verbindung und überirdische Vereinigung, und es verlangte nach Liebe in den Armen eines geliebten Mannes. Ein schlanker, ernst aussehender Kavalier ging bei der Prozession ganz in ihrer Nähe, augenscheinlich war es der tyrannische Vater, der aus irgend einem bigotten oder schmutzigen Grund dieses Opfer erzwungen hatte. Unter dem grossen Geleite war auch ein hübscher Jüngling in andalusischer Tracht; mit kummervollen Augen schaute er zur Jungfrau hin. Ohne Zweifel war es der geheime Geliebte, von dem sie nun der unbeugsame Wille ihres harten Vaters für immer trennte. Die boshaften Blicke der dahinschlürfenden Mönche, Brüder und Nonnen, die wie hässliche Schlangen ihr Opfer zu beäugeln schienen, brachten mein Blut zum Kochen; aber machtlos sass ich auf meinem Balkon und konnte nicht helfend eingreifen. Der Zug gelangte zur Kapelle des Klosters; die Sonne warf ihre letzten Strahlen auf den Kranz der armen Novize, als diese die verhängnisvolle Schwelle überschritt und für ewig hinter Klostermauern verschwand. Die neugierige Menge strömte hinein mit Mönchskutten, Confrades, Kreuzen und Gesang, nur der Liebhaber zauderte, blieb einen Augenblick an der Tür stehen, schritt dann aber auch ernst und etwas gebeugt durchs Kirchenportal. Seine Gefühle konnte ich ahnen, seinen Schmerz fühlen. Seine Willenskraft jedoch zwang mir Achtung ab. Es folgte darauf eine lange Pause, während der ich mir das Schauspiel im Innern der Kapelle ausmalte: ich sah die arme Novize ihres irdischen Schmuckes beraubt, ohne Jungfernkranz und kahl geschoren in härner Kutte; ich hörte sie das unwiderrufliche Gelübde murmeln, eine leicht flackernde Sterbekerze in den zitternden Händen. Ich sah sie auf der Bahre hingestreckt, ein Leichentuch wurde über sie gebreitet und der feierliche Sterbegottesdienst verrichtet, denn für die Welt war sie nunmehr tot. Ich hörte ihr Schluchzen, das ernster Orgelton verschluckte, und das klagende Requiem der singenden Nonnen. Der Vater sah ernst und unbewegt vor sich hin, keine Träne netzte seine düsteren Wangen. Und der Liebhaber? —doch nein— meine Phantasie wollte sich mit ihm nicht beschäftigen. Zu gross musste sein Kummer sein! —hier blieb das Gemälde unvollendet und schweigt des Sängers Mund.

Nach längerer Zeit kam die Volksmenge wieder heraus und verlief sich auf verschiedenen Wegen, um sich der Sonne und des Lebens zu freuen. Das unschuldige Opfer jedoch blieb drinnen, begraben zwischen den kalten Mauern der Abtei, hinter der starken Pforte, die sie zeitlebens von der Welt schied. Ich sah den Vater und den Geliebten herauskommen. ernst sprachen sie miteinander. Ruhig und überlegt der erste, aufgeregt und heftig gestikulierend der andere. Ich erwartete einen gewaltsamen Abschluss meines Dramas; doch sie bogen um eine Hausecke und verschwanden so meinen Blicken. Mit schmerzlichem Interesse schaute ich seitdem oft zum Kloster hinüber. Spät in der Nacht bemerkte ich dann manchmal hinter einem kleinen vergitterten Fenster in einem der Klostertürme den Schein einer schwachen Oelfunze. «Da sitzt sie nun», sagte ich mir, «die unglückliche Nonne und weint in ihrer Zelle, während vielleicht der verlassene Geliebte einsam und wild durch die Strassen Granadas rennt.»

Doch bald unterbrach Mateo mein Sinnieren und zerstörte das so phantasievolle Spinngewebe. Mit dem ihm eigenen Eifer hatte er alle auf das beschriebene Ereignis bezughabenden Daten gesammelt, die meine Traumbilder rauh verscheuchten. Die Heldin meines Romans war weder jung noch hübsch; auch hatte sie keinen Geliebten. Es handelte sich um eine alte Jungfrau, die nicht unter die Haube gekommen war und aus eigenem freien Willen ins Kloster ging, wo sie einen ehrenvollen Zufluchtsort fand. Nun zählte sie zu den fröhlichsten und zufriedensten Bewohnerinnen dort und war froh, weiterer Sorgen ums Dasein entrückt zu sein.

Dass die Nonne in ihrer Klosterzelle glücklich war, das konnte ich ihr wirklich nicht verzeihen, denn so was ging ja gegen jede Regel der Romantik. Doch als ich einige Tage lang das kokette Flirten einer dunkeläugigen, brünetten Schönheit beobachtet hatte, da ging auch dieser Aerger vorüber, und voll Eifer bezog ich wieder meinen Beobachtungsposten. Versteckt hinter den blühenden Ranken eines Balkons, den ein seidenes Zeltdach deckte, unterhielt sie sich in geheimnisvoller Zeichensprache mit einem hübschen *majo* von bräunlicher Gesichtsfarbe und stattlichem Backenbart. Oft stand er unter ihrem Fenster und schien zu ihr, seiner Herzallerliebsten, hinaufzuschmachten. Zuweilen sah ich, wie er in frühester Morgenstunde, bis zur Nasenspitze in einen Mantel gehüllt, leise fortschlich und sich in die Büsche schlug. Dann wieder stand er zaudernd und überlegend an einer Ecke und lenkte die Aufmerksamkeit der Klatschbasen, die es ja überall gibt, dadurch ab, dass er mittels der originellsten Verkleidungen sich unkenntlich machte. Er wartete offensichtlich auf ein geheimes Zeichen, um dann ungesehen ins Haus zu schlüpfen. Manchmal klimperte des Nachts eine Gitarre, und eine Laterne bewegte sich auf dem Balkon von einer Seite zur anderen. Ich malte mir einen feingesponnenen Liebeshandel aus, ähnlich dem des Grafen von Almaviva, der die züchtige Gattin des Fígaro bezaubern wollte. Doch auch dieser schöne Traum zerrann in Nichts, als ich erfahren musste, dass es sich um ein Schmugglerehepaar handelte, und die Frau ihrem ehrsamen Ehegespons die zum Handwerk nötigen Avisos gab.

Zeitweise unterhielt ich mich vom Balkon aus auch damit, dass ich das Leben und Treiben unten im allgemeinen beobachtete, wie es sich zu den verschiedenen Tageszeiten änderte.

Kaum hat das Morgenrot den Himmel gestreift und der erste Hahn aus den Hütten auf der Hügelseite herüber gekräht, als auch schon das Leben in den Vorstädten erwachte. Kostbar ist ja im heissen Süden die Kühle der frühen Stunden. Alles bemüht sich hier in den Geschäften des täglichen Daseins, der Sonne keinen Vorsprung zu lassen. Der Maultiertreiber bricht mit seinen schwer beladenen Mulos und Eseln auf und geht ans Werk; der Reisende schnallt seinen Karabiner am Sattelknopf fest und besteigt am Tor der Herberge sein Pferd.

Der von Sonne, Wind und Wetter gebräunte Bauer treibt schreiend seine Tragtiere an, die mit Körben voll frischen Obstes und Gemüse zum Markt trotten, denn schon eilen die sorgsamen Hausfrauen dorthin, um ihre Einkäufe zu machen. Die Sonne ist aufgegangen, funkelt und glitzert das Tal entlang und überglänzt das durchsichtige Laub der Bäume. Die Morgenglocken klingen harmonisch durch die reine Luft und verkünden die Stunde der Andacht. Der Tragtierführer hält seine schwer beladenen Tiere vor einer Kapelle an, steckt den Peitschenstiel hinten durch den Gürtel und tritt mit dem Hut in der Hand, sein rabenschwarzes Haar glättend, ins Innere des Gotteshauses. Er bittet den Herrgott um eine glückliche Fahrt durch die *sierra*, dass Er ihn führen und leiten möge. —Und nun kommt mit leichten, feenhaften Schritten eine holde *señora* daher, in schmucker *basquiña*, den niemals ruhenden *abanico* fächelnd, eine anmutig und graziös geworfene *mantilla* auf dem herrlich geformten Kopf. Ihre blitzenden Augen schauen züchtig zu Boden, denn auch sie geht in die Kirche, um ihr Morgengebet zu verrichten. Aber das geschmackvoll zurechtgerückte Kleid, die zierlichen Schuhe, die hauchdünnen Strümpfe, die schön geflochtenen und kunstvoll gebrannten Locken und die frisch gepflückte rote Rose, die zwischen den schwarzen Haaren wie ein Edelstein hervorleuchtet, beweisen und zeugen davon, dass Himmel und Erde sich die Herrschaft über ihre Gedanken teilten, und sie selbst mit ihrem irdischen Dasein recht zufrieden war. Oh sorgsame Mutter, jungfräuliche alte Tante oder wachsame *dueña*, wer immer es auch sei, der hinter ihr hergeht und sie begleitet, habt ein gar wachsames Auge!

Mit vorrückendem Morgen nimmt auch überall der geschäftige Lärm der Arbeit zu. In den Strassen drängen sich die Menschen zwischen Rossen und Tragtieren, und es herrscht ein Wogen und Tosen wie an der Steilküste des Weltmeeres, wo sich laut die Wellen brechen. Wenn es dann gegen Mittag geht und die Sonne immer höher klimmt, da nimmt das Geschrei und Getöse allmählich ab, bis endlich eine vollkommene Pause eintritt. Die von einer Backofenhitze durchglühte Stadt versinkt in Ruhe; alles scheint schlaff und schläfrig zu werden.

Die Fenster sind geschlossen, die Vorhänge zugezogen, und in irgend einem kühlen Winkel des Hauses dösen Mensch und Tier. Der feiste Mönch schnarcht in seinem Dormitorium, der muskulöse Lastträger liegt neben seiner Bürde auf dem Steinboden der *posada*; die *señorita* im Schaukelstuhl fächelt sich und schlürft müde einen kühlen Fruchtsaft. Die Bauern und Arbeiter schlafen unter den schattigen Bäumen der Alameda, eingewiegt vom eintönigen Gezirpe der Heuschrecken und Grillen. Ab und zu schleppt sich müde jemand auf die Strasse, wenn ein Wasserträger laut sein perlendes Getränk anpreist: «kälter als der Schnee von der *sierra*».

Wenn die Sonne dann langsam niedergeht, lebt alles wieder auf. Beim Vesperläuten scheint sich die ganze Natur zu freuen, dass der heisse Tag vorüber war. Und dann wird die Freude laut; es beginnt der Lärm des Vergnügens. Die Bürger und ihre Familien, alt und jung, strömen hinaus zu den Promenaden und Gärten an den Ufern des Darro und Genil, um frische Luft zu schöpfen und sich in der kühlen Dämmerung zu ergötzen.

Bei einbrechender Nacht ändern sich wieder die Kulissen dieses wundervollen Schauspiels vom Leben in Granada. Nacheinander flimmern da und dort die Lichter auf, hier eine Kerze, dann ein *velón*, dort schimmern von einem Balkon Lampions herüber, und flackernd leuchten die Votivampeln vor den Bildern der Heiligen. So steigt die Stadt allmählich aus der Dunkelheit heraus und glänzt und funkelt gleich den Sternen am Firmament. Jetzt erklingen aus Höfen und Gassen die Guitarren, *castañuelas* klappern, und alles verschmilzt hier bei mir heroben zu einem leisen, doch wundervollen Konzert. «Geniesse das Leben», ist das wahre Glaubensbekenntnis des immer heiteren und liebenswürdigen Andalusiers, und zu keiner Zeit des Jahres gehorcht er getreuer diesem seinem Motto, als in den linden und lauen Sommernächten. Da sprüht er vor Lust und Lebensfreude und bezeugt seiner Auserkorenen in Lied und Tanz, in heissen Worten und leidenschaftlicher Serenade seine Liebe, und schwört ihr Treue für alle Ewigkeit!

Eines Abends sass ich auf meinem Balkon und freute

mich des kühlen Lüfterls, das von der *sierra* herüberwehte. Mein Historiograph Mateo stand neben mir und zeigte dann zum Albaicín hinüber auf ein stattliches Haus, von dem er mir ungefähr folgende Geschichte erzählte.

DAS ABENTEUER DES MAURERS

Es lebte einmal in Granada ein armer Maurermeister, der alle kirchlichen und staatlichen Feste feierte, sich an Sonntagen wie vorgeschrieben jeder knechtlichen Arbeit enthielt, ja sogar noch den heiligen Montag in Ruhe und beschaulicher Einkehr verbrachte. Trotz dieser seiner grossen Frömmigkeit wurde er aber immer ärmer, und schon konnte er für seine vielköpfige Familie kaum mehr das tägliche Brot auftreiben. Eines Nachts nun weckte ihn der laute und energische Schlag des Türhammers aus dem ersten Schlaf. Eiligst lief er zur Haustür, öffnete und sah einen langen, mageren, fast skelettartig aussehenden Geistlichen vor sich.

«Hört, guter Freund», sagte der unbekannte Priester leise zum erschrockenen Maurer, «wie man mir sagt, und wie ich selbst wahrnahm, seid Ihr ein guter Christ, dem man trauen kann. Wollt Ihr mir heute in der Nacht noch eine gut bezahlte, kleine Arbeit machen?»

«Aber natürlich, sehr gern, hochwürdigster Pater; immer vorausgesetzt, dass der Lohn den Umständen entspricht.»

«Macht Euch darüber keine Gedanken und habt keine Sorgen, denn der Lohn wird gross sein, doch bestehe ich darauf, dass Ihr mit verbundenen Augen zur Arbeitsstätte geht und so auch wieder in Euer Haus zurückkehrt; ich werde Euer Führer sein.»

Dem Maurer kam die Geschichte wohl etwas seltsam vor, doch Talar und Geldangebot zerstreuten alle seine Gedanken und ohne Einwurf gab er seine Zustimmung. Der Geistliche zog ihm also eine dunkle Kapuze über den Kopf und führte ihn dann kreuz und quer über holprige Gässchen, krumme Wege und ausgetretene Stiegen längere Zeit in der Stadt herum, bis sie endlich vor einem Haus Halt machten. Der Priester nahm einen Schlüssel hervor, öffnete dann, wie es dem Maurer schien, einen schweren Torflügel. Sie traten ein, laut fiel das Portal zu und wurde wieder verriegelt. Sie gingen darauf durch einen langen, laut hallenden Korridor, durch Säle und enge Gemächer und blieben schliesslich irgendwo stehen. Nun wurde dem Maurer auch gleich die Hülle vom Kopf genommen. Er befand sich in einem *patio*, dem Innenhof des Gebäudes, der von einer einzigen schwachen Oelfunzel nur spärlich beleuchtet war. In der Mitte stand grau das trockene Becken eines alten maurischen Springbrunnens, unter welches er auf Anordnung des geistlichen Herrn ein kleines Gewölbe mauern musste. Steine, Mörtel und Handwerkzeuge waren vorhanden, dass also er ohne Zeitverlust mit der Arbeit beginnen konnte. Der Maurer schaffte die ganze Nacht, doch trotz seines Eifers konnte er das Werk nicht vollenden. Unmittelbar vor Tagesanbruch gab ihm der Priester ein schweres Goldstück, verhüllte ihm die Augen und führte ihn in seine Wohnung zurück.

«Seid Ihr Willens wiederzukommen, um die Arbeit fertig zu machen?»

«Gern, *señor padre*, vorausgesetzt, dass ich ebenso gut bezahlt werde!»

«Gut, um Mitternacht werde ich Euch wieder abholen.»

So geschah es, und das Gewölbe wurde kunstgerecht vollendet.

«Helft mir nun», sagte der Priester zum Maurer, «die Leichen heranholen, die in diesem Gewölbe begraben werden sollen.»

Es sträubten sich die Haare des armen Mannes, und schwankenden Schrittes folgte er seinem geheimnisvollen Führer in ein entlegenes Zimmer des Hauses, und erwartete, denn solche Sachen gab es ja auch, zerstückelte menschliche Körper zu finden, die er nun einmauern sollte, um so jede Spur eines Verbrechens oder Familiendramas aus der Welt zu schaffen. Erleichtert atmete er daher auf, als der *padre* in eine Ecke deutete, wo drei, vier grosse Krüge standen, die, wie er sich dann überzeugen konnte, ein ausserordentliches Gewicht hatten, und nur mit Mühe schleppten beide Männer die Amphoren bis an ihren unterirdischen Bestimmungsort. Der Priester schob hier den geheimnisvollen Schatz in das Gewölbe, das der Maurer sodann gleich wieder verschloss, mit Fliesen abdeckte und jedes Zeichen der vorgenommenen Arbeit verwischte. Mit verbundenen Augen kam der gute Handwerker neuerlich auf die Strasse und lief mit seinem unbekannten

Begleiter Weg auf und Weg ab, bis sie endlich vor der Stadt waren. Dort hielten sie. Der Priester gab seinem Helfer zwei Goldstücke in die Hand und sagte: «Warte hier bis die Glocke des Doms zur Frühmesse läutet, dann nimm die Binden ab und gehe zu Weib und Kindern. Tu es ja nicht früher, denn schlimm würde es Dir ergehen.» Der dürre Geistliche verschwand und liess den Maurer allein. Dieser wartete getreulich dem Auftrag entsprechend und vertrieb sich die Zeit damit, dass er die Goldstücke von einer Hand in die andere warf und klingen liess. Als endlich der laute Morgenruf der Glocke erscholl, riss er schnell die Binde von den Augen und fand sich am Ufer des *Genil*, von wo er ohne Zeitverlust nach Hause eilte. Er lebte vierzehn Tage durch mit seiner Familie bei Wein und gutem Essen in Saus und Braus vom Ertrag der Arbeit dieser zwei Nächte und war nachher wieder so arm und hungrig wie früher.

Allerdings blieb er etwas arbeitsscheu, betete aber viel und feierte alle Tage des Heiligenkalenders mit einer rühmenswerten Frömmigkeit und Ausdauer durch Jahr und Tag. Kein Wunder, dass seine Kinder zerlumpt herumliefen und einer Bande von Zigeunern glichen. So sass er eines Tages in erbaulichem Selbstgespräch vor seiner Hütte, als ein alter granadiner Bürger vorbeikam, der wegen seines Reichtums an Geld und Häusern, aber auch wegen seines Geizes wohlbekannt war. Der Geldmann schaute den armen Maurer unter den zottigen Augenbrauen hervor argwöhnisch an und sagte dann:

«Man sagt mir, lieber Freund, dass Ihr sehr arm seid.»

«Die Wahrheit ist nicht zu leugnen; die Tatsachen sprechen, *señor*!»

«So nehme ich an, dass Euch ein Auftrag willkommen ist, und Ihr wohlfeil arbeiten werdet.»

«Billiger, mein Herr, als irgend ein anderer Maurer in Granada.»

«Das ist's, was ich suche! Ich habe in der Innenstadt ein altes, verfallenes Haus, dessen Erhaltung mich mehr Geld kostet als es wert ist, denn niemand will darin wohnen. Ich muss es daher mit den geringsten Kosten zusammenflicken und ausbessern.»

Der Maurer wurde sonach in ein grosses, verlassenes Haus geführt, das dem Einsturz nahe war. Er und der Besitzer gingen gemeinsam durch mehrere leere Hallen und muffige Zimmer, beschauten sich Wände und Decken und schritten dann auf den offenen Innenhof hinaus. Dort fesselte ein alter Brunnen in maurischem Stil das Auge des Handwerkers. Er glaubte sich an diesen Ort erinnern zu können, und wie im Traum sah er die Geldkrüge, das Gewölbe und den hageren Priester.

Mit etwas belegter Stimme fragte er den Begleiter: «Hört, Herr, wer besass dieses Gebäude in früheren Jahren?»

«Die Pest über ihn!», rief voll Zorn der Hausbesitzer aus, «es war ein alter, geiziger Pfarrer, der nur an sich selbst dachte und keinem Menschen etwas schenkte. Er hatte weder Verwandte noch Freunde, und als er starb dachten alle, er habe sein Vermögen der Kirche vermacht. Mönche, Priester und Nonnen kamen in Scharen, um vom vermeinten Schatz Besitz zu ergreifen. Doch nichts konnten sie finden, als einige wenige Dukaten in einem zerschlissenen, alten Beutel. Ich kaufte das Haus, verdammt sei der Tag, an dem mir der Gedanke kam, denn der alte Kerl geht hier noch immer um, zahlt keine Miete, verdirbt mir die besten Geschäfte, ohne dass ich was machen könnte, weil man ja einen Toten bekanntlich nicht vor Gericht verklagen kann. Wie die Leute behaupten, hört man im Schlafzimmer des Priesters die ganze Nacht das Klingen von Geld und Gold, als zähle er seinen Schatz, und dann wieder vernimmt man im Hof lautes Klagen, Stöhnen und Seufzen, als leide jemand grossen Kummer. Mögen nun diese Geschichten wahr oder erfunden sein, sie haben mein Haus in Verruf gebracht, und ich finde keinen Mieter, der darin bleiben möchte.»

«Genug», sagte der Maurer beherzt, «lasst mich zinsfrei in diesem Haus wohnen, bis ein besserer Mieter kommt. Ich halte Euch das Gebäude in Stand und Ordnung! Auch werde ich den unruhigen Geist des Toten bannen, denn ich bin ein frommer Christ, dem selbst der leibhaftige Teufel in Gestalt eines Geldsackes nichts anhaben kann.»

Gern nahm der alte Geizhals das freimütige Anerbieten des ehrlichen Maurers an. Am gleichen Tag noch kam dieser mit Kind und Kegel ins Haus und erfüllte jederzeit getreulich seine Pflicht. Nach und nach brachte er das neue Heim wieder in seinen früheren Zustand, machte es wohnlich und hübsch, und bald hörte auch das Klimpern des Goldes auf, das man früher im Zimmer des verstorbenen Priesters gehört hatte. Ein Wunder war geschehen, denn nun klang das Geld und Gold Tag und Nacht leise aber nachdrücklich in den Taschen des lebenden Maurers. Mit einem Wort, er nahm schnell an Wohlstand zu, was alle Leute von Granada mächtig wunderte, und mit der Zeit war er einer der reichsten Männer der Umgebung. Grosse Summen schenkte er der Kirche und ihren Priestern und Nonnen, wohl um sein christliches Gemüt zu beruhigen. Das Geheimnis des Gewölbes und die Geschichte und das Herkommen seines Reichtums enthüllte er erst auf dem Sterbebett seinem Sohn und Erben.

EIN SPAZIERGANG DURCH DIE BERGE

Gegen Abend, wenn sich die Hitze bereits gelegt hatte, machte ich oft weite Spaziergänge durch die Gegend bis in die Bergtäler hinein und bewunderte Gottes Meisterwerk in allen seinen Facetten. Auf solchen Wanderfahrten begleitete mich auch immer mein getreuer Mateo, der mit seinem Geplauder die Zeit angenehm verkürzte. Kaum gab es einen Felsen, oder eine Ruine, einen verfallenen Brunnen oder eine einsame Schlucht, von denen er nicht eine wunderbare Geschichte oder ein Märchen zu erählen gewustz hätte, das von Schatzgräbern handelte und von ungehobenem Maurengold und Edelsteinen erzählte; und niemals war ein armer Teufel wohl freigibiger im Verteilen verborgener Schätze als er, der sie ja selbst notwendig gebraucht hätte.

So machten wir auch vor einigen Tagen einen solchen Spaziergang, und Mateo zeigte sich dabei ganz besonders gesprächig und mitteilsam. Wir verliessen die Alhambra vom grossen Tor «der Gerechtigkeit» aus und folgten einer schönen Allee hinauf, bis Mateo unter einer Gruppe von Feigen und Granatäpfelbäumen neben einem gewaltigen, fast verfallenen Turme stehen blieb. Es war der Turm der sieben Stockwerke, *la torre de los siete suelos*, der in der Volksphantasie immer eine ganz besondere Rolle spielte. Klar, dass auch Mateo von ihm allerhand zu erzählen wusste. Er zeigte mir auch gleich einen niederen, gewölbten Bogengang im Fundament des Turms und sagte, dass hier ein gar schreckliches Gespenst seit den Zeiten der Mauren Dienst tue und die enormen Schätze eines mohammedanischen Königs bewache, der einmal über Granada herrschte. Zuweilen käme dieses Gespenst auch an die Oberfläche, so sagte mir Mateo, und durchstreife dann um Mitternacht in Gestalt eines kopflosen Hengstes die Wälder, Gärten und Alleen um die Alhambra und erscheine sogar manchmal unten in Granada; auf diesen Teufelsfahrten werde das Pferd, von sechs Hunden verfolgt, die schrecklich bellend und heulend hinter ihm herrannten.

«Hast du dieses Teufelsvieh jemals auf einem deiner Spaziergänge gesehen?», fragte ich ihn.

«Nein, *señor*, Gott sei's gedankt! Aber mein Grossvater, der Schneider, kannte einige Personen, die es gesehen hatten, denn damals ging das Gespenst viel häufiger um, als heute; bald sah man es in dieser bald in einer anderen Gestalt. Jedermann hat in Granada von dem *Velludo* gehört! Die alten Weiber und die Ammen schrecken die Kinder damit, wenn sie weinen oder unfolgsam sind. Einige glauben, dass es sich um den irrenden Geist eines grausamen Maurenkönigs handle, der seine sechs leiblichen Söhne mordete und hier in diesem Gewölbe verscharren liess. In der Gestalt von sechs Bullenbeissern verfolgen nun die rachsüchtigen Söhne ihren Vater, dessen Geist und Seele im kopflosen Pferd gebannt ist.»

Ich will nicht weiter bei den wundervollen und schrecklichen Einzelheiten dieser Geschichte verweilen, die mir Mateo lang und breit erzählte, denn um das genannte Gespenst drehen sich wirklich in Granada seit Menschengedenken hunderte von Volkserzählungen und Ammenmärchen. Die wurden von einem gelehrten Geschichtsschreiber und Topographen gesammelt und recht nett wiedergegeben. Erwähnen will ich nur, dass durch diesen Gang Boabdil eine Königspfalz verliess, um Stadt, Burg und Reich den Siegern zu übergeben.

Wir zogen unseren Weg weiter und liessen diese ereignisreiche Stätte hinter uns, durchwanderten die fruchtbaren Obstgärten des Generalife und erfreuten uns am Gesang einiger Nachtigallen und Lerchen. Hinter diesen Gärten kamen wir an mehreren Teichen vorbei, die noch von den Mauren seinerzeit als Wasserbehälter angelegt worden waren. Eine vermauerte Türöffnung im lebenden Felsen war es, auf die mich Mateo ganz besonders aufmerksam machte. Diese Speicher mit dem kristallklaren Wasser waren, so erzählte er mir, sein und seiner Kameraden Lieblingsbadeplätze, bis sie rechtzeitig noch von einem schrecklichen Mauren erfuhren, der dann und wann aus der Tür im Felsen hervorkam, um badende Kinder wegzufangen.

Bald verliessen wir diese Teiche, ohne auf das Erscheinen des verhexten Mohren zu warten. Langsam stiegen wir einen einsamen Saumweg hinan, der sich zwischen den Hügeln durchschlängelte und kamen nach kurzer Wanderung in eine wirklich verwilderte Gegend, deren Hügel und Bodenwellen, von Bäumen entblösst, nur spärlichen Graswuchs zeigten. Dort und da vereinzelnt ein verkrüppeltes Kriechholz, ein Strauch, sonst war alles düster und unfruchtbar. Kaum schien es glaubhaft, dass nur in ganz geringer Entfernung der Generalife mit seinen Wundergärten und blühenden Bäumen lag, dass wir uns in Granadas Nähe befanden, der Stadt der Blumen, Blüten und Haine, der Brunnen und Wasserwerke. Aber das ist eben Spanien, ein wildes und düsteres Land in dem Augenblick, wo man die bebauten Täler und *vegas* verlässt. Immer findet man Gärten und Wüste dicht nebeneinander.

Die schmale Klamm, durch die wir gingen, hatte natürlich auch ihre ganz private Geschichte. Nach Mateo wurde dort vor vielen Jahren ein grosser irdener Krug voll maurischen Goldes gefunden; eine Tatsache, die ganz leicht zu beweisen ist, da ja der Engpass heute noch die «Schlucht des Kruges» oder *el Barranco de la tinaja* heisse. Im Gehirn meines Mateo wirrte es eben immer von Goldgeschichten, das ihm das höchste Gut auf Erden schien.

«Aber was bedeutet das Kreuz auf dem Steinhaufen, dort drüben im engen Teil der Schlucht?»

«Oh, das ist nichts, —dort wurde halt vor einigen Jahren ein Tragtierführer ermordet!»

«Ei, Mateo, dann kommen also die Räuber und Mörder bis fast an die Tore der Alhambra?»

«Jetzt nicht mehr, Herr; das war früher, als so viel schlechtes Gesindel um die Festung herummarodierte, auf den Wällen sich sonnte und auf Raub und Diebstahl sann. Das hat aber alles aufgehört, und die Vagabunden wurden ausgerottet, wie ekliges Ungeziefer aus einem Schweinestall. Zwar wohnen auf der Hügelseite noch Zigeuner in ihren Höhlen, die wohl auch zu allem fähig sind, aber seit langer Zeit schon ist alles ruhig, und niemand begann ein Verbrechen. Der Mann, der den Eseltreiber ermordet hatte, wurde im grossem Hof der Alhambra öffentlich gehängt.»

Auf dem Weg durch den *Barranco* kamen wir auch bei einer Anhöhe vorbei, die *la Silla del Moro* heisst, denn zu diesem «Maurenstuhl» soll einstens Boabdil geflohen sein, als Familienhader eine der gewoehnlichen Volkserhebungen anzettelte, um den regierenden König und sein Kabinett vom Diesseits ins Jenseits zu befördern. Einsam und verlassen mag Boabdil dort oben gesessen haben, trauernd auf seine aufrührerische Stadt niederschauend, bis gegen Abend die Ruhe hergestellt war und er vom Volk bejubelt wieder zur Alhambra hinüberzog.

Wir langten endlich auf dem höchsten Punkt des Hügels an, von wo aus man einen herrlichen Überblick über Granada hat. Der Abend kam eben herauf; die untergehende Sonne vergoldete nur noch die höchsten Bergkuppen. Da und dort sah man einen Schäfer, der seine Tiere zu Tal trieb, um sie bis morgen hinter einem Zaun einzupferchen. Auch ein Maultiertreiber kam mit seinen Mulos und Eseln etwas schneller als gebräuchlich einen Bergpfad entlang; vor Einbruch der Nacht wollte er noch durchs Stadttor kommen.

Jetzt klangen die ernsten und tiefen Töne von den Glocken des Doms bis zu uns herüber und die Schlucht herauf. Es ist die Stunde des Abendgebetes, der *oración*. Von allen Kirchtürmen der Stadt antworteten die Glocken, ja selbst von Klöstern und Kapellen hörte man das feierliche Bummen und Bimmeln, das zu einem harmonischen Ganzen zusammenfloss. Der Schäfer hielt am Abhang des Hügels an, der Maultiertreiber inmitten des Weges. Jeder nahm seinen Hut ab, blieb eine Zeit lang bewegungslos und murmelte ein Abendgebet. Etwas Feierliches liegt in diesem Brauch, wenn auf das melodische Aveläuten hin gleichzeitig alle Menschen dem Herrgott für die Segnungen des Tages danken. Ein Schleier der Heiligkeit breitet sich über das Land, und der Anblick der in ihrer ganzen Pracht untergehenden Sonne erhöht noch die Erhabenheit des Augenblicks.

Was uns anbelangt, so wirkte noch die wilde und einsame Gegend dazu und liess unsere Herzen höher schlagen. Wir befanden uns auf dem Gipfel des bekannten «Sonnenberges», *cerro del sol*, wo verfallene Teiche, Becken und Zisternen, morsche Fundamente und ausgedehnte Grundmauern von früherem Leben zeugten und von fröhlichen Bewohnern sprachen, die diese kahle Bergkuppe einstmals besiedelt hatten.

Während wir zwischen Resten und Brocken aus vergangenen Tagen herumstapften, kamen wir auch zu einem kreisrunden Loch, das bis ins Innere des Berges zu führen schien. Es war augenscheinlich ein tiefer Brunnen, dessen Schacht die unermüdlichen Mauren weit vorgetrieben hatten, um ihr Lieblingselement in grösster Reinheit und Frische schöpfen zu können. Mateo allerdings war mit dieser prosaischen Deutung keinesfalls einverstanden, denn er wusste eine viel bessere und natürlichere Geschichte, die nach seinem Geschmack war. Dies sollte nämlich der Sage nach, wie er mir sagte, ein Eingang zu jenen unterirdischen Höhlen im Berge sein, in denen Boabdil und sein Hof, durch magischen Zauber festgehalten, sich aufhielten und die Stunde der Erlösung abwarteten. Ein gütiger Geist gestatte den eingeschlossenen Mauren allerdings dann und wann einen mitternächtigen Besuch bei ihren alten Wohnstätten hier heroben.

Die zunehmende Dämmerung, die in diesen Regionen von sehr kurzer Dauer ist, liess uns schnell diesen unheimlichen Ort verlassen. Als wir den Berghang hinabrutschten, war bereits kein Hirt und kein Eseltreiber mehr zu sehen. Allein schritten wir dahin, und nichts war zu hören als unsere Tritte und das Zirpen der Grillen. Die Schatten der Berge wurden immer länger, kamen tiefer ins Tal herein, bis endlich um uns alles finster und stockdunkel war. Nur um den hohen Gipfel der *Sierra Nevada* zitterte noch ein zögernder letzter Schimmer des Tageslichtes. Die Gletscher und Firne hoch oben hoben sich vom dunklen Himmel scharf ab und schienen, der reinen Luft wegen, dicht bei uns zu sein.

«Wie nahe man heute Abend die Sierra sieht!», sagte Mateo; «es scheint, als ob man sie mit der Hand berühren könnte!, und wie viele Meilen ist sie von uns entfernt!» Während er noch leise vor sich hin sprach, erschien ein Stern über dem beschneiten Gipfel des Berges; es war das einzige Gestirn, das am Himmelsgewölbe leuchtete, aber so hell, so gross, so schön und herrlich, dass der ehrliche Mateo voll Freude ausrief:

«¡*Qué estrella más hermosa! ¡Qué clara y limpia es! ¡No puede haber estrella más brillante!*»

—Welch schöner Stern!, wie klar und hell; es kann keinen helleren geben.

Das Volk in Spanien ist im allgemeinen für Naturreize äusserst empfänglich. Der Glanz eines Sterns, die Schönheit oder der Duft einer Blume, die Klarheit einer Quelle, ja selbst das Rollen des Donners flösst oft dem einfachsten Mann eine Art poetischer Entzückung ein, der er in wohlklingenden und gewählten Worten Ausdruck verleihen konnte.

«Was sind das für Lichter, Mateo, die ich in der *Sierra Nevada* gerade unterhalb der Schneeregion schimmern sehe? Man könnte sie für Sterne halten aber sie sind rötlicher und befinden sich ausserdem auf der dunklen Seite des Berges.»

«Das sind die Feuer der Männer, die für Granada Eis und Schnee hacken und es hier herunten verkaufen. Nachmittags ziehen sie mit Mulos und Eseln hinauf, und während die einen sich am Lagerfeuer wärmen und ausruhen, sammeln die anderen in grossen Körben das Eis des Gletschers, und laden es auf ihre Tragtiere. Dann kommen sie den Berg herunter und müssen noch vor Sonnenaufgang die Tore von Granada erreichen. Diese *Sierra Nevada* ist ein Eisblock in der Mitte des heissen Andalusiens, um alles im Sommer kühl und frisch zu halten.»

Jetzt war es bereits volle Nacht. Wir kamen durch die Schlucht zum Votivkreuz, wo die Reste des ermordeten Treibers ruhten. Da sahen wir aus einiger Entfernung flackernde Lichter auf uns zukommen. In der Nähe stellte es sich heraus, dass es Fackeln waren, die von einer Reihe seltsamer, in schwarz gekleideten Gestalten getragen wurden. Eine gar düstere Prozession, bei deren Anblick es einem kalt über den Rücken lief.

Mateo kam näher heran und flüsterte mir leise ins Ohr, es handle sich um ein Begräbnis, und dass man einen Toten zum Gottesacker trage, der zwischen den Hügeln liege.

Höchst phantastisch war es, als der Zug an uns vorüberkam,

und ich im Licht der rauchenden Fackeln die Teilnehmer in ihren Trauergewändern mit Kränzen und Schleifen unterscheiden konnte; doch etwas ungemütlich wurde mir zu Mute beim Anblick der offenen Bahre, auf der unbedeckt der Leichnam lag, dessen bleiches Gesicht im Fackelschein gespensterhaft zu uns herunterschaute. Ich starrte noch eine Zeitlang dem traurigen Zuge nach, bis er sich endlich in der Ferne verlor; dabei erinnert ich mich jener alten Geschichte von einer Prozession von Teufeln, die den Leichnam eines Sünders zum Krater des Stromboli hinauftrugen.

«Ja, *señor*», rief Mateo, «ich könnte Ihnen eine Geschichte von einer Prozession erzählen, die man einstens in diesen Bergen sah; aber Sie würden mich sicherlich auslachen und sagen, dass es eines jener Märchen sei, die ich von meinem Grossvater, dem Schneider, habe.»

«Keineswegs, Mateo! Du weisst ja, dass mir nichts grössere Freude macht, als Märchen und Sagen.»

«Gut, *señor*; sie handelt von einem der Männer, die auf der *Sierra Nevada* Schnee holten, von denen wir soeben gesprochen haben.»

«Sie müssen wissen, dass dazumal vor vielen Jahren zur Zeit meines Grossvaters ein alter Bursche namens *Tío Nicolás* lebte, der mit unserer Familie sehr befreundet war. Einmal nun brachte unser Onkel Nicolás wieder, wie gewöhnlich, in den Tragkörben seines Maulesels Eis und Schnee von der Sierra nach Granada herunter. Da er sehr müde war und grossen Schlaf hatte, stieg er auf den Rücken seines langohrigen Begleiters und schlummerte bald ein. Während er so dahindöste und mit seinem Kopf von einer Seite zur anderen wackelte, schritt das alte Tragtier mit sicherem Tritt den steilen Weg entlang, an grausigen Abgründen vorbei; zerklüftete Schluchten hinunter, und durch beängstigende Engpässe trabte der Mulo mit seiner doppelten Last so sicher und ruhig, als wäre er auf der ebenen Alameda Granadas. Endlich wachte *Tío Nicolás* auf, starrte erstaunt um sich und rieb sich verwundert die Augen, und wahrhaftig, er hatte allen Grund dazu! Im taghellen Mondlicht sah der Alte klar und deutlich, wie ich Ihre Hand hier, die Stadt unter sich, mit ihren weissen

Gebäuden und Türmen, Brunnen und Gärten, alles wie in einer silbernen Schale schimmern. Doch oh Gott!, *señor,* Granada war nicht mehr die Stadt, die er vor wenigen Stunden verlassen hatte! Statt des Doms mit seiner grossen Kuppel und den vielen Türmchen, anstatt der Kirchen und Klöster und Glockenstühle in schlanken Türmen, gekrönt mit dem Zeichen des heiligen Kreuzes, sah er nichts als maurische Moscheen und Minarets, Zinnen und orientalische Bauwerke, auf denen der Halbmond glitzerte, so wie auf der Fahne der wilden Berber. Sie können sich denken, dass Onkel Nicolás gar gewaltig erstaunt war und weder aus noch ein wusste. Doch nicht genug damit, denn während er sprachlos auf die Stadt hinunter gaffte, zog eine gewaltige Heerschar den Berg herauf und marschierte, bald vom Monde hell geleuchtet bald wieder im Schatten, die Schlucht entlang und die steilen Wegschleifen herum. Als die Truppen näher kamen, sah er, dass Reiterei und Fussvolk alt maurische Waffen und Rüstungen trugen. *Tío Nicolás* wollte sich aus dem Weg machen und sich still in die Büsche schlagen, doch sein Maulesel stand stockstill und steif da, rührte sich nicht von der Stelle und zitterte am ganzen Körper wie Espenlaub, denn, *señor,* die Tiere erschrecken über derartige Dinge gerade so wie der vernünftigste Mensch. Im Gefechtsmarsch zog das gespensterhafte Heer seines Weges; da waren Leute, die Trompeten bliesen, das Cymbal schlugen oder die Trommeln wirbelten—doch kein einziger Laut war zu hören. Alles, Mann und Ross und Reiter bewegten sich ohne auch nur das geringste Geräusch zu verursachen; es war so wie bei den gemalten Heeren, die im Theater von Granada stumm und bleich über die Bühne ziehen. Endlich war das Gros der Armee vorbei und es kam die Nachhut daher; und—, oh Schreck!, hier ritt zwischen zwei schwarzen maurischen Reitern der Grossinquisitor von Granada bleichwangig auf einem Maultier und blickte ernst vor sich hin. *Tío Nicolás* staunte natürlich gewaltig, den Wahrer des reinen Glaubens in solcher Gesellschaft zu sehen, denn er war berüchtigt wegen seines Hasses gegen die Mauren und alle anderen Arten von Ungläubigen, Juden und Ketzern, die er mit Feuer und Geissel auszutreiben pflegte. Indessen der fromme Nicolás fühlte sich in der Nähe eines Priesters von solcher Heiligkeit sicher und gut aufgehoben. So machte er das Zeichen des Kreuzes und bat mit lauter Stimme den Dominikaner um seinen Segen, als er, —¡hombre!— auch schon einen Hieb sitzen hatte, der ihn und sein ausgemergeltes Maultier über den Wegrand hinausbeförderte, so dass sie den steilen Hang kopfüber hinunterkollerten und unten im Abgrund endlich zerschürft und zerschlagen liegen blieben. Erst lange nach Sonnenaufgang kam *Tío Nicolás* wieder zu sich, und dachte darüber nach, wie er auf den Grund der Schlucht gekommen sei, und es dauerte einige Zeit bis er sich an alles erinnern konnte. Dann nahm er seinen Mulo am Halfter und schleppte sich mit wehen Gliedern nach Granada, ohne Last und Ladung, denn das Eis in den Tragkörben war längst schon geschmolzen. Als er endlich in die Stadt kam, da war er herzlich froh und dankte Gott, dass er sie so vorfand, wie er sie gelassen hatte, mit Kirchen und Klöstern und Kreuzen und seinen frommen christlichen Bewohnern. Alsbald erzählte er den Freunden und Verwandten die Geschichte seines nächtlichen Abenteuers; doch nur wenige glaubten ihm. Die meisten lachten ihn aus und sagten, dass er geträumt hätte, als er auf dem Maultier eingeschlafen war. Aber, *señor*, bald dachten die Leute ernster von der ganzen Sache, denn noch im gleichen Jahr starb der Grossinquisitor! Oft und oft sagte mir mein Grossvater der Schneider, dass jenes Geisterheer, das den konterfeiten Priester wegholte, viel mehr und was ganz anderes zu bedeuten habe, als das, was die Leute vermuteten.»

«Dann willst du damit andeuten, *amigo Mateo*, dass im Innern dieser Sierra eine Art von maurischer Hölle oder Limbus existiere, und dass der Pater Inquisitor dahin gebracht wurde.»

«Davor behüte mich Gott, *señor*! Ich weiss nichts von dieser Sache, ich erzähle nur, was ich von meinem Grossvater gehört habe.»

Gerade als Mateo diese Erzählung beendet hatte, die er natürlich viel weitläufiger brachte und jede Einzelheit mit genauen Erklärungen spickte und schmückte, erreichten wir in fortgeschrittener Stunde das Tor der Alhambra.

OERTLICHE SAGEN

Das Volk in Spanien hat eine wahrhaft orientalische Leidenschaft für das Erzählen von Geschichten und Sagen und ist überhaupt allem Wunderbaren und Rätselhaften im allgemeinen äusserst zugänglich. An schwülen Sommerabenden versammelt sich jung und alt vor den Türen ihrer Häuser und Hütten; im kalten Winter, wenn der Wind durch die Gegend pfeift, sitzt man in einer rauchigen Ecke einer *venta* um den Kamin herum, alles lauscht hier wie dort voll Spannung und unersättlichem Entzücken dem Erzähler von wunderbaren Heiligenlegenden, von gefahrvollen Reiseabenteuern, Geschichten von Paschern, Räubern und schlauen Schleichhändlern. Der wilde und einsame Charakter des Landes, die etwas rückständige Volksbildung, der Mangel an interessanten Unterhaltungsthemen und das romantische Leben, das jeder in diesem Land führt, wo das Reisen sozusagen noch in einem Urzustand steht, das alles trägt dazu bei, diesen Hang zur mündlichen Erzählug zu pflegen und eine starke Neigung zum Ausserordentlichen und Unglaublichen zu zeugen. So bilden gerade in Granada alte Maurensagen von vergrabenen Schätzen und Münzen den beliebtesten Unterhaltungsstoff in Dämmerstunden nach getanem Tagwerk, die in dieser oder jener leicht geänderten Form in ganz Andalusien erzählt und von Vätern und Müttern den Kindern und Kindeskindern überliefert werden. Beim Durchqueren einer wilden *sierra*, die einstens der Schauplatz von Kämpfen und Heldentaten kastillischer Kreuzritter und maurischer Granadiner war, da weiss der Fuhrknecht oder Maultiertreiber zu jedem Wachtturm, zu jeder *atalaya*, zu jeder in den Felsen hängenden Pfalz eine Geschichte. Auf eifriges Fragen und Zureden wird er dann sein glimmendes *cigarrillo* von einem Mundwinkel in den anderen schieben und uns von Schätzen erzählen, die dort druntèn totsicher vergraben lägen. So hat jedes Schloss, jeder *alcázar*, jeder Turm und jedes alte Fürstenhaus seine eigene und familiäre Schatzsage, die unter den armen Leuten, aber auch manchmal unter den Reichen, von Geschlecht zu

Geschlecht überliefert und den Zeitumständen angepasst wird.

Alle diese an bestimmte Orte, Zeiten oder Personen anknüpfenden und mündlich überlieferten Erzählungen haben einen ganz kleinen historischen Kern; wie überall liegt auch hier den Sagen ein wenig Tatsächlichkeit zu Grunde. Während der sich durch Jahrhunderte hinziehenden Maurenkriege, die in der *reconquista* ganz besonders den Süden Spaniens zerrütteten, wechselten gar oft Schlösser, Städte und auch ganze Landstriche plötzlich ihre Besitzer und Besatzung. Die Einwohner vergruben damals in unruhigen Zeiten, bei Belagerungen und vor Sturmangriffen ihr Hab und Gut, oder sie mauerten Geld und Geschmeide in Gewölben und Brunnenschächten ein, wie das noch heutzutage oft in den despotischen und kriegerischen Ländern des Ostens geschieht. Dann später, zur Zeit der Vertreibung und Aussiedlung der Mauren aus Spanien, verbargen viele Muselmannen und Hebräer ihre kostbarsten Habseligkeiten in der Hoffnung, dass das harte Verbannungsdekret der Könige bald aboliert würde oder in Vergessenheit geriete. Doch sie irrten sich, denn niemals mehr konnten sie ihre Schätze heben. Fern von Spanien mussten sie ihre Tage verbringen, bis endlich ihre Kinder und Nachfahren in der Bevölkerung des neuen Gastlandes aufgingen. Nach Jahrhunderten findet man bei Bauarbeiten unter den Ruinen maurischer Festungen und jüdischer Wohnpaläste ab und zu Kasetten und Krüge voll Goldmünzen, Ketten und reichen Festschmuck; aber oft auch eingemauert in versteckten Gewölben die Knochen von irgendwem, der dort begraben lag. —Solche und ähnliche Funde waren dann der tatsächliche Kern tausender von Sagen und Dichtungen, die man heute noch kennt und hört.

Die so entstandenen Geschichten haben gewöhnlich eine bestimmte morgenländische Färbung und kennzeichnen sich durch jene eigentümliche Mischung arabischer und christlicher Wesensart, die, wie es mir scheint, alles Leben in Spanien und ganz besonders in seinen südlichen Provinzen charakterisiert. Der verborgene Schatz liegt fast immer unter einem magischen Bann, oder er wird durch Zauber und Talisman gesichert. Bald wird er von scheusslichen Ungeheuern oder von feuerspeienden Drachen bewacht, zuweilen auch von verzauberten Mauren, die mit blankem Schwerte, unbeweglich, Statuen gleich, durch Jahrhunderte ohne Ablösung neben ihm die Wache hielten.

Die Alhambra ist natürlich ihrer Geschichte entsprechend eine Hochburg für derartige Volkserzählungen. Die von Zeit zu Zeit ausgegrabenen Kunstschätze und Schmuckstücke tragen, klar ist's, zu deren Wiederbelebung und Auffrischung bei. Da fand man einmal einen grossen irdenen Topf voll Goldmünzen und dem Skelett eines Hahnes, der nach Ansicht kluger Beschauer lebendig begraben wurde; dann wieder ein Gefäss, aus dessen Innern man einen grossen, mit arabischen Inschriften bedeckten Käfer aus gebranntem Ton zog, der, sofor als wundertätiges Amulett voll verborgener Zauberkräfte erkannt, Jungen und Alten reichlichen Gesprächstoff lieferte. Kein Wunder also, dass die sich in Hadern kleidenden und arbeitsscheuen Bewohner der Alhambra zu jeder Halle, zu jedem Turm und Verliess eine wunderbare Geschichte wussten, deren Inhalt die Haare des ausländischen Besuchers zu Berge stehen liess, oder weiche Damenherzen zu Tränen rührte.

Ich hoffe, meine lieben Leser auf den vorstehenden Seiten mit der Alhambra, ihren Gärten und Sälen einigermassen vertraut gemacht zu haben, dass ich nun an die Erzählung jener Geschichten und Sagen gehen kann, die uns dort oben während der Streifereien durch die alte Maurenpfalz von kundigen Bewohnern berichtet wurden. Ich sammelte sie und setzte andere wieder aus Bruchstücken zusammen, wie ein Archäologe, der jeden Buchstaben einer Inschrift und jeden alten Tonscherben studiert, bis ich endlich dem ganzen Sagenkreis um die Alhambra eine feste Gestalt geben konnte.

Sollte ein skeptischer Freund am Inhalt der Märchen Anstoss nehmen und voll Zweifel sein weises Haupt schütteln, dann möge er bedenken, dass Andalusier von der granadinischen *asabica* zu ihm reden; dass hier oben nicht die kleinbürgerlichen Wahrscheinlichkeitsgesetze gelten. Er erinnere sich grossherzig daran, dass er in den Hallen eines verzauberten Palastes steht, und als Grandseigneur, nicht als Kanzlist oder Kärrner soll er durch Gärten und Paläste wandeln.

DAS HAUS MIT DEM WETTERHAHN

Oben auf dem steilen Albaicín, dem höchsten Stadtteil von Granada, dort stehen die letzten zerbröckelnden Reste des einstigen königlichen Palastes, der kurz nach der arabischen Invasion von diesen erbaut wurde. Vergessen steht noch da, was von ihm übrigblieb, und es kostete mir wirklich viel Mühe ihn ausfindig zu machen, trotz des hilfreichen Beistandes meines Faktotums, des scharfsinnigen und alles wissenden Mateo Jiménez.

Dieses Gebäude führt noch immer den Namen, unter dem man es seit Jahrhunderten gekannt hatte: *La Casa del Gallo de Viento*; das Haus des Wetterhahns nennen es die wenigen, die sich seiner erinnern. Einstens stand auf einen der Türme des Königspalastes die bronzene Figur eines mit Schild und Speer gewappneten Reiters, der sich im Winde drehte. Einer glaubwürdigen Überlieferung nach soll am Lanzenfähnlein zu lesen gewesen sein:

> Calet el Bedici Aben Habuz
> Quidat ehahet Lindabuz.

Fachleute übersetzten den Spruch folgendermassen:

> *Dice el sabio Aben Habuz*
> *que así se defiende el Andaluz.*

was man auf Deutsch beiläufig so sagen könnte:

> Der weise Aben Habuz spricht:
> Der Andalusier schirmt sich anders nicht.

Dieser *Aben Habuz* war maurischen Chroniken nach ein Unterfeldherr im Eroberungsheer des *Tarie*, der ihn beim Vormarsch als *alcaide* in Granada zurückliess. Der sich auf dem Turm seines Palastes im Winde drehende Krieger sollte, so glauben Kenner und Experten, die mohammedanischen

Granadiner daran erinnern, dass ihre Sicherheit und Ruhe von der Wachsamkeit der Truppen und von der stetigen Kampfbereitschaft der neuen Herrn des Landes abhinge.

Die Sage gibt uns indes über diesen *Aben Habuz* einen ganz anderen Bericht, und es wird uns versichert, dass dieser bronzene Reiter ursprünglich ein wunderkräftiger Talisman war, dem nach und nach seine Zauberkraft verloren ging, bis er zum simplen Wetterhahn herabsank. So berichtet uns Freund Mateo Jiménez, gleich wie andere mit ihm bekannte Chronisten von der Alhambra, eine wirklich seltene Geschichte vom *Aben Habuz* und seinem Palaste, die ich dem Leser nicht vorenthalten möchte.

DIE SAGE VOM ARABISCHEN ASTROLOGEN

In alten Zeiten, vor vielen hundert Jahren herrschte einmal ein maurischer Fürst mit Namen *Aben Habuz* über das Königreich Granada. Er war ein in den Ruhestand getretener Eroberer, der nach einem Leben voll Kampf und reich an Raubzügen nun im Alter nach Ruhe seufzte. Schwach und kränklich wollte der Haudegen mit der ganzen Welt in Frieden leben, seine Lorbeeren wahren und in Ruhe den Besitz geniessen, den er in früheren Jahren seinen Nachbarn kaltblütig entrissen hatte.

Es begab sich indessen, dass dieser höchst verständige und friedliebende alte Monarch es mit jungen Nebenbuhlern zu tun bekam. Diese Fürsten und Prinzen erfüllte, wie ihn vor Jahren, eine grosse Leidenschaft nach Ruhm und Kampf, und sie alle wollten das ihren Vätern einstens zugefügte Unrecht rächen und alte Scharten auswetzen. Ja selbst Provinzen seiner eigenen Lande erhoben sich in Waffen gegen ihn, der sie in den Tagen seiner Kraft und Stärke grausam und hart behandelt hatte. Von allen Seiten umringten ihn also Feinde, und in seiner Hauptstadt drohten sie ihn zu verjagen. Der unglückliche Landesvater war krank und bedrückt. Die gebirgige Umgebung Granadas erforderte eine dauernde Wachsamkeit, da man nie wissen konnte, ob sich in den engen Gebirgsschluchten oder auf unübersichtlichen Gründen Feinde verborgen hielten, die plötzlich zum Angriff übergehen möchten.

Unnütz schienen die Wachttürme auf den Bergen und die Feldwachen auf Pässen und Hängen, die mit Feuer nachts und mit Rauchzeichen bei Tag jede Annäherung von Feinden schnellstens bis zur Königsburg melden sollten. Seine schlauen Gegner spotteten aller Vorsichtsmassregeln und machten jede strategische Planung zunichte; ohne Vormeldung brachen sie aus einem unbeachteten Engpass hervor, verwüsteten ihm sein Land vor der Nase und machten sich dann mit Gefangenen und reicher Beute in die Berge davon. War je ein ruhiger und friedlicher Krieger in einer unbehaglicheren Lage als dieser nach Ruhe und Beschaulichkeit seufzende alte Eroberer?

Während *Aben Habuz* von Schwierigkeiten und Störungen dieser Art gequält wurde und in schlaflosen Nächten zum Himmel um Hilfe flehte, kam eines Tages ein alter arabischer Arzt zum Königshof. Des Weisen Bart fiel bis auf den Gürtel herab und alles zeugte von einem hohen Alter. Dieser gebrechliche, ehrwürdige Greis hatte den ganzen Weg von Aegypten her zu Fuss und ohne irgend eine Hilfe zurückgelegt; als einzige Stütze diente ihm sein mit Hieroglyphen bedeckter Wanderstab. Der Ruf eines grossen Denkers ging dem gelehrten Mann voran, und auch am granadinischen Maurenhof war der Name *Ibrahim Ebn Abu Ajub*, so hiess dieser Astrologe aus dem fernen Morgenland, wohl bekannt und allgemein geehrt. Man erzählte sich, und manche wussten es sogar bestimmt, dass er seit den Tagen Mohameds lebe und der Sohn von *Aju Ajeeb* sei, dem letzten der Gefährten des Propheten. Schon als Knabe war er dem Eroberungsheer *Amrus* nach Aegypten gefolgt; dort weilte er durch viele viele Jahre unter den hochgelehrten Priestern und lernte deren geheime Wissen schaften, ganz besonders aber die so tiefschürfende ägyptische Magie.

Auch wusste man von ihm, dass er das Geheimnis kenne, das Leben zu verlängern, dank dem er nun ein Alter von über zweihundert Jahren habe. Aber erst als Greis beendete er seine diesbezüglichen Studien, dass er also blieb wie er war, mit weissen Haaren, alten Runzeln und tiefen Falten.

Dieser wunderbare alte Herr wurde vom König ehrenvoll aufgenommen und in hoher Gunst gehalten, was leicht verständlich war, denn allen alten Monarchen, kranken Machthabern und gichtbrüchigen Potentaten sind Aerzte und Gesundbeter hochwichtige Persönlichkeiten. Der König wollte ihm eine Zimmerflucht in seinem Palast anweisen, aber der Sternkundige zog eine Höhle vor, die er auf der Granada zugekehrten Seite jenes Berges fand, wo heute noch sich stolz die *Alhambra* erhebt. Er liess von kundigen Arbeitern diesen seinen künftigen Wohnraum zu einer weiten hohen Halle erweitern. Oben in der Decke wurde durch den Fels ein rundes Loch geschlagen, dass er, wie aus einem Schacht, den Himmel beobachten und die Sterne selbst am Mittag sehen konnte. Die hohen Wände dieses Saales bedeckten ägyptische Hieroglyphen, cabbalistische Symbole, mit Sternbildern und dem Sternhimmel. Er stellte drinnen an bestimmten Plätzen Apparate und Gestelle auf, die gemäss seinen Anordnungen von den geschicktesten Handwerkern Granadas angefertigt wurden; deren Ziel und Zweck und Eigenschaften aber kannte nur er allein.

Schon nach kurzer Zeit war der weise *Ibrahim* der vertrauteste Hofrat des alten Königs, der ihn bei jedem dringenden Fall um seine Meinung fragte. Einst beklagte sich *Aben Habuz* bitter über seine ruchlosen fürstlichen Nachbarn und erzählte dem ernst horchenden Magier von der seine Gesundheit aufreibenden Wachsamkeit, die er üben müsse, um sich vor den Übergriffen dieser Raubgesellen zu schützen. Als er geendigt hatte, schwieg überlegend der Astrologe einen kurzen Augenblick und erwiderte dann mit leiser Stimme: «Wisse, o König, dass ich während meines Aufenthaltes in Aegypten ein wundervolles Kunstwerk sah, das einer der alten heidnischen Priester vor vielen Jahren erdacht hatte. Auf einem Berg über der Stadt *Borsa*, wo man das grosse Tal des Nils überschauen kann, stand aus Erz gegossen die Figur eines Widders und darüber die eines Hahnes; beide Tierbilder konnten sich auf Zapfen und Angeln drehen. Und nun staune über das Wunderwerk! Wenn immer dem Land ein feindlicher Einfall drohte, dann schwenkte der Widder in seinem Lager herum und schaute in die Richtung des Angreifers und der Hahn begann laut zu krähen. Die Bewohner der Stadt hatten also sofort Kunde von der Gefahr und wussten gleich von vornherein die Stellung des Gegners und kannten in wenigen Minuten die Stossrichtung seiner Truppen. Es war jetzt leicht die zweckdienlichen Vorkehrungen zu treffen, um sich zu schützen und den Widersacher zu vernichten.»

«Gott ist gross!» rief der friedfertige *Aben Habuz*; «welch ein Schatz wäre ein solcher Widder, der unermüdlich Wache hielte und kein Auge von den Bergen der Umgebung liesse! Und erst der Hahn, dessen Krähen die wehrhaften Männer meiner Garden zu den Waffen ruft! *Allah Akbar!* wie ruhig und sicher könnte ich mit einem solchen Späher auf dem Turm in meinen Gemächern leben!»

Der Astrologe wartete, bis sich der König etwas beruhigt hatte und fuhr dann fort:

«Nachdem der siegreiche *Amru* (er möge in Frieden ruhen!) die Eroberung Aegyptens vollendet hatte, blieb ich weiterhin bei den alten Priestern des Landes, machte mich mit den Gebräuchen und Riten ihres Götzenglaubens bekannt und suchte jene geheimen Kenntnisse zu erwerben, derenthalben sie so berühmt und gefürchtet waren. So sass ich wieder einmal am Ufer des Nils und unterhielt mich mit einem der erfahrensten Gelehrten. Während des tiefschürfenden Gesprächs wies er mit seiner ausgestreckten Rechten nach den mächtigen Pyramiden, die Bergen gleich aus der benachbarten Wüste emporragten.—«Alles, was wir dich lehren können», sagte er, «ist nichts im Vergleich zur Weisheit und zur Wissenschaft, die in jenen mächtigen Steinbauten eingeschlossen und verborgen liegt. In der Grabkammer der mittleren Pyramide drüben ruht die Mumie des Hohenpriesters, der diese staunenswerten Gebäude errichten half. Dort drinnen mit ihm vergilbt das so wundervolle Buch der Weisheit, das alle Geheimnisse der Kunst und Magie enthält. Dieses Buch wurde Adam nach seiner Fall übergeben und kam dann von Geschlecht zu Geschlecht bis auf Salomon den Weisen, der dank seiner Hilfe den Tempel von Jerusalem erbauen konnte. Wie diese wertvollen Papyri in den Besitz des Erbauers der Pyramiden kamen, das weiss nur der, dem alle Dinge bekannt sind».—

«Als ich diese Worte des ägyptischen Priesters hörte, entflammte sich mein Herz, und es wurde mir klar, dass ich alles tun müsse, um in den Besitz dieses Buches zu gelangen. Mir standen viele Soldaten und eine grosse Anzahl eingeborener Aegypter zur Verfügung, über deren Dienste ich bestimmen konnte. Mit diesen Hilfskräften ging ich munter ans Werk und öffnete die undurchdringlich scheinende feste Masse der bezeichneten Pyramide; nach grossen Anstrengungen und schwerer Arbeit stiess ich endlich auf einen ihrer inneren und verborgenen Gänge. Ich folgte diesem und beschritt ein furchtbares Labyrinth, durch das ich mich bis in das Herz der Pyramide durchkämpfte und endlich den Weg zur Grabkammer fand. Dort lag seit Jahrhunderten unangetastet die Mumie des grossen

Hohenpriesters. Ich zerschlug die äussere Schutzhülle des einbalsamierten Körpers, entfernte die vielen binden und Tuchstreifen, in die er gewickelt war, und endlich fand ich, der Herzschlag stockte mir, das kostbare Busch. Es lag auf der eingetrockneten Brust des Leichnams, dessen dürren Hände es umklammerten. Zitternd vor Aufregung riss ich den Schatz an mich und suchte schnellstens aus der Pyramide zu kommen. Die Mumie liess ich in ihrem dunklen und stillen Grabe, auf dass sie dort den jüngsten Tag der Auferstehung und des Gerichtes erwarten möge.»

«Sohn des *Abu Ayub*», rief *Aben Habuz*, «du hast viele Länder gesehen und wunderbare Dinge beobachtet; doch wozu nützt mir das Geheimnis der Pyramide und das gelehrte Buch des weisen Salomon?»

«Wohl kann es dir nützen, o König! Genauest studierte ich den Inhalt des Buches des Wissens, so dass ich heute in allen magischen Künsten unterrichtet bin und über Geister gebiete, die meine Pläne und mein Wollen fördern und ausführen. Mir ist das Geheimnis des Wunders von *Borsa* bekannt, und ich kann dir einen Talisman von grösseren Wunderkräften bauen als der Widder und Hahn zu *Borsa* es waren, die ein begnadigter Priester einstens schuf.»

«O weiser Sohn des *Abu Ayub*» sprach *Aben Habuz*, «solches Talisman wäre besser, als alle Wachttürme auf den Bergen, und als alle Wächter und Krieger an den Grenzen. Gib mir diesen Schutz und alle Reichtümer meiner Schatzkammer sollen dir zur Verfügung stehen.»

Der Astrologe ging sofort an die Arbeit, um dem Wunsch des Monarchen zu verwirklichen. Er liess auf dem höchst gelegenen Teil des Palastes, der sich auf der Kuppe des *Albaicín* erhob, einen mächtigen Turm errichten. Als Baumaterial verwendete er quaderähnliche Steine, die vor Zeiten in Aegypten behauen wurden und, wie man sagt, von einer der ältesten Pyramiden stammen sollen. Im obersten Teil des Turmes war ein runder Saal, dessen Fenster nach allen Himmelsrichtungen hin ins Freie zeigten. Vor jedem Fenster befand sich ein Tisch mit einer schön gearbeiteten Platte, worauf, wie auf einem Schachbrett ausgerichtet, viele kleine aus Holz geschnitzte Figürchen standen; ein symbolisches Heer von Reitern und Kriegern zu Fuss und auf Streitwagen, angeführt vom Fürsten, der in dieser Richtung *Habuz* Nachbar war, und dessen jeweiliges Abbild hier auf den Tischbrettern, als Wunderwerk der Schnitzkunst gelten konnte. Auf jedem dieser sinnbildlichen Schlachtfelder lag auch eine kleine lanzenförmige Nadel, die bestimmte chaldäische Runen trug. Der beschriebene Saal wurde immer verschlossen gehalten; die Türen waren von Erz und die Schlösser aus hartem Eisen. Die Schlüssel trug der König beständig bei sich.

Auf der Spitze des Turms stand auf einem Zapfen drehbar, das Bronzestandbild eines maurischen Reiters. Den festen Schild im starken Arm, die Lanze senkrecht tragend schaute der eherne Maure auf seine Stadt hinab, als wache er über sie. Wenn aber irgend ein Feind den Grenzen der Heimat nahe kam, dann drehte sich der Ritter in diese Richtung und legte die Lanze wie zum Kampfe ein.

Als das Wunderwerk fertig war, wurde der König ganz ungeduldig, denn er wollte so bald als möglich seine geheime Kraft erproben, er wünschte nun sehnsüchtiger einen Einfall herbei als er je in früheren Jahren nach Ruhe geseufzt hatte. Doch bald sollte sich sein dringender Wunsch erfüllen. Eines Morgens in den frühesten Stunden brachte der den Turm bewachende Posten die Nachricht, dass der Reiter auf dem Giebel nach der *Sierra Elvira* schaue und die Lanzenspitze nach dem *Paso de Lope* weise.

«Lasst Trommeln und Trompeten zu den Waffen rufen und ganz Granada alarmieren», befahl mit lauter Stimme König *Aben Habuz*.

«O edler König», sagte der Astrologe, «beunruhige nicht die guten Bürger deiner Stadt, nicht all die Krieger in ihren Quartieren, denn wir können ihrer Waffenhilfe entbehren. Entlasse deine Begleiter; ganz allein wollen wir zu dem geheimen Saal auf dem Turm gehen.»

Der greise *Aben Habuz* stieg langsam die steile Turmtreppe hinan und stützte sich schwer auf den Arm des fast zweihundertjährigen *Ibrahim Ibn Abu Agub*. Sie schlossen die eherne Tür auf, diese knarrte laut in ihren Angeln, und beide traten in die helle Halle. Das Fenster in der Richtung nach dem *Paso de Lope* stand offen.

«In dieser Gegend steht der Feind; dort liegt die Gefahr», sagte *Ibrahim* und wies nach dem weit geöffneten Fenster. «Tritt heran, o König, und betrachte das Geheimnis, das sich dir auf dem Tischbrette zeigt.»

Der König. *Aben Habuz* näherte sich dem scheinbaren Schachbrett, auf dem, wie er wusste, die kleinen hölzernen Figuren aufgestellt waren. Interessiert betrachtete er die Truppen und schaute fragend zum Astrologen. Dieser zeigte stumm lächelnd auf den Tisch, und da bemerkte der König mit Erstaunen, dass sich die ganze Formation bewegte, dass die kleinen Figürchen zu leben schienen. Die Streitrosse bäumten, sich, trippelten und galoppierten; die Krieger schwangen ihre Waffen, und man hörte den klaren Wirbel von Trommeln, Trompetenstössen, das Klirren von Schwertern und Lanzen, Kommandorufe und das Wiehern der Pferde. Doch alles klang leise und nicht lauter noch deutlicher als das Brummen der Hummeln und das Summen der Fliegen im Ohr des schläfrigen Wanderers, der um den heissen Mittag herum im Schatten eines Baumes ruhte.

«Siehe o König», sagte der alte Magier, «hier hast du den Beweis, dass deine Feinde dich mit Krieg überziehen wollen. Sie rücken über das Gebirge vor und werden durch die Engpässe von *Lope* in die Ebene vorstossen. Willst du Schrecken unter sie bringen, sie zu einem panischen Rückzug ohne Verluste von Menschenleben zwingen, dann schlage die Figuren auf dem Tisch mit dem stumpfen Ende, mit dem Knopf der magischen Lanze. Willst du aber ein Gemetzel unter ihnen anrichten, sollen sich deine Feinde selbst zerfleischen, dann berühre die hölzernen Krieger mit der feinen Spitze des kleinen Speers.»

Ein dunkler Schatten flog über das Antlitz des so friedliebenden Monarchen; mit schneller Hast fasste er nach der zauberkräftigen Waffe und wankte auf den Tisch zu. Der weisse Patriarchenbart zitterte arg im ehrwürdigen Gesicht des Vaters des granadinischen Volkes, als er leise zwischen den

Zahnlücken hervorzischte: «Sohn des *Abu Ayub* ich denke, es wird ein wenig Blut vonnöten sein.»

Wie gesagt so getan! Der König stiess die Zauberlanze in einige der sich bewegenden Zwerggestalten und bearbeitete gleich darauf wieder andere mit deren stumpfen Ende. Welch Wunder! Die einen fielen wie tot auf den Boden, und die übrigen begannen unter einander zu streiten und erschlugen sich in einem mörderischen Handgemenge.

Es kostete den Astrologen viel Mühe, der Hand des friedlichsten und besten aller Monarchen Einhalt zu gebieten, um ihn von einer gänzlichen Vernichtung seiner Feinde abzuhalten. Doch langsam gelang es ihm, den König zu beruhigen und ihn zu veranlassen, vom Turm herabzusteigen und Kundschafter durch den Engpass von *Lope* zu senden.

Diese kehrten mit der Nachricht zurück, ein starkes christliches Heer sei durch das Herz der *Sierra* bis auf Sichtweite von Granada vorgedrungen; doch plötzlich, ohne kennbaren Grund, wäre unter den Kriegern und den sie anführenden Fürsten ein Streit ausgebrochen, und nach einem mörderischen Kampf aller gegen alle habe sich die Invasionsarmee in Auflösung über die Grenzen in die Heimat zurückgezogen.

Aben Habuz war ausser sich vor Freude, als er die Wirksamkeit und die magische Kraft des Talismans auf solche Art bestätigt fand. «Endlich», sagte er, «werde ich ein ruhiges Leben führen, denn alle meine Feinde können mir nichts mehr anhaben; ich habe sie nunmehr gänzlich in meiner Gewalt. O weiser Sohn des grossen *Abu Ayub*, was soll ich dir zum Lohn für dieses so segensreiche Kunstwerk schenken?»

«Gering und einfach sind, o König, die Bedürfnisse eines alten Mannes und Philosophen; stelle mir die Mittel zur Verfügung, meine Höhle und Klause in eine wohnliche Einsiedelei umzuwandeln, dann bin ich hoch zufrieden.»

«Wie edel ist die Mässigung des wahrhaft Weisen!», rief *Aben Habuz* aus, herzlich froh, dass er so billig davongekommen war. Umgehend berief er seinen Schatzmeister und befahl ihm, alle jene Gelder flüssig zu machen, die *Ibrahim* zur Vollendung und Ausstattung seiner Klause benötige.

Der Astrologe liess nun von geübten Steinmetzen verschiedene Räume aus dem Felsen heraushauen; es entstand so eine Zimmerflucht, die er mit der bereits bestehenden astronomischen Halle verband, nach künstlerischen von ihm selbst ausgearbeiteten Entwürfen. Die Wände deckten reiche Seidenstoffe aus Damaskus, Divans und schwellende Ottomanen luden zur Ruhe und Meditation, zu sinnenden Betrachtungen und philosophischem Denken ein. «Ich bin ein alter Mann», sagte *Ayub*, «und kann meine brüchigen Knochen nicht mehr auf steinernen Lagern ruhen lassen, wie auch diese feuchten Zellenwände im lebenden Fels einer Bekleidung bedürfen, denn unästhetisch wären doch für Künstleraugen wassertriefende Mauern».

Auch befahl er Bäder zu errichten und versah diese dann mit aller Art von Wohlgerüchen und aromatischen Oelen; «denn ein Bad», meine er, «ist notwendig, um der Steifheit des Alters entgegenzuwirken und dem durch das Studium eingeschrumpften Körper wieder Frische und Geschmeidigkeit zu geben.»

Dann liess er die Zimmer und Säle mit unzähligen und herrlichen Lampen und Ampeln aus Silber und Kristall schmücken, die wieder mit einem wohlriechenden Oel gefüllt wurden, das nach einem von ihm in den Gräbern Aegyptens entdeckten Rezept angefertigt war. Das Oel verzehrte sich nie und strömte einen sanften Schein aus, gleich der Sonne in frühen Morgenstunden. «Das Tageslicht», sagte Ibrahim den königlichen Mitarbeitern, «ist zu grell für das Auge eines gebrechlichen Greises, und viel angemessener finde ich den ruhigen Schein der Lampen, denn er fördert die geistige Sammlung und die Studien eines Philosophen.»

Der Schatzmeister des Königs *Aben Habuz* stöhnte und seufzte über die Menge Geldes, die er täglich zur Ausstattung der Einsiedelei hergeben und der Staatskasse entnehmen musste. Bald brachte er eine diesbezügliche Klage seinem Herrn vor. Aber *Aben Habuz* hatte sein Wort verpfändet und das einmal gegebene Verprechen musste gehalten werden. Mit den Schultern zuckend antwortete der König dem vor ihm stehenden Hofmarschall: «Wir müssen Geduld haben. Dieser Alte baut sich sein Philosophenheim nach Plänen und Vorstel-

Der Comares-Turm.

Der „Partal". ▶

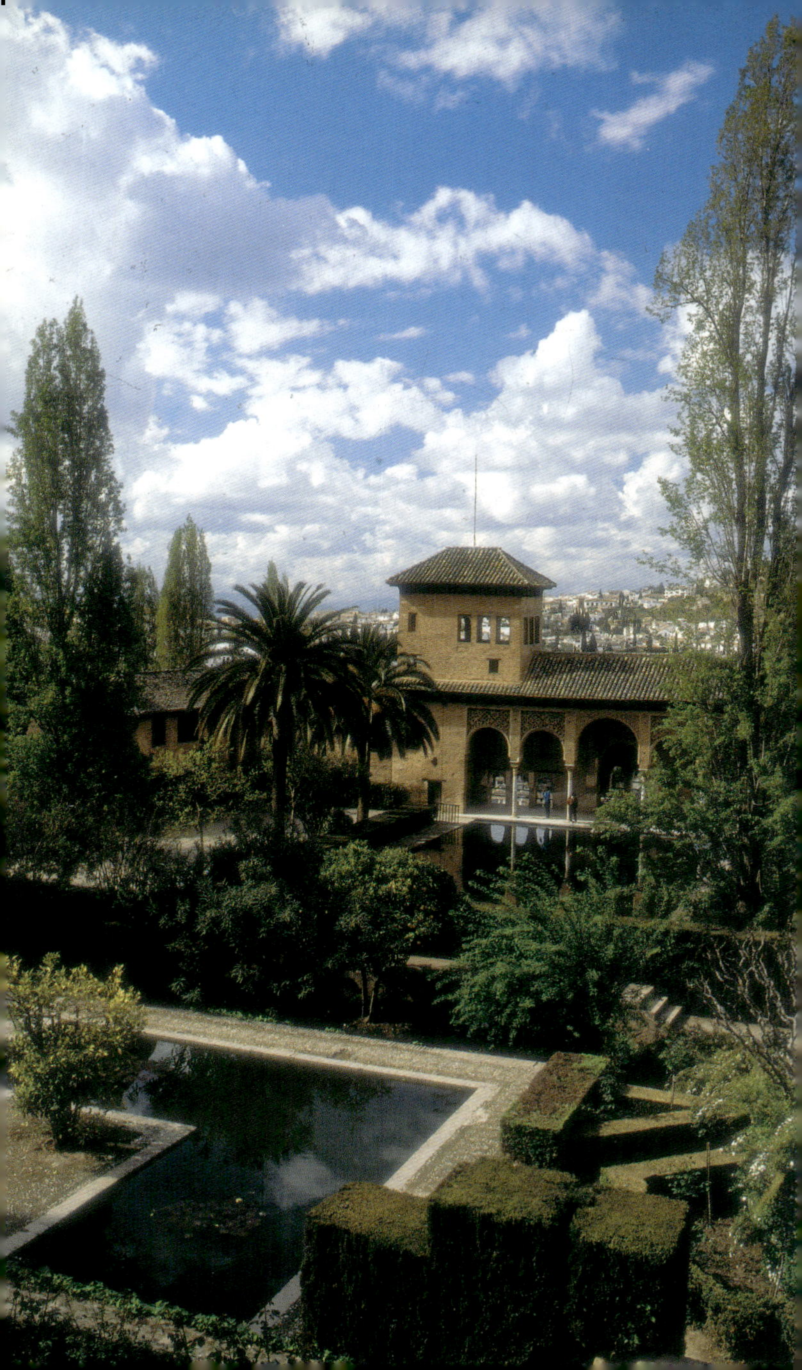

*Der Hof „Patio de la Acequia" und der nördliche
Pavillon der Gärten des Generalife.*

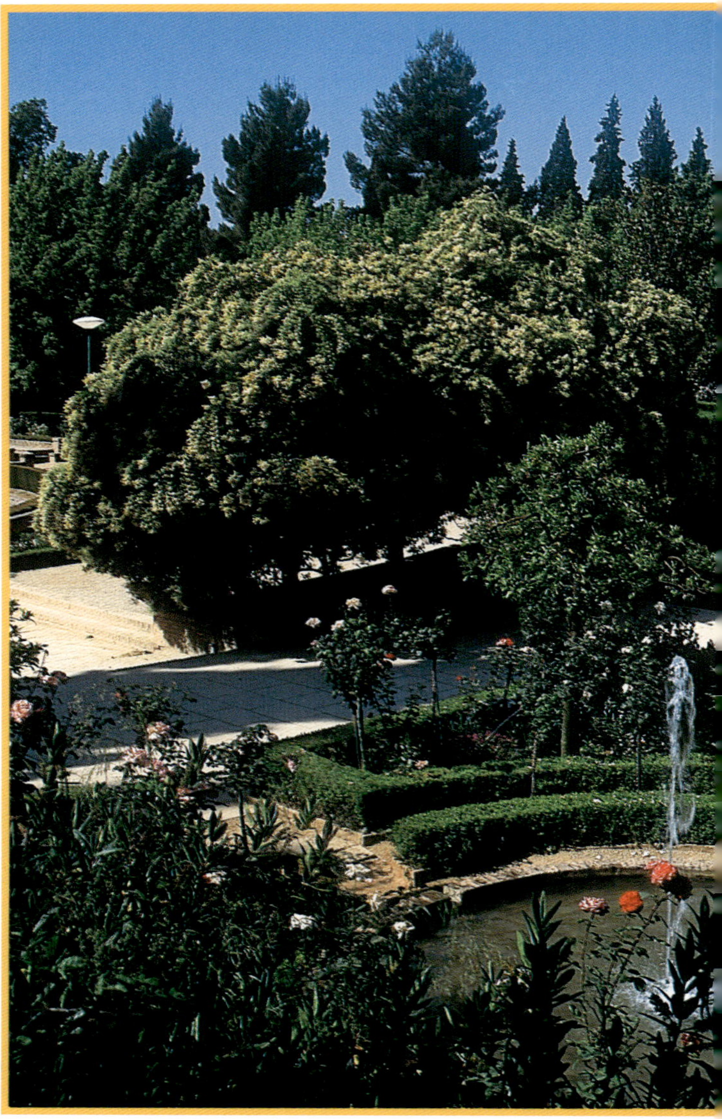

Die Gärten des Generalife.

Kloster des Heiligen Franziskus. *Kirche del Heiligen Maria.* ▶

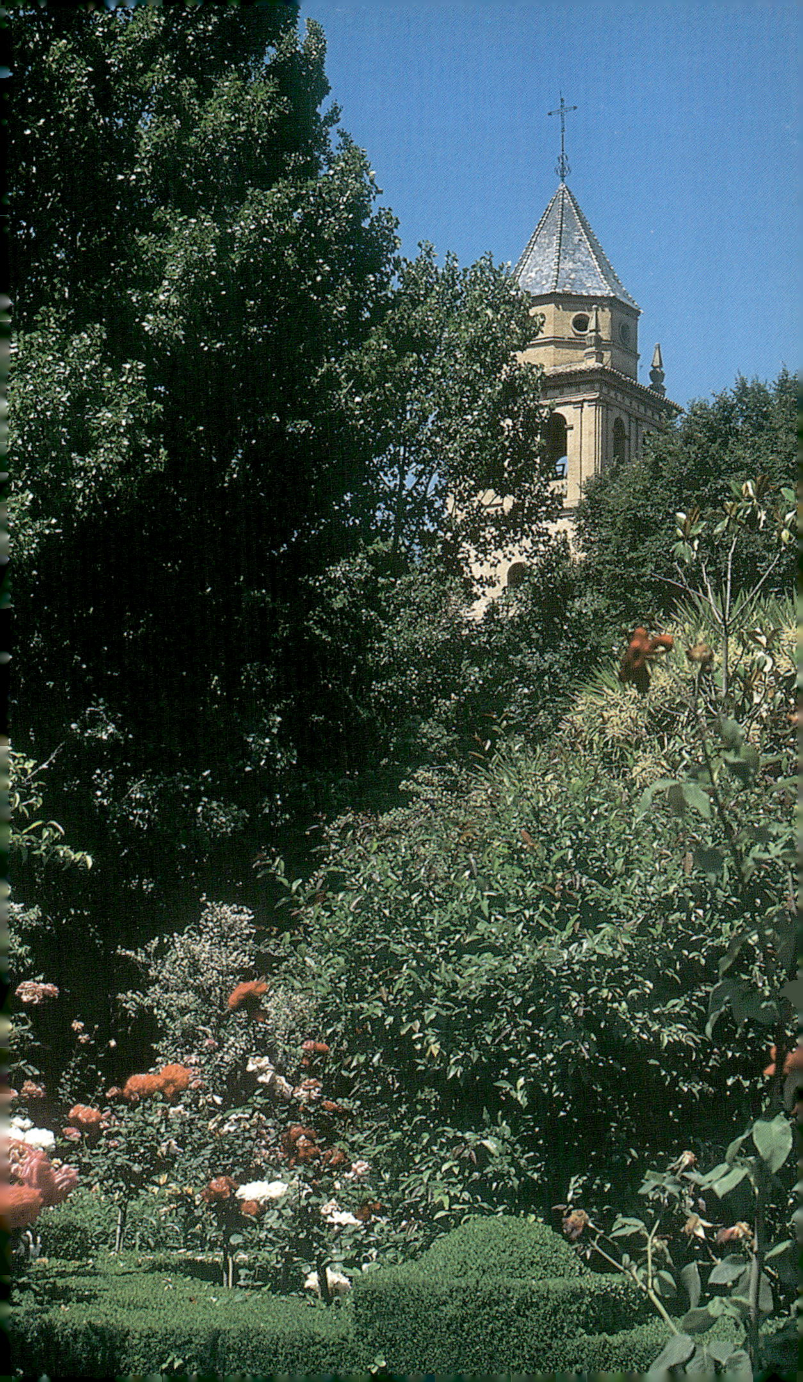

Ein weiterer stimmungsvoller Winkel der Gärten des Generalife.

lungen, die auf seine Besuche und Studien in Pyramiden und auf ägyptischen Trümmerfeldern, in Tempeln und Pharaonenpalästen zurückzuführen sind. Aber alles hat ja sein Ende, und bestimmt auch die Einrichtung dieser Astrologenhöhle.»

Und der König hatte recht; die Klause war endlich fertig und bildete einen prachtvollen, unterirdischen Märchenpalast. «Ich bin nun zufrieden», sagte der anspruchslose *Ibrahim Ibn Abu Ayub* zu dem Schatzmeister, «ich ziehe mich in meine Zelle zurück und widme von nun an die Zeit dem Studium und der philosophischen Meditation. Ich brauche nichts mehr, gar nichts, ausser einen ganz unbedeutenden Zeitvertreib, um mich in den Arbeitspausen unterhalten und nach Stunden ernsten Denkens geistig entspannen zu können.»

«O *Ibrahim*, verlange was du willst; alles soll ich tun, wonach du in deiner Einsamkeit strebst.»

«So möcht ich denn eine Anzahl von Tänzerinnen haben», sagte ernst der anachoretische Philosoph.

«Tänzerinnen?», rief fragend der erstaunte Schatzmeister!

«Ja, Tänzerinnen», erwiderte überlegt der Wiese. «Es brauchen ihrer nicht viele zu sein, denn ich bin ein alter Mann, ein Philosoph von einfachen Gewohnheiten und leicht zufriedengestellt. Die ausgewählten Mädchen müssen jedoch jung und schön sein, weil ja nur Jugend und Schönheit das Herz eines alten Mannes höher schlagen lässt und sein Kennerauge erquickt.»

Während nun der Philosph, *Ibrahim Ibn Abu Ayub*, seine Zeit so weise und zurückgezogen in der Klause hinbrachte, führte der friedfertige *Aben Habuz* im Turmzimmer hinter fest verschlossenen Türen wütende Scheinkriege. Es war höchst rühmlich für einen alten Mann von ruhigen Sitten, wie er, sich das Kriegshandwerk so leicht als möglich zu machen, und von seinem Zimmer aus sich damit zu unterhalten, ganze Heere wie Fliegenschwärme zu verjagen.

Eine Zeitlang schwelgte er in der Befriedigung seiner Launen und reizte, verspottete und beleidigte sogar seine Nachbarn, um sie zu Einfällen in sein Land zu verleiten. Aber allmählich beeindruckte sie doch ihre militärische Machtlosigkeit dem Granadiner gegenüber, und als Folge der wiederholten Niederlagen und Unfälle wagte endlich niemand mehr sein Gebiet in feindlicher Absicht zu betreten. Viele Monde blieb der eherne Reiter auf der Turmspitze in Friedensstellung und schaute zufrieden auf das schöne Granada herab. Der würdige Monarch wurde ob der Eintönigkeit des Lebens schon ganz verdriesslich, und er empfand das Fehlen des gewohnten Zeitvertreibs wirklich äussertes schmerzlich.

Da! —eines Tages drehte sich der Reiter plötzlich herum, senkte sofort seinen langen Speer zum Angriff und deutete beharrlich hinauf auf die Berge von *Guadix*. *Aben Habuz* eilte umgehend auf den Turm, lief zum offenen Fenster, aber der magische Tisch davor blieb ruhig; kein einziger Krieger war in Bewegung, unbelebt blieben die Zwergfiguren. Von diesem Umstand etwas verwirrt, fertigte er allsogleich einen Trupp Reiter ab und befahl ihnen, das ganze Gebirge zu durchstreifen und zu durchforschen. Nach einer dreitägigen Abwesenheit kamen sie endlich zurück und meldeten sich ihrem obersten Kriegsherrn.

«Wir haben jeden Engpass durchsucht, jeden Berg und jeden Wald durchstöbert», sagten sie, «aber wir fanden nichts, weder Helm noch Speer ward sichtbar. Alles was uns in die Hände fiel, ist ein christliches Mädchen von ausserordentlicher Schönheit, das wir um Mittag neben einem Brunnen im Schatten grüner Oelbäume schlafend antrafen, und das wir dir nun als Gefangene mitbringen.»

«Ein Mädchen von ausserordentlichen Schönheit!», rief *Aben Habuz* mit zitternder Stimme und vor Erregung funkelnden Augen: «Man führe es hierher vor meinen Divan!»

Die schöne Unbekannte wurde demgemäss vor den König geleitet. Sie war in all die reiche Pracht gekleidet, die zur Zeit der arabischen Eroberung bei der hispano-gotischen Bevölkerung Iberiens Sitte war. In ihren schwarzen Zöpfen trug sie Perlen von blendend funkelndem Weiss; kostbares Geschmeide glitzerte auf Stirn und Nacken und wetteiferten mit dem Glanz ihrer herrlichen Augen. Über die Schultern hing eine goldene Kette; sie reichte ihr bis zur Hüfte und hielt eine feingeschwungene, silberne Leier.

Die Strahlen ihrer dunklen, glänzenden Augen trafen wie

Flammenpfeile das verwitterte und verwelkte, aber noch immer entzündbare Herz des ehrwürdigen *Aben Habuz;* die schwellende Üppigkeit ihres Wuchses, die aufreizende Elastizität ihres Körpers macht seine Sinne taumeln. «Schönste aller Frauen», rief er entzückt, «wer und was bist du?»

«Die Tochter eines der Gotengrafen, die noch vor kurzer Zeit dieses Land beherrschten. Die Krieger meines Vaters wurden wie durch Zauberkraft in diesem Gebirge vernichtet, und er selbst mit den wenigen Überlebenden in die Verbannung getrieben. Seine Tochter ist nun deine Gefangene.»

«Hüte dich, o König!, flüsterte *Ibrahim Ibn Abu Ayub* dem maurischen Monarchen ins Ohr, «es kann dies eine jener nordischen Zauberinnen sein, von denen uns berichtet wird, dass sie die aufreizendsten und verführerischesten Formen und Gestalten annehmen, nur um sorglose Männer, auf die sie es abgesehen haben, zu betören und zu berücken. Mich deucht, ich lese Zauberkraft in ihren Augen und Hexerei in jeder ihrer Bewegungen. Dies ist ohne Zweifel der Feind, den uns der eherne Reiter meldete.»

«Sohn des *Abu Ayub*», erwiderte der König überlegen lächelnd, «ich gebe gerne zu, dass du ein weiser Mann, ein grosser Philosoph und ein seltener Zauberer bist; aber von Weibern, lieber Freund, da scheinst du wirklich wenig zu verstehen. In diesen Fachkenntnissen kommt mir niemand nahe heran, nein, selbst der weise Salomón nicht, trotz der Unzahl seiner Frauen und Konkubinen. Was nun dieses liebenswerte Mädchen anbelangt, so sehe ich wirklich keinen Tadel an ihr; sie ist schön anzusehen und findet daher Gnade und Gunst vor meinen königlichen Augen.»

«Höre, o König!», versetzte der Astrologe. «Ich habe dir mit meinen Kenntnissen und dem ehernen Talisman auf dem Turm zu vielen Siegen verholfen und niemals einen Beuteanteil von dir gefordert, wie es Brauch und Sitte gewesen wäre. So gib mir denn heute diese verirrte Gefangene, auf dass sie mich in meiner Einsamkeit mit Gesang und Leierspiel aufheitere und ergötze. Sollte sie aber wirklich eine Hexe sein, dann habe ich die bekömmlichen Gegenmittel, die allen ihren Zauber unwirksam machen.»

«Was!», schrie der König *Aben Habuz*, «noch mehr Weiber willst du haben? Hast du denn noch nicht Tänzerinnen genug, die dir die Zeit vertreiben?»

«Ja, Tänzerinnen habe ich allerdings genug», sagte ernst der Anachoret, «aber es fehlen mir Sängerinnen, und mein Geist bedarf dringend der Entspannung und Erfrischung, wenn er nach anstrengenden Studien und schwerer Denkarbeit ermüdet ist.»

«Still mit deinen Wünschen, alter Eremit!, rief erzürnt der König, und sagte, laut jedes Wort unterstreichend: «Dieses schöne Christenmädchen ist für mich selbst bestimmt. Ich finde grossen Gefallen an ihr, und sie soll mich trösten gleich der Sunamitin *Abisehag*, deren Gesellschaft die alten Tage Favids, des Vaters Salomons des Weisen, verschönerte.»

«Weitere Bitten des Astrologen blieben ebenso erfolglos; der König wollte um keinen Preis von dem Mädchen lassen, und schliesslich trennten sich erzürnt und entzweit der Monarch und der Magier eines Weibes wegen. *Ibrahim* schloss sich in seiner Klause ab, um brütend und philosophierend die Ursachen des Fehlschlages zu erörtern, nicht ohne vorher als treuer Ratgeber seinen königlichen Freund gewarnt zu haben, sich vor seiner gefährlichen Gefangenen ja in Acht zu nehmen. Aber wo ist der verliebte Greis, der auf Freundesrat hört? *Aben Habuz* war ein Sklave seiner Leidenschaft. Er wollte mit allen Mitteln sich der gotischen Schönen angenehm machen, ihr gefallen und sich in den Besitz ihres Herzens setzen. Er war zwar bar jugendlicher Reize, aber er hatte Geld, Gold und Schätze, und wenn ein alter Liebhaber wirbt, dann ist er auch gewöhnlich sehr freigebig. Der *Zacatín* von Granada wurde nach den kostbarsten Erzeugnissen des Orients durchwühlt: Seidenstoffe, Juwelen, herrliche Edelsteine, auserlesene Wohlgerüche, alles was Asien und Afrika Kostbares und Seltenes bot wurde der spröden Grafentochter zu Füssen gelegt. Künstler ersannen Schauspiele und Festlichkeiten zu ihrer Unterhaltung. Es gab Musik, Gesang, Tanz, Kampfspiele und Stiergefechte. Granada feierte Feste wie niemals, weder früher noch später. All das schien die Prinzessin nicht zu berühren, und sie nahm diese Huldigungen hin wie jemand, der an solche Pracht gewöhnt ist. Es war für sie der Tribut, den man ihrer Schönheit schuldete. Ja, es schien, dass sie ein geheimes Vergnügen daran fände, den König zu Ausgaben zu veranlassen, die seinen Schatz hinschwinden liessen und deren Zahlung dem Hofmarschall viel Kopfzerbrechen bereitete. Dabei behandelte sie seine übermässige Freigebigkeit wie etwas, was sich ganz von selbst verstünde, ohne dass der König mit seinem Eifer und seiner Grosszügigkeit auf die so verehrte Schöne den geringsten Eindruck gemacht hätte. Sie zürnte ihm zwar nie, auch machte sie keine finsteren Mienen, aber sie lächelte auch nie, und kein freundliches Wort kam über ihre kalten und schön geschwungenen Lippen. So oft der ehrwürdige Liebhaber seinen Gefühlen Ausdruck verleihen und von seiner heissen Liebe sprechen wollte, griff sie in die Saiten ihrer silbernen Leier und entlockte ihr wundervolle Töne. Augenblicklich fing der König zu nicken an, Schläfrigkeit übermannte ihn und bald sank er in tiefen Schlummer. Herrlich erfrischt erwachte er später wieder, und durch Tage schien alle Leidenschaft aus seinem Herzen gewichen zu sein. Dem Liebeswerben war dies allerdings nicht förderlich, doch begleiteten angenehme Traumbilder diesen Zauberschlaf, die den Sinn des müden Liebhabers derart fesselten, dass er weiter träumte, während ganz Granada über ihn lachte und den Schätzen nachtrauerte, die er für ein Spiel auf der Leier vergeudete.

Da kam es dann endlich zu einem gefahrvollen Ereignis, vor dem der bronzene Maurenreiter seinen Herrn und König nicht warnen konnte. In der eigenen Hauptstadt kam es zu einer Empörung und zu einem Volksaufstand. Ein bewaffneter Pöbelhaufen umzingelte den Palast des *Aben Habuz* und schrie blutrünstig nach den Köpfen der königlichen Insassen. Doch in der Brust des alten Recken loderte noch ein Funke kriegerischen Geistes. An der Spitze einer kleinen Schar treuer Leibwächter machte er einen tapferen Ausfall, jagte die Rebellen in die Flucht und erstickte die Empörung im Keime.

Als die Ruhe wieder hergestellt war, suchte er sogleich den Astrologen auf, der sich noch immer in seiner unterirdischen Klause verschlossen hielt und, wenn schon nicht gerade auf

Rache, so doch wenigstens darüber nachsann, wie er in den Besitz der schönen Gotin gelangen könnte.

Versöhnlich gestimmt sagte ihm *Aben Habuz*: «O weiser Sohn des Grossen *Abu Ayub*! Wohl hast du mich vor dieser gefangenen Schönheit gewarnt und Gefahren vorhergesagt, die von ihr veranlasst würden; verkünde mir nun du, der du jedes kommende Übel schon im Schoss der Zeit erschaust, was ich tun muss, um in Frieden leben zu können.»

«Entferne die Ursache und entlasse das ungläubige Weib.»

«Lieber lass ich von meinem Königreich», rief *Aben Habuz*.

«Du läufst Gefahr, beides zu verlieren», erwiderte der Astrologe.

«Zürne mir nicht, weisester aller Philosophen. Erwäge die doppelte Not, das zweifache Unglück in der Brust eines Menschen, der zugleich König und Freier ist. Sinne auf Mittel, mich vor drohendem Unheil zu schützen. Ich frage nichts nach Grösse, ich frage nichts nach Macht! Ich sehne mich nur nach Ruhe, nach einem stillen Zufluchtsort, wohin ich mich von der Welt und allen ihren Sorgen, ihrem Prunk und ihren Unruhen zurückziehen kann, um dort den Rest meiner Tage in Frieden und Liebe zu verbringen.»

Mit gerunzelter Stirn und unter den dichten Augenbrauen blinzelnd blickte ihn der Astrologe an und sagte:

«Und was gibst du mir, wenn ich dir einen solchen Zufluchtsort verschaffe, o ehrwürdigster aller Könige?»

«Du selbst sollst deinen Lohn bestimmen, und was es auch sein mag —bei meiner Seele!—, es soll dein sein, wenn es sich im Bereich meiner Macht findet.»

«Hast du schon etwas von dem Garten von *Jrem* gehört, o König, jenem Wunder des glücklichen Arabiens?»

«Ich habe von ihm gehört; auch spricht der Prophet im Koran von ihm, in einem Kapitel, das mit = Die Dämmerung des Tages = überschrieben ist. Aber ebenfalls eine Menge von Mekkapilgern, erzählten ganz wunderbare Dinge von diesem Garten Gottes. Allerdings hielt ich alles für tolle Fabeln, wie solche von Reisenden erzählt werden, die entlegene Länder besucht haben.»

«Setze nicht, o König, die Berichte solcher Reisenden

herab», erwiderte ernst der Astrologe, «denn sie enthalten kostbare Schätze des Wissens, das von den Enden unserer Erde herbeigeholt ist.» Und sich ruhig den langen Bart streichend fuhr er fort: «Was nun den Palast und den Garten von *Jrem* anbelangt, so ist das, was man von ihm berichtet, volle Wahrheit. Ich habe mit diesen meinen Augen Palast und Gärten gesehen —höre auf mein Abenteuer, denn es hat Bezug auf den Gegenstnd deines Begehrens!»

Ibrahim überlegte eine Weile, schöpfte dann tief Atem und begann mit leiser Stimme seine Erzählung: «In meinen jungen Jahren, als ich nichts als ein herumwandernder Wüstenaraber war, hütete ich die Kamele meines Vaters, dessen Seele *Allah* gnädig sein möge. Als wir einmal durch die Wüste von *Aden* zogen, entfernte sich eines der besten Tiere von der Herde, verirrte sich und ging verloren. Vergebens suchte ich mehrere Tage nach ihm; müde und abgehetzt legte ich mich eines Mittags neben einen spärlich rieselnden Brunnen unter eine schattige Palme und schlief bald ein. Als ich erwachte, fand ich mich an den Toren einer Stadt. Ich trat ein und erblickte prächtige Strassen, Plätze, Märkte und Hallen; aber alles war still und keinen Menschen sah ich; es schien sich um eine verzauberte Stadt ohne Einwohner zu handeln. Lange Zeit schlenderte ich durch die Gassen und kam endlich zu einem prachtvollen Palast mit einem grossen Garten, der mit Springbrunnen und Fischteichen, Lauben und Hainen voll Blumen geziert war; darin standen Obstbäume mit den köstlichsten Früchten, aber auch hier war niemand zu sehen und kein Laut zu hören. Geängstigt und erschrocken eilte ich von hinnen, und als ich das Stadttor verlassen hatte, wandte ich mich nochmals um, denn zu schön für eines Sterblichen Auge war alles gewesen. Noch einen einzigen Blick wollte ich auf Stadt und Gärten werfen, aber nichts mehr war davon zu sehen. Nur die stumme Sandwüste breitete sich vor meinen Augen aus.

«In der Nähe traf ich kurze Zeit danach einen alten Derwisch, der mit den Geheimnissen des Landes wohl vertraut war, und erzählte ihm, was ich gesehen hatte. «Das», sagte er mir, «ist der weltberühmte Garten von *Jrem*, eines der vielen

Wunder der Wüste. Nur von Zeit zu Zeit zeigt er sich einem Wanderer, gleich dir, und ergötzt ihn mit dem Anblick von Türmen, Palästen, Mauern und Gartenanlagen mit Obstbäumen und farbenreichen Blumen, um dann plötzlich wieder zu verschwinden, derart, dass nichts zurückbleibe als die einsame und öde Wüste. Und wenn du seine Geschichte wissen willst, dann höre: In alten Zeiten, als dieses Land noch von den Additen bewohnt war, gründete der König Scheddad, der Sohn Ads, eines Urenkels von Noah, hier in dieser Gegend eine grosse Stadt. Als sie vollendet dastand und er die Schönheit und Grösse seines Werkes sah, schwoll sein Herz vor Stolz und Anmassung. Allsogleich beschloss er, einen königlichen Palast zu bauen und diesen mit Gärten und Anlagen zu schmücken, solcher Art, dass alles in den Schatten gestellt würde, was uns der Koran vom himmlischen Paradies erzählt. Doch Hochmut kommt vor den Fall, und den stolzen König traf des Himmels Fluch. Er und seine Untertanen vergingen und verschwanden von der Erde, und seine Stadt, seinen prächtigen Palast und herrlichen Gärten bannt ein ewiger Zauber, der sie vor jedem Menschenauge verbirgt. Nur manchmal steigen sie aus dem Nichts auf, und dann sieht ein Sterblicher des vermessenen Königs Werk, dass so dessen Sünde in steter Erinnerung bliebe.»

«Diese Geschichte des alten Derwisch und die Wunderwerke, die ich selbst gesehen hatte, blieben in meinem Gedächtnis haften, und in späteren Jahren, als ich bereits in Aegypten gewesen und im Besitz des *Buchs des Wissens* des weisen Salomon war, da beschloss ich wieder in die Wüste bei Aden zu gehen, um den Garten von *Jrem* nochmals zu besuchen. So tat ich und fand ihn bald meinem sehenden Blick erschlossen. Ich nahm Besitz vom Palast des *Scheddad* und brachte mehrere Tage in diesem kleinen Paradiese zu. Die Genien, die des Königs Heim bewachten, gehorchten meiner magischen Kunst und offenbarten mir die Bannsprüche, deren Zauberkraft den Garten ins Dasein rief und ihn dann unsichtbar machte. Eine solche Königsburg und gleiche Gärten kann ich für dich, o friedfertigster aller Monarchen, hier auf den Berg oberhalb deiner Hauptstadt leicht hinbauen. Kenne ich nicht alle die geheimen Zaubersprüche? und bin ich nicht der einzige

Besitzer des *Buchs des Wissens*, das schon den weisen Salomon berühmt machte?»

«O grosser Sohn des weisen *Abu Ayub*», rief *Aben Habuz* mit vor Begierde zittender Stimme, «du bist fürwahr ein grosser Mann, der weite Reisen machte und viel gesehen und gelernt hat! Verschaffe mir ein solches Paradies und fordere jeden Lohn! Dein soll er sein, und wär es auch die Hälfte meines Königreichs.»

«Ach!», erwiderte der andere, «du weisst, ich bin ein alter Mann und ein Philosoph, der dürftig lebt und leicht zufriedengestellt werden kann. Gib mir als Lohn das erste Lasttier mit seiner Bürde, das durch das magische Portal des Palastes schreitet.»

Der König bewilligte mit Freuden das so mässige Begehren, und der Astrologe begann ohne Zeitverlust sein Werk. Unmittelbar über seiner Klause liess er auf dem Gipfel des Hügels einen grossen und weiten Torweg bauen, der mitten durch einen festen Turm führte.

An der Aussenseite war ein Portikus mit hohem Bogen, und drinnen das Atrium, das starke Türflügel schlossen. In den Schlusstein des Portals meisselte der Astrologe eigenhändig einen grossen Schlussel; in den zentralen Keilstein des äusseren Bogens der Halle aber —er war höher als der des Tores— eine riesige Hand. Diese beiden Zeichen verkörperten mächtige Zaubermittel, über die er viele Sprüche und Formeln in einer unbekannten Sprache murmelte.

Als dieser Eingang beendet war, schloss er sich zwei Tage lang in seiner astrologischen Studienhalle ein und beschäftigte sich ununterbrochen mit geheimen Beschwörungen. Am dritten Tag endlich stieg er den Hügel hinauf und verweilte von Sonnenaufgang bis zum Sonnenuntergang auf dessen Gipfel. Erst in später Nachtstunde kam er herunter und liess sich sogleich dem König *Aben Habuz* melden. «Endlich, o Monarch», sagte er, «ist meine Arbeit vollendet. Auf dem Gipfel des Hügels steht einer der entzückendsten Paläste, die je eines Menschen Geist erdacht oder das Herz eines Menschen begehrt hat. Du findest prächtige Säle, herrliche Hallen und Gänge, köstliche Gärten, kühle Brunnen und wohlriechende Bäder;

in wenigen Worten gesagt: der ganze Berg ist in ein himmlisches Paradies verwandelt. Gleich dem Garten von *Jrem* schüzt ihn ein mächtiger Zauber, der das Lustschloss vor den Augen und den Nachforschungen der gemeinen Sterblichen verbirgt, und nur die dort alles Schöne geniessen lässt, denen der Zauber kein Geheimnis ist.»

«Genug!», rief *Aben Habuz* erfreut, «morgen früh mit Tagesanbruch wollen wir hinaufsteigen und davon Besitz ergreifen.»

Wohl, wenig schlief der glückliche König in dieser Nacht. Kaum vergoldeten die ersten Strahlen der aufgehenden Sonne die beschneiten Gipfel der *Sierra Nevada*, als er schon zu Pferd stieg und, nur von einem kleinen, auserlesenen Gefolge begleitet, den steilen und schmalen Weg zum Gipfel des Berges hinaufritt. Neben ihm trabte auf einem weissen Zelter die gotische Prinzessin, gehüllt in ein herrliches, von Juwelen funkelndes Seidenkleid; die silberne Leier trug sie an einer mit Perlen besetzten Goldkette, die sie leicht über die Schulter gehängt hatte. Gestützt auf seinen Hieroglyphenstab schritt langsam zu Fuss der Astrologe dahin, denn nie bestieg er ein Ross.

Aben Habuz blickte herum und suchte auf des Berges Höhe den Palast, die Türme, die schattigen Terassen und duftigen Gärten. Doch nichts war von all dem zu sehen.

«Darin liegt eben das grosse Geheimnis», sagte der gute Weise *Ibrahim*, «und darin liegt auch die Sicherheit des Ortes, denn niemand kann das Schloss und die Anlagen sehen, der nicht den zaubergeschützten Torweg durchschritten und sich in den Besitz der Bergkuppe gesetzt hat.»

Als sie sich dem Eingang näherten, blieb der Magier stehen und zeigte dem König die in Stein gehauene mystische Hand und den Schlüssel und sagte, zu den Kämpen auf Portal und Bogen hinaufzeigend: «Das ist der Zauberbann, der den Eingang ins granadinische Paradies schützt. Jene steinerne Hand muss zum Schlüssel im Keilstein heruntergreifen und ihn fassen, dann erst bricht der Zauber; weder menschliche Gewalt noch Zauberkunst können früher dem Herrn dieses Berges schaden.»

«Während der alte *Aben Habuz* mit offenem Munde und stummer Verwunderung die mystischen Zeichen anstarrte, schritt der Zelter der Prinzessin langsam weiter und trug sie in das Portal hinein, durch den Portikus hindurch bis in die Mitte des Aussenwerkes.

«Sieh dort», rief allsogleich der weissbärtige Astrologe, «meinen verheissenen Lohn. Das erste Tier, das durch den magischen Eingang schreitet, gehört mit seiner gesamten Last mir!»

Aben Abuz lächelte bei diesen Worten *Ibrahims*; er hielt alles für einen scherzhaften Einfall des alten Mannes. Aber als er sah, dass kein Spass bei der Sache war, da rief er zitternd vor Wut und Zorn: «Sohn des *Abu Ayub*! Betrüge mich nicht und komme mir mit keinen Zweideutigkeiten! Du kennst genau den Sinn meines Versprechens: das erste Lasttier mit seiner Bürde, das durch das Portal schreitet—, und nichts anderes wollte ich sagen. Nimm den stärksten Maulesel aus meinen Ställen, belade ihn mit den kostbarsten Schätzen meines Reiches, und sie sind dein; erhebe aber ja nicht deine Gedanken zu der, die die Wonne und das Glück meines Herzens ist.»

«Was soll ich mit all dem Reichtum aus deiner Schatzkammer», rief verächtlich der Magier aus Arabien, «habe ich nicht das Buch Salomons des Weisen, mit dessen Hilfe ich über alle verborgenen Schätze der Erde gebiete? Dein königliches Wort ist verpfändet, und die schöne Christin gehört dem Wortlaut des Vertrages nach nur mir ganz allein. Sie ist mein Eigentum von diesem Augenblicke an.»

Die Prinzessin blickte stolz von ihrem Zelter nieder, und ein leichtes Lächeln des Hohnes kräuselte ihre rosigen Lippen bei diesem Streit der beiden alten Graubärte um den Besitz der in ihr verkörperten Jugend und Schönheit. Der König konnte sich indessen nicht mehr beherrschen; der Zorn übermannte ihn und alle Vorsicht vergessend rief er laut: «Du niedriger Hundesohn der Wüste! Du magst Meister vieler Künste sein, aber dein Meister bin ich und werde es immer sein! Scherze nicht mit deinem Herrn und König!»

«Mein Meister!», wiederholte wild lachend der Astrologe,

«mein König!» Die Augen Ibrahims schleuderten Blitze als er fortfuhr: «Der Besitzer eines elenden Maulwurfshügels will den beherrschen, der das Wissen Salomons hat? Regiere du dein kleines Reich und schwelge alter Sünder in deinem Narrenparadies. Ich lache über dich und deinesgleichen in meiner philosophischen Einsamkeit. Leb wohl, *Aben Habuz*!»

Bei diesen Worten fasste er die Zügel des Zelters, stiess seinen Zauberstab in die Erde und versank mit der gotischen Prinzessin durch den Boden in. der Mitte des Torganges. Die Erde schloss sich über ihnen gleich wieder, und keine Spur deutete von dem furchtbaren Ereignis.

Aben Habuz war sprachlos vor Erstaunen, als er da mitansehen musste, dass die Erde Ross und Reiterin und Zauberer verschluckt hatte. Aber er war bald wieder Herr seiner Sinne, rief tausende von Arbeitern herbei und liess sie pausenlos mit Krampen und Schaufeln an der Stelle graben, wo der Astrologe vor kurzer Zeit verschwunden war. Sie gruben und gruben, doch vergebens; der felsige Grund des Berges widerstand ihren Werkzeugen, und wenn sie nach harter Arbeit wirklich eine kleine Grube gegraben hatten, dann rieselte der Sand und die Erde zurück und füllte neuerdings den unscheinbaren Schacht aus. *Aben Habuz* suchte unterdessen den Eingang zum unterirdischen Palast des Astrologen. Gleichfalls vergebens, denn wo ehemals der Zugang war, da fand er nur eine glatte Felswand ohne Spalt und Loch. Mit dem Verschwinden des *Ibrahim Ibn Abu Ayub* hörten auch die geheimen Kräfte und Eigenschaften des Talismans auf dem Turm der Königspfalz auf. Fest und still stand von nun ab der bronzene Reiter, Gesicht und Speer dem Tor zugekehrt, wo der Astrologe mit der schönen Gotengräfin verschwunden war, als ob dort der wahre Feind des Königs weile.

Von Zeit zu Zeit vernahm man aus dem Innern des Hügels Musik und Gesang, und ein Bauer brachte sogar einmal dem König die Nachricht, dass er in der vergangenen Nacht im Fels einen Spalt gefunden habe, durch den er hineinkroch und in eine unterirdische Halle von seltener Schönheit und Pracht schauen konnte. Der weissbärtige Astrologe *Ibrahim* sass schlummernd und träumend auf schwellenden Daunenpolstern, befangen von den magischen Silbertönen, die die schönste Gotin ihrer Leier entlockte.

Aben Habuz suchte mit Eifer den Spalt im Felsen, doch der hatte sich wieder geschlossen. Abermals wollte er seinen Nebenbuhler und die geraubte Prinzessin ausgraben und den Weg zum magischen Palaste finden; aber alle Versuche blieben vergebens. Zu mächtig war der Zauber von Hand und Schlüssel in den Keilsteinen des festen Portals; weder Menschen Macht noch Menschen Kraft konnten ihn unwirksam machen und den Bann brechen. Die Kuppe des Berges blieb nackt und leer; der verheissene Palast mit den Wundergärten blieb unsichtbar. Die Leute nahmen aber an, dass alles nur ein Märchen des Astrologen gewesen wäre, und so nannten die einen den Platz, wo dieses Paradies hätte stehen sollen, «Des Königs Torheit», während ihn andere unter dem Namen «Des Narren Paradies» kannten.

Um den Kummer des friedlichsten aller Könige und unglücklichsten aller Liebhaber noch zu steigern, regten sich auch seine feindlichen Nachbarn wieder. Bald hatten sie erkannt, das sich der ihn schützende magische Zauber verflüchtigt hatte, und er gleich allen anderen Sterblichen ums Dasein kämpfen müsse. Als *Aben Habuz* noch vom Zauberreiter geschützt und bewacht war, als er auf dem Schachbrett des Turmzimmers mit der Lanzette Heere vernichtete, damals reizte und höhnte er stolz seine Angreifer. Heute fielen diese in sein Land ein, entführten reiche Beute und verbitterten so den Rest des Lebens des ehrwürdigsten und tugendhaftesten Monarchen, den es je gab.

Endlich starb *Aben Habuz* und wurde begraben. Jahrhunderte sind seitdem verflossen. Kunstbegeisterte Fürsten erbauten auf dem so ereignisreichen und bekannten Hügel die *Alhambra,* wo der Traum vom Garten *Jrem* Wirklichkeit wurde, und wir heute noch ein zu Stein gewordenes Märchen aus «Tausend-und-eine-Nacht» bewundern können. Noch steht der verzauberte Eingang unversehrt da; der Zahn der Zeit konnte ihm nichts anhaben. Es ist die *Puerta de la Justicia,* das Tor der Gerechtigkeit, der Hauptzugang zur alten Maurenpfalz. Noch immer schützt ihn die von *Ibrahim* gemeisselte Hand und

Schlüssel, und unterm Turm soll der Sage nach in seiner unterirdischen Halle der alte Astrologe wohnen, und auf einem Divan dahindämmern, vom Klang der Leier der Gotenprinzessin in Schlaf gewiegt.

Die alten Veteranen, die am Tor der Gerechtigkeit Wache halten, vernehmen von Zeit zu Zeit in lauen Sommernächten die bannenden Töne der silbernen Leier und schlafen dann alles vergessend ruhig ein. Ja der Zauber ist so stark, dass man auch tagsüber die Posten dieses Aussenwerkes auf den steinernen Bänken träumend oder unter den nahen Bäumen schlafend antrifft. Es dürfte sich um das schläfrigste Quartier der ganzen Christenheit handeln. All das, sagt die alte Legende, wird noch Jahrhunderte dauern; die gefangene Prinzessin muss den Astrologen in bannenden Schlummer halten, bis endlich am jüngsten Tag die Posaunen zum letzten Gerichte riefen, oder bis die mystische Hand nach dem magischen Schlüssel griff und so den auf dem Berge liegenden Zauber wirkungslos machte und aufhob.

DERTURM DER INFANTINNEN

Auf einem Abendspaziergang durch ein schmales, von Feigenbäumen, Granaten und Myrten beschattetes Tälchen, das den Festungsgürtel vom Generalife scheidet, überraschte mich der romantische Anblick eines die äussere Mauer der Alhambra schützenden maurischen Turms. Hoch ragte er über die Wipfel der Bäume empor und strahlte zauberhaft im roten Schein der untergehenden Sonne. Ein einziges Fenster in bedeutender Höhe gab die Aussicht auf das Tal frei. Und als ich neugierig zu ihm emporsah, da erblickte ich im Fensterrahmen eine junge Frau. Sie trug Blumen im schwarzen Haar und ihre seltene Schönheit fesselte mich. Offensichtlich gehörte sie nicht zu den gewöhnlichen Bewohnern der alten Festungstürme, deren Insassen oft sehr zweifelhafter Herkunft waren, sondern zu den Familien edlen Ranges, die das Offizierskor der Besatzungstruppen dort droben auf der Alhambra bildeten. Das plötzliche Erscheinen einer solchen Schönheit im kleinen Turmfenster erinnerte mich an Feenmärchen und gefangene Prinzessinnen, die ein alter Gnom bewachte. Mateo nährte noch meine so phantasievolle Ideenverbindung, als er mir erzählte, dass dies der bekannte Turm der Infantinnen sei, *jene torre de las Infantas*, wo der Sage nach einstens die Töchter der maurischen Könige wohnten. Seitdem habe ich diesen Turm oft besucht. Er wird für gewöhnlich den Fremden nicht gezeigt, was sehr schade ist, da gerade er in hoher Grade Beachtung verdient. Sein Inneres steht in Bezug auf Schönheit der Architektur und Feinheit im Geschmack keinem Teil des Palastes nach. Die Eleganz des mittleren Saales mit seinen sprudelnden Wassern in Marmorbecken, den hohen Bögen und der reich verzierten Decke, den wundervollen Arabesken und den herrlichen Stukkaturen in den kleinen aber wohlproportionierten Zimmern lässt den Schluss zu, dass hier einmal wirklich Schönheiten aus königlichem Haus lebten und liebten. Traurig ist, dass auch da der Zahn der Zeit nagt, und mancherlei vernachlässigt wird; doch kann all das dem ästhetischen Gesamteindruck keinen Abbruch tun.

Die kleine, alte Märchenkönigin, die unter der Treppe der Alhambra wohnt und zuweilen die *Abend-Tertulias* der *Doña Antonia* besucht, wusste eine wundersame Geschichte von drei maurischen Prinzessinnen, die ihr königlicher Vater, ein hartherziger Tyrann, in diesem Turm eingeschlossen hielt. Nur des Nachts durften sie ihr goldenes Gefängnis verlassen und in den Bergen der Umgebung herumreiten; doch niemals trafen die drei Mädchen jemanden aus der Stadt, denn der Tod drohte jedem, der ihnen begegnete; so hatte es ihr Vater angeordnet. Heute noch sieht man, dem Berichte unserer alten Freundin nach, zuweilen zur Zeit des Vollmondes die drei Königstöchter auf reich gezäumten Zeltern in funkelnde Gewaender gehüllt die Bergseite auf der Alhambra hinaufsprengen; aber sie verschwinden wie ein Traumbild, sobald man sie anredet.

Doch ehe ich die Geschichte von diesen Prinzessinnen erzählen will, möchte ich dem begierigen Leser verraten, wer die schöne Dame war, die vorhin aus dem hohen Turmfenster ins Tal hinausschaute. Ich erfuhr, dass sie die junge Gattin des würdigen Adjutanten des Befehlshabers auf der Alhambra war. Der ehrenwerte Offizier hat trotz seiner vorgerückten Jahre den Mut aufgebracht, vor einigen Wochen dieses junge und lebensfrische andalusische Mädchen an sein Kriegerherz zu drücken und als Gemahlin heimzuführen. Möge der gute, alte *Caballero* in seiner Wahl glücklich gewesen sein und finden, dass der Turm der Infantinnen heute eine sichere Wohnung ist, und weibliche Schönheiten darin besser verwahrt werden als damals zur Zeit der Mauren, wenn man der folgenden Geschichte Glauben schenken darf.

DIE SAGE VON DEN DREI SCHOENEN PRINZESSINNEN

In alten Zeiten regierte in Granada ein maurischer König namens Mohamed, den seine Untertanen *el Hayzari*, den Linkshänder nannten. Einige der Chronisten meinen, man habe ihm deswegen diesen Beinamen gegeben, weil er mit seiner linken Hand so gut umgehen konnte wie mit der rechten; andere aber glauben, dass er alles verkehrt anfasste und linkisch verpfuschte, was zu regeln gewesen wäre. Sei dem wie immer, sicher ist, dass während seiner Regierungszeit Granada von schwersten Unruhen und Revolutionen heimgesucht ward. Er selbst konnte nie in Frieden leben, und vom Unglück verfolgt oder in Folge schlechter Verwaltung wurde er dreimal vom Throne gestossen; dabei musste er sogar bei einer Gelegenheit als Fischer verkleidet bis Afrika hinüberflüchten, um sein Leben zu retten. Doch war König Mohamed gleich tapfer wie ungeschickt und schwang linkshändig den Krummsäbel so kräftig, dass er sich nach schweren Gefechten den Thron immer wieder zurückeroberte. Aber anstatt aus dem Missgeschick zu lernen und klug zu werden, wurde er hartnäckig und stur; eigenwillig und halsstarrig steifte er seinen linken Arm in Willkür. Über das öffentliche Unglück, das er so über sich und sein Reich brachte, berichten dem Forscher die alten arabischen Annalen Granadas; die hier folgende Geschichte soll nur von seinem häuslichen Leben uns erzählen.

Als dieser Mohamed eines Tages mit seinen Höflingen am Fusse der *Sierra Elvira* einen längeren Spazierritt machte, begegnete er einem Trupp seiner Leute, der von einem Streifzug durchs Grenzland der Christen siegesfroh zurückkehrte. Die Reiter führten einen langen Zug mit Beute schwer beladener Maulesel mit sich; auch sah man viele Gefangene beiderlei Geschlechtes. Unter den Frauen und Mädchen fiel dem Herrscher eine schöne und reich gekleidete Jungfrau auf, die weinend auf einem kleinen Pferd sass und kaum auf die ihr zur Seite reitende *dueña* hinhörte, und ihre tröstenden Worte nicht zu verstehen schien.

Der König, von des Mädchens Schönheit bezaubert, erkundigte sich allsogleich nach der Herkunft der Gefangenen. Der Anführer der Truppe konnte ihm melden, dass es sich um die Tochter des *alcaiden* einer Grenzfestung handle, die er durch Handstreich eingenommen und dann geplündert habe.—Mohamed forderte das Christenmädchen als königlichen Beuteanteil und liess es in den Harem auf der Alhambra bringen. Hier tat man alles, um die Auserkorene des Fürsten zu zerstreuen, ihren Kummer zu tilgen und ihre Stimmung zu heben. Der schon ganz närrisch verliebte König beschloss daraufhin, die schöne Maid zu seiner Gemahlin zu machen. Das spanische Mädchen wies natürlich anfangs derlei Anträge schroff zurück, denn der Bewerber war ja ein Ungläubiger, ein offener Feind ihres Vaterlandes und, was das Schlimmste war, er zählte nicht mehr zu den jungen Jahrgängen, denn Silberlocken umrahmten sein ehrwürdiges Haupt.

Als der König sah, dass all seine Bemühungen fruchtlos blieben, beschloss er, mit der *dueña*, die damals mit dem Mädchen gefangen genommen wurde, zu reden, da diese ja als Gesellschaftsdame auf ihre junge Herrin bestimmt einen grossen Einfluss hätte. Dieser dienstbare Geist war Andalusierin von Geburt; doch kennt man ihren christlichen Namen nicht, denn in den maurischen Sagen nennt man sie immer «die kluge Kadiga», und klug war sie in der Tat, was aus ihrer Geschichte ganz klar hervorgeht. Kaum hatte der maurische König eine kurze, geheime Unterredung mit ihr gehabt, als sie auch schon die Dringlichkeit seiner Gründe begriff und seine Sache bei ihrer jungen Herrin zur ihrigen machte.

«Ei was!» rief sie eindringlich, «was ist denn da zu weinen und zu jammern? Ist es nicht besser die Gebieterin zu sein, hier heroben in diesem wundervollen Palast mit all den schönen Gärten and Brunnen, als in Eures Vaters alten Grenzturm zwischen nackten Felsen eingeschlossen zu leben und zu sterben? Dass dieser Mohamed ein Ungläubiger ist, was tut dies schon zur Sache? Ihr heiratet ja ihn und nicht seine Religion. Und dass er alt ist? Desto eher werdet Ihr Witwe und dann Eure eigene Herrin sein. Auf jeden Fall seid Ihr in seiner Gewalt und habt nur die Wahl zwischen Königin oder Sklavendasein. Bedenkt auch, dass es immer besser ist, seine Ware an den Räuber zu einem annehmbaren Preis zu verkaufen, als sie sich mit Gewalt nehmen zu lassen.»

Die Vorstellungen der klugen Kadiga hatten Erfolg. Die spanische Maid trocknete ihre Tränen und wurde die Gemahlin Mohameds des Linkshänders. Sie nahm auch zum Schein den Glauben ihres königlichen Gatten an; ihre *dueña* aber wurde sofort eine eifrige Bekennerin der Lehren des Propheten, erhielt den arabischen Namen Kadiga und blieb die vertraute Dienerin ihrer Herrin.

Zur gehörigen Zeit wurde der maurische König stolzer und glücklicher Vater von drei wunderlieben Töchtern, die alle zur selben Stunde geboren wurden. Ihm wären wohl Söhne lieber gewesen, doch er tröstete sich mit dem Gedanken, dass immerhin drei gleichzeitig geborene Töchter für einen einigermassen bereits bejahrten und obendrein noch linkshändigen Mann eine beachtenswerte Leistung wären.

Wie es bei den moslemitischen Monarchen Sitte war, rief auch er bei diesem glücklichen Ereignis die bekanntesten Astrologen zu sich und bat sie, einen Blick in die Zukunft zu tun, um den drei kleinen Prinzessinnen ihr Horoskop zu stellen. Gerne kamen die weisesten Männer des Reiches dem Wunsche ihres Landesherrn nach, und ernst mit den greisen Häuptern nickend sagten sie: «Toechter, o König, sind immer ein unsicherer Besitz; aber diese hier werden deiner Wachsamkeit ganz besonders bedürfen, wenn sie in das heiratsfähige Alter kommen. Dann nimm sie unter deine Flügel, in deine alleinige Obhut und vertraue sie keinem anderen Menschen an.»

Mohammed der Linkshänder war von Höflingen und Hofschranzen als weiser Monarch anerkannt, und er selbst betrachtete sich auch als einen von Gott begnadigten Landesvater. Die Prophezeiung der Astrologen verursachte ihm und seinem Hofstaat also wenig Kopfzerbrechen; er traute ihrem und seinem Verstande zu, die Ueberwachung der Infantinnen einstmals richtig organisieren und des Geschickes Mächte auch überlisten zu können.

Die Drillingsgeburt war übrigens die letzte und einzige eheliche Trophäe des Königs. Seine Gemahlin gebar ihm keine

Kinder mehr und starb einige Jahre später, ihre jungen Töchterchen seiner Liebe und der Treue der klugen Kadiga überlassend.

Viele Jahre mussten noch vergehen, ehe die Prinzessinnen das von den Astrologen genannte gefährliche Alter der Heiratsfähigkeit erreichten. «Der kluge Mann baut vor», sagte sich der schlaue Monarch und beschloss, den Wohnsitz seiner Töchter und ihres Hofstaates nach dem königlichen Sitz Salobreña zu verlegen und sie dort erziehen zu lassen. Dieser prächtige Palast stand mitten in einer starken maurischen Festung, die vor Jahren einer der granadinischen Fürsten auf den uneinnehmbaren Gipfel eines Berges an den Gestaden des Mittelmeeres hinaufgebaut hatte. Salobreña war also einem Fruchtkern gleich von einer starken Schale umschlossen, und unmöglich schien es, mit den Bewohnern des Palastes von aussenher in Kontakt zu treten. Hier oben, fern von Granada und den Hofintrigen, den Ränken und politischen Verschwörungen, war eine Art von königlichem Anhaltelager, wo die mohammedanischen Potentaten unliebsame Verwandte einsperrten, die ihnen im Wege standen oder ihre Sicherheit zu gefährden schienen. Den Bewohnern dieses politischen Sanatoriums war übrigens jede Art von Wohlleben und Unterhaltung gestattet, in deren unbeschränktem Genuss sie ihr Leben in üppiger Trägheit und wollüstiger Faulheit hinbrachten, bis sie endlich verfettet ins bestimmt nicht bessere Jenseits hinüberschlummerten. Nachdem diese Residenz von vielen Arbeitern und Künstlern zweckdienlich hergerichtet war, übersiedelten die drei Infantinnen dorthin. Hier lebten sie von aller Welt abgeschlossen, doch von Freundinnen umgeben und von Sklavinnen bedient, die ihnen jeden Wunsch von den Augen ablasen, um diesen dann sofort zu erfüllen. Sie lustwandelten in den köstlichen Schlossgärten, wo die herrlichsten Blumen wuchsen und die Bäume seltene Früchte trugen; sie spielten in duftenden Hainen und erfrischten sich in wohlriechenden Bädern. Von drei Seiten schaute die Burg auf ein reiches und gepflegtes Tal nieder, und weit hinten am Horizont leuchteten die Berge der Alpujarra; die andere Front ging aufs sonnenbestrahlte offene Meer hinaus, wo Fischer ihrem schweren Handwerk nachgingen und Kauffahrer über die Wellen glitten.

Die Prinzessinnen wuchsen in dieser herrlichen Wohnung unter ewig blauem Himmel im mildesten Klima der Welt zu wahren Schönheiten heran. Obschon alle drei Schwestern die gleiche Erziehung genossen, waren sie in Bezug auf ihre Charaktereigenschaften von klein auf grundverschieden. Sie hiessen *Zaida, Zoraida* und *Zorahaida*; und das war auch die Reihenfolge ihres Alters, denn genau drei Minuten lagen zwischen der Geburt einer jeden.

Zaida, die älteste, hatte einen unerschrockenen Geist und war ihren Schwestern in allem voran, wie sie es schon beim Eintritt in diese Welt zu richten wusste, dass sie als «die Erste» das Licht der Sonne erblicken konnte. Sie war neugierig, wissensdurstig, fragte viel und ging allen Dingen gern bis auf den Grund.

Zoraida war eine Künstlernatur von feinem Geist und Gefühl. Grosser Sinn für alles Schöne und Aesthetische zeichnete sie aus, was ohne Zweifel der Grund war, weshalb sie so gern in Spiegeln und Brunnen ihr eigenes Bild betrachtete; Blumen, Juwelen und kunstvoller Putz liessen ihr kleines Herzlein höher schlagen.

Zorahaida wieder war sanft und schüchtern, äusserst empfindsam und dazu von hingebender Zärtlichkeit. Mit Liebe pflegte sie Blumen, Vögel und andere Tierchen. Sanft und voll Liebe unterhielt sie sich mit ihren Schwestern, und nie sprach sie einen ihrer Wünsche in arrogantem Tone aus. Sinnend und träumend sass sie oft stundenlang auf dem Balkon und schaute in milden Sommernächten zu den funkelnden Sternen hinauf oder auf das weite vom Mond bestrahlte Meer hinaus; in solchen Momenten konnte ein fernes Fischerlied, der leise Ton einer maurischen Flöte oder der Ruderschlag einer vorübergleitenden Barke ihr Gemüt verzücken. Der geringste Aufruhr der Elemente aber erfüllte sie mit Schrecken und Angst, und ein einziger Donnerschlag war oft genug, dass sie in Ohnmacht fiel.

So gingen ruhig und heiter die Jahre dahin. Treu erfüllte die kluge Kadiga ihre Pflicht und sorgte unermüdlich für das leibliche und seelische Wohl der ihr anvertrauten Prinzessinnen.

Das Schloss Salobrena lag, wie bereits gesagt, auf einem Berg an der Seite des Hügels hinunter bis zu einem vorspringenden Felsen, der über die See hinausragte. Die Wellen bespülten sanft einen kleinen Strand, dessen Ufersand der Küste jede Rauhheit nahm. Oben auf dem Felsenriff stand ein alter Wachtturm, der zu einem herzigen Lusthaus ausgebaut worden war, und durch dessen vergitterte Fenster frei die frische Seeluft blies. Hier brachten die Infantinnen gewöhnlich die schwülen Stunden des Mittags zu und schliefen ruhig und zufrieden ihre Siestas.

Die neugierige Zaida sass eines Tages an einem der Fenster des Pavillons und schaute übers Meer hin, während ihre beiden Schwestern auf weichen Ottomanen schlummerten. Aufmerksam beobachtete sie eine Galeere, die mit exakten Ruderschlägen die Küste entlang fuhr und sich dem Turm näherte. Bald konnte sie auch feststellen, dass es sich um ein militärisches Fahrzeug handle, da es mit Bewaffneten bemannt war. Die Galeere warf unterm Turm beim Felsen Anker, und eine grössere Anzahl maurischer Soldaten brachten mehrere christliche Gefangene ans Land und stellten diese am schmalen Sandstrand auf. Zaida weckte sofort ihre Schwestern und informierte sie eingehendst über den Vorfall. Alle drei lugten dann vorsichtig durch die dichten Fenstergitter zur Küste hinunter, derart, dass sie von draussen nicht gesehen werden konnten. Unter den Gefangenen befanden sich drei reich gekleidete spanische Ritter. Sie waren in der Blüte der Jugend und von edlem Aussehen; aus ihrem Wesen sprach ein hoher Adel, und stolz schauten sie zu ihren Feinden und Wächtern hinüber, die auf weitere Anordnungen bezüglich der mit Ketten beladenen Christen zu warten schienen. Die Infantinnen blickten voll gespanntem Interesse atemlos hinunter und konnten sich an den edlen Jünglingen nicht sattsehen. Man darf sich wirklich nicht wundern, dass die Erscheinung der drei Ritter aus adeligem Hause ihre jungen Herzen einigermassen beunruhigte. Im Schloss kamen sie fast ausschliesslich mit weiblicher Dienerschaft zusammen, und sahen vom männlichen Geschlecht nur schwarze Sklaven und dann und wann einen

Fischer oder einen Soldaten der Küstenwache. Die arrogante Schönheit der drei schneidigen Helden im vollen Schmuck ihrer Jugend musste also die Intantinnen aufs tiefste bezaubern.

«Hat jemals ein edleres Wesen die Erde betreten, als jener Ritter in Scharlach?» rief Zaida, die älteste der Schwestern. «Schau, wie stolz er sich benimmt, als ob alle rings um ihn seine Sklaven wären!»

«Aber seht nur diesen in Grün!» rief Zoraida, «welche Anmut, welche Hochheit, welche Eleganz!»

Die holde Zorahaida schwieg und sagte ihren Schwestern nichts, doch insgeheim gab sie dem Ritter im blauen Kleid den Vorzug.

Die Prinzessinnen wandten von den Gefangenen kein Auge ab, bis sie in der Ferne ihren Blicken entschwanden; da seufzten die drei Infantinnen schwerauf, drehten sich um, schauten sich sodann einen Augenblick an und setzten sich sinnend und träumend in ihre Ottomanen.

So traf sie bald hernach die kluge Kadiga. Die Mädchen erzählten ihrer treuen *dueña*, was sie gesehen hatten, und schwärmend liessen sie ihren Zungen freien Lauf, dass sogar das welke Herz Kadigas warm wurde. «Arme Jünglinge!» rief sie aus, «ihre Gefangenschaft und das harte Los, das ihrer wartet, wird mancher edlen und schönen Jungfrau in ihrem Heimatland grossen Kummer und schweres Herzeleid verursachen! Ach, liebe Kinder, ihr habt keinen Begriff von dem Leben, das diese Ritter auf ihren Burgen und Schlössern, in Palästen und am Hofe ihres Königs führen. Welche Pracht bei den Turnieren, welche Verehrung der Frauen. Ein Minnedienst mit Liedern und Serenaden, wie ihr ihn euch gar nicht träumen könnt!»

Die Neugierde der Zaida stieg aufs höchste. Unersättlich war sie im Fragen und entlockte nach und nach der alten Dienerin die lebendigsten Schilderungen von Festen und Spielen, die sie in der Jugend in ihrem Heimatlande gesehen und erlebt hatte. Die schöne Zoraida richtete sich schnell auf, als Kadiga von den Reizen der spanischen Frauen berichtete, und ging zum grossen Wandspiegel, wo sie sich insgeheim mit kritischem Blick, doch hoch zufrieden betrachtete. Die zarte Zorahaida wieder drückte sich tief in die Kissen auf ihrer Ottomane und seufzte traurig in sich hinein, als von den feurigen Mondschein-Serenaden die Rede war.

Jeden Tag erneuerte die neugierige Zaida ihre Fragen, und jeden Tag wiederholte die kluge *dueña* ihre Erzählungen, denen die edlen Zuhörerinnen mit grösster Aufmerksamkeit lauschten und manchmal tränenden Auges seufzten. Endlich merkte die alte Frau, dass sie dabei war, ein grosses Unheil anzurichten. Sie hatte ja übersehen, dass aus den ihr anvertrauten drei Kindern nunmehr liebenswürdige Jungfrauen im heiratsfähigen Alter geworden waren, durch deren Adern heiss das Blut pulsierte, und deren Herz nach Liebe verlangte. Es ist Zeit, dachte sich die *dueña* daher, dass der König benachrichtigt werde, und er das ihm richtig Scheinende selbst verfüge.

Mohammed der Linkshänder sass eines Morgens in einer der kühlsten Hallen der Alhambra auf dem Divan, als ihm ein Bote von der Festung Salobreña vorgeführt wurde, der Kadigas Glückwünsche zum Geburtstag seiner drei Töchter überbrachte. Die kluge *dueña* sandte dem König ein mit Blumen verziertes, feines Körbchen, in dem auf Weinlaub und Feigenblättern gebettet ein Pfirsich, eine Aprikose und eine Nektarine lagen. Als der Monarch die frischen Früchte im verführerischen Reiz ihrer ersten Reife sah, da erriet er sogleich die Bedeutung diese sinnigen Geschenkes.

Ernst und überlegend sagte er sich: «Die von den Astrologen angedeutete gefährliche Zeit ist also gekommen; meine Töchter sind im heiratsfähigen Alter. Vorsicht ist geboten! Doch was soll ich tun? Richtig ist, dass sie den Blicken der Männer verborgen sind; dass Kadiga klug und treu ihrer Pflicht nachkommt, auch das ist wahr! Die Astrologen verlangten aber die Mädchen in meine eigene Obhut zu nehmen und keiner anderen Person anzuvertrauen! Um daher künftigen Verdruss und Aerger zu vermeiden, muss ich ab heute die Sache meiner Töchter selbst in die Hand nehmen.»

So sprach Mohammed, und liess einen Turm auf der Alhambra zum Aufenthaltsort der Infantinnen ausbauen. Dann ritt er an der Spitze seiner tapferen Leibwache bis Salobreña, um die drei Schönheiten mit Kadiga und Hofstaat in höchst eigener Person auf die Königspfalz in Granada zu bringen. Ungefähr drei Jahre waren verflossen, seitdem der König seine Töchter zum letztenmal dort gesehen hatte. Kaum traute er seinen Augen, als er die wunderbare Veränderung gewahrte, die dieser kurze Zeitraum in ihrem Aeusseren bewirkte. Sie hatten in wenigen Monaten jene mysteriöse Grenzlinie des weiblichen Lebens überschritten, welche das wilde, ungezähmte, eckige und gedankenlose Mädchen von der aufblühenden und versonnen denkenden Jungfrau trennt. Aus Kindern waren Frauen geworden! Aehnliches erlebt der Reisende, der aus der reizlosen und kahlen *Mancha* des kastillischen Hochlandes in die üppigen Täler und schwellenden Hügel Andalusiens gelangt.

Zaida war schlank und schön gewachsen, von majestätischer Haltung, und unter fein geschwungenen Brauen leuchteten durchdringend tief schwarze Augen. Sie trat mit gemessenen Schritten ein und machte vor Mohammed eine tiefe Verbeugung, die mehr dem König als dem Vater zu gelten schien. Zoraida wieder war von mittlerem Wuchs, bezaubernden Benehmens und unterstrich sie vorteilhaft durch ausgesuchte Toilette und und unterstrich sie vorteilhaft durch ausgesuchte Toilette und sehr fein getöntem Schmuck und Putz. Lächelnd kam sie auf ihren Vater zu, küsste ihm die Hände und begrüsste ihn mit einigen Versen aus einem arabischen Gedicht, was dem Monarchen wirklich grosse Freude bereitete. Zorahaida war schüchtern und scheu; etwas kleiner als ihre Schwestern, und ihre Schönheit hatte jenen zarten einschmeichelnden Charakter, der Liebe und Schutz sucht. Sie war keine Herrschernatur, so wie ihre älteste Schwester, auch war sie nicht von blendender Schönheit, wie die zweite; sie schien dazu geschaffen, sich an die Brust des geliebten Mannes zu schmiegen, verhätschelt zu werden und sich glücklich zu fühlen. Schüchtern und zögernd näherte sie sich ihrem Vater und getraute sich nicht nach seiner Hand zu fassen, um sie zu küssen; erst als sie sein väterliches Lächeln sah, da kam ihre Zärtlichkeit zum Durchbruch, und voll Freude warf sie sich an seine Brust, umarmte und küsste ihn mit kindlicher Liebe.

Voll Stolz, doch auch mit sorgenvoller Verwirrung blickte Mohammed der Linkshänder auf seine Töchter, denn während er sich über ihre grosse Schönheit freute, fiel ihm die ernste Prophezeiung der Astrologen ein. «Drei Töchter! Drei Töchter!» murmelte er mehrmals in seinen weissen Bart hinein, «und alle im heiratsfähigen Alter! Das sind wahrhaftig lockende Hesperidenfrüchte, die einen Drachen zum Wächter bräuchten!»

Bald hatte er alles geordnet und schickte sich zur Rückkehr nach Granada an. Doch vorher liess er noch durch königliche Herolde verkünden, dass sich jedermann vom Wege fern zu halten habe, den der König mit Töchtern und Gesinde nehmen wolle, und dass bei Herannahen des Zuges Fenster und Türen zu schliessen seien, denn die Infantinnen sollten niemanden sehen. Als so alles geregelt schien, brach er auf, geleitet von einem Trupp schwarzer Reiter hässlichsten Aussehens, deren Rüstungen im Schein der ersten Sonnenstrahlen funkelten.

Auf feurigen weissen Rossen ritten die Prinzessinnen neben dem Vater. Weite Seidenmäntel tarnten ihre herrlichen Gestalten, und dichte Schleier verhüllten die so schönen Gesichtszüge der wundervollen Mädchen. Die Schimmel, auf denen sie im Sattel sassen, trugen samtene Decken, reich mit Gold und Silber bestickt; Kandare, Kinnkette und Steigbügel waren aus Gold, die seidenen Zügel mit Perlen und Diamanten verziert. Am Zaumzeug hingen Dutzende von silbernen Glöckchen, deren melodischer Klang das Ohr erfreute. Aber wehe dem Unglücklichen, der am Wege zögernd stehen blieb, wenn er den wohlklingenden Ton der Silberschellen hörte! Die Wachmannschaft hatte den strikten Befehl, ihn ohne Gnade niederzuhauen!

Der königliche Geleitzug näherte sich bereits Granada, als er am Ufer des Genil eine Abteilung maurischer Soldaten einholte, die einen Trupp christlicher Gefangener eskortierten. Schon war es für die Soldaten zu spät, aus dem Weg zu gehen und sich seitlich in die Büsche zu schlagen, wie es anbefohlen war. Die warfen sich also auf den Boden, mit den Gesichtern zur Erde, das versteht sich, nachdem sie ihren Gefangenen befohlen hatten, dasselbe zu tun. Unter diesen befanden sich auch die drei spanischen Herren, welche den Infantinnen vor einigen Tagen im Pavillon zu Salobreña das Herz höher schlagen liessen. Die Ritter hatten den Befehl des Hauptmanns der Wache wohl nicht verstanden, oder sie waren zu stolz, ihm zu gehorchen, denn aufrecht blieben sie stehen und sahen voll Interesse dem prunkenden Reiterzug entgegen.

Als Mohammed dieser Subordinationsverletzung gewahr wurde, riss er zornig seinen Krummsäbel aus der Scheide, sprengte vorwärts und wollte gerade einen seiner linkshändigen Streiche führen, der wenigstens einen der trotzigen Gaffer zu Boden gestreckt hätte, als die Prinzessinnen ihn umringten und für die Gefangenen um Gnade baten. Sogar die zarte Zorahaida warf ihre Schüchternheit ab und sprach beredt für die Christen. Noch hielt der Maure seinen Säbel hoch in der Luft, als der Führer der Wache vor ihm sein Knie beugte und sagte: «Möge Eure Majestät nicht eine Tat begehen, die im ganzen Reich grossen Aerger erregen würde. Dies sind drei spanische Ritter aus edelster Familie, die wir nach hartem Kampfe gefangen nehmen konnten; mutvoll wie Löwen kämpften sie, und erst als ihre Waffen zerschlagen waren, ergaben sie sich uns. Von hohem Adel sind sie und werden Euch grosses Lösegeld einbringen.» Langsam liess der König seinen bewehrten Arm sinken und rief: «Genug! Ich werde den Christen hier das Leben schenken! Doch ihre Verwegenheit und ihr Trotz verlangt Strafe. Bringt sie daher zu den *Torres Bermejas* und weist ihnen die härteste Arbeit an!»

Das war wieder einer der linkischen Streiche, die Mohammed zu machen pflegte. In dem Aufruhr und dem stürmischen Hin und Her der eben beschriebenen Szene offenbarte sich nämlich die ausserordentliche Schönheit der drei Prinzessinnen, da einige rasche und unüberlegte Bewegungen ihre Schleier verschoben und den Glanz ihrer Lieblichkeit enthüllten. Die spanischen Ritter hatten so Gelegenheit den gütigsten Feen aus dem granadinischen Morgenland tief in die Augen zu blicken, was in ihren so jungen Herzen eine lohende Flamme entfachte. In den damaligen Zeiten verliebten sich die jungen Leute viel schneller als heutzutage, und es darf daher nicht wundern, dass die edlen Jünglinge aus Córdoba von solcher Schönheit zutiefst beeindruckt waren, um so mehr, als sich

Dankbarkeit zur Bewunderung hinzugesellte. Es ist jedoch seltsam und wirklich berichtenswert, dass sich jeder von ihnen in eine andere der Infantinnen verliebt hatte, die ihrerseits vom adeligen Anstand der Gefangenen überrascht waren und alles, was sie von der männlichen Tapferkeit und ihrer spanischen Grandezza gehört hatten, zutiefst in ihren gar kleinen Herzchen bewahrten.

Der Reiterzug setzte seinen Weg fort; die drei Prinzessinnen ritten nachdenklich auf ihren Zeltern dahin, und von Zeit zu Zeit spähten sie mit verstohlenen Blicken zu den christlichen Gefangenen hinüber, die ihren Herzen schon so nahe standen. Auf der Alhambra angekommen, sahen sie noch, wie die drei Spanier in den roten Turm gebracht wurden, und das kaum begonnene Idyll zu Ende schien.

Die für die Infantinnen hergerichtete Wohnung war so zierlich und schön, wie sie nur arabische Phantasie ersinnen konnte. Das neue Heim der Königstöchter befand sich in einem Turm, der etwas abseits vom Hauptpalast der Alhambra stand, doch mit diesem durch die Burgmauer verbunden war, die die ganze Anhöhe umschloss. Auf der einen Seite überschaute man hier das Innere der Festung und sah unten einen entzückenden Blumengarten mit den seltensten Gewächsen. Auf der anderen Seite hatte man die Aussicht auf eine tiefe, schattige Schlucht, die das Gebiet der Alhambra von dem des Generalife trennte. Das Innere des Turms war in kleine, herzig schöne Gemächer geteilt. Sie waren im feinsten arabischen Stil gehalten, und kunstvolles Zierwerk schmückte ihre Wände. Diese wundervollen Kemenaten umgaben eine hohe Halle, deren gewölbte Decke fast bis zur Spitze der Turms hinaufreichte. Hier konnte man Arabesken, sinnvolle Inschriften, Stuckarbeiten und Stalaktiten bewundern, sowie zahlreiche in Gold und glänzende Farben gehaltene Fresken. Der Boden war mit weissen Marmorplatten belegt und in der Mitte stand ein fein gearbeiteter Alabasterbrunnen; duftende Sträucher und Blumen fassten ihn ein und schillernde Wasserstrahlen kühlten den Raum, während ihr leises Plätschern ein sanft einschläferndes Geräusch verursachte. Im Saal hingen Goldkäfige und Bauer aus Silberdraht geflochten, mit den schönsten Singvögeln, deren liebliches Zwitschern und Trillern jedes Ohr erfreute. Wie man dem König berichtet hatte, waren die Prinzessinnen auf Schloss Salobreña immer heiter und guter Dinge gewesen; so erwartete er natürlich, sie auf der Alhambra in ihrem Feenpalast ganz besonders fröhlich, entzückt und zufrieden zu sehen. Aber zu seinem grossen Verdruss war das nicht der Fall; sie waren melancholisch, mit allem und jedem unzufrieden und schienen sich über irgendwas zu grämen. Die Blumen gaben ihnen keinen Duft, der Gesang der Nachtigall störte ihre Nachtruhe, und der Alabasterbrunnen mit seinem ewigen Rinnen und Plätschern, das vom Morgen bis zum Abend und wieder bis zum Morgen dauerte, war ihnen eine Qual und griff ihre Nerven an. Kurz gesagt, den drei Jungfrauen schien alles lästig zu sein und nichts Freude zu machen.

Der König, ein Mann von aufbrausender und tyrannischer Gemütsart, nahm dieses Verhalten natürlich anfangs sehr ungnädig auf; aber bald fiel ihm ein, dass seine drei Töchter ja eigentlich keine Kinder mehr waren, sondern bereits erwachsene Jungfrauen, deren Interesse natürlich nicht durch Spielereien gefesselt werden könne. «Daher gehören andere Sachen»! sagte er sich und setzte alle Kleidermacher, Schuster, Weber und Juveliere, Goldschmiede und Silberarbeiter des ganzen *Zacatín* Granadas in Bewegung; Handwerker kamen und gingen, Kaufleute aus den fernsten Ländern brachten ihre Waren auf die Alhambra, Händler zogen reich beladen den Schlossberg hinauf und verkauften dem König ihre Kostbarkeiten. Der besorgte Vater überschüttete seine gemütskranken Töchter mit Geschenken, um sie zufrieden zu sehen und ihren Sinn aufzuheitern. Es füllten sich die Kemenaten mit Gewändern von Seide, Goldstoffen und Brokat, mit feinen Schultertüchern und Kaschmirshawls; auf den Tischen lagen Halsbänder von Perlen und schwere Goldketten mit klaren Edelsteinen besetzt, auf Samtkissen wieder sah man Armbänder und Ringe; in kunstvollen Fläschchen und Dosen dufteten wohlriechende Essenzen und milde Salben.

Doch alles half nichts; die Prinzessinnen blieben bleich, bedrückt und traurig mitten in ihren Kostbarkeiten und glichen drei welken Rosenknospen, die von einem abgeschnittenen Zweige niederhingen. Der König wusste nun wirklich nicht mehr, was er anfangen sollte. Für gewöhnlich besass er ein lobenswertes Zutrauen zu seinem eigenen Urteil und holte sich bei niemandem Rat und nahm natürlich auch keinen an. Die Launen und Einfälle dreier heiratsfähiger Töchter indessen reichten hin, um den klügsten Kopf in Verlegenheit zu setzen, so sagte er sich, und nahm zum ersten Mal in seinem Leben fremden Rat zu Hilfe. Er wandte sich an die erfahrene und kluge *dueña* und sagte ihr:

«Kadiga, ich weiss, dass du eine der klügsten und treuesten Frauen auf der ganzen Welt bist. Dies war auch der ausschlaggebende Grund, dass ich dich immer bei meinen Töchtern liess. Väter können in der Wahl solcher Vertrauenspersonen niemals vorsichtig genug sein! Ich wünsche jetzt von dir, dass du die geheime Krankheit ausfindig machst, die den Frohsinn der Prinzessinnen zum Schwinden brachte und an ihrem Gemüte nagt. Suche mir ein Mittel, das meine Töchter wieder gesund und froh macht!»

Kadiga versprach unbedingten Gehorsam. In Wirklichkeit wusste sie natürlich mehr von der Krankheit der Prinzessinnen, als diese selbst. Indessen blieb sie mit ihnen zusammen, liess sie keinen Augenblick allein und bemühte sich, ihr unbedingtes Vertrauen in der Herzenssache zu erlangen.

«Meine lieben Kinder, warum seid ihr so traurig und betrübt an einem der schönsten Orte der Welt, wo ihr alles habt, was euer Herz begehrt?»

Die Infantinnen schauten gedankenlos im Zimmer herum und seufzten dann tief auf.

«Kinder, sprecht! Was möchtet ihr denn noch haben? Soll ich euch den wunderbaren Papagei bringen lassen, der alle Sprachen spricht und von dem heute ganz Granada entzückt ist?»

«Greulich!» rief die energische Zaida. «Ein hässlich kreischender Vogel, der Worte ohne Gedanken plappert und schnattert. Nur ganz dumme Menschen ohne Verstand und Hirn können solch ein Tier um sich dulden.»

«Soll ich um einen Affen vom Felsen von Gibraltar schicken, damit ihr euch an seinen Possen ergötzen könnt?»

«Ein Affe? Pfui, weg damit! Er ist ein abscheulicher Nachahmer des Menschen, hässlich und von widerlichem Geruch. Mir ist dieses Tier direkt verhasst», so sprach die hübsche Zoraida mit fester Stimme, die keinen Widerspruch zu dulden schien.

«Was sagt ihr zu dem bekannten schwarzen Sänger Casem aus dem königlichen Harem von Marokko? Man erzählt von ihm, dass seine Stimme so fein sei, wie die eines Frauenzimmers.»

«Ich erschrecke beim Anblick dieser schwarzen Sklaven», sagte die zarte Zorahaida; «übrigens habe ich alle Freude an der Musik und am Gesang vollkommen verloren.»

«Ach mein Kind, du würdest das bestimmt nicht sagen», erwiderte listig die Alte, «wenn du die Musik gehört hättest, die gestern abends die drei spanischen Ritter machten, als sie nach des Tages Arbeit ausruhten. Erinnerst du dich noch der gefangenen Edelmänner, die wir auf unserer Reise trafen? Aber—Gott steh' mir bei! —Kinder! —Was gibt es denn, dass ihr so errötet und vor Aufregung zittert?»

«Nichts! Nichts, gute Mutter; bitte erzählt weiter.»

«Gut, wie ihr wollt. Als ich gestern abends bei den *Torres Bermejas* vorbeikam, sah ich die drei Ritter am Fuss des roten Turms sitzen und musizieren. Der eine spielte rührend schön auf der Gitarre, und die beiden anderen sangen zum Klang der Saiten so anmutig und hinreissend, dass selbst die hartherzigen Wächter bewegungslos dastanden und verzauberten Bildsäulen glichen. Allah möge mir vergeben! Ich konnte mich der Wehmut und der Tränen nicht erwehren, als ich diese Lieder aus meiner Heimat hörte. Und dann, drei so edle und hübsche Jünglinge in Ketten und als Sklaven zu sehen!»

Jetzt war es für die gutherzige alte Frau wirklich zu viel. Laut schluchzte sie auf und grosse Tränen rollten ihr über die welken Wangen.

«Vielleicht, Mutter, könntest du es einrichten, dass wir die drei Ritter einmal sehen», sagte Zaida.

«Etwas Musik würde uns bestimmt recht aufheitern», war Zoraidas Meinung.

Die schüchterne Zorahaida schwieg und sagte gar nichts; doch legte sie liebevoll ihre schneeweissen Arme um den Hals der alten Kadiga.

«Der Himmel schütze mich vor so einer unsinnigen Tat», klagte die kluge alte Frau. «Was schwatzt ihr da, Kinder? Wisst ihr was ihr wollt? Euer Vater würde uns alle töten, wenn ihm so etwas zu Gehör käme. Gewiss, diese Ritter sind augenscheinlich edle und wohlerzogene Jünglinge; aber was liegt uns daran? Uns interessieren sie bestimmt nicht! Auch sind sie Feinde unseres heiligen Glaubens, und ihr dürft ohne Abscheu nicht an sie denken.»

Es liegt eine bewunderungswürdige Unerschrockenheit und Festigkeit in der weiblichen Willenskraft, die sich weder durch Gefahren noch Verbote einschüchtern lässt und besonders bei Frauen und Mädchen im heiratsfähigen Alter oft aussergewöhnliche Formen annehmen kann. Die drei Prinzessinnen liessen alle Register ihrer Überredungskunst spielen. Sie umarmten ihre *dueña*, schmeichelten, flehten, weinten und erklärten, dass eine abschlägige Antwort ihnen das Herz brechen würde. Was sollte sie tun? Sie war gewiss die klügste alte Frau auf der ganzen Welt und eine der treuesten Dienerinnen des Königs; aber konnte sie zusehen, wie drei schönen Prinzessinnen das Herz brach, wie ihre Gesundheit, ihr Frohsinn dahinschwand, bloss des Geklimpers einer Gitatte wegen? Kadiga lebte nun schon viele Jahre unter den Mauren und hatte seinerzeit gleich ihrer Herrin den Glauben gewechselt und diente seither treu dem Propheten; doch innerlich war sie Spanierin geblieben und eine leise Sehnsucht nach dem Christentum, ihrem früheren Gottesglauben, konnte sie nie aus dem Herzen bannen. Sie sann daher nach, wie man die Wünsche der Prinzessinnen leicht und gefahrlos erfüllen könne, denn immerhin, gar so einfach war die Sache nicht.

Die im roten Turm eingeschlossenen Gefangenen standen unter der Aufsicht eines langbärtigen und breitschultrigen Renegaten Namens Hussein Baba, von dem die Sage ging, dass er leicht zu bestechen wäre. Ihn besuchte Kadiga heimlich, liess vorsichtig ein grosses Goldstück in seine Hand gleiten und sagte mit leiser Stimme: «Hussein Baba, meine Herrinnen, die

Königstöchter, die im Turm dort eingeschlossen sind, kommen vor Einsamkeit um, denn keine Unterhaltung zerstreute sie. Vor einigen Tagen wurde ihnen von den musikalischen Talenten der drei spanischen Ritter erzählt, und nun möchten sie gerne eine Probe ihrer gerühmten Geschicklichleit hören. Ich kenne dich alter Freund und weiss, dass du in deiner Gutherzigkeit den armen Mädchen nicht diese unschuldige Freude versagen wirst.»

«Oh, du alte Hexe! Fahr zum Teufel mit deinem Rat! Du willst wohl meinen aufgespiesten Kopf von der Spitze dieses Turms heruntergrinsen sehen? Denn das wäre der Lohn für die Untat, wenn der König sie entdeckte oder auch nur dieses Gespräch ihm zu Ohr käme.»

«Aufrichtig gesagt, ich sehe keine Gefahr dabei. Man muss nur die Sache so einrichten, dass die Laune der Prinzesinnnen befriedigt wird und ihr Vater doch nichts davon erfährt. Du kennst die tiefe Klamm ausserhalb der Burgmauer; vom Turm der Infantinnen sieht man direkt hinunter auf die grünen Hänge. Stelle die drei Christen dort an die Arbeit und lasse sie in den Ruhestunden spielen und singen, und jedermann wird glauben, dass sie dies zu ihrer eigenen Unterhaltung täten. Die Prinzessinnen wieder hören vom Fenster ihres Turms aus die Musik und den Gesang, und du kannst sicher sein, dass sie dich dafür gut und reichlich bezahlen werden.»

Als die gute alte Frau geredet hatte, drückte sie freundlich die rauhe Hand des Renegaten und liess noch ein Goldstück darin zurück.

Einer solch wohlklingenden und so überzeugenden Beredsamkeit konnte natürlich niemand widerstehen, und auch Hassan nicht. Am nächsten Tag schon arbeiteten die Ritter mit ihren Lagerkameraden in der Schlucht. Während der Mittagszeit schliefen ihre Unglücksgefährten im Schatten der reich belaubten Bäume; die drei spanischen Ritter aber setzten sich auf den weichen Rasen am Fusse des Turms der Infantinnen und sangen ein Lied aus ihrer Heimat, das einer von ihnen auf der Gitarre begleitete. Die Wachen dösten auf ihren Posten und taten schläfrig unterdessen ihre Pflicht.

Das Tal und die Schlucht waren tief, und der Turm ragte hoch in die Lüfte; aber die Stimmen der Sänger und der Klang der Gitarre stieg in der Stille des heissen Sommermittags bis zu den Fenstern und dem Balkon empor. Dort lauschten die schönen Mädchen dem Lied, dessen Melodie und zärtlichen Worte sie zutiefst rührten, denn die *dueña* hatte sie die spanische Sprache so gut und genau gelehrt, dass sie auch die feinsten Tonschattierungen hören, verstehen und fühlen konnten. Die alte Kadiga tat hingegen furchtbar erschrocken und rief angstvoll: «Allah behüte uns! Sie singen ein Liebeslied, dass an euch selbst gerichtet ist. Ja, kann sich jemand eine solche Frechheit vorstellen? Ich werde gleich zum Aufseher laufen und ihnen eine Bastonade geben lassen, denn das ist wirklich zu viel!»

«Was, solch edlen Rittern willst du die Bastonade geben lassen, nur weil sie so schön und lieblich singen?», und voll Schauder schüttelten die herzigen Prinzesslein ihre feingeschnittenen Köpfchen. Bei all dieser tugendhaften Entrüstung war der Alte halt doch wieder versöhnlicher Natur und liess sich ganz leicht beruhigen und besänftigen. Überdies schien die Musik ihre jungen Herrinnen wohltuend zu beeinflussen. Die Wangen der Mädchen zeigten einen feinen rosa Schein, ihre Augen fingen an zu glänzen und die zarten Lippen schienen zu lächeln. Die kluge Kadiga enthielt sich daher jedweder Einsprache gegen das Liebeslied der Ritter.

Als die letzte Strophe leise verklungen war, blieb alles eine Weile still, und nachdenklich schauten die Prinzessinnen vor sich hin. Dann aber griff Zoraida nach der Laute und sang mit lieblicher Stimme leise und gerührt eine hübsche maurische Weise mit dem vielsagenden Refrain: = Wenn die Rosenknospe sich auch hinter Blättern birgt, so lauscht sie doch mit Entzücken dem Sang der Nachtigall =.

Von dieser Zeit an arbeiteten die Ritter fast täglich in der Schlucht. Der gewissenhafte Hussein Baba wurde immer nachsichtiger und von Tag zu Tag schläfriger auf seinem Posten. Eine Zeitlang bestand ein gar seltsamer Verkehr zwischen Turm und Aussenwelt. Dem gegenseitigen Gedankenaustausch dienten nämlich Lieder und Romanzen, deren Inhalt sich einigermassen entsprach und dazu diente, den Gefühlen der Liebespaare Ausdruck zu geben. Nach und nach zeigten sich die Prinzessinnen auf den Balkon, wenn sie es, ohne von der Wache gesehen zu wenden, tun konnten. Auch Blumen liessen die Mädchen sprechen, denn alle Beteiligten schienen das Blumenalphabet vorzüglichst zu kennen und zu deuten. Die Schwierigkeit des Verkehrs erhöhte den Reiz des Liebesspiels und fachte die Leidenschaft der jungen Menschenkinder aufs heftigste an. Liebe kämpft ja bekanntlich gern, überwindet Schwierigkeiten und gedeiht am besten auf dürftigem Boden.

Dieser geheime Verkehr wirkte wahre Wunder. Die Prinzessinnen wurden froh wie früher, ihre Augen glänzten feuriger als je, neckisch klangen ihre Stimmen, melodisch Lauten, Zimbeln und Gitarren. Niemand jedoch konnte glücklicher sein als der König selbst, den diese Veränderung so überraschte, dass er die kluge Kadiga reichlichst beschenkte und voll Freude seine drei schönen Töchter besuchte.

Aber auch dieser fernschriftliche Verkehr hatte eines Tages sein Ende, denn die drei Ritter erschienen nicht mehr auf dem Arbeitsplatz unterm Turm. Vergebens spähten die Prinzessinnen umher, vergebens beugten sie sich weit über den Balkon, um eine Spur ihrer Ritter zu finden, vergebens sangen sie wie Nachtigallen, vergebens schlugen sie die Saiten. Keine Stimme antwortete aus dem Gebüsch, kein Lautenspiel war zu vernehmen, kein Ritter zeigte sich. Die kluge Kadiga ging besorgt fort, um etwas über die drei Spanier zu erfahren. Bald kam sie mit kummervollem Gesicht wieder heim und erzählte den drei verliebten Mädchen die traurige Neuigkeit, die man ihr mitgeteilt hatte. «Ach, meine Kinder! Ich sah es voraus, dass alles so kommen würde! Doch ihr wolltet euren Willen durschsetzen. Nun ist das Ende da, und ihr könnt euere Lauten zerschlagen oder an einen Weidenbaum hängen. Die spanischen Ritter wurden von ihren Familien losgekauft und wohnen nun unten in Granada, wo sie ihre Heimreise vorbereiten.»

Untröstlich waren die drei Mädchen, als sie diese Nachricht vernommen hatten. Die schöne Zaida zürnte ihrem Ritter, dass er ohne Abschied dahin gegangen war, denn diese Geringschätzung ihrer Person konnte sie nicht verschmerzen. Zoraida rang die Hände und weinte, sah in den Spiegel und trocknete sich die Tränen und begann wieder zu weinen. Die holde Zorahaida lehnte an der Brustwehr des Balkons, und ihre Tränen fielen hinunter auf den Abhang, wo die Ritter gar oft sassen, ehe sie ihre angebeteten Maurenprinzessinnen so treulos verlassen hatten.

Die kluge Kadiga tat alles, um den grossen Schmerz zu stillen, der die Mädchenherzen peinigte. So sagte sie oft und oft: «Tröstet euch, meine Kinder. Das hat nichts zu bedeuten; man muss sich nur daran gewöhnen und sich mit derlei Dingen abfinden. Das ist eben der Lauf der Welt. Wenn ihr einmal so alt seid wie ich, dann werdet ihr die Männer schon kennen und wissen, wie man sie zu beurteilen hat. Diese drei Ritter haben sicherlich in Córdoba oder Sevilla ihre Herzallerliebsten, ihre Bräute oder Geliebten, unter deren Balkon sie bald Serenaden und Ständchen singen werden, ohne jemals wieder an die maurischen Schönheiten auf der Alhambra zu denken. Deshalb tröstet euch meine lieben Kinder und verbannt sie aus euren Herzen, denn Männer sind keine Träne wert.»

Die tröstenden Worte der klugen Kadiga vedoppelten aber den tiefen Kummer der drei Prinzessinnen, die zwei Tage lang nicht aus ihren Zimmern zu bringen waren und nur still vor sich hin weinten. Am dritten Morgen nun kam die alte Frau ausser sich vor Aufregung dahergelaufen, stürzte fassungslos in den grossen Salón und rief voll Zorn: «Wer hätte einem sterblichen Menschen eine solche Frechheit zutrauen können! Aber mir geschieht ganz recht, denn nie hätte ich zugeben dürfen, dass euer ehrwürdiger Vater hintergangen wird. Erwähnt mir also mit keinem Worte mehr die spanischen Ritter, diese schlechten Menschen, die mich solcher Art beleidigt haben.»

«Nun, beste Kadiga, was ist denn geschehen?» riefen die drei Mädchen in atemloser Angst durcheinander.

«Was geschehen ist, fragt ihr? —Hört doch! Verrat ist geschehen; oder was fast noch schlimmer ist, zum Verrat sollte ich verleitet werden! Mir, der treuesten aller Untertanen, der vertrauenswürdigsten aller *dueñas* mutet man zu, dass ich meinen Herrn und König hintergehen könnte. Ja, meine Kinder, staunt nur! Die spanischen Ritter haben es gewagt mir zu sagen, dass ich euch überreden soll, mit ihnen nach Córdoba zu fliehen, um dort ihre Gattinnen zu werden!»

Bei diesen Worten bedeckte die treffliche alte Frau sich das Gesicht mit den Händen und liess ihrem Kummer und Zorn freien Spielraum. Die drei schönen Prinzessinnen ihrerseits wurden blass und rot, und rot und blass und zitterten, schauten sich verstohlen und vielsagend in die Augen, sprachen aber kein einziges Wort. Die alte Frau konnte sich indessen nicht beruhigen. Heftig bewegte sie sich hin und her, schüttelte die Fäuste und rief von Zeit zu Zeit zornig aus: «Dass ich eine solche Beleidigung erleben musste! —ich die treueste aller Dienerinnen!»

Endlich trat die älteste Infantin, die den meisten Mut hatte und immer die Erste war, zu ihr hin, legte ihr die Hände auf die Schultern und sagte liebevoll: «Nun beste Mutter, angenommen wir wären bereit mit den drei christlichen Rittern zu fliehen—ist so etwas überhaupt möglich?»

Die gute Alte hörte bei diesen Worten zu jammern auf und erwiderte schnell: «Möglich! Gewiss ist es möglich, das ist es ja! Die Ritter haben schon den Hussein Baba bestochen und mit ihm den ganzen Plan besprochen. Wer kann aber euer Vater hintergehen, diesen besten aller Könige! Euren Vater, der so viel Vertrauen in mich setzt!» Wieder begann die würdige Frau zu weinen, und händeringend lief sie im Saale auf und ab.

«Aber unser Vater hat nie Vertrauen zu uns gehabt», sagte die älteste Prinzessin resolut, «immer hielt er uns wie Gefangene hinter Schloss und Riegel! Nie konnten wir frei hingehen, wohin es uns behagte, nie tun, was wir wollten.»

«Freilich, das ist nur zu wahr», liess sich die Alte hören und blieb vor den jungen Damen stehen; «er hat euch wirklich recht ungut behandelt. Eingeschlossen ward ihr immer und musstet die schönsten Jahre euerer Jugend in einem alten Turm verbringen, gleich den duftenden Rosen, die man in einem Blumentopf welken lässt. Aber bedenkt doch—aus euerer schönen Heimat fliehen!!»

«Und ist nicht das Land, das uns aufnehmen will, die Heimat unserer guten Mutter? Werden wir dort nicht in Freiheit leben? Und wird nicht jede von uns statt des strengen Vaters einen jungen und liebreichen Gemahl haben?»

«Freilich, das ist alles sehr wahr, und, ich muss gesthen, er war mit euch wirklich ein harter Tyrann; aber», und wieder brach der Jammer los, «wollt ihr mich dann zurücklassen, allein und verlassen, dass sein Zorn und seine Rache mich zerschmettere?»

«Doch gewiss nicht, meine gute Kadiga! Kannst du nicht mit uns fliehen?»

«Das ist wohl möglich; und um bei der Wahrheit zu bleiben, muss ich euch sagen, dass ich darüber bereits mit Hussein Baba gesprochen habe. Er versprach mir auch, für mich zu sorgen, wenn ich euch auf eurer Flucht begleiten wollte. Aber Kinder lasst ab von dem Gedanken! Ihr könnt doch nicht eueren Väterglauben verleugnen!»

«Der christliche Glaube war das ursprüngliche Religionsbekenntnis unserer Mutter, bevor sie auf die Alhambra kam», sagte wieder die älteste Infantin, «und ich bin bereit, ihn anzunehmen, und meine Schwestern auch, davon bin ich überzeugt!»

«Recht hast du!», rief die alte *aya* voll Freude aus; «ja, es war der Glaube deiner Mutter. Bitterlich beweinte sie oft ihren Abfall, und auf dem Totenbett musste ich ihr versprechen, für euer Seelenheil zu sorgen. Heute nun bin ich glücklich und froh, denn ich weiss, dass ihr auf dem richtigen Wege seid, auf dem Weg, der zur Taufe und ins Glück führt. Ich freue mich, dass ihr Christinnen werden wollt, weil auch ich es war und im Herzen immer geblieben bin. Jetzt ist die Gelegenheit da, dass ich in den Schoss der wahren Kirche zurückkehren kann. Ich sprach darüber schon mit Hussein Baba; er ist Spanier von Geburt und übrigens ein sehr netter Mensch. Wir stammen aus der gleichen Gegend, und auch er will in seine alte Heimat zurück und sich mit der heiligen Kirche aussöhnen. Die drei edlen Ritter drunten in Granada sagten hochherzig ihre Hilfe zu und werden uns anständig ausstatten, wenn wir dann im Heimatdorfe eine Ehe eingehen sollten.»

Kurz und gut, es ergab sich, dass diese aussergewöhnlich kluge und vorsichtige Frau mit den Rittern und mit dem *renegado* bereits den ganzen Fluchtplan entworfen hatte, der nun verwirklicht werden sollte. Die älteste Prinzessin war sofort einvestanden, und ihr energisches Verhalten bestimmte und beeinflusste wie immer den Willen ihrer beiden Schwestern. Um der Wahrheit die Ehre zu geben, muss allerdings gesagt werden, dass das jüngste Prinzesslein etwas zauderte und nicht gleich wusste, was sie machen sollte. Ihr sanftes und schüchternes Wesen wollte keinen so brüsken Bruch, und allsogleich begann in ihrem kleinen Herzen ein schwerer Kampf, in dem sich das Gefühl kindlicher Pflicht und jugendliche Leidenschaft gegenüberstanden. Wie es schon immer geht, siegte in diesem ungleichen Zwiespalt die Liebe zum fremden Ritter, der Drang nach Gattenliebe. Still und leise weinend schloss sie sich also ihren Schwestern an und rüstete sich zur Flucht.

Durch den Hügel, auf dem die Alhambra steht, führten in früheren Zeiten eine grosse Zahl von unterirdischen Gängen. Diese bildeten ein wahres Netz von Irrwegen, auf denen der Eingeweihte von der Alhambra ungesehen in die Stadt und selbst bis zu den entfernten Ausfallspforten und Schlüpftüren an den Ufern des Darro und des Genil gelangen konnte. Im eigenen Interesse und aus Staatsräson liessen die Maurenkönige im Laufe der Jahrhunderte die *asabica* durchbohren, und durch diese Gänge liefen sie, wenn Empörer ihnen nach dem kostbaren Leben trachteten; aber auch oft zogen sie diese geheimen Wege den öffentlichen Strassen vor, denn heikle Unternehmungen waren nie für jedermanns Auge und Ohr. = Viele dieser Tunnels sind jetzt eingestürzt, andere sind teilweise verschüttet, und wieder andere vermauerte man, um so jeden Unfug zu unterbinden und dem zahlreichen Gesindel einen schwer zu kontrollierenden Unterschlupf zu nehmen; und an der Zeit war es, dass diese Erinnerungszeichen an maurische Despoten in moderner Zeit verschwunden sind = . Dem Fluchtplan nach sollte Hussein Baba die Prinzessinnen durch einen der genannten Gänge bis zur geheimen Schlüpfpforte jenseits der Stadtmauer führen, wo die Ritter mit schnellen Pferden zu warten versprachen, um alle über die Grenze in Sicherheit zu bringen.

Die vorherbestimmte Nacht kam: der Turm der Infantinnen

war wie gewöhnlich verschlossen worden, und die Alhambra lag in tiefem Schlummer. Gegen Mitternacht bezog die kluge Kadiga ihren Horchposten auf dem Balkon eines Fensters und lauschte gespannt in den Garten hinab. Bald kam Hussein Baba daher und gab das verabredete Zeichen. Die *dueña* befestigte sogleich das obere Ende einer Strickleiter am Balkon und liess sie dann vorsichtig in den Garten hinab. Mit grosser Behendigkeit schwang sich die alte Frau über die Brüstung und stieg resolut hinunter. Ihr folgten klopfenden Herzens die beiden älteren Prinzessinnen. Als aber die Reihe an Zorahaida kam, da zauderte diese; mehrmals setzte sie ihren zarten, kleinen Fuss auf die Leiter, aber eben so oft zog sie ihn wieder zurück. Ihr Körper zitterte, das kleine Herz pochte heftig, und zögernd blieb die jünste Königstochter auf dem Balkon stehen. Sie warf einen kummervollen Blick ins Wohngemach zurück, dessen Wandschmuck, Decken und Pölster im hellen Mondlicht gleissten; wie ein Vogel in seinem Käfig hatte sie im Turm gelebt, das ist richtig, doch sorglos, ruhig und ohne Aufregungen, geborgen und beschützt gingen die Tage dahin. Wer konnte ihr sagen, was geschah, wenn sie frei in die weite Welt hinausflatterte! Aber schon erinnerte sie sich ihres Ritters aus dem Land der Christen und flugs sass sie auf der Brüstung und setzte den Fuss auf die Leiter. Hinunter wollte sie zu ihm! Doch da kam ihr der alte Vater in den Sinn, und sie bebte wieder zurück. Schrecklich war der Kampf, der im Herzen dieses zarten Wesens tobte. Voll Ehrfurcht liebte sie ihren Vater: beim Gedanken an den jungen Christen wurde ihr heiss und kalt zugleich und voll Liebe und Zuneigung erinnerte sie sich seiner. Doch ach! sie war noch so jung, schüchtern und wusste nichts von der Welt, von Liebe und Familienglück.

Vergebens flehten ihre Schwestern, schalt die *dueña* und fluchte gottserbärmlich der Renegat. Die kleine Maurenmaid stand oben am Balkon und schaute zu ihren Schwestern hinunter; sie konnte sich nicht entschliessen. Der Gedanke an die Flucht und die Freiheit lockte sie, doch die Furcht vor ungewissen Gefahren riet ihr zum Bleiben.

Aus der Ferne erschollen nun gar noch Fusstritte! Jeden Augenblick konnte man entdeckt werden! Rauh rief der Renegat zum Balkon hinauf: «Die Wachen machen die Runde; wenn wir zögern, sind wir verloren. Steigt augenblicklich herunter, oder wir gehen allein und lassen euch zurück, denn keine Zeit ist mehr zu verlieren.»

Zorahaida kämpfte mit sich selbst und niemand erfuhr jemals, was in diesen wenigen Sekunden im Innern des Mädchens vorgegangen war. Mit verzweifeltem Entschluss machte sie die Strickleiter los und warf sie in den Garten hinunter.

«Es ist entschieden!» rief sie; «die Flucht ist für mich unmöglich. Allah geleite und segne euch und schenke euch, meine viel geliebten Schwestern, Glück und Liebe.»

Schaudernd schrien die beiden Prinzessinnen auf und wollten noch zögern, denn sie konnten doch ihre kleine Schwester nicht zurücklassen! Die Wache kam aber näher und immer näher, dass also ein weiteres Warten Selbstmord gewesen wäre. Wütend stiess der Renegat die drei Frauen in ein dunkles Felsenloch und führte sie kreuz und quer sicher durch unterirdische Gänge und gelangten glücklich an ein eisernes Tor vor der Stadt. Hussein sperrte auf, und—verabredungsgemäss nahmen sie die drei spanischen Ritter in Empfang, die die Uniform der vom Renegaten befehligten Turmwache trugen.

Wild gebärdete sich Zorahaidas Anbeter, als er sah, dass das schöne Mädchen nicht gekommen war. Kurz berichtete Kadiga ihm, was sich ereignet hatte, und dass man keine Zeit verlieren dürfe. Die beiden Prinzessinnen wurden hinter ihre Verehrer gesetzt und die kluge *dueña* stieg zum Renegaten aufs Pferd; dann sprengten alle im wildesten Tempo auf den Pass von Lope zu, über den sie durchs Gebirge nach Córdoba kommen wollten.

Doch bald darauf hörte man von der Alhambra her die Alarmzeichen; Hornsignale und Trompetenstösse tönten von den Zinnen des Wachtturms durch die Stille der Nacht.

«Unsere Flucht ist entdeckt», sagte der Renegat.

«Wir haben flinke Rosse, der Mond hat sich verzogen und die Nacht ist nun stockdunkel. Wir entkommen!» erwiderten die Ritter.

Sie gaben ihren Pferden die Sporen und jagten durch die Vega. Schon kamen sie an den Fuss der *Sierra Elvira*, die wie ein Vorgebirge sich weit in die Ebene hineinerstreckt. Der Renegat hielt an und horchte: «Bis jetzt ist noch niemand auf unserer Spur; die Flucht in die Berge wird gelingen!» Aber während er noch sprach, leuchtete auf der Wehrplatte des Bergfrieds der Alhambra eine helle Flamme auf.

«Hölle und Teufel!» brüllte der Renegat, «das Leuchtfeuer ruft die ganzen Wachtmannschaften in den Bergen auf ihre Alarmposten. Fort und weiter! sporn wie toll—es ist keine Zeit zu verlieren!»

Es war ein halsbrecherischer Galopp. Dumpf tönten die Hufe der edlen Pferde auf dem felsigen Weg, der um die *Sierra Elvira* herumführt. Von Augenblick zu Augenblick wurde die Lage dramatischer, und nun sahen die Reiter gar, dass von allen Berggipfeln und Hängen Lichtsignale aufflammten, als Antwort und *verstanden* auf die Feuerzeichen von der Alhambra.

«Vorwärts! Vorwärts! rief Hussein, dazwischen wie ein wahrer Renegat fluchend, «zur Brücke, —zur Brücke, ehe das Alarmzeichen dort gesehen wird!»

Scharf ritten sie um eine Felsennase herum und erblickten die bekannte *Puente de Pinos*, die über einen reissenden Wildbach führende Holzbrücke, um deren Besitz so oft Christen und Mauren stritten. Zum Schrecken unserer Flüchtlinge strahlte der Brückenkopf im hellsten Kreidelicht und strotzte von bewaffneten Männern. Der Renegat riss sein Pferd zurück, erhob sich in den Steigbügeln und sah wie suchend um sich. Alles dauerte nur wenige Augenblicke, dann winkte Hussein den Rittern und sprengte weiter, doch vom Weg ab, den Fluss entlang. Nach Minuten stürzte er sich Hals über Kopf und hoch zu Ross in das schäumende Wasser. Die Ritter ermahnten die Prinzessinnen, sich fest anzuhalten und folgten schneidig ihrem Führer. Hoch schlugen die Wogen, die Strömung trieb sie weit flussabwärts und der Gischt durchnässte sie bis auf die Haut, doch glücklich erreichten sie alle das andere Ufer. Auf rauhen und einsamen Pfaden, durch wilde Schluchten und über hohe Pässe führte der Renegat seine Schützlinge aus dem Maurenreich hinaus, und nach gar argen Strapazen erreichten sie endlich Córdoba, die schönste Stadt am Guadalquivir. Dort gab es helle Freude, und die Heimkehr der tapferen Ritter wurde festlich begangen und gross gefeiert, denn sie gehörten zu den ersten Familien des kastilischen Reiches. Die liebreichen Prinzessinnen wurden sofort getauft, und einmal in den Schoss der wahren Kirche aufgenommen, heirateten sie darauf in wenigen Tagen im herrlichen Dom ihrer neuen Heimatstadt ihre edlen Ritter und Retter, und in Liedern und Sagen erzählt man heute noch, dass sie glücklich und froh bis ans Ende ihrer Tage lebten.

In unserer Eile, um die Flucht der Infantinnen quer durch den Strom und über Berg und Tal durchs Gebirge hinauf zu einem glücklichen Ende zu führen, haben wir ganz die kluge Kadiga vergessen, was nachgeholt werden soll, denn auch ihr Schicksal ist erwähnenswert. Sie hatte sich beim wilden Ritt über die Vega wie eine Katze an Hussein Baba geklammert, schrie bei jedem Sprung zwar laut auf, entlockte dem bärtigen Renegaten manchen Fluch, sass aber fest auf der Kruppe hinterm Sattel. Doch als ihr Reiter ins reissende Wasser setzte, da kannte ihre Angst keine Grenzen mehr. «Umklammere mich nicht so fest», schrie der Renegat; «fasse mit beiden Händen meinen Gürtel und fürchte nichts». Sie tat wie ihr geschaffen und hielt sich am breiten Leibriemen Husseins fest. Als aber dieser nach dem Höllenritt endlich mit den Rittern auf der Passhöhe anhielt, um Atem zu schöpfen, da war die *dueña* nicht mehr zu sehen.

«Was ist aus Kadiga geworden?» riefen voll Unruhe die Prinzessinnen.

«Allah allein weiss es!» erwiderte der fromme Renegat. «Es war ein reines Unglück! Als wir mitten im Fluss waren, löste sich mein Gürtel, und Kadiga wurde mit ihm stromabwärts gerissen. Allahs Wille geschehe! aber es war ein schöner, golddurchwirkter Gürtel von grossem Wert.»

Die Reiter hatten natürlich keine Zeit zu eitlen Klagen und mussten weiter, und die Prinzessinnen beweinten bitterlich den Verlust ihrer treuen Ratgeberin. Jene ausgezeichnete Frau aber verlor nur die Hälfte von den neun Leben, die sie einer Wildkatze gleich hatte. Ein Fischer zog sie nämlich weiter unten ans Ufer und dürfte über den seltsamen Fisch im Netz wohl gestaunt haben. Was dann aus der klugen Kadiga wurde, darüber schweigt die Geschichte. Doch so viel ist sicher, dass die ihre Klugheit abermals unter Beweis gestellt hatte und sich niemals mehr in den Machtbereich Mohammeds des Linkshänders wagte.

Auch wissen wir nicht, was dieser scharfsinnige Monarch tat, als ihm die Flucht seiner Töchter gemeldet wurde. Es war das einzige Mal, dass er fremden Rat suchte. Und wie wurde er hintergangen! Nie hörte man wieder, dass er einer ähnlichen Schwäche anheimgefallen wäre. Seine jüngste Tochter, die ihm treu geblieben war, liess er aufs strengste bewachen, und man glaubt, sie habe es schwer bereut, damals nicht mit ihren beiden Schwestern geflohen zu sein. Dann und wann sah man sie auf den Zinnen des Turmes; müde lehnte sie an der Brüstung und schaute traurig zu den Bergen hinüber, hinter denen Córdoba lag. Klagend sang sie zur Laute herzzerbrechende Lieder und beweinte den Verlust ihrer Schwestern und des geliebten Mannes. Jung beschloss sie ihr einsames Leben und wurde, so erzählt man sich, in einem Gewölbe unterm Turm begraben. Viele Sagen erzählen uns von ihr und ihrem frühen Tod.

BESUCH AUF DER ALHAMBRA

Es sind nun fast drei Monate verflossen, seit ich meinen Wohnsitz in der Alhambra aufschlug. Das Fortschreiten der Jahreszeit hat indessen gar manche Veränderung bewirkt. Als ich hier ankam, es war im Mai, da zeigte sich alles in einer frischen Schönheit; das Laub der Bäume war noch zart und durchsichtig, die Granaten prangten in ihrem glänzenden, karmesinroten Blütenschmuck, die Felsen hingen voll von wilden Blumen, und die Obstbäume in den herrlichen Gärten am Genil und Darro hatten ihre vielfarbigen Blüten noch nicht abgeworfen. Granada schien mitten in einer Rosenwildnis zu liegen, über die sich ein tiefblauer Himmel wölbte, und wo unzählige Nachtigallen früh und spät ihren Sang hören liessen.

Nun, im Hochsommer welken bereits die Rosen, die Blüten sind verschwunden und die Nachtigallen schweigen. Felder, Wiesen und Gärten in der *vega* sehen versengt und sonnenverbrannt aus, doch in der nächsten Umgebung der Stadt, in den Anlagen und in den tiefen, engen Tälern am Fuss der schneebedeckten Berge herrscht ewiges Grün.

Auf der Alhambra gibt es Gemächer und Räume, die graduell den Jahreszeiten mit ihren Temperaturunterschieden angepasst sind, derart, dass man auch im Sommer bei der grössten Hitze dort wirklich angenehme Stunden verbringen kann. Zu den diesbezüglich nennenswertesten Anlagen gehören unbedingt die fast unterirdisch gebauten Bäder. Sie bewahren noch immer ihren alten orientalischen Charakter, obgleich die Spuren des Verfalls leider auch hier offensichtlich sind. Der Eingang führt in einen kleinen mit Blumen gezierten Hof; dort ist eine mässig grosse Halle von selten leichter und graziöser Architektur. Man übersieht sie von einer kleinen Galerie aus, die von schlanken Marmorsäulen und maurischen Hufeisenbögen getragen wird. Ein Alabaster-springbrunnen in der Mitte des Raumes wirft noch immer seinen Wasserstrahl empor und macht die Halle zu einem der kühlsten Orte auf der Alhambra. Seitlich liegen tiefe Alkoven mit erhöhtem Boden, wo die Badenden sich nach ihren Waschungen auf Kissen liegend der Ruhe hingaben, dabei Düfte von hundert Wohlgerüchen einsogen, und sanfte Musik sie in Schlummer wiegte. Auf der anderen Seite dieses Salons liegen einige ganz abgeschiedene und heimliche Zimmer, das *sancta sanctorum* weiblicher Schönheit, wo Odalisken und Haremsdamen die Üppigkeit der Bäder lüstern genossen. Allum herrscht ein sanftes, mysteriöses Licht, das durch kleine Oeffnungen in der gewölbten Decke in den Raum fällt. Noch zeugen Spuren der Badeanlagen von der ehemaligen Eleganz und dem feinen Geschmack der Erbauer dieses Allerheiligsten königlicher Intimitäten. Die ringsum herrschende Stille und das Halbdunkel macht heute die Räume, deren Mauern wohl viel erzählen könnten, zum Tummelplatz hunderter von Fledermäusen; tagsüber verstecken sie sich in den dunklen Ecken und in den staubigen Winkeln voll Spinnweben, und einmal aufgescheucht, flattern sie im Trakt herum, dass so der Eindruck der Verödung und des Verfalls noch bedeutend erhöht wird.

An diesem kühlen und schönen Zufluchtsort voll Orientpoesie, die man trotz des Verfallszustandes noch immer spürt, verbrachte ich in letzter Zeit die schwülen Tagesstunden und kroch erst wieder ans Licht, wenn die Sonne schon untergegangen war. Des Nachts badete ich im grossen Wasserspeicher auf dem Haupthof, und nur so konnte ich das heisse Klima ertragen und seinen entnervenden Einfluss etwas abschwächen.

Wie alles auf der Welt zu Ende geht, so hörte auch eines Tages meine absolute Herrschaft hier heroben auf. Ein lebhaftes, zwischen den Türmen knatterndes Flintenfeuer weckte mich aus meinen Träumen, und es schien, als ob feindliche Angreifer im Schutz einer Feuergarbe auf die Festung vorrückten. Ich ging der Sache natürlich allsogleich auf den Grund und traf einen alten Herrn mit einer Anzahl Diener und Büchsenspanner im Saale der Gesandten. Es war ein ehrenwerter Graf alten Geschlechtes, dem es in seinen granadiner Palaste zu heiss geworden war, und der der kühlen Luft wegen auf die Alhambra heraufkam, um hier einige Wochen zu leben. Als eingefleischter Jäger huldigte er begeistert dem Schiess-Sport und schoss mit viel Eifer nach den kreisenden Schwalben und Mauerseglern, denn einerseits verging so dem alten Herrn die

Zeit, und anderseits förderte diese Beschäftigung ganz erheblich seinen etwas delikaten Appetit. Es war eine wirklich ganz harmlose Unterhaltung; obwohl Jägermeister und Bediente schnellstens die Flinten luden, und er ein Furcht einflössendes Gewehrfeuer hören liess, konnte ich ihn doch nicht des Todes auch nur einer einzigen Schwalbe beschuldigen. Ja, die Vögel schienen selbst an dem lärmenden Spiel Freude zu haben und sein mangelndes Jägertalent zu verspotten, denn in dichten Kreisen segelten sie um Türme und Balkone und zwitscherten laut, wenn sie beim Standort des pulvernden Grafen vorbeikamen.

Die Ankunft des Aristokraten hat den Ablauf der Dinge einigermassen verändert, ohne dass es deswegen auch nur den geringsten Disput gegeben hätte. Wir teilten uns stillschweigend unser Reich, wie es die letzten Könige Granadas einmal taten, mit dem Unterschied, dass wir höchst freundschaftliche Beziehungen aufrecht hielten. Er herrschte klar unumschränkt über den Löwenhof und anliegende Hallen, während ich im friedlichen Besitz der Bäder blieb und den träumerischen Garten der Lindaraja mein eigen nennen konnte. Unter den Arkaden des Hofes nahmen wir gemeinsam unsere Mahlzeiten ein, dort wo die Springbrunnen die Luft kühlten und kleine murmelnde Bächlein in den offenen Kanälen im Marmorboden dahinrieselten.

Des Abends dann versammelt sich eine nette Tafelrunde um den alten Herrn. Es kommt die Gräfin mit ihrer sechzehnjährigen Stieftochter von der Stadt herauf, dann mehrere Gutsbeamte des Grafen, sein Kaplan, der Rechtsanwalt, der gräfliche Privatsekretär, der Haushofmeister und andere Verwalter und Agenten seiner ausgedehnten Besitzungen. Jeder der Anwesenden nimmt mit Interesse an der Hofhaltung teil, berichtet und fragt, erzählt und trägt zur allgemeinen Unterhaltung bei, jedoch ohne das ihm eigentümliche Wesen aufzugeben oder seine Selbstachtung zu opfern. Viel hört und sagt man von dem sprichwörtlichen spanischen Stolz; im familiären Leben und im Verkehr mit Freunden, Bekannten und Angestellten bemerkt man recht wenig davon. Wohl bei keinem Volke sind die Beziehungen zwischen Verwandten herzlicher, ist das Verhältnis zwischen Vorgesetzten und Untergebenen freier und ungezwungener als hier in diesem schönen Land; in solchen Beziehungen hat das Leben in den Provinzen Spaniens doch immer vieles von der gerühmten Einfachheit der guten alten Zeit.

Das anziehendste Mitglied der ganzen Familiengruppe war jedoch die Tochter des Grafen, die bezaubernde Carmelita; zwar ein Kind, aber mit dem Charme einer junger Dame. Ihre Gestalt hat noch nicht die volle Reife erreicht, zeigte aber schon jenes herrliche Ebenmass und die gefällige Anmut, die in diesen Breiten die Frauen so sehenswert machen. Blaue Augen, eine schöne Gesichtsfarbe und das in Andalusien seltene blonde Haar verliehen der jungen Komtesse eine Milde und Zartheit im Wesen und Ausdruck, was sie vom Feuer der sonstigen und bestimmt nicht wenigen spanischen Schönheiten stark abhob, aber mit der arglosen Unschuld ihrer Sitten und ihres Benehmens vollkommen harmonierte. Sonst aber glich sie ihren bezaubernden Landsmänninnen, denn sie sang und tanzte und spielte die Gitarre mit einer angeborenen Geschicklichkeit und Gewandtheit, die allgemein bewundert wurde.

Der Graf gab wenige Tage nach seinem Einzug in die Alhambra an seinem Namenstag ein kleines Familienfest, bei dem er die ganze Verwandtschaft, Freunde, Angestellte und Diener um sich versammelte; ja, selbst von entlegenen Ansitzen und Höfen kamen Leute, um ihm ihre Ehrerbietung zu erweisen und am guten Mahl teilzunehmen. Dieser patriarchalische Geist war für den spanischen Adel zur Zeit seines Reichtums charakteristisch, hat aber mit diesem nunmehr abgenommen. Nur einige wenige Aristokraten, die noch im schuldenfreien Besitz ihrer alten Familiengüter sind, der Graf war ein solcher, blieben den alten Sitten und Bräuchen treu und liessen ihre Güter von müssigen Dienern jeden Alters überfluten und fast kahlfressen. Nach dieser altspanischen Tradition, die Nationalstolz und Grossmut schufen, wurde ein alter und zur Arbeit unfähiger Sasse oder Knecht, Diener oder Angestellter niemals entlassen, sondern für den Rest seiner Tage unterhalten; auch deren Kinder und Kindeskinder konnten so nach und nach mit allem Anhang Familienerbstücke werden. Die riesigen Paläste des spanischen Adels zeigen heutzutage fast alle eine gewisse Leere, wenn man die spärliche und wirklich mittelmässige Wohnungseinrichtung in den zur Verfügung stehenden Räumen sieht, deren enorme Ausmasse eimal, in den goldenen Tagen Spaniens notwendig waren, um dem Besitzer seine patriarchalischen Gewohnheiten zu erlauben. Solche Gutshäuser und Ansitze waren wenig besser als Kasernen für die erblichen Geschlechter von Dienern und Dienerinnen, Schmarotzern und sonstigem Anhang, die sich alle auf Unkosten eines spanischen Grandes mästeten. Der würdige alte Graf sagte mir einmal, dass einige seiner Güter gar keinen Gewinn abwürfen, denn die grosse Zahl der dort eingenisteten Gutsleute brauchten alles auf, da sie sich für berechtig hielten, freie Unterkunft anzusprechen, weil ja ihre Familien seit Generationen dort sässen und es auch früher so gewesen sei.

Das Familienfest des Granden unterbrach die sonst herrschende Stille auf der Alhambra. Musik und Lachen hallte durch die einsamen Säle; Gruppen von Gästen unterhielten sich auf den Galerien und in den Gärten, flinke Diener aus der Stadt eilten geschäftig über die Höfe zur alten Küche, in der wieder Köche und Mägde ihres Amtes walteten, während Truchsess und Mundschenk mit ihren Lauten die Tafel herrichteten.

Das Gastmahl fand in der Halle *de las dos Hermanas* statt. Die Tische waren reichlich und im Überfluss gedeckt; es gab Speisen und Trank in Hülle und Fülle und bald herrschte eine gastliche Fröhlichkeit, die solche Augenblicke unvergesslich macht. Der Spanier ist im allgemeinen sehr enthaltsam und kein Freund übermässigen Essens und Trinkens, doch ist er bei derartigen Festen und Gelagen ein fröhlicher Tischgenosse. Für mich war natürlich alles ganz besonders interessant und eindrucksvoll; sass ich doch in einer der königlichen maurischen Hallen auf der Alhambra und nahm an einem Feste teil, das vom Nachfahren eines ihrer Eroberer gegeben wurde. Der ehrwürdige Graf stammt nämlich in direkter Linie von dem «grossen Feldherrn» ab, dem berühmten *Gonzalo de Córdoba*, dessen Schlachtschwert im gräflichen Palast noch immer den Ehrenplatz einnimmt.

Nach Beendigung des Gastmahles begab sich die ganze Gesellschaft in den Saal der Gesandten, wo die Unterhaltung erst richtig in Schwung kam. Jeder wirkte dabei seinen Kenntnissen entsprechend mit; man sang, zeigte Spiele, erzählte Geschichten oder tanzte zum Klang der Gitarre, dem Talisman aller Lust und Fröhlichkeit, das man in Andalusien mit wahrer Kunst handhabt.

Die Seele der ganzen Gesellschaft war aber unzweifelhaft die wundernette Carmelita. Mit grossem Talent parodierte sie italienische Sängerinnen und liess dabei ihre herrliche Stimme hören; dann deklamierte sie Szenen aus bekannten spanischen Komödien, was allgemein applaudiert wurde. Die von ihr mit Kunst und Können vorgetragenen Volkslieder, ihre andalusischen Tänze und Zigeunerweisen riefen jedoch wahre Beifallsstürme hervor. Frei von jedem Ehrgeiz, ohne Selbstsucht und Anmassung trug sie zur Unterhaltung der Gäste ihres Vaters bei und schien sich des Umfanges des eigenen Talents gar nicht bewusst zu sein. Ihre Beobachtungsgabe, ihr Takt und ihre Anpassungsfähigkeit mussten auch ausserordentlich sein, denn sie kam ja höchst selten aus dem engsten Familienkreis heraus und konnte nur gelegentlich die Charakterzüge und Kunstfertigkeiten, Rhythmen und Folkloren gesehen haben, die sie uns nun mit solcher Anmut und Natürlichkeit aus dem Stegreif vortrug. Wohltuend und erfreulich wirkte die Liebe und Bewunderung, mit der die Hausgenossen auf sie blickten. Alles, auch das Gesinde nennt sie nur *la niña*, «das Kind», eine der zärtlichsten Kosenamen der spanischen Sprache.

Nie werde ich an die Alhambra denken, ohne mich der lieblichen kleinen Carmen zu erinnern, wie sie unschuldsvoll in den Marmorsälen des alten maurischen Palastes spielte oder zum Klang der Kastagnetten tanzte, wie ihre schöne silberhelle Stimme mit dem Rauschen der Springbrunnen zu einer melodischen Musik wurde, deren Wohlklang jedes Hörers Ohr erfreute.

Bei diesem Fest erzählten die Anwesenden auch mehrere Geschichten und Sagen aus der Vergangenheit Granadas und der Alhambra. Ich kann mich natürlich nicht mehr an alle erinnern, doch eine behielt ich im Gedächtnis, weil sie mir ganz besonders gefiel, und diese will ich nun wiedergeben.

DIE SAGE VOM PRINZEN AHMED AL KAMEL
DEM LIEBESPILGER

Es lebte einmal in Granada auf der Alhambra ein maurischer König, dessen einziger Sohn *Ahmed* hiess. Die Höflinge gaben ihm den Beinamen *Al Kamel*, der Vollkommene, wegen der unzweifelhaften Beweise und der vielen Anzeichen von Klugheit und Charaktergrösse, die sie schon in seiner Kindheit an ihm merken konnten. Die Astrologen bestätigten in ihren Aussagen die Meinung der Hofleute und prophezeiten dem Prinzen für die Zukunft all das, was einen Herrscher vollkommen, glücklich und beliebt machen kann. Eine einzige Gewitterwolke nur schwebe über ihm, und auch die wäre rosigster Natur, so sagten die sternkundigen Weisen: er würde, meinten sie, verliebten Temperamentes sein, und in Folge dieser zärtlichen Leidenschaft zu Liebeshändeln und galanten Abenteuern in grosse Gefahren geraten. Wenn er aber bis in sein mannbares Alter allen Lockungen und Zartheiten der Liebe fest widerstände, dann, so meinten die Astrologen weiter, könnten derartige Gefahren und deren Folgen vermieden werden, und das spätere Leben des Prinzen und Thronfolgers würde sich glücklich gestalten.

Um alle derartigen Widerwärtigkeiten zu vermeiden, beschloss der König in seiner Weisheit, den Prinzen in exklusiver Umgebung erziehen zu lassen, wo er nie ein weibliches Wesen zu Gesicht bekäme oder auch nur das Wort Liebe hören könnte. Zu diesem Zweck baute er auf dem der Alhambra gegenüberliegenden Berg einen herrlichen Palast, liess dort die wundervollsten Gärten anlegen und dann herum eine hohe Mauer errichten. Anlagen und Palast stehen heute noch und sind unter dem Namen «*Generalife*» weithin bekannt und berühmt. In diesem Prunkgebäude wurde der jugendliche Prinz eingeschlossen und der Obhut des *Eben Bonabben* anvertraut. Es war dies ein grosser Gelehrter aus Arabien, trocken und unlieb wie seine Papyrusrollen, der den grössten Teil seines Lebens in Aegypten mit dem Studium der Hieroglyphen und dem Erforschen der Pharaonengräber hingebracht hatte. Ein solcher Hauslehrer entsprach natürlich den strengen Wünschen des Königs, denn der alte Aegyptologe zog Pyramidengräber und Mumien den verführerischsten Frauenschönheiten vor. Auf Anordnung der Hofkanzlei sollte der Weise den Prinzen in allen Disziplinen unterrichten und ihm jedes Wissen vermitteln, mit einer einzigen Ausnahme, denn nie durfte er erfahren, fühlen und kennen, was Liebe sei. Streng sagte der König zum Weisen aus dem Morgenland: «Wende zu diesem Zweck jede Vorsichtsmassregel an, die du für geeignet hältst; allein bedenke, o *Eben Bonabben*, dass du um einen Kopf kürzer wirst, wenn mein Sohn während seiner Studienzeit mit dir etwas von diesen verbotenen Kenntnissen erfahren würde.» Mit trockenem Lächeln antwortete der weise *Bonabben* auf die Drohung und sprach dann überlegt und jedes Wort betonend: «Möge dein königliches Herz so unbesorgt um deinen Sohn sein, wie es das meinige um meinen Kopf ist. Glaubst du etwa, dass ich etwas von Frauenschönheit, Ueppigkeit, Lust und Lüsternheit verstände und über Liebe dozieren könnte?»

Unter der wachsamen Obhut des Philosophen wuchs der Prinz in der Abgeschiedenheit des Palastes und Einsamkeit der ummauerten Gärten auf. Zur Bedienung hatte er schwarze Sklaven, hässliche Geschöpfe, die bei ihrer Scheusslichkeit nichts von Liebe wussten, oder wenn es der Fall war, keine Worte hatten es anderen mitzuteilen, denn alle waren sie stumm, die einen von Geburt her, die anderen auf Grund eines Eingriffes des königlichen Scharfrichters. Auf die Heranbildung der geistigen Anlagen des Prinzen verwandte *Eben Bonabben* besondere Sorgfalt und suchte ihn möglichst bald in die geheimen Weisheiten Aegyptens einzuweihen. Doch in diesem Fache machte der Prinz nur wenig Fortschritte, und bald zeigte es sich, dass er zur Philosophie absolut keine Neigung hatte. Aber er war ein auffallend gehorsamer junger Mann, liess sich leicht beeinflussen und gab in der Regel seinen guten Ratgebern recht. Auch war er sehr höflich, unterdrückte das Gähnen und hörte geduldig den langen und gelehrten Ausführungen *Eben Bonabbens* zu, von denen er gerade so viel verstand, dass er sich mit der Zeit ein etwas allgemeines Wissen aneignen konnte, das für seine zukünftige Herrscherlaufbahn unumgänglich notwendig war. *Ahmed* erreichte so glücklich das zwanzigste Lebensjahr, ein Wunder prinzlicher Weisheit, allein ein Ignorant in Sachen der Liebe, von deren Existenz er nie gehört hatte.

Um diese Zeit änderte sich jedoch merklich das Benehmen des Prinzen. Er vernachlässigte vollständig seine Studien, streifte viel in den Gärten umher oder sass stundenlang neben Brunnenbecken und schaute grübelnd ins Wasser. Früher schon hatte er manchmal ganz ein wenig Musik getrieben; doch jetzt nahm sie einen grossen Teil seiner Zeit in Anspruch. Sein Sinn für Dichtkunst und Gesang war nennenswert, und den von ihm verfassten Liedern und Gedichten konnte eine gewisse Poesie nicht abgesprochen werden. Bei all diesen merkwürdigen Anzeichen wurde der weise *Eben Bonabben* unruhig und bemühte sich, dem jungen Mann die eitlen Launen mit einem tiefschürfenden Vortrag über Algebra auszutreiben. Aber der Prinz unterbrach ihn voll Unlust und sagte: «Ich kann die Algebra nicht ausstehen; sie ist mir verhasst. Ich will etwas hören und haben, was zum Herzen spricht!»

Der Weise schüttelte bei diesen Worten sein welkes Haupt und dachte sich: «Jetzt ist's mit der Philosophie aus! Der Prinz hat entdeckt, dass er ein Herz hat.» Mit ängstlicher Sorgfalt überwachte er seinen Zögling und sah, wie es in seinem Innern arbeitete, dass ein liebevolles Herz und Gemüt nach einem Gegenstand suchte, den es beglücken durfte, um wieder beglückt zu werden. Ziellos wandelte Ahmed durch die Gärten des schönen Generalife und suchte dort ein— «Etwas», das er beglücken könnte. Wie weltfern träumte er manchmal vor sich hin!, dann griff er zur Laute und entlockte ihr die rührendsten Melodien, bis ihn auch das Saitenspiel ermüdete, und das herrliche Instrument seinen schlaffen Händen entfiel, wobei er tief seufzte und laut klagend auf den Boden starrte.

Nach und nach nahm aber die Liebe des Prinzen festere und schon etwas konkrete Formen an. So pflegte er seine Lieblingsblumen mit ganz besonderer Sorgfalt und lag dann wieder träumend im Schatten einer schlanken Pinie, der seine spezielle Zuneigung galt; in ihre Rinde schnitt er Namen und astrologische Schriftzeichen, hing Blumengewinde in ihr Gezweig und besang des Baumes Schönheit in zarten Versen, während er dazu die Laute schlug.

Eben Bonabben beruhigte natürlich dieses exaltierte Benehmen des Zöglings wenig, den er gleichsam schon vor der verschlossenen Pforte sah, die zu jenem Wissen führte, das ihm sein Vater vorenthalten wollte. Das unscheinbarste Ereignis konnte diese Tür weit öffnen, der leiseste Wink ihm das verhängnisvolle Geheimnis offenbaren. Um das Wohl des Prinzen besorgt und um die Sicherheit des eigenen Kopfes zitternd, beschloss er schnell zu handeln, denn nur so konnte das Schlimmste vermieden werden. Der lammfromme Jüngling musste im Schlossturm seine Wohnung aufschlagen, und scharfe Wachen unterbanden ihm Nerven aufreizende Spaziergänge durch den weiten Garten mit seinen verführerischen Rondellen, Laubengängen und Brunnenanlagen. Die neuen Gemächer lagen im höchsten Stockwerk des Bergfrieds, waren mit ausgezeichnetem Geschmack eingerichtet, und von den Balkonen genoss man eine herrliche Rundsicht über die *vega.* Allerdings bis zu diesen Wohnräumen hinauf drang nicht der süsse Duft von Blumen und Blüten, das Rauschen der springenden Wasser und auch nicht das Summen der Honig suchenden Bienen, nichts von all dem, was in *Ahmeds* Gemüt solchen Wandel schuf und in ihm bisher unbekannte Gefühle zum Toben brachte.

Doch war es notwendig, ihn mit diesem Zwang auszusöhnen und zu sorgen, dass er anderweitige Ablenkungen fand. Das schien allerdings anfänglich sehr schwer, denn der weise Lehrer hatte bereits alle seine Kenntnisse zerstreuender Art erschöpft, und über Algebra und Physik, Astronomie und Heilkunde durfte man mit dem jungen Mann ja nicht mehr sprechen. Aber auch hier fand *Eben Bonabben* einen Ausweg. Glücklicherweise verstand er die Sprache der Vögel; während seines Aufenthaltes in Aegypten lehrte sie ihn ein jüdischer Rabbiner, der seine Kenntnisse in gerader Linie bis auf Salomon den Weisen zurückführte, welcher bekanntlich bei der Königin von Saba darin unterrichtet worden war.

Schon bei der Erwähnung eines solchen Studiums funkelten dem Prinzen vor Erregung die Augen, und er arbeitete mit solchem Eifer, dass er in kürzester Zeit diese Kunst ebenso beherrschte wie sein Lehrer.

Von nun an war für ihn der Turm des Generalife kein gar so einsames Gefängnis mehr; er hatte einige Gefährten, mit denen er reden konnte, und die ihm allerhand Neuigkeiten brachten und erzählten. So machte er zu allererst die Bekanntschaft mit einem Habicht, der in einer Mauerspalte auf der hohen Turmzinne sein Nest gebaut hatte, von wo aus er weit und breit herumstreifte und die Gegend nach Beute absuchte. Der Prinz indessen fand wirklich wenig Gefallen an dem gefiederten Strauchritter. Er war ein simpler Pirate der Lüfte, ein grossprecherischer Prahlhans, dessen Geschwätz sich nur um Raub, Totschlag und mörderische Greueltaten drehte.

Gleich nachher lernte er eine Eule kennen; es war dies ein gar weise aussehender Vogel, mit einem riesigen Kopf und starr glotzenden Augen, der tagsüber in einem Mauerloch vor sich hin blinzelte und nur während der Nacht ausflog. Viel bildete sich der Uhu auf seine tiefschürfende Weisheit ein, hielt Vorträge über Astrologie, sprach von Mond und Sternen und gab gelegentlich auch Aufklärungen, die ganz geheimes Fachwissen betrafen. Doch er redete auch über Metaphysik, und der Prinz fand, dass die diesbezüglichen Vorlesungen noch viel langweiliger waren als die an sich schon unausstehlichen Vorlesungen des weisen *Eben Bonabben*.

Dann war noch eine Fledermaus da, die den ganzen Tag an ihren Beinen in einer der dunkelsten Ecken des Gewölbes hing und erst in der Dämmerung aufwachte, um schrill aufpfeifend durch Hallen und Gärten zu flattern. Es war ein rares Tier; hatte von allen Dingen nur ganz verschwommene Ideen, und mit zwielichtigem Verständnis spottete es über Sachen und Gedanken, von denen das Tier wohl kaum gehört hatte. Auch war der Flatterer sehr mürrisch und schien an nichts Gefallen zu finden.

Ausser diesen Genossen stellte sich auch noch eine Schwalbe ein, die anfangs dem Prinzen wirklich sehr gut gefiel, denn sie war eine nette Gesellschafterin und zerstreute den einsamen Jünglich mit ihrer geläufigen Zunge. Doch war sie ruhelos, und geschäftig flog sie von einem Ort zum andern; immer unterwegs blieb sie selten lang genug auf einem Fleck, um ein ordentliches Gespräch führen zu können. Es erwies sich, dass sie eine ganz gewöhnliche Schwätzerin und Klatschbase war, die alles gründlich zu wissen behauptete und doch nichts wusste.

Dies waren die einzigen gefiederten Freunde, mit denen *Ahmed* Gelegenheit hatte, die neu erlernt Sprache zu üben; der Turm war viel zu hoch, als dass andere Vögel ihn hätten erreichen können. Bald wurde jedoch der arme Prinz seiner neuen Bekannten überdrüssig, deren Unterhaltung weder seinen Verstand und schon gar nicht sein Herz ansprachen. Wieder sass er verlassen und trübsinnig in seinem einsamen Turmzimmer und brütete traurig vor sich hin. So verging der kalte Winter, und der Frühling hielt seinen Einzug mit all den Blumen und Blüten, dem saftigen Grün und den lieblichen Düften, die diese Jahreszeit auszeichnen. Die Natur erwachte aus ihrem Winterschlaf; alles begann zu spriessen und zu wachsen. Die Zeit war da, wo die Vögel sich paarten und ihre Nester bauten. In den Hainen und Gärten des Generalife hörte man ein Singen und Raunen, das bis ins einsame Turmzimmer zum gefangenen Prinzen hinaufklang; von allen Seiten erschollen Lieder, ein Fragen und Werben mit dem gleichen Thema, das immer wieder in... Liebe-Liebe-Liebe... ausklang. Schweigend und verwirrt horchte *Ahmed* erstaunt auf und fragte sich verwundert: «Was mag wohl diese Liebe sein, von der die ganze Welt so voll ist? Was kann dieses Ding nur bedeuten, von dem ich noch niemals gehört habe?» Er wandte sich also an seinen Freund den Habicht und bat ihn um Auflärung. Doch der wilde Vogel antwortete verächtlich: «Du musst dich schon an die gewöhnlichen Vögel unten wenden, die in Gärten und Wäldern friedlich ihr Dasein fristen und dazu da sind, uns, den Fürsten der Lüfte, als Jagdbeute zu dienen. Mein Handwerk ist der Krieg, und Kämpfen meine Freude. Ich bin ein harter Mann und weiss nichts von den Dingen da, die man Liebe nennt.»

Mit Abscheu wandte sich der junge Prinz vom wilden Habicht und suchte die philosophierende Eule an ihrem Zufluchtsort auf. «Das ist ein Vogel von friedlichen Sitten und

Bräuchen», sagte er sich, «und wird sicherlich im Stande sein, meine Frage zu beantworten» So bat er denn die Eule, ihm zu sagen, was es mit der Liebe für ein Bewandnis habe, von der alle Vögel unten in den Hainen und Gärten sängen.

Als der Uhu diese so vulgäre Frage hörte, schaute er würdevoll auf und sagte mit etwas verschnupfter Stimme: «Ich bin Forscher und verbringe die Nächte mit klugen und klaren Studien, und während des Tages denke ich über das nach, was ich gelernt habe und was mir gelehrt wurde. Die Singvögel, von denen du sprichst, sind für mich nicht vorhanden; ich höre sie nicht und verachte ihre dummen Lieder. Allah sei gepriesen! Ich kann nicht singen, aber ich bin ein Philosoph und Astronom, der von den Dingen da, die man Liebe nennt, nichts weiss».

Wirklich verwirrt begab sich nun *Ahmed* ins Gewölbe, wo seine Freundin die Fledermaus wie gewöhnlich an ihren Füssen kopfabwärts hing und stumm vor sich hin träumte. Er legte auch ihr die für ihn so wichtige Frage vor. Die Fledermaus runzelte ihre Nase und antwortete recht schnippisch: «Warum störst du mich mit dieser blöden Frage in meinem Morgenschlaf? Wisse, ich fliege nur in der zwielichtigen Dämmerung umher, wenn alle Vögel schlafen und kümmere mich um ihr Treiben nicht. Ich bin weder Vogel noch Säugetier, wofür ich dem Himmel danke. Ich habe sie alle als Schurken kennengelernt und hasse alles, was da fleucht und kreucht. Mit einem Wort: ich bin ein Misanthrop und weiss nichts von den Dingen, die man Liebe nennt.»

Nun blieb dem Prinzen nur noch die Schwalbe, an die er sich wenden konnte. Er suchte sie sogleich auf und traf die nach längerem Suchen oben auf der Turmspitze, wo er sie allsogleich anhielt und ihr sein Herz ausschüttete. Die Schwalbe war, wie gewöhnlich, in grosser Eile und hatte kaum Zeit zu antworten. «Auf mein Wort», schnatterte sie gleich los, «ich habe so viele öffentliche Geschäfte zu besorgen und so viel zu tun, dass ich bis heute noch keine Zeit gefunden habe, über diesen Gegenstand nachzudenken. Ich habe jeden Tag tausend Besuche zu machen, mich um tausend Sachen von

Wichtigkeit zu kümmern, so dass mir kein Augenblick frei bleibt, mich mit derartig unbedeutenden Sing-Sang-Geschichten zu beschäftigen. Ich bin ein freier Weltbürger— und weiss nichts von den Dingen da, die man Liebe nennt». Mit diesen Worten schoss die Schwalbe ins Tal hinunter und war im Nu in der Ferne verschwunden.

Der junge Mann war zutiefst enttäuscht, dass keiner seiner Freunde ihm sagen konnte, was Liebe eigentlich sei. Diese Schwierigkeiten aber stachelten seine Neugier nur noch mehr an, und er beschloss, der Sache auf den Grund zu gehen, koste es was es wolle. In dieser gefährlichen Gemütsverfassung traf ihn der alte Lehrer auf der Plattform des Turmes an. Der Prinz ging schnell auf ihn zu und rief lebendig: «O *Eben Bonabben,* weisester aller Lehrer, du hast mich viel gelehrt, mir viele irdische Geheimnisse enthüllt! Es gibt aber einen Gegenstand, von dem ich nichts weiss, dessen Sinn und Form ich nicht kenne. Ich bitte dich, mich darüber aufzuklären, denn ich will erkennen, worum es sich handelt.»

«Mein Prinz hat nur die Frage zu stellen, und alles, was im beschränkten Bereich meiner Kenntnisse ist, steht ihm bedingungslos zur Verfügung.»

«So sage mir denn du grösster aller Weisen, was ist die Natur der Dinge, die man Liebe nennt?»

Eben Bonabben war wie vom Blitz getroffen. Ihm wurde ganz übel zu Mut; er zitterte, das Blut wich aus seinen Wangen und es schien ihm, als sässe sein Kopf nur mehr ganz lose auf den Schultern.

«Wie kommt mein Prinz auf solche Gedanken und zu einer solchen Frage?, wo mag er wohl so eitle und überflüssige Worte gehört haben?»

Der Prinz führte ihn ans Turmfenster und auf den Balkon hinaus und sagte ernst mit verschleierter Stimme: «Horche auf, o *Eben Bonabben*!» Und der Weise lauschte mit hellhörigem Ohr. Untem im Gebüsch sass eine Nachtigall und sang ein Liebeslied der Rose zu; aus jedem Hain, von Beeten, ja aus jedem Blütenzweig stiegen melodienreiche Hymnen auf, und tausendfach hörte man immer wieder: «Liebe! Liebe! Liebe!»

«*Allah Akbar!* Gott ist gross!», rief der weise *Bonabben* aus. «Wer könnte sich anmassen, dieses Geheimnis dem Herzen des Menschen vorenthalten zu wollen, wenn es sogar die Vögel der Luft laut in die Natur hinausschmettern». Dann wandte er sich *Ahmed* zu und fuhr fort: «Verschliesse o Jüngling dein Ohr, auf dass du nicht diese verführerischen Töne hörest!, und lass ab, nach dem Sinn und Sein von Dingen zu forschen, deren Kenntnisse deinem Geist und deiner Seele unheilbringend sind. Wisse, diese Liebe ist die Ursache allen Übels, oder wenigstens fast aller Übel und der Hälfte allen Wehs, das die sterblichen Menschen dieser armen Welt zwischen seinen Mühlsteinen zu zermahlen droht. Sie ist es, die Hass und Streit zwischen Brüdern und Freunden zeugt, die den meuchlerischen Mord gebiert und furchtbare Kriege entfacht. Kummer und Sorge, traurige Tage und schlaflose Nächte sind ihr Gefolge. Sie bringt die Schönheit der Jugend zum welken und vergiftet ihre frohen Stunden, was Übel und Elend und ein vorzeitiges Altern zur Folge hat. Allah bewahre dich, mein Prinz, und Er möge dich schützen! Dringe nie darauf das zu wissen, was man Liebe nennt!»

Nach diesen Worten verliess der weise *Bonabben* eiligst seinen Schüler und liess diesen in grösster Verwirrung zurück. *Ahmed* konnte keine Ruhe finden; vergebens versuchte er sich alle Gedanken an die Liebe aus dem Kopf zu schlagen, die ihn ständig quälten und seinen Geist erschöpften. Er kam über eitle Vermutungen nicht hinaus und konnte der Sache nicht auf den Grund kommen. «Ich kann aus diesen herrlichen Melodien keinen Kummer heraushören», sagte er sich, als er dem Gesang der Vögel wieder und immer wieder lauschte; «alles ist so voll Zärtlichkeit, aus jedem Ton klingt Freude! Wenn die Liebe wirklich die Ursache von so viel Elend und Streit wäre, warum trauern dann nicht diese Vögel schmachtend in der Einsamkeit der Wälder? Warum werden sie nicht zu wilden Faltern und reissen einander in Stücke? Warum flattern diese herrlichen Geschöpfe fröhlich und zufrieden in den Gärten und Hainen herum und spielen miteinander neckisch unter Blumen und Blüten, wenn Liebe nur Hass, Zwietracht und Unglück zeugt?»

Eines Morgens lag *Ahmed* auf seinem Divan und dachte angestrengt über diesen noch immer ungeklärten und ihm unerklärlichen Tatbestand nach. Das Fenster seines Zimmers stand offen, um den sanften Morgenwind herein zu lassen, der vom feinem Duft des Azahars geschwängert aus den Orangengärten im Darrotal heraufkam. Leise hörte man den Sang der Nachtigall, das Zwitschern der Schwalben und Zirpen der Grillen und aus der Ferne her liebliches Saitenspiel. Während nun der Prinz melancholisch diesem zauberhaften Konzerte lauschte, weckte ihn lauter Flügelschlag aus seinen Träumen. Eine von einem Habicht verfolgte Taube schoss durchs Fenster ins Zimmer und fiel erschöpft auf den Fussboden, indessen sich der um seine Beute gebrachte Verfolger wieder seinem Horst in den Bergen zuwandte.

Der jugendliche Prinz nahm den schwer keuchenden Vogel auf, strich ihm das Gefieder glatt und drückte ihn schmeichelnd an seine Brust. Als es ihm endlich gelungen war, die liebliche Taube zu beruhigen, setzte er sie in einen goldenen Bauer und reichte ihr eigenhändig den feinsten Weizen und das reinste Wasser zur Atzung. Doch diese nahm keine Nahrung zu sich. Traurig und gramvoll sass sie auf der Sprosse und seufzte erbarmungswürdig.

«Was fehlt dir?», fragte *Ahmed* besorgt. «Hast du nicht alles, was dein Herz begehrt?»

«Ach, nein!», versetzte der Tauber; «Bin ich doch vom Gefährten meines Herzens getrennt und noch dazu im schönen Frühling, der glücklichen Jahreszeit der wahren Liebe!»

«Der Liebe?», wiederholte *Ahmed;* «ich bitte dich, mein liebes Tierchen, kannst du mir sagen, was Liebe ist?»

«Nur zu gut kann ich das, mein Prinz. Sie ist die Qual von einem, das Glück von zweien, der Streit und die Feindschaft von dreien. Sie ist ein Zauber, der zwei Wesen zueinander hinzieht, sie durch wonnige Seelenverwandtschaft vereinigt und ihr Beieinandersein zum Glück, ihr Getrenntsein aber zum Unglück macht. Gibt es kein Wesen, zu dem du durch solche Bande zärtlicher Neigung hingezogen wirst?»

«Ich liebe meinen alten Lehrer *Eben Bonabben* mehr als

jedes andere Wesen; aber er ist oft langweilig, und zuweilen fühle ich mich ohne seine Gesellschaft glücklicher.»

«Das ist nicht die Seelenverwandtschaft, die ich meine. Ich rede von der Liebe, dem grossen Geheimis und dem schöpferischen Prinzip allen Lebens, jener berauschenden Wonne der Jugend und der nüchternen Freude des Alters. Blicke hinaus, mein Freund, und sieh, wie in dieser glücklichen Jahreszeit die ganze Natur von Liebe erfüllt ist. Jedes erschaffene Wesen hat seinen Liebesgenossen; der unscheinbarste Vogel singt seiner Liebesgefährtin ein Lied, aus dem seine heissesten Gefühle sprechen, selbst der Käfer im Staub und Mist wirbt jetzt um sein Weibchen, und jene Schmetterlinge, die du hoch über dem Turme flattern und in der Luft spielen siehst, sind glücklich in der Liebe, im Bewusstsein des Zusammengehörens. Ach, mein guter Prinz, wie konntest du so viele Jahre der Jugend verlieren, ohne von der Liebe was zu wissen? Gibt es kein zartes Wesen des anderen Geschlechts —Eine schöne Prinzessin, ein liebenswürdiges Burgfräulein— die dein Herz gewonnen und in deiner Brust zarte Wünsche zum Aufkeimen brächte?»

«Ich fange an zu verstehen», sagte der junge Prinz seufzend; «oft habe ich solche Stürme und ähnliche Unruhen in mir gefühlt, ohne natürlich deren Ursache zu kennen; —aber wo soll ich in meiner Einsamkeit und Abgeschlossenheit jenes Wesen suchen, das du mir empfiehlst?»

Lange unterhielten sich noch beide, bis die erste Liebeslektion des Prinzen beendet war.

Ernst blickte Ahmed dann vor sich hin als er, wie mit sich selbst sprechend, leise sagte; «Wenn die Liebe wirklich eine solche Wonne ist, und man ohne sie nur in seelischem Elend leben kann, dann verhüte Allah, dass ich ein verliebtes Paar unglücklich mache!» Rasch öffnete er den Käfig, nahm den Tauber heraus, küsste ihn zärtlich und trug ihn zum Fenster. «Fliege, glücklicher Vogel, geniesse die Jugend und freue dich des Frühlings in Gemeinschaft mit deiner Gefährtin. Du sollst in diesem traurigen Turm nicht mein Zellengenosse sein, hier, wo die Liebe keinen Zutritt hat.»

Mit Entzücken breitete der Tauber seine Flügel aus, hob

sich mit einem Schwung in die Luft und schoss dann im Sturzflug hinunter zu den blühenden Lauben am Darro.

Der Prinz folgte ihm mit den Augen, bis er seinen Blicken entschwand. Nichts freute fürderhin den armen Jüngling; nicht das Singen der Vögel, nicht das Zirpen der Grillen und auch nicht der berauschende Blumenduft von Rosen, Nelken und Azahar. All das erhöhte nur seine Bitterkeit. Nach Liebe lechzte sein Herz! Liebe! Liebe! Ach, nun verstand er die Melodie, das Lied der Geschöpfe, das von Liebe sprach.

Seine Augen sprühten Feuer, als er nach einigen Tagen den weisen *Bonabben* wieder sah. Voll Zorn rief er ihm zu: «Warum hast du mich in solcher Unwissenheit aufwachsen lassen? Warum liessest du mich nicht das grosse Geheimnis des Lebens und das Wunder allen Seins kennen, welches selbst den niedrigsten Insekten bekannt ist! Sieh und hör, die ganze Natur befindet sich in einem Taumel des Entzückens! Jedes Wesen freut sich seines Gefährten. Das, —das ist die Liebe, über die ich belehrt sein wollte. Warum versagt man mir allein ihren Genuss? Warum wurde mir durch Jahre, ja selbst heute noch diese Freude vorenthalten?»

Der weise *Bonabben* sah ein, dass jede weitere Geheimnistuerei vollkommen nutzlos wäre, dass der Prinz bereits all das wusste, was ihm nicht gelehrt und gesagt werden sollte. Er enthüllte ihm deshalb die Vorhersagung der Astrologen und die Vorsichtsmassregeln, die man bei seiner Erziehung getroffen hatte, um das drohende Unheil abzuwenden, das über ihm schwebte. «Und nun, mein Sohn», fügte er hinzu, «ist mein Leben in deinen Händen. Wenn dein königlicher Vater entdeckt, dass du trotz meiner Aufsicht und Obhut die Leidenschaft der Liebe kennen gelernt hast, so kostet mich das meinen Kopf, denn unser Sultán pflegt Wort zu halten.»

Der Prinz war so vernünftig wie die meisten jungen Leute seines Alters und hörte gern auf die Vorstellungen seines Mentors, da nichts gegen dieselben sprach. Ausserdem war er *Eben Bonabben* wirklich zugetan, und da er bis jetzt das Feuer der Liebe nur unbewusst spürte, so versprach er, diese seine neuen Kenntnisse bei sich verschlossen zu halten, und nicht den Kopf des Philosophen zu gefährden.

Doch das Geschick wollte es, dass sein Grossmut noch auf harte Proben gestellt werden sollte. Als er einige Tage später früh morgens auf der Wehrplatte des Bergfrieds auf und nieder ging, seinen Gedanken nachhängend, da kam der Tauber wieder geflogen und setzte sich furchtlos auf seine Schulter.

Voll Freude liebkoste ihn der Prinz und sagte mit bewegter Stimme: «Glücklicher Vogel, der du wie auf Schwingen der Morgenröte bis ans Ende der Welt fliegen kannst! —wo warst du seit jenem Tag, an dem ich dir die Freiheit schenkte?»

«In einem fernen Land, mein Prinz, aus dem ich dir zur Belohnung für deine Grossmütigkeit eine Nachricht bringe. Einmal sah ich auf meinem weiten Flug über wilde Berge und fruchtbare Ebenen tief unter mir einen herrlichen Garten voll der schönsten Blumen und Blüten, mit Bäumen, deren Aeste und Zweige sich unter der Last der wundervollsten Früchte bogen. Er lag in einer grünen Au, an den Ufern eines Flusses, dessen klare Wasser sich durch die Ebene dahinschlängelten. In der Mitte dieses Paradieses stand ein prächtiges Schloss. Ich flog auf eine Baumgruppe zu, um dort auszuruhen, denn anstrengende Tage lagen hinter mir. Es war ein schönes Plätzchen; rundherum Blumen in allen Farben des Regenbogens, angenehm riechende Früchte, und unten auf der Rasenbank sass eine junge Prinzessin, die in ihrer Schönheit und Anmut einem Engel glich. Junge Dienerinnen, feengleich wie sie, waren ihre Hofdamen, die die Jungfrau mit Blumenkränzen schmückten und ihr Knie vor ihr beugten. Doch keine der Blumen, selbst die nicht aus den hängenden Gärten der Semiramis, konnten mit dem Königskind an Holdseligkeit wetteifern.

Allein die Prinzessin blühte hier, einem Veilchen gleich im Verborgenen, denn der Garten war von hohen Mauern umgeben, und kein Sterblicher durfte eintreten. Als ich diese schöne Maid sah, so jung, so unschuldig, so rein und ohne Makel, da sagte ich mir sofort: «Da ist das Wesen, das der Himmel geschaffen hat, meinem freundlichen Prinzen Liebe einzuflössen.»

Die Schilderung fiel wie ein zündender Funke in das Herz *Ahmeds*, dessen Liebessehnsucht endlich das voll bangen Wun-

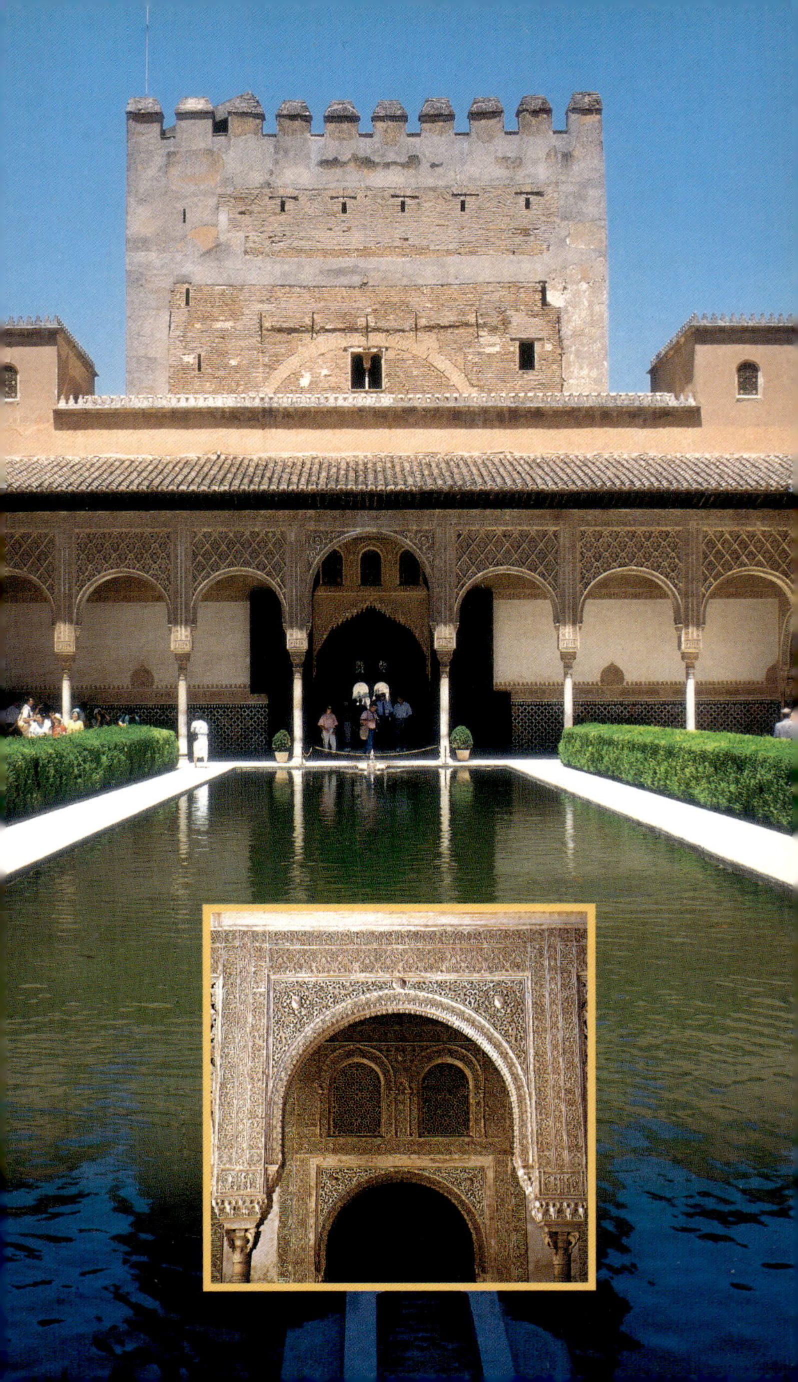

◀ *Hof „Patio de los Arrayanes" und Comares-Turm
mit einer Teilansicht des Inneren des Turms.*

Hof „Patio de la Alberca". *Ansicht des Albaicin.* ▶

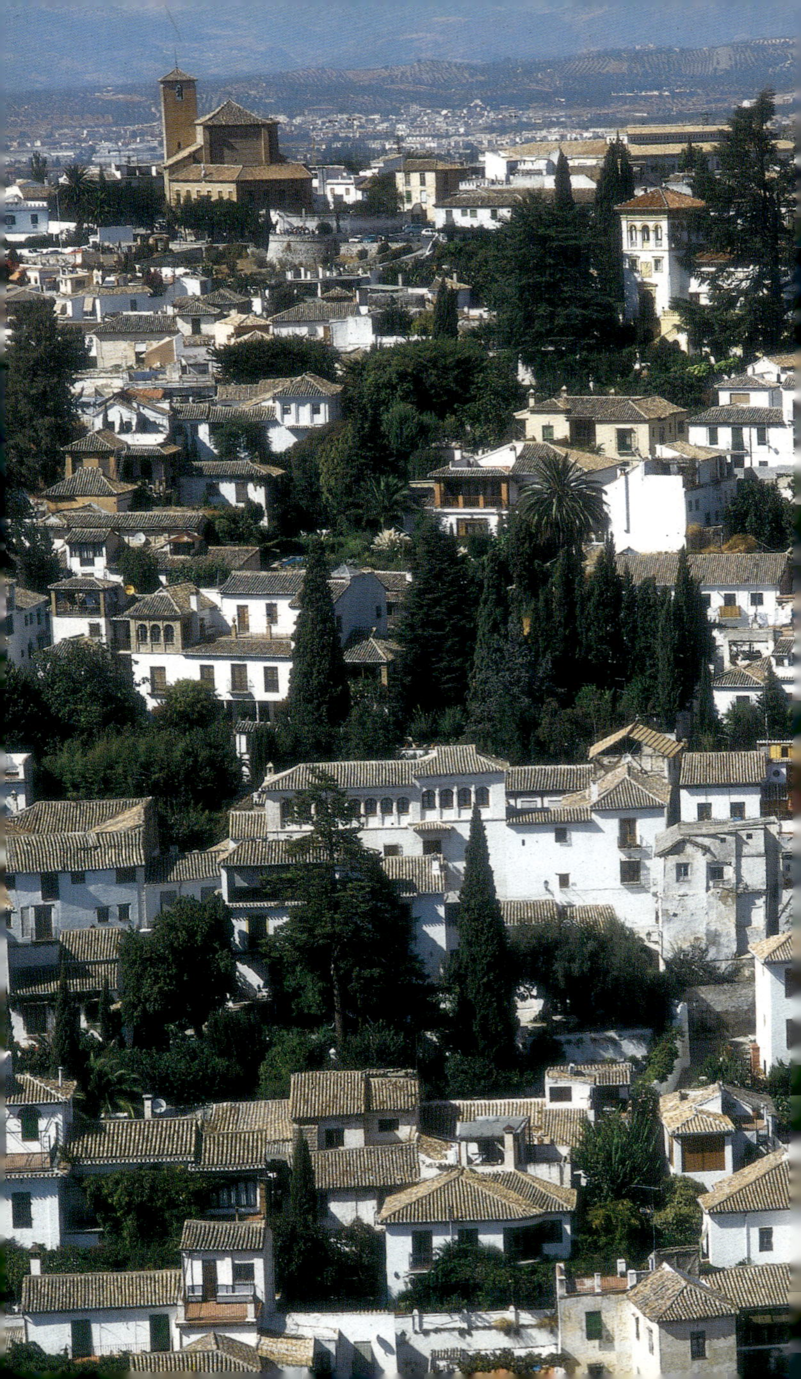

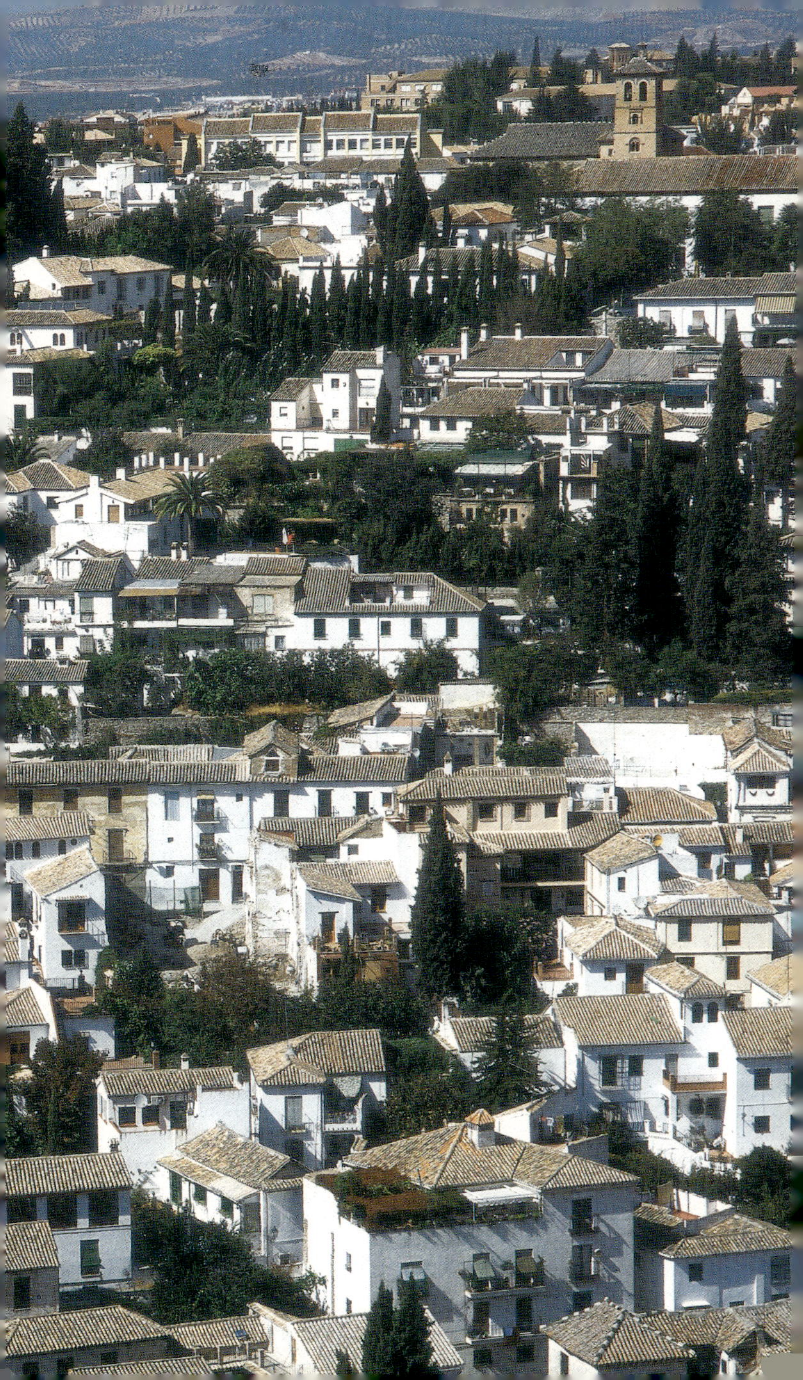

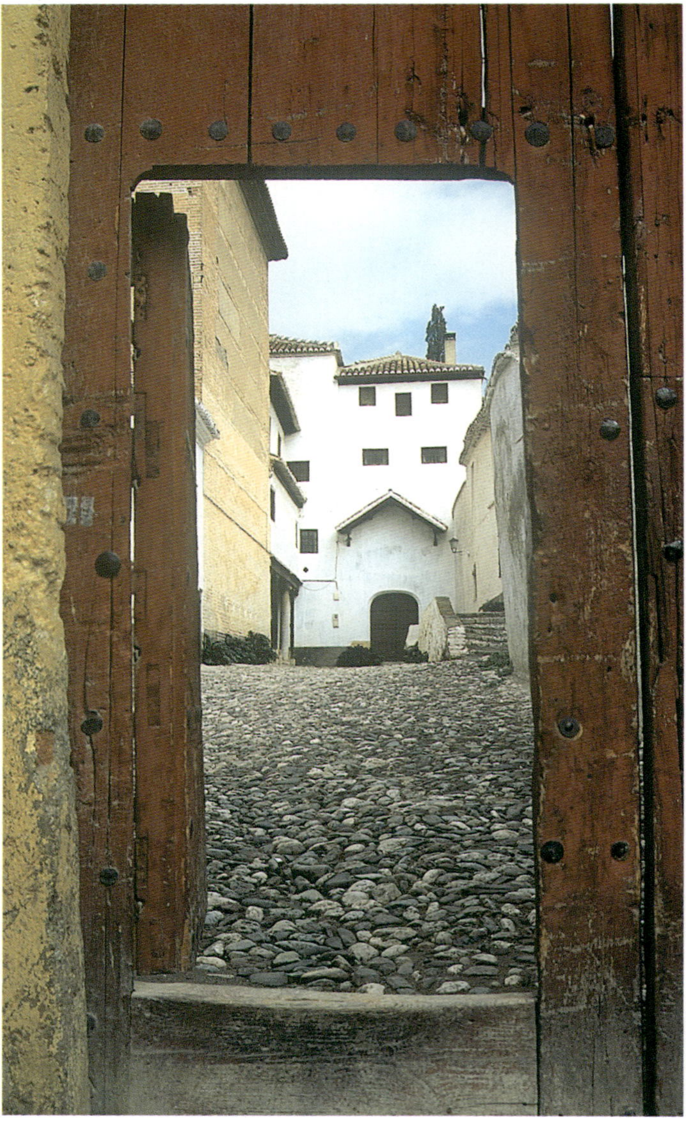

Innenhof und Straße auf dem Albaicin.

Das „Weintor" (Puerta del Vino) *auf der Alhambra.*

Der „Löwenhof" (Patio de los Leones). ▶

sches gesuchtes Wesen gefunden hatte. Zu tiefst aufgewühlt schrieb er einen leidenschaftlichen Brief an die schöne Prinzessin; in wohlgeformter Sprache gestand er ihr seine glühende Liebe und beklagte traurig sein hartes Los, denn nur die Gefangenschaft hindere ihn daran, sie aufzusuchen und sich ihr zu Füssen zu werfen. Er fügte Verse von ergreifender Schönheit hinzu, in denen er mit zärtlicher Beredsamkeit seinen Gefühlen Ausdruck gab. Als Aufschrift trug der Brief die Worte: «An die schöne Unbekannte, von dem gefangenen Prinzen Ahmed.» Schliesslich schüttete er duftenden Moschus und wohlriechendes Rosenöl über das Schreiben und übergab es dann dem treuen Tauber.

«Nun auf, edelster aller Boten!» sagte er. «Fliege über Berge und Täler, über Flüsse und Ebenen, Wiesen und Wälder! Ruhe aber nicht eher im Gebüsch und Laub der Bäume, setze deinen zarten Fuss nicht eher auf die Erde, als bis du diese Botschaft der Geliebten meines Herzens übergeben hast.»

Die Taube schwang sich hoch in die Luft, nahm Richtung und schoss dann davon. Der Prinz folgte ihr mit den Augen, bis nur mehr ein ganz kleiner Punkt am fernen Horizont zu sehen war, der allmählich in der Weite entschwand.

Tag um Tag wartete Ahmed auf die Rückkehr des Liebesboten; aber vergebens suchte er stundenlag den Himmel nach dem Tauber ab. Schon fing er an, ihn der Vergesslichkeit zu schelten, als der treue Vogel eines Abends gegen Sonnenuntergang in sein Zimmer flatterte, dort auf den Boden fiel und starb. Der Pfeil eines mutwilligen Bogenschützen hatte ihm die Brust durchbohrt, und dennoch flog er mit den letzten Lebenskräften weiter bis auf den Turm zum Prinzen, der ihn so hart erwartet hatte. Als dieser sich kummervoll über den zarten Märtyrer der Treue beugte, bemerkte er, dass der tote Tauber eine feine Perlenschnur um seinen Hals trug, an der versteckt unterm Flügel ein kleines Medaillon hing, auf dem ein wundervolles Emailbildchen zu sehen war. Dies zeigte eine holde Prinzessin in der ersten Blüte ihrer Jahre. Ohne Zweifel handelte es sich um die schöne Unbekannte im Lustgarten, von der der gute Tauber einst gesprochen hatte. Wer war sie aber und wo lebte sie? Wie hatte sie seinen Brief aufgenommen, und war das kleine Bildchen wirklich eine Zusage und eine Antwort, ein Zeichen der Genehmigung seiner Leidenschaft? Die tote Taube aber schwieg und blieb für ewig stumm, und der feurige Liebhaber sollte auf seine Fragen keine Antwort mehr bekommen.

Er blickte sehnsuchtsvoll auf das Bildchen, bis seine Augen in Tränen schwammen; dann küsste er es, drückte es an sein Herz und betrachtete es wieder stundenlang mit zärtlicher Leidenschaft. «Schönes Bild», sagte er, «ach, du bist nur ein Bild! Doch deine frischen Augen strahlen mir zärtlich entgegen, deine rosigen Lippen, scheinen mich zu ermutigen! Eitle Einbildung, alles ist Phantasie! Lächelten sie einem glücklichen Nebenbuhler nicht ebenso lieblich zu? Mein Gott im Himmel, wo kann ich wohl diese holde Jungfrau finden, die der Künstler hier konterfeite? Wer weiss, welche Berge und Länder uns trennen —wer kennt die Gefahren, die uns drohen? Vielleicht drängen sich jetzt, —gerade jetzt Freier um sie, während ich hier im Turm gefangen sitze, und meine Zeit mit Seufzen und der Anbetung eines gemalten Schattens verliere!»

Rasch entschlossen sagte *Ahmed* weiter: «Ich will aus diesem Palast entfliehen, denn er wurde mir zum verhassten Gefängnis! —und als Pilger der Liebe werde ich durch die ganze Welt ziehen und suchen, bis ich die unbekannte Prinzessin finde und an mein Herz drücken kann.» Weiter überlegend sagte sich der junge Mann, dass tagsüber, wenn die Diener und Wächter alle aus und ein liefen, eine Flucht wohl schwerlich gelingen dürfte, er also den Einbruch der Nacht abwarten müsse; denn da stünden dann nur ganz wenige Posten auf den Mauern, und selbst die schliefen oft, denn niemand befürchtete einen Ausbruch des lammfrommen Prinzen. Aber wie sollte er bei seiner Flucht in dunkler Nacht den rechten Weg finden? Er kannte doch die Gegend nicht! In dieser unangenehmen Lage fiel ihm die Eule ein, die unbedingt Rat wissen musste, denn sie war es gewohnt, bei Nacht herumzustreifen und auf geheimen Pfaden und Wegen auf die Pirsch zu ziehen. Ohne Zeitverlust begab er sich nun in ihre Klause und fragte sie bezüglich ihrer Landeskenntnisse aus. Darob setzte die Eule eine gar wichtige Miene auf und sagte ernst, jedes Wort betonend: «Du musst nämlich wissen, o Prinz, dass wir Eulen eine weitverzweigte und alte Familie darstellen; es ist richtig, dass wir etwas verarmt und heruntergekommen sind, aber noch immer nennen wir in allen Teilen Spaniens viele hundert verfallene Schlösser und Türme unser eigen. Es gibt kaum eine Bergwacht auf schroffem Fels, keine Festung in den Ebenen, keinen Palast in einer kastilischen Stadt und keine Pfalz auf den Hügeln Andalusiens, in der nicht ein Bruder, ein Oheim oder Vetter wohnte. Oft besuchte ich schon meine lieben Verwandten und kam dabei durchs ganze Land, das ich in meinem Wissensdrang genauest durchforschte. Ich kenne also jeden Winkel, jeden Weg und Steg von nah und fern und auch den geheimsten Unterschlupf, den Menschen je betreten hatten.»

Ahmed war hocherfreut, in der Eule einen so bewandten Berater gefunden zu haben und berichtete ihr nun im Vertrauen von seiner zärtlichen Liebe und seinen Fluchtplänen. Auch bat er sie inständig, ihn auf der Reise zu begleiten, da er ihren Rat ja so notwendig brauche, denn allein käme er in seiner Unerfahrenheit nicht weiter.

«Ei warum nicht gar!» schnauzte ihn die Eule unfreundlich an, «glaubst denn du wirklich, dass ich mich mit Liebeshändeln befasse?... ich, deren Zeit, Tun und Lassen ausschliesslich der sinnenden Betrachtung, dem Studium und dem Mondkult geweiht ist?»

«Sei nicht böse, höchst ehrwürdige Eule», war *Ahmeds* Antwort, «opfere mir deine kostbaren Tage und lass eine Weile die Meditation und den Mond. Hilf mir bei meiner Flucht und sei mein Führer durchs unbekannte Land, und ich will dich reichlich dafür belohnen, denn alles sollst du haben, was dein Herz wünscht.»

«Ich habe alles, was mein Herz begehrt», schnarrte der unfreundliche Vogel; «ein paar Mäuse als frugales Mahl, dieses Mauerloch als Wohnung sind reichlich genug für mich, denn ein Philosoph braucht wirklich nicht mehr.»

«Bedenke, weiseste aller Eulen und Uhus, hier im Verborgenen gehen deine grossen Talente und Kenntnisse für die Welt verloren; niemandem nützen sie und niemand kennt sie.

Ich werde eines Tages regierender Fürst sein, und dann kann ich dich auf einen Posten von Rang und Ehren setzen, von wo du mit deinen weisen Entschlüssen das ganze Land beglückend organisieren und seine Bewohner als guter Kanzler führen könntest.»

Wenn auch die Eule ein Philosoph war und sich über die gewöhnlichen Bedürfnisse des Lebens erhaben fühlte, so hatte sie doch noch nicht jeden Ehrgeiz verloren, und Minister konnte man schliesslich und endlich nicht alle Tage werden. Der kluge Vogel liess sich nach einigen Versprechungen ohne viel Mühe bald dazu bringen, dass er zusagte, den jungen Prinzen auf seiner Liebesfahrt zu begleiten und sein Führer und Ratgeber zu werden.

Verliebte pflegen rasch zu handeln und ihre Pläne umgehend zu verwirklichen. Der Königssohn suchte alle seine Juwelen, Goldmünzen und Schmuck zusammen und versteckte den reichen Reisefond in seinen Kleidern. In derselben Nacht noch liess er sich an geknüpften Gürteln vom Balkon herunter, lief durch den Garten und sprang ungesehen über die Aussenmauer des Generalife. Einmal draussen, übernahm gleich die Eule die Führung, und beide erreichten noch vor Tagesanbruch glücklich das Gebirge, wo sie in Sicherheit waren.

Der Prinz und sein Mentor setzten sich nun zusammen und berieten, was weiterhin zu tun sei und welchen Weg man nehmen müsse.

Ernst und gewichtig, wie alle Hofräte, hub die Eule allsogleich zu sprechen an: «Wenn ich dir raten darf, so schlage ich vor, dass wir uns nach Sevilla begeben. Du musst wissen, dass ich vor Jahren mehrmals dort meinen Oheim besuchte, einen Vogel von hoher Würde und grossem Ansehen. Er wohnte in einem verfallenen Flügel des sevillaner *Alcazars* und empfing nachts seine Besuche, dass ich also gar viele Bekanntschaften machen konnte. Allein oder mit guten Freunden durchstreifte ich dann die Stadt und konnte dabei viel sehen und lernen. Auf meinen nächtlichen Spazierflügen hatte ich auch bemerkt, dass in einem Turm in der Nähe des königlichen *Alcazars* fast immer eine Oelfunse brannte, was natürlich meine Neugierde ganz gewaltig erregte. Einmal allein ging ich der Sache nach, flog zum Turm und liess mich vorsichtig auf der Zinne nieder. Von dort aus sah ich einen arabischen Zauberer, der beim Schein der rauchenden Lampe emsig arbeitete und wissenschaftliche Versuche machte. Vor, neben und hinter ihm lagen stossweise Bücher und gelbe Pergammentrollen, und auf seinen Schultern sass ein alter Rabe, der vertrauteste Freund, den er seinerzeit aus Aegypten mitgebracht hatte. Mit dem Raben bin ich sehr gut bekannt und verdanke ihm einen grossen Teil meiner Kenntnisse. Der Magier selbst ist seitdem gestorben, aber der Rabe lebt noch im gleichen Turmzimmer, denn du weisst ja, dass diese Vögel ein wunderbar langes Leben haben. Ich möchte dir nun raten, o Prinz, diesen Raben aufzusuchen; er ist ein grosser Wahrsager und Beschwörer, ein Astrologe und Fachmann in der schwarzen Kunst, wegen der gemeinhin alle Raben, vorzugsweise aber die aus Aegypten bekannt und berühmt sind.»

Dem Prinzen leuchtete der weise Rat ein, und seinem zukünftigen Minister folgend zogen sie in Richtung Sevilla weiter. *Ahmed* reiste seinem Genossen zu Liebe nur des Nachts und ruht bei Tag in irgend einer dunklen Höhle oder in einem verfallenen Wachtturm, denn die Eule war mit den Unterkünften und Schlupfwinkeln solcher Art wohlbekannt, und ausserdem hatte sie von je eine wahre Leidenschaft für jede Art von alten Bauten und archäologischen Kunstschätzen.

Alles hat sein Ende, und so erreichten auch die beiden Reisenden eines schönen Tages kurz vor Sonnenaufgang die Stadt Sevilla. Die Eule blieb draussen vor den Mauern, sie verabscheute ja die Helle und den grossen Lärm in den dichtgedrängten Strassen. In einem hohlen Baum bei einer Muhme schlug sie ihr Quartier auf, wo sie von niemandem belästigt wurde.

Der Prinz schritt rasch durchs Tor und fand bald den beschriebenen Turm, der sich gleich einer Palme hoch über die Häuser der Stadt erhob. Es war in der Tat derselbe der heute noch steht und unter dem Namen *Giralda* als das berühmteste maurische Bauwerk Sevillas bekannt ist.

Amed stieg den hohen Schneckensteig bis zur Spitze des Turms hinauf und traf dort richtig den zauberkundigen

Raben. Es war ein alter Vogel, grauköpfig mit struppigem Gefieder; auf einem Auge schien er blind zu sein, denn eine weisse Haut deckte es zu, was seinen Anblick gespensterhaft, ja furchterregend machte. Als der Prinz kam, stand er auf einem Bein und starrte einäugig mit zur Seite geneigtem Kopf vor sich hin, auf die kabbalistischen Zeichen, die auf den Bodenfliesen zu sehen waren.

Leise und ehrerbietig näherte sich ihm der königliche Besucher mit jener Scheu, die das würdige Aussehen und sein übernatürliches Wissen jedem unwillkürlich einflösssten. «Verzeih mir, o ältester Meister in der Kabbala», rief er aus, «wenn ich einen Augenblick diese Studien unterbreche, die die gesamte Welt in Bewunderung versetzen. Du hast vor dir einen Mann, der sich der Liebe geweiht hat und dich nun um Rat fragen möchte, wie er ans Ziel, zum Gegenstand seiner Leidenschaft gelangen könne.»

«Mit anderen Worten», sagte der Rabe, ihn bedeutungsvoll anschielend, «du willst meine Kenntnisse in der Chiromantie erproben. Komm, zeig mir deine Hand und lass mich die geheimnisvollen Schicksalslinien entziffern».

«Entschuldige», versetzte der Prinz, «ich komme nicht um einen Blick in die Zukunft zu tun, auch will ich nicht das wissen, was Allah dem Auge der Sterblichen verborgen hält; ich bin ein Pilger der Liebe und suche den Weg, der mich ans Ziel und zum Gegenstand meiner Irrfahrten führt.»

«Aber Menschenskind, wie ist es möglich, dass du im fröhlichen und leichtlebigen Andalusien nicht ein deiner Liebe wertes Wesen finden kannst?» krächzte der alte Rabe und blickte ihn von der Seite her an; «hier im üppigen Sevilla kannst du diesbezüglich doch unmöglich in Verlegenheit kommen, hier wo unter Orangenbäumen auf den Strassen und in Gärten glutäugige Mädchen *Zambra* tanzen?»

Der Prinz wurde rot vor Verlegenheit und staunte einigermassen darüber, einen so alten Vogel, der übrigens bereits mit einem Fuss im Grabe stand, derartig locker sprechen zu hören. «Glaube mir», sagte er daher ernst, «ich bin auf keiner jener leichtfertigen Liebesfahrten, wie du sie mir zumutest. Die leichtgeschürzten schwarzäugigen Mädchen Andalusiens, die unter Orangenbäumen an den Ufern des Guadalquivirs tanzen, sind für mich nicht vorhanden und ich kümmere mich keineswegs um sie. Ich suche eine unbekannte aber makellose Schönheit, das Mädchen, das zu diesem Bild Modell stand. Ich ersuche dich, höchst mächtiger Rabe, sage mir, wenn du kannst und es dein Wissen erlaubt, wo ich die begehrte holde Maid suchen muss und finden werde.»

Der alte Graukopf war wirklich etwas betroffen, als er den Prinzen mit solchem Ernste sprechen hörte.

Er erwiderte daher etwas trocken: «Was weiss ich von Jugend und Schönheit! Ich besuche ja nur Alte und von Krankheiten gezeichnete Wesen; nichts habe ich mit Frische und Schönheit zu tun! Ich bin des Geschickes Bote und krächze von den Schornsteinen herab meine traurigen Weissagungen, die fast immer eine Todesnachricht enthalten, und schlage dann und wann mit meinen Flügeln an die Fenster eines Krankenzimmers, wenn der Sensenmann sich nähert. Du musst schon anderswo nach deiner unbekannten Schönheit forschen, denn ich bin wirklich nicht der Richtige dazu, der dir darüber Nachrichten geben könnte.»

«Und bei wem soll ich anders suchen, als bei den Söhnen der Weisheit, die im Buche des Schicksals lesen können? Wisse, ich bin ein Prinz königlichen Geblüts, von den Sternen zu geheimnisvollen Unternehmungen auserwählt, von denen die Zukunft und das Schicksal ganzer Länder und Nationen abhängen kann.»

Als der Rabe hörte, dass die Angelegenheit von Wichtigkeit war und dass deren Verwirklichung von den Sternen abhänge, da änderte er allsogleich seinen Ton und sein Benehmen. Aufmerksam lauschte er der Erzählung des Prinzen, und als dieser geendet hatte, sagte er gewichtig: «Ueber diese Prinzessin kann ich dir leider keine Auskunft geben, denn in Garten und Lauben, wo Frauen sind, halte ich mich in der Regel nicht auf; aber ziehe bis Córdoba weiter und gehe dort zur ehrwürdigen Palme des grossen Abderrahman, die im Hof der *Mezquita* steht, und dort wirst du einen Weisen finden, der alle Länder bereits und alle königlichen Residenzen besucht hat und ein Liebling vieler Königinnen und Fürstinnen gewesen ist. Man wird dir dort sicherlich die gewünschte Auskunft geben können.»

«Vielen Dank für diese wertvolle Nachricht», sagte *Ahmed*, «und lebe wohl, du ehrwürdiger Astrologe».

«Fahre hin, Pilger der Liebe», sagte trocken der Rabe und vertiefte sich neuerlich in seine kaballistischen Diagramme.

Der Prinz eilte aus der Stadt hinaus, holte seinen Reisegenossen die Eule ab, die noch immer im hohlen Baum bei ihrer Gevatterin schlummerte, und zog eiligst in Richtung Córdoba weiter.

Sie wanderten das fruchtbare Tal des Guadalquivirs aufwärts, durch duftende Haine, Orangenpflanzungen und Zitronenwälder, und kamen endlich an den hängenden Gärten Córdobas vorbei, die die Umgebung der Stadt zierten. Am stark bewachten Tor trennten sich die beiden Fahrtgenossen; die Eule blieb draussen und flog in ein dunkles Mauerloch unter dem Wachtturm, während der Prinz eilig weiterging, um die Palme zu suchen, die der grosse Abderrahman vor uralten Zeiten gepflanzt hatte. Leicht war es ihm sie zu finden, denn sie stand im Vorhof der Hauptmoschee und überragte weit die übrigen Bäume. Derwische und Fakire sassen gruppenweise in den Säulengängen der *patios* und erörterten wohl diskutierend und gestikulierend irgendein theologisches Problem. Auch waren viele fromme Gläubige da; sie verrichteten ihre rituellen Waschungen, ehe sie das Gotteshaus betraten.

Am Fuss der Palme drängte sich eine Menge von Menschen und horchte aufmerksam auf die Worte eines Redners, der mit gewandter Geläufigkeit zu sprechen schien. «Dies», sagte sich der Prinz selbst, «muss der Weise sein, der mir Auskunft über die unbekannte Prinzessin geben soll». *Ahmed* mischte sich unter die Leute und bemerkte mit Erstaunen, dass alle einem Papagei zuhörten, der mit seinem hellgrünen Rock, den verschmitzten Aeuglein und einem wehenden Federbusch auf dem Kopf den Eindruck eines eitlen und von sich selbst eingenommenen Wesens machte.

«Wie kommt es», sagte der Prinz zu einem der Zuhörer,

«dass so viele ernste Personen an dem dummen Geschwätz eines plappernden Vogels Gefallen finden können?»

«Freund, ihr wisst nicht von wem und was ihr sprecht!» antwortete leise der andere; «dieser Papagei ist ein direkter Nachkomme jenes berühmten persischen Papageis, der wegen seines Erzählertalentes auf der ganzen Welt berühmt war. Dieser kluge Vogel hier hat alle Gelehrsamkeit des Morgenlandes auf seiner scharfen Zungenspitze; er ist Philosoph und Dichter, und er spricht in gereimten Versen ebenso schnell, wie der klügste Derwisch seine auswendiggelernten Koranzitate. Weit kam er herum! Er besuchte fremde Königshöfe, Universitäten und hohe Schulen, und überall bestaunte ihn jung und alt wegen seiner Gelehrsamkeit. Auch war er der allgemein anerkannte Liebling schöner Damen und verbrachte viel Zeit in Kemenaten und Harems, was bei der Vorliebe des schwachen Geschlechtes für dichtende und gebildete Papageien leicht verständlich ist.»

Hier unterbrach *Ahmed* den Bürger von Córdoba und rief: «Genug, ich will eine private Unterredung mit diesem berühmten Weisen haben.»

Die Audienz wurde ihm gewährt und der Liebespilger setzte dem weisen und viel gereisten Vogel Ziel und Zweck seiner Wanderschaft auseinander. Doch kaum hatte dieser vom Herzeleid *Ahmeds* gehört, als er auch schon in ein trockenes und lautes Lachen ausbrach, dass ihm die Tränen aus den Augen flossen. «Entschuldige meine Heiterkeit», sagt der Papagei, «aber schon die blosse Erwähnung des Wortes Liebe bringt mich zum Lachen.»

Klar, der Prinz war von dieser unhöflichen Heiterkeit keineswegs erbaut und sagte etwas verletzt. «Ist die Liebe nicht das grosse Geheimnis der Natur, das heilige Prinzip des Lebens, das gemeinsame Band, das in zarter Seelenverwandtschaft Mann und Frau sich finden lässt?»

«Ja, was du nicht alles weisst?» rief der Papagei, ihn laut unterbrechend; «sag mir doch, woher hast du eigentlich dieses sentimentale Geschwätz? Glaub mir, Liebe ist ausser Brauch und Mode! In der guten Gesellschaft, bei Leuten von feiner Bildung und Witz wird darüber nicht mehr gesprochen.»

Mit Wehmut dachte *Ahmed* an seine arme Freundin, die gute Taube, und wie die ganz anders von der Liebe gesprochen hatte. Der Prinz fand aber das Verhalten des Papageis verständlich und nahm es ihm nicht übel, denn das lange Hofleben, so dachte er sich, habe den Vogel affektiert und eingebildet gemacht, was ja auch Männern von Ruf zustossen soll. Keinesfalls jedoch wollte er seine innersten Gefühle dem Spott des schwatzenden Papageis nochmals preisgeben; er kam daher rasch auf den unmittelbaren Zweck seines Besuches zu sprechen.

«Sage mir, hochgebildeter Freund von Königen, Fürsten und Prinzessinnen, der du überall, selbst in die geheimsten Gemächer der adeligen Schönen Zutritt hattest, begegnetest du einmal auf deinen Reisen dieser holden Maid, die hier abgebildet ist?»

Der Papagei nahm das kleine Rundbildchen in seine Krallen, wackelte mit dem Kopf von einer Seite zur anderen und prüfte mit neugierigen Aeuglein die Gesichtszüge des konterfeiten Mädchens. «Blitz und Donnerschlag!» rief er, «ein recht hübsches Gesichtchen; wirklich schön und zart. Aber ich habe auf meinen Reisen so viele nette Frauenzimmer gesehen, dass ich mich wirklich nicht erinnern kann... doch halt... wahrhaftig! wenn ich recht sehe... nun bin ich ganz sicher, es ist die Prinzessin Aldegunda! Wie konnte ich nur diesen Engel vergessen, bei dem ich in so hohen Gunsten stand!»

«Die Prinzessin Aldegunda», wiederholte *Ahmed*, «und wo kann ich sie finden?»

«Langsam, langsam», antwortete der Papagei, «sie ist nämlich viel leichter zu finden als zu gewinnen. Aldegunda ist die einzige Tochter des christlichen Königs von Toledo: wegen einer raren Prophezeiung von Astrologen und Wahrsagern, die sich ja bekanntlich in alle Sachen mischen, wenn selbst sie auch nichts angehen, hält man die schöne Maid bis zu ihrem siebzehnten Geburtstag von aller Welt abgeschlossen. Du wirst sie nicht bewundern können, denn kein Sterblicher darf sie sehen. Ich wurde seinerzeit eingeführt und zugelassen, um sie zu zerstreuen und zu unterhalten, was mir bei dem guten Kind auch leicht gelang... Auf mein Ehrenwort kann ich dir versichern, dass ich auf der Welt kein hübscheres und liebwerteres Wesen gesehen habe».

«Ein Wort im Vertrauen, lieber Papagei», sagte Ahmed, «du musst wissen, dass ich der Erbe eines grossen Königreiches bin und eines Tages auf dem Thron von Granada sitzen werde. Ich sehe, dass du ein kluger Vogel bist und die Welt kennst. Hilf mir die Prinzessin freien, und du sollst einer meiner höchsten Hofbeamten werden.»

Ernst antwortete der Papagei: «Vom Herzen gern, lieber Freund! Was aber die Stellung bei Hof anbelangt, so möchte ich dich bitten, mir eine gute Pfründe ohne Amtsgeschäfte zu geben, denn wir Schöngeister haben einen ganz bestimmten Widerwillen gegen jede Arbeit.»

Bald war alles geordnet, das Anstellungsdekret unterzeichnet, und Prinz und Papagei verliessen die Kalifenstadt durch dasselbe Tor, durch das vor Stunden die königliche Hoheit ratsuchend allein hereingekommen war. Draussen vor der Stadtmauer pfiff *Ahmed* die Eule aus dem Mauerloch heraus, machte seine beiden Kronräte miteinander bekannt und gemeinsam zogen sie dann nach Erledigung einiger Förmlichkeiten gegen Norden und den Bergen zu.

Die Fahrt ging allerdings nicht so schnell von statten, wie es der Prinz wohl wünschte; er musste einige Unannehmlichkeiten mit in Kauf nehmen: Da war einmal der verzogene und an ein vornehmes Leben gewohnte Papagei, der in der Früh nicht gestört sein wollte. Die Eule ihrerseits wieder hielt eine ausgiebige Siesta und döste bis in den späten Nachmittag hinein; dazu kam noch ihr Fimmel für alte Bauten und archäologische Kunstschätze, die sie alle sehen wollte. Bei jeder Ruine machte sie Halt, kroch in allen Mauerlöchern herum, besuchte Basen und Vettern, Uhus und Käuze, und erzählte dann gar lange Geschichten von den Burgen und Türmen, von deren einstigen Bewohnern und den Umständen, die ihre Mauern zum Bersten brachten. Zu all dem kamen noch unangenehme Familienzwistigkeiten; Eule und Papagei vertrugen sich nämlich ganz und gar nicht. Obschon sie beide Vögel von grosser Bildung waren, behagte keinem die Gesellschaft des anderen; den ganzen Tag hindurch stritten sie, kaum dass sie sich irgendwo trafen. Der Papagei war ein Schöngeist, die Eule ein Philosoph. Ersterer rezitierte Poesien und Verse, kritisierte die neuesten wissenschaftlichen Arbeiten und Bücher, wobei er mit beissendem Spott, aber ohne Fachwissen, die verschiedensten Disziplinen der Gelehrsamkeit eingehendst behandelte. Für die Eule waren natürlich derartige Kenntnisse ganz und gar bedeutungslos und reiner Mumpitz und sie antwortete mit einem Vortrag über Metaphysik. Dann wieder sang der Papagei mancherlei Lieder, die bestimmt nicht für jedermanns Ohr waren; er erzählte gute Witze und unterhielt sich auf Kosten seines Reisegenossen. Solches Gehaben verletzte natürlich die Würde der Eule, die sich furchtbar ärgerte, vor Wut fast barst und den weiteren Rest des Tages wie ein Grab schwieg.

Der junge Prinz gab sich ganz seinen Träumen hin und betrachtete stundenlang das Bildnis der schönen Tochter des christlichen Königs von Toledo. Er liess also die beiden Reisegefährten um des Kaisers Bart streiten, mischte sich nicht in ihre langen Diskussionen und sorgte nur dafür, dass nicht zu viel Zeit verloren ging. So kamen sie durch die hohen Bergtäler der *Sierra Morena*, über die ausgedörrten Ebenen Kastilliens und der *Mancha*, dann den Tajo entlang, der sich durch halb Spanien und Portugal hindurchwindet. Endlich erblickten sie in der Ferne eine feste Stadt mit starken Mauern und Türmen. Sie erhob sich auf einem felsigen Vorgebirge, das weit ins Land hinausschaute und an dessen Fuss die Wasser des Tajo wild aufspritzten.

«Seht», rief die Eule aus, «das berühmte Toledo, bekannt seiner historischen Schätze wegen. Beachtet dort die ehrwürdigen Türme und die hohen Kuppeln; der Staub von Jahrhunderten deckt sie, und reiche Sagen heiligen den Ort, an dem so viele meiner Vorfahren sich dem Studium und der stillen Meditation hingaben und noch hingeben.»

«Still und halt doch den Schnabel!», rief unwillig der Papagei und schnitt weitere kunsthistorische Erörterungen kurz ab, «Was kümmern uns Altertümer, Monumente aus vergangenen Zeiten, Sagen und Geschichten von deinen Vorfahren? Sieh hinüber, dort zur Wohnstätte der Jugend und

Schönheit! Das ist es, was wir wollen, denn, o Prinz, hier lebt deine lang gesuchte und so heiss ersehnte Prinzessin!»

Ahmed blickte in die vom Papagei angedeutete Richtung und sah in einer herrlichen Au am Ufer des Tajos einen prächtigen Palast, der aus vielen hunderten von Baumkronen hervorzuwachsen schien. Es war wirklich der Ort, den die Taube ihm beschrieben hatte. Klopfenden Herzens starrte der verliebte Prinz zum Schloss und murmelte leise vor sich hin: «Vielleicht lustwandelt jetzt das schöne Kind unter jenen schattigen Baumgruppen oder schwebt mit leicht beschwingtem Schritt über die kunstvolle Terrasse dort; vielleicht ruht und schlummert sie in einem kühlen *Mirador* des Palastes!» Als der junge Mann allmählich wieder zu sich kam, bemerkte er voll Schreck, dass der Ansitz der toledaner Königstochter von unübersteiglich hohen Mauern umgeben war, und dass bis an die Zähne bewaffnete Soldaten ununterbrochen die Runde machten, um zu verhindern, dass jemand sich der Prinzessin nähern könne.

Als der Prinz die Lage erfasst hatte, wandte er sich umgehend an den immer noch schwätzenden Papagei und sagte zu ihm: «Vollkommenster aller Vögel!... Du hast die Gabe der menschlichen Sprache und durch grosse Klugheit zeichnest du dich aus! Fliege eiligst in den Schlossgarten, suche den Abgott meiner Seele und sag der holden Maid, dass Prinz Ahmed als Pilger der Liebe nun an den blumigen Ufern des Tajos weile, um sie aufzusuchen und sich ihr zu Füssen zu werfen.»

Stolz auf sein Amt flog der Papagei allsogleich zum Garten, schwang sich über die hohe Mauer, schwebte wie suchend eine kurze Weile über den Wiesen und Beeten und liess sich dann rasch auf dem Balkon eines Lusthäuschens nieder, das am Flussufer stand. Neugierig schaute er durchs Fenster und sah drinnen im Zimmer die Prinzessin auf einem reichen *Diván* sitzen, die Augen auf ein Stück Papier geheftet, das ihre Tränen netzten, die langsam und leise über ihre blassen Wangen herunterflossen.

Der Papagei putzte einen Augenblick seine Flügel, zog seinen hellgrünen Rock zurecht, richtete seine Kopfschleife in die Höhe und liess sich mit höflichem Anstand an ihrer

Seite nieder. Im zärtlichsten Ton sagte er dann: «Trockne deine Tränen, schönste aller Prinzessinnen, ich bringe dir Trost und zaubere wieder Lächeln auf deine zarten Lippen.»

Erklärlicherweise erschrak die Prinzessin heftigst, als sie eine Stimme hinter sich hörte. Rasch drehte sie sich um, und den grünröckigen Vogel betrachtend, der sich untertänigst verneigte, sagte sie traurig: «Ach!, welchen Trost willst du mir schon bringen, du bist ja nur ein Papagei?»

Es verdross den Papagei solche Rede, aber er schluckte seinen Aerger hinunter und sagte schnippischen Tons: «Wisse liebes Kind, gar manche schöne Dame tröstete ich schon in meinem Leben!, und mit Erfolg! Doch soll dies nur nebenher gesagt sein, denn heute komme ich als Gesandter eines königlichen Prinzen. *Ahmed*, der künftige Herrscher von Granada weilt gegenwärtig an den blumenreichen Ufern des Tajo und will dir seine Aufwartung machen.»

Scharf blitzten die Augen der schönen Prinzessin bei diesen Worten auf und leuchteten heller als die Diamanten ihrer Krone. «O süssester aller Papageien», rief sie aus, «voll Wonne sind in der Tat deine Nachrichten! Schwach und verzagt war ich, und die Zweifel an Ahmeds Treue machten mich krank. Eile zurück und sage ihm, dass die Worte seines Briefes in meinem Herzen gemeisselt stehen, und dass seine liebevollen Verse seit Monaten die geistige Nahrung meiner Seele sind, dass nur die Gedanken an ihn mich aufrecht hielten. Trage ihm aber auch auf, dass er sich umgehend rüste, denn mit der Waffe in den Händen müsse er im Kampfspiel seine Liebe zu mir unter Beweis stellen. Morgen an meinem siebzehnten Geburtstag veranstaltet mein Vater ein grosses Turnier, an dem die besten Klingen und mutigsten Helden in die Schranken treten werden, denn meine Hand soll als Preis dem Sieger gehören».

Der Papagei erhob sich, rauschte durchs Gebüsch und flog zum Prinzen zurück, der schon hart auf eine Antwort wartete. Gross war die Freude Ahmeds als er hörte, dass im Schlosse wirklich die Prinzessin vom Medaillon wohne, und dass sie seiner in sehnsuchtsvoller Liebe gedachte. Laut jubelte er auf, denn ein Traum war zur Wirklichkeit geworden. In den Freudenbecher fielen allerdings einige Tropfen bitteren Wermuts; denn das nun bevorstehende Kampfspiel machte ihm einige Sorgen, was leicht verständlich ist, wenn man bedenkt, dass er nicht von Kriegern und Kämpen erzogen worden war, sondern von einem gelehrten Philosophen.

Schon sah man stahlgepanzerte Ritter den Tajo entlang und in die Stadt hinauf reiten. Hell glänzten ihre Waffen im Sonnenschein und laut schallten die Trompeten und Posaunen der Schildknappen. Viel edle Herrschaften drängten sich durch die engen Gassen der alten Goten-Stadt, und alles wollte dem Turnier beiwohnen, wo man erstmals die schöne Königstochter zu Gesicht bekommen sollte.

Die Vorsehung wollte es, dass das Geschick der beiden jungen Königskinder vom selben Stern gelenkt und beeinflusst ward. Daher war auch die Prinzessin bis zu ihrem siebzehnten Geburtstag von aller Welt abgeschlossen gewesen, um sie so vor den gefährlichen Einflüssen einer vorzeitigen Liebe zu schützen. Dies verhinderte jedoch nicht, dass ihre Schönheit allgemein bekannt wurde, und sich bereits mehrere mächtige Prinzen um sie beworben hatten. Der König aber, ein Mann von ausserordentlicher Klugheit, wollte sich der Tochter wegen mit niemandem verfeinden; er gab keinem der Freier eine eindeutige Antwort, sondern verwies alle auf das Kampfspiel und sagte, dass der Sieger die Prinzessin als Ehegesponsin heimführen könne. Klar, dass sich unter diesen Umständen gar mancher waffengewandte Raufdegen unter den Bewerbern befand, dessen Mut bekannt und gefürchtet war. Eine wirklich unangenehme Lage für den unglücklichen Ahmed, der weder mit Waffen versehen noch in ritterlichen Übungen erfahren war. «Oh ich unglücklichster aller Prinzen!», rief er verzweifelt aus. «Wozu nützen mir nun Algebra und Astronomie und all die anderen Wissenschaften, die mich ein Philosoph in klösterlicher Abgeschiedenheit lehrte? Ach, *Eben Bonabben*!, warum hast du es versäumt, mich in der Führung von Waffen zu unterweisen?» Aufmerksam hatte die Eule zugehört, und fromm zum Himmel aufblickend sagte sie laut dem Prinzen: «*Allah Akbar*! Gott ist gross! Alle geheimen Dinge liegen in seiner Hand. Er allein lenkt das Schicksal von Königen und Fürsten, und kein Vogel fällt ohne seinen Willen vom Baum und aus dem Nest.»

Nach dieser religiösen Einleitung, die seinem Charakter als frommer Moslem entsprach, fuhr der Uhu fort und erklärte: «Wisse, o Prinz, dass dieses Land voll von Geheimnissen ist, die nur ganz wenige Menschen kennen, weil man dazu in der Kabbala schon sehr gut bewandert sein muss. Ich bin es, und mit ist alles erschlossen! Merk also gut auf und höre. In den benachbarten Bergen gibt es eine Höhle. Drinnen befindet sich ein eiserner Tisch und darauf liegt eine vollständige Zauberrüstung. Auch steht seit Generationen ein verwunschenes Pferd dort, das der Spruch eines Magiers gleichzeitig mit dem Panzerkleid und den Waffen in die Grotte gebannt hatte.»

Der Prinz war ausser sich vor Staunen aufgesprungen, während die Eule mit ihren grossen Augen blinzelte und die gefiederten Hörner spitzend fortfuhr:

«Vor vielen Jahren begleitete ich hie und da meinen Vater auf den Rundreisen durch seine Besitzungen und wir kamen dabei auch in die erwähnte Höhle. Mehrmals übernachteten wir dort mit ansässigen Vettern und Basen, dass ich also bald das Geheimnis kannte, von dem bei Tisch öfters gesprochen wurde. Als ich noch eine ganz kleine Eule war, erzählte mir auch einmal mein Grossvater, dass diese Rüstung und das gewappnete Pferd einem maurischen Zauberer gehörten, der nach der Einahme von Toledo durch die Christen in dieser Höhle Zuflucht suchte, hier starb und Ross und Waffen unter einem geheimnisvollen Bann zurückgelassen habe. Allein ein Maure, sagte mir mein Ahndl weiter, könne den Zauber brechen, und das nur von Sonnenaufgang bis zum Mittag; jeder aber, der sich in dieser Zeit der Rüstung bediene, werde seine Gegner besiegen, wer immer sie auch seien.»

«Genug; gehen wir zur Höhle!», rief Ahmed aus.

Von seinem sagenreichen Begleiter geführt, stand der Prinz bald vor der Höhle, wo einstens der maurische Magier seine letzte Zufluchtstätte gefunden hatte. Sie lag in einer der wildesten Bergschluchten hinter Toledo und den Höhleneingang konnte nur das scharfe Auge einer Eule oder der Späherblick eines

Archäologen entdecken. Eine sich nie verzehrende Oelfunse verbreitete im Innern der Grotte ein feierliches Dämmerlicht, und das Auge Ahmeds musste sich erst an die Dunkelheit gewöhnen, ehe er die sich darin befindlichen Gegenstände unterscheiden konnte. Auf einem eisernen Tisch in der Mitte der Höhle sah er die erwähnte Zauberrüstung, daneben lehnte eine Lanze und etwas im Hintergrund stand unbeweglich ein kampfmässig aufgezäumter Hengst, schön wie ein klassisches Standbild. Die Rüstung, der Harnisch und das Zaumzeug glänzten hell, als habe sie ein eifriger Knappe erst vor Stunden aufpoliert. Das Ross schien gerade von der Weide zu kommen, und als ihm der Prinz die Hand streichelnd auf den Kamm legte, da scharrte es mit den Hufen im Boden und wieherte vor Freude, dass die Wände zitterten. Im Besitz von Ross und Waffen beschloss der granadinische Königssohn, sich im bevorstehenden Turnier zum Kampf zu stellen und um die Hand der schönen Aldegunde zu werben.

Der entscheidende Morgen brach endlich an. Die Schranken für den Kampf waren in der *vega* gerade unter den Felsmauern Toledos aufgestellt; rund um den Platz hatte man Bühnen und Galerien errichtet, die reichsten Teppichschmuck zeigten. Kunstvolle Baldachine aus reiner Seide spendeten Schatten und schützten die Zuschauer vor den heissen Strahlen der kastilischen Sonne. Die edelsten und schönsten Damen des Landes waren auf den Tribünen versammelt, besprachen das Tagesereignis und unterhielten sich über die Ritter, die mit Pagen und Knappen stolz den Turnierplatz überquerten; und als die Prinzen erschienen und mit geöffneten Visieren den reichen Damenflor grüssten, da hob ein allgemeines Murmeln an, ein Rätselraten, denn unter diesen Kavallieren musste ja der künftige Ehegemahl Aldegundens sein, der im ritterlichen Wettstreit seine Gegner aus dem Sattel zu werfen hatte. Aber all das schien in den Schatten gerückt, als die Prinzessin selbst erschien und auf der Tribüne des Königs, ihres Vaters, Platz nahm. Alles erhob sich ehrerbietigst von den Sitzen, voll Bewunderung schwenkten die jungen Edelmänner ihre Waffen, und Barden stimmten einen minniglichen Lobgesang an; denn wenn auch der Ruf von der Schönheit des Königskindes über die Mauern ihres Jungfernsitzes bis weit in fremde Lande gelangen konnte, so übertraf ihre Lieblichkeit doch alle Erwartungen. Kein Wunder also, dass die ritterlichen Bewerber sich im Sattel zurechtsetzten, jeder seine Lanze fester fasste und die Gegner abwägend zu messen schien.

Die holde Prinzessin machte indessen gar keinen fröhlichen Eindruck. Ihre Wangen wurden bald rot, bald blass, und ihre Augen streiften mit ruhelosem und unbefriedigtem Ausdruck die Reihen stolzer Ritter entlang. Schon sollten die Trompeten den Beginn der Kampfspiele ankünden, als der Herold die Ankunft eines fremden Ritters meldete, der am Turnier teilnehmen wolle. Ahmed ritt in die Schranken! Allgemeines Staunen! —ein mit Edelsteinen besetzter Helm sass fest auf seinem Turban; Panzer, Harnisch und Schienen waren mit Gold ausgelegt, Schwert und Dolch stammten aus den Werkstätten in Fez, und in Scheide, Griff und Kork glänzten kostbare Diamanten. Ein runder Schild hing an seiner Schulter, und in der Hand trug er die zauberkräftige Lanze. Die prächtigen Decken, Schabracke und Schabrunke, waren reich gestickt und fegten den Boden, während das stolze Ross sich hoch aufbäumte, durch die Nüstern schnaubte und vor Freude laut wieherte, wieder einamal Waffenglanz zu sehen und seinen gepanzerten Ritter in reichem Waffenschmuck mit Krummschwert und Halbmond tragen zu können. Die männliche Haltung Ahmeds fiel allgemein auf, und viele Damen schauten recht huldvoll zu ihm hinunter; und als gar sein Name «Der Liebespilger» angekündigt wurde, da enstand unter den feurigen Kastilianerinnen eine wahre Verwirrung, denn allzugross ward weibliche Neugier.

Doch die Schranken blieben unserem Ritter geschlossen, denn, so sagte man ihm, nur Prinzen königlichen Geblüts dürften kämpfen. Er nannte also seinen vollen Namen, Rang und Herkunft. Aber das war noch viel schlimmer! Er war Mohammedaner und konnte nicht an einem Turnier teilnehmen, dessen Preis die Hand einer christlichen Prinzessin war.

Die adeligen Bewerber, aus nah und fern, umringten Ahmed mit drohenden Mienen, wobei sich einer von herkulischer Gestalt durch sein unverschämtes Benehmen ganz besonders hervortat. Laut verlachte er den jungen Mauren seines zierlichen Körperbaues wegen und spottete über den vulgären Beinamen, der, wie er sagte, eines kriegerischen Ritters unwürdig sei. Solche Beleidigungen konnte der Prinz natürlich nicht mehr anhören und voll Zorn forderte er den rüden Nebenbuhler zum Zweikampf heraus. Beide nahmen allsogleich Distanz, legten ein und rannten aufeinander los; voll Wut der Spanier, überlegt und berechnend der Maure. Aber schon bei der ersten Berührung mit der Zauberlanze flog der muskulöse Spötter aus dem Sattel und wälzte sich am Boden. Ahmed hätte jetzt gerne innegehalten und seinem Feind versöhnend die Hand gereicht, aber er hatte nicht mit seinem Araberhengst und mit der dämonischen Waffe gerechnet, —die einmal in Tätigkeit, nicht zu zügeln waren, bis kein Gegner sich mehr blicken liess. Das wilde Ross stürzte sich ins dichteste Gedränge, und die Lanze warf jeden zu Boden, der sich ihr in den Weg stellte. Der sanfte Prinz ritt wie toll auf dem Kampfplatz herum, schlug alles nieder, und bald lagen Ritter und Bauern, Adelige und Bürger, Knappen und Knechte auf dem Rasen und wussten nicht wie das zugegangen war, während er voll Kummer über seine unfreiwilligen Heldentaten das höllische Ross zu zügeln trachtete. Der König raste voll Wut über die ihm angetane Schmach und, um seine Gäste und Untertanen zu rächen, liess er umgehend seine Leibgarde ausrücken, die den Mauren gefangennehmen und bändigen sollte. Doch in wenigen Sekunden lagen auch die Königsgrenadiere besiegt und geschlagen auf dem Boden. Nun griff der König persönlich ein. Er warf seine Staatsgewänder ab, griff nach Schild und Lanze und ritt gewappnet auf den Turnierplatz, denn er wollte dem Ungläubigen schon zeigen, wie man sich am Hof eines christlichen Fürsten zu benehmen habe. Aber auch Ihrer Majestät erging es nicht besser als den Höflingen und Untertanen—Ross und Lanze achteten weder Rang noch Namen—und zu Ahmeds Verdruss ging sein Hengst den König scharf an, und ehe er noch richtig überlegen konnte, fiel dieser bereits aus dem Sattel, und die Krone rollte in den Staub.

In diesem Augenblick stand die Sonne auf voller Höhe;

der magische Bann verlor seine Kraft, und Rüstung, Ross und Speer mussten in die Höhle zurück, wo sie seit vielen Lustren bereits gestanden hatten. Der Araber durchflog die Bahn, setzte über die Schranken, sprang in den Tajo, durchschwamm dessen wilde Strömung, galoppierte mit dem atemlosen Prinzen, der sich an Kamm und Mähne festhielt, durch die Bergschlucht zur Grotte, stellte sich neben den eisernen Tisch und ward wieder unbeweglich wie eine Bildsäule. Herzlich froh stieg Ahmed ab und legte die Rüstung auf ihren Platz und lehnte die Lanze an die Wand. Dann setzte er sich auf den Boden und begann zu grübeln und zu seufzen, denn das Zauberzeug hatte ihn in eine wirklich ganz verzweifelte Lage gebracht. Niemals durfte er sich mehr in Toledo zeigen, nachdem er dessen Ritterschaft solche Schmach und dem König und Landesherrn solche Beschimpfung zugefügt hatte. Und was sollte erst die Prinzessin von ihm denken, von seinem rohen und draufgängerischen Benehmen? Voll Angst und Furcht schickte er seine beiden gefiederten Ratgeber auf Kundschaft aus, um ihm dann Nachricht zu geben, was man in Toledo von dem Vorfall hielte. Der Papagei trieb sich auf allen öffentlichen Plätzen herum, trat in die besuchtesten Lokale Toledos und war bald wieder mit einem ganzen Sack voll Neuigkeiten beim Prinzen in derHöhle: Ganz Toledo war in Bestürzung. Die Prinzessin trug man nach dem Vorfall besinnungslos in den Palast; das Kampfspiel hatte ein jähes und unvorhergesehenes Ende genommen und alles sprach von dem plötzlichen Erscheinen, den wunderbaren Taten und dem seltsamen Verschwinden des mohammedanischen Ritters. Einige aus dem Volke erklärten ihn für einen maurischen Hexenmeister, andere wieder hielten ihn gar für einen Teufel, der menschliche Gestalt angenommen habe, und die Alten schliesslich erzählten auf dem Markt und vor den Kirchen Geschichten von verwunschenen Schätzen und gebannten Kriegern, und meinten, dass es einer von diesen sein könne, der plötzlich aus seiner Höhle hervorgekommen sei, um die ganze spanische Christenheit zu schrecken. Was man auch immer erzählen mochte, alle stimmten darin überein, dass kein Sterblicher derartige Wundertaten vollbringen und solch brave und wackere Streiter aus dem

Sattel heben könne, ohne mit dem Teufel selbst oder wenigstens mit einem seiner Anhänger im Bund zu sein.

Die Eule flog des Nachts fort, flatterte durch die in Dunkelheit gehüllte Stadt und liess sich auf Dächern und Schornsteinen nieder, um so etwas zu erfahren. Sie kam natürlich auch zum königlichen Palast, der auf felsiger Höhe über die Stadt emporragte, und stöberte dort in einsamen Zimmern, auf Zinnen und Terassen herum; lauschte an jeder Mauerritze und Türspalte und glotzte durch die beleuchteten Fenster der Diensträume und, neugierig wie sie war, auch in Frauengemächer, so dass beim Anblick der grossen starren Augen einige der zarten Ehrenjungfern in Ohnmacht fielen. Als der Morgen dämmerte, rückte sie endlich wieder ein und erzählte dem hart wartenden Prinzen alles was sie gesehen und gehört hatte.

Nach einem ausführlichen Lagebericht fuhr der Uhu also fort: «Als ich einen der höchsten Türme des Palastes auskundschaftete, sah ich in einem schön eingerichteten Schlafzimmer die holde Prinzessin auf einem Ruhebett liegen. Aerzte und Dienerinnen, Hofdamen und Räte umgaben das Lager; doch das Königskind wollte von ihren Diensten nichts wissen und bat alle, sie allein zu lassen und sich endlich zurückzuziehen. Als sie weg waren, sah ich, wie sie einen Brief aus ihrem Busen zog, ihn las und küsste und laut zu weinen begann. Ich muss dir ehrlich sagen, o Prinz, dass solche Klagen und solch bittere Tränen selbst mich, den ruhigsten aller Philosophen, zutiefst rührten.»

Ahmeds zärtliches Herz betrübten diese Nachrichten. «Nur zu wahr waren deine Worte, o weiser *Eben Bonabben*», rief er laut aus, «Sorge und Kummer, schlaflose Nächte und heisse Tränen sind das traurige Los der Liebenden. Allah behüte die Prinzessin vor den verderblichen Folgen jenes Zustandes, den man Liebe nennt!»

Weitere Nachrichten aus Toledo bestätigten den Bericht der Eule. Die Stadt war in Aufregung, voll Unruhe und Bestürzung. Die Prinzessin hatte man in den festesten Turm des Palastes gebracht, und scharfe Wachen wehrten jedermann den Zugang zur Kemenate. Krank sass indessen die arme Aldegunde in ihrem Gemach. Es hatte sich ihrer eine verzehrender Schwermut bemächtigt, deren Ursache niemand kannte ‚Trank und Speise wies sie voll Ekel zurück und horchte auf keines der Trostworte ihrer Umgebung. Die Geschicktesten der Aerzte des Landes standen vor einem unlöslichen Rätsel und glaubten, denn irgendwas mussten sie ja dem König sagen, dass eine Hexe ihre Hand im Spiele habe. Der besorgte Vater liess daher öffentlich verkünden, wer seine Tochter heilen würde, könne sich als Lohn den reichsten Juwel aus der königlichen Schatzkammer nehmen.

Als die Eule diese wichtige Nachricht hörte, schlummerte sie gerade in einem Winkel der Höhle. Sie wurde wach, rollte geheimnisvoll ihre grossen Augen und rief:

«*Allah Akbar*! Glücklich ist der Mann, dem Heilung gelingt; aber er muss wissen, was er aus der Schatzkammer dafür fordert!»

«Was meinst du, höchst ehrenwerte Eule?» fragte kurz Ahmed.

«Höre, o Prinz, auf das, was ich dir nun erzählen will. Wie du sicherlich schon wissen wirst, bilden wir Eulen einen gelehrten Verband von Forschern, die ihre Aufmerksamkeit ganz besonders den Altertümern und historischen Monumenten zuwenden. Während meines letzten Nachtfluges zu den Türmen und Palästen Toledos stiess ich ganz zufällig in einem Gewölbe des Münzturmes auf eine Akademie von weisen Eulen. Alle waren in Numismatik, Heraldik und Kunstgeschichte spezialisiert, und man besprach mit Klugheit die Schriftarten und Zeichen an mehreren goldenen Kelchen und Reliquien, die hier in der königlichen Schatzkammer aufgehäuft lagen und noch von Roderich dem Gotenkönig herstammen solle. Allgemeines Interesse erregten die mystischen Zeichen auf einem orientalischen Kästchen aus Sandelholz, denn sie waren den meisten Gelehrten unbekannt. Schon in mehreren Sitzungen behandelten die Akademiker dieses Thema, konnten sich aber trotz der gründlichsten Ausführungen von Fachleuten nicht einig werden, was wohl die kabbalistischen Runen bedeuten mochten. Während meiner Anwesenheit erklärte nun eine alte Eule, sie war eigens zu diesem Zweck aus Aegypten dazu eingeladen worden, dass, im Einklang mit der Inschrift auf dem Kästchen, dieses den seidenen Thronteppich Salomons des Weisen enthalten müsse, der ohne Zweifel nach der Zerstörung von Jerusalem von Juden nach Toledo gebracht worden war und aus unerklärlichen Gründen hier in einem Winkel der Schatzkammer vergessen liege.»

Als die Eule ihren wissenschaftlichen Vortrag beendet hatte, blickte der Prinz eine Zeitlang sinnend vor sich hin und sagte dann in Gedanken versunken wie zu sich selbst:

«*Eben Bonabben* erzählte mir von den wunderbaren Eigenschaften dieses ausserordentlichen Teppichs. Er war bei der Eroberung Jerusalems durch die Römer verschwunden, und man glaubte, dass dieses zauberkräftige Kunstwerk für die Menschheit verloren sei. Ohne Zweifel wissen die Christen Toledos nicht, welch Wunderstück sie ihr eigen nannten. Wenn ich in den Besitz dieses Teppichs gelangen kann, dann allerdings wäre mein Glück gesichert.»

Am nächsten Morgen legte Ahmed seine reichen Gewänder ab und kleidete sich in die einfache Tracht eines armen Wüstenarabers. Das Gesicht färbte er sich dunkelbraun, so dass niemand in ihm den schmukken Ritter vom Turnier erkannt hätte, der dort solche Bewunderung und auch solchen Aerger und Verdruss verursacht hatte. Einen Wanderstab in der Hand, den Reiseranzen an der Seite und im Sack eine kleine Hirtenpfeife schritt er rasch auf Toledo zu. Ohne Anstand liess man ihn durchs Tor und gelangte bald an die Pforte des Palastes. Dort meldete er sich beim diensthabenden Wachebeamten und sagte, dass er die Prinzessin heilen könne und die versprochene Belohnung erwarte. Ritter und Gardisten wiesen ihn aber zurück und wollten den armen Bewerber verprügeln. «Was kann wohl ein herumstrolchender Araber helfen, wo einheimische Kapazitäten und Grössen bis heute nichts ausgerichtet haben?», schrien sie derartig, dass der König sie hörte und befahl, den Araber kommen zu lassen.

«Mächtigster König», sagte höflich Ahmed, «du hast einen armen Beduinen vor dir, der den grössten Teil seines Lebens in den Einöden der Wüste verbrachte. Wie du wissen wirst, sind diese Stätten der Sammelplatz von bösen Geistern und Dämonen; auf einsamen Wachen bestricken sie uns Hirten, fahren dann zwischen die Herden, zerstreuen die flüchtigen Tiere und bringen manchmal selbst das geduldigste Kamel bis zur Tollwut. Musik ist das einzige Gegenmittel, das die Dämonen bannt. Von den Vätern her haben wir alte Weisen, die wir singen oder auf der Flöte blasen, wenn es Not tut, um die Teufel der Wüste auszutreiben und fernzuhalten. Ich gehöre einem alten Beduinenstamme an und kenne solche Melodien; wenn also deine Tochter unter dem Einfluss eines bösen Geistes steht oder gar behext wurde, dann, meinen Kopf verpfände ich dafür, kann das holde Kind gesund werden.»

Der König, wie alle Könige ein Mann von grossem Verstand, hatte bereits von solchen Wundermelodien gehört und wusste auch, dass nur ganz bestimmte Wüstenbeduinen sie beherrschen. Rasch fasste er Hoffnung, denn überzeugend hatte Ahmed gesprochen, und glücklich führte er ihn in den Palast und zum hohen Turm, wo hinter verschlossenen Türen im obersten Stockwerk die Prinzessin weilte und weinte. Die Fenster des Wohngemaches Aldegundens gingen auf einen Gang hinaus, von wo man einen herrlichen Rundblick auf Toledo und die umliegenden Berge hatte. Jetzt waren Fenster und Balkontüren verhängt, denn das liebeskranke Kind konnte kein grelles Licht vertragen, zu gross war ihr Kummer, zu tief sass der Schmerz.

Auf dem Gang vor der Kemente hiess man den Prinzen sich setzen und seine Kunst zu versuchen. Er zog auch gleich seine Hirtenflöte hervor und blies darauf einige wilde und feurige Araberweisen; auf dem Generalife zu Granada hatten ihn solche Stücke sein Leibdiener gelehrt, wenn er des Lernens müde, Bücher und Papyrusrollen in eine Ecke warf. Nervenaufpeitschend und scharf hallten die Flötentöne durch die Fenster in das Schlafgemach der Prinzessin; doch diese blieb teilnahmslos und reagierte nicht darauf. Spöttisch lächelnd schauten die gelehrten Doktoren auf den armen Araberjungen, der das zuwege bringen wollte, was sie, die Weisen des Landes, nicht konnten. Endlich legte Ahmed das Instrument weg und sang nach Art der Barden einige einfache Verse voll Minne und Zartheit. Es war der Brief, den er einstens an die unbekannte Geliebte geschrieben hatte und dessen Überbringer der arme Tauber war.

Aldegunde erkannte sofort den Inhalt des Liedes und eine jähe Freude durchzuckte ihr kleines Herz. Sie hob den Kopf und lauschte gespannt auf Worte und Melodie; dann stürzten Tränen der Freude aus ihren Augen und netzten die bleichen Wangen, die sich schon leicht sanft röteten, Ihr Busen hob und senkte sich im Aufruhr der Gefühle, und nur allzugern hätte sie den Sänger gesehen. Doch Anstand und jungfräuliche Scham verschlossen ihr den Mund. Der König las aber diesen Wunsch aus den Mienen seines geliebten Kindes und befahl, Ahmed ins Zimmer zu führen. Glänzend benahmen sich die Liebenden; sie schauten sich nur in die Augen und beide wussten gleich, wie sie sich verhalten mussten, dass niemand Verdacht schöpfe und erriete, was sie dachten. Die Musik hatte gesiegt und einen vollkommenen Triumph errungen! Pfirsichroter Schimmer überzog die zarten Züge der Prinzessin; frisch leuchteten ihre Lippen und schmachtenden Auges blickte sie versonnen und glücklich vor sich hin, einen seidenen Überwurf von den Schultern streifend, denn heiss rollte das Blut wieder durch ihre Adern.

Alle anwesenden Aerzte schauten einander erstaunt an und wussten nicht, was sie denken und sagen sollten. Voll Bewunderung und Scheu betrachtete der König den arabischen Sänger und sagte: «Wunderbarer Jüngling! Du sollst hinfort mein Leibarzt sein, und kein Mittel will ich künftig nehmen, das du mir nicht verschrieben hast; und deine Musik soll allen helfen, wie sie meinem Kind geholfen hat. Sage, welche Belohnung willst du haben? Das kostbarste Kleinod meiner Schatzkammer sei dein!»

«O König», erwiderte Ahmed, «ich frage nicht nach Gold, Silber oder Edelsteinen, denn die Schätze dieser Welt sind für mich ohne Wert. Aber du hast in deiner Schatzkammer eine Reliquie aus der Maurenzeit, als diese noch in Toledo sassen; —es ist ein Kästchen von Sandelholz und drinnen ist ein alter seidener Teppich. Gib mir dieses Kästchen mit dem Teppich, und ich bin zufrieden.»

Die Anwesenden waren von der grossen Bescheidenheit des

Beduinenjünglings überrascht, und ihr Erstaunen wuchs noch, als sie das Kästchen und den Teppich sahen. Einfach war die Schatulle und einfach der Teppich. Es handelte sich um ein grün seidenes Tuch, ohne besonderen Schmuck, das hebräische und chaldäische Schriftzeichen zeigte. Augenzwinkernd sahen sich die Hofärzte an und lächelten, denn zu gross war die an Dummheit grenzende Selbstlosigkeit ihres neuen Kollegen, der anscheinend nicht wusste, was er wollte.

Der Prinz schien nichts von all dem zu bemerken und sagte ernst: «Dieser Teppich bedeckte einstens den Thron Salomons des Weisen; er ist wert, dass man ihn zu Füssen des schönsten und holdesten Wesens lege.»

Mit diesen Worten breitete er ihn auf dem Balkon vor dem Divan der Prinzessin aus, setzte sich darauf, und sagte jedes Wort betonend:

«Gott ist gross, sein Wille geschehe! Was im Buch des Schicksals geschrieben steht, muss ich erfüllen und niemand kann es verhindern. Seht, die Prophezeihung der Astrologen erfüllte sich! Wisse o König, Aldegunde und ich wollen ein Paar sein, denn wir lieben uns im Geheimen schon seit langer Zeit. Schau mich an, —ich bin der Liebespilger!»

Kaum hatte Ahmed diese Worte gesprochen, als sich langsam der Teppich in die Luft erhob und die beiden Liebenden davontrug. Der König, die Aerzte und Hofleute starrten ihnen nach, Mund und Augen weit aufgerissen, bis nur mehr ein kleiner Punkt zu sehen war, der auch bald am fernen Horizont verschwand.

Der König tobte natürlich vor Wut und liess den Schatzmeister kommen. «Wie kommt es», schrie er diesen an, «dass du einem Ungläubigen ein solches Talisman ausliefest»»?»

«Es ist ein Jammer, Majestät! Wir kannten die Wunderkraft des Teppichs nicht; niemand entzifferte uns die Inschrift auf dem Kästchen! Wenn es sich in der Tat um den Überwurf von Salomons Thron handelt, was ich nach der gegenwärtigen Sachlage annehme, dann können dessen Besitzer auf ihm durch die Lüfte fliegen, denn das ist seine magische Kraft.»

Der König liess Alarm schlagen und sammelte ein gewaltiges Heer, an dessen Spitze er gegen Granada zog, um die Flüchtlinge zu verfolgen und die ihm angetane Beleidigung zu rächen. Lang war der Marsch und beschwerlich der Weg, aber endlich kam die Christenschar doch ans Ziel und schlugen in der *vega* ihr Lager auf. Am nächsten Morgen schon sandte der König Herolde in die Stadt, um die Rückgabe seiner Tochter zu fordern. Der Maurenkönig ritt ihnen mit seinem ganzen Hofstaat entgegen, und zu ihrer Bestürzung erkannten sie in ihm den Sänger aus der Wüste Arabiens, der die Prinzessin erst heilte und dann entführte. Ahmed hatte nämlich unterdessen nach dem Tod seines Vaters den Thron Granadas bestiegen und die schöne Aldegunde als Gemahlin heimgeführt.

Als der König von Toledo sah, dass seine Tochter ihren christlichen Glauben beibehalten durfte, war er bald besänftigt und gab nachträglich zur stattgehabten Hochzeit seinen Segen; nicht dass er gerade besonders fromm gewesen wäre, aber bei Fürsten und ähnlichen Potentaten ist ja bekanntlich die Religion eine Ehrensache und Mittel zur leichteren Handhabung des untertänigen Volkes. In Granada gab es nun anstatt der vorgesehenen blutigen Schlachten eine Reihe von Festen und Feiern, nach deren Ablauf der König und die Seinen recht vergnügt nach Toledo zurückkehrten, während das junge Paar glücklich weiterlebte und von der Alhambra aus weise ihr Reich beherrschten.

Es wäre noch hinzuzufügen, dass die Eule und der Papagei dem Prinzen in kurzen Tagreisen einzeln nach Granada gefolgt waren. Erstere reiste bei Nacht, besuchte Vetter und Basen, durchstöberte Gehöfte, Türme und Höhlen und frischte so alte Freundschaften auf. Der Papagei wieder erschien nur in feinen Kreisen, so beim Landadel, wo er ganz besonderes bei Damen grosses Glück hatte.

Ahmed belohnte dankbar die Dienste, die sie ihm auf seiner Pilgerfahrt geleistet hatten. Die Eule machte er zu seinem Staatskanzler und den Papagei zum Haus- und Hofmarschall. Es ist wohl nicht notwendig es ganz speziell zu bemerken, dass kein Land je weiser regiert und kein Hofstaat je prunkvoller geführt wurde, als der zu Granada zur Zeit *Ahmeds und Aldegundens.*

DES MAUREN VERMAECHTNIS

Innerhalb der *Alhambra*, gerade vor dem Königspalast, befindet sich eine weite offene Esplanade, die der Zisternenplatz oder *la Plaza de los Aljibes* heisst, so genannt nach den vielen noch aus der Maurenzeit stammenden Wassergruben, wo sich das köstliche Nass sammelt. In einer Ecke dieses Platzes ist ein Brunnenschacht tief in den lebenden Fels gehauen, dessen Wasser so kalt wie Eis und so klar wie Kristall ist. Die noch von den Mauren ausgehobenen Brunnen sind hoch geschätzt, denn wohlbekannt ist überall die grosse Mühe, die sie sich gaben, um zu den reinsten und köstlichsten Quellen vorzustossen. Der *pozo*, von dem wir jetzt reden wollen, ist in ganz Granada berühmt, und früh am Morgen schon, mittags und abends, bis spät in die Nacht sieht man Wasserträger den Berg hinauf und herabziehen, mit Tonkrügen beladen die einen, und duldsame Tragesel treibend die andern, die das süsse Wasser von der Alhambra in die Stadt liefern und dort an Kenner verkaufen. Es ist ein einträgliches Geschäft, denn meistens übertrifft der Wasserpreis den des Weines, der bestimmt auch von einer nicht zu verachtenden Güte ist. Reges Leben herrscht also immer auf dem Wege zur *Asabica*.

Seit biblischen Zeiten her sind Brunnen und Quellen in den südlichen Landstrichen die bevorzugten Treffpunkte und Plauderplätze, an denen man seine Geschäfte machen und auch Neuigkeiten erfahren kann. So geht's auch bei den *Aljibes* auf der Alhambra rege zu. Da lungern die dienstfreien Veteranen der Festungsbesatzung herum; schwatzende Mädchen und keifende Weiber sitzen auf Steinbänken, Faulenzer auf der Brüstung des *pozos*. Unter einem Sonnendach, das über den Brunnen gespannt ist, waltet gravitätisch der Wassermeister seines Amtes und hebt unbarmherzig die vorgeschriebene Maut ein. Neben ihm hocken Unteroffiziere des Wachekorps, wie auch fremde Besucher der alten Maurenpfalz. Faulenzend besprechen sie die Vorfälle, die ihre kleine Welt dort oben bewegten, lassen sich von jedem Wasserträger von der Stadt unten berichten und stellen dann gemeinsam mit den anderen

Nichstuern lange Betrachtungen an, wie es war und wie es hätte sein können und sollen. Den ganzen lieben Tag stehen müssige Mägde und zankende Ehefrauen herum, hören sich die endlosesten Geschichten an und vergessen, wozu eigentlich die Krüge dienten, die sie in die Hüften stemmten oder auf dem Kopfe trugen. So war's früher, und so ist's heute noch; so ist's hier und auch anderswo, wenn auch unter andern Breiten und unter anderen Umständen.

Unter den Wasserträgern, die einst zu diesem Brunnen hinaufzogen, war auch ein stämmiger, säbelbeiniger kleiner Bursche, mit Namen *Pedro Gil*, den aber alle der Kürze wegen nur *Perejil* riefen. Als Wasserträger konnte er nur ein *Gallego* sein, einer jener starken und breitschultrigen Bewohner Galiziens, die vom Norden Spaniens kommend sich im Süden sesshaft machen, da ihnen ihre Bergheimat im alten iberischen Suevenreich nicht das tägliche Brot geben konnte. Wie bei den Tieren, so scheinen auch bestimmte Menschenrassen von Natur aus zu ganz bestimmten Arbeiten besonders geeignet zu sein. In Frankreich sind die Schuhputzer immer Savoyarden, die Pförtner und Portiers durchwegs Schweizer, und in den Tagen der Krinolinen und der gepuderten Perücken konnte in England niemand besser eine Sänfte richtig tragen als die langbeinigen Irländer, die gewohnt waren durch Sümpfe zu waten und so den notwendigen Balancierschritt einhalten konnten. In Spanien sind nun alle Wasserträger, Packer und sonstigen Lastträger fast ausnahmslos aus Galizien, und niemand sagt: «Hole mir einen Träger», —man hört nur: «ruft mir einen *Gallego*».

Um nun wieder von den vorstehenden Abschweifungen auf *Perejil* del *Gallego* zurückzukommen, soll gesagt sein, dass er sein Geschäft einmal ganz klein angefangen hatte; nur einen einzigen Krug hiess er sein Eigen, den er auf seinen breiten Schultern durch die Strassen Granadas trug. Aber nach und nach kam er in die Höhe und legte sich einen Gehilfen zu, nämlich einen kräftigen, zotthaarigen Esel, der ihm das schwere Trägerhandwerk abnehmen musste. Zu diesem Zweck hing er seinem langohrigen Freund einen Tragsattel aus Binsengeflecht über den Rücken, derart dass in den Körben auf jeder

Seite die Wasserkrüge sicher verstaut waren. Bevor er den Weg von der Alhambra herunter in die Stadt nahm, deckte der geschäftstüchtige Perejil die vollen Krüge mit Feigenblättern schön zu, um so seine Ware vor der Sonne zu schützen. Es gab keinen eifrigeren und fröhlicheren Wasserträger in ganz Granada als diesen Pedro Gil. Gerne lauschten jung und alt, Männer und Frauen, *mozos und majas* seiner guten Stimme, wenn er hinter seinem Esel herschreitend in Varianten den im sommerlichen Spanien so bekannten Spruch sang: «*¿Quién quiere agua, agua más fría que la nieve? ¿Quién quiere agua del pozo de la Alhambra, fría como el hielo y clara como el cristal?*» «Wer will Wasser, Wasser, kälter als der Schnee? Wer will Wasser aus dem Brunnen der Alhambra, kalt wie Eis und klar wie Kristall?» Wenn er einem seiner Kunden das Glas mit dem perlenden Nass reichte, dann sagte er immer ein freundliches Wort dazu, das zum Lächeln zwang; und war es eine hübsche Dame mit Feueraugen und schwarzem Haar, oder ein junges Mädchen, schmuck und fesch und mit Grübchen in den Wangen, dann tat er sogar einen lustigen und pikaresken Seitenblick, sagte ein witziges Wort dazu, das die Schönheit der Kundin unterstrich, und der klingende Lohn blieb nie aus. Ganz Granada kannte Perejil als einen der höflichsten und also auch als einen der glücklichsten Menschen, die sich in diesem Städtchen tummelten. Aber es ist nicht alles Gold, was glänzt, und es hat nicht immer der das leichteste Herz, der am lautesten singt und am meisten scherzt. Bei all diesem lustigen Aussehen und fröhlichen Benehmen hatte der ehrliche Perejil seine Sorgen und seinen Kummer. Er war verheiratet, hatte einen Haufen zerlumpter Kinder zu ernähren, die hungrig und lärmend wie die jungen Schwalben im Nest schreiend nach Brot verlangten, wenn er abends müde in sein ungemütliches Heim kam. Sein Ehegespons war ihm in diesem harten Kampf ums Dasein alles eher als eine Gehilfin. Sie war vor ihrer Verheiratung eine bekannte Dorfschönheit gewesen, und man kannte sie im Umkreis als beste *Bolerotänzerin*, die mit grossem Geschick auch die Kastagnetten klappern konnte. Diesen Neigungen fröhnte sie noch immer und gab für Putz und Tand Geld aus, das sie wirklich besser hätte verwenden können; und sie vergeudete nicht nur den mühsam erworbenen Erwerb des ehrlichen Perejil sondern nahm sogar den Esel in Beschlag, wenn sie sonntags oder an einem der unzähligen Feiertage, in Spanien sind es viele, aufs Land ging und dort bei irgendeiner Gevatterin einen Besuch abstattete. Sie war faul und schlampig, auch eine Klatschbase erster und schlimmster Sorte, die ihr Haus, ihre Kinder und alles vernachlässigte, nur um in der Nachbarschaft bei gleich tratschenden Weibern herumzulungern.

Jedoch der, der dem geschorenen Lamm den Wind zumisst, passt auch das Ehestandsjoch dem demütig gebeugten Nacken an! Perejil trug so all die schweren Lasten von Weib und Kindern mit eben so ruhigem Sinn, wie sein Esel die Wasserkrüge; und wenn er manchmal für sich allein mit den Ohren wackelte und sich im geheimen irgendwas dachte oder zu tun vornahm, so wagte er es dann doch niemals, Ordnung zu machen und die Haushaltungstugenden seines nachlässigen Weibes in Zweifel zu ziehen.

Auch liebte er seine Kinder, gleich einer Eule, die ihre Brut nicht verlässt, und er sah in dieser seiner Nachkommenschaft eine vervielfältigte Neuauflage seiner selbst. Alle waren reinrassige Gallegos; klein, stämmig, breitschultrig und selbst die Mädels hatten krumme Beine. Und seine grösste Freude hatte der gute Vater Perejil dann, wenn er manchmal mit einigen *maravedíes* in der Tasche Feiertag machen konnte. Mit dieser ganzen schreienden Brut zog er hinaus aufs Land und sprang singend und lachend mit den Kindern durch die Obstgärten der *Vega*, während seine bessere Ehehälfte mit ihren Basen und Sonntagsfreundinnen in den *Angosturas* des Darro tanzte.

Es war spät an einem Sonnabend, und die meisten der *Aguadores* hatten bereits ihr mühsames Tagewerk beendet und sich aus den Strassen entfernt. Der Tag war ungewöhnlich schwül gewesen; doch ihm folgte eine jener herrlichen Mondnächte, wie man sie nur in den südlichen Ländern kennt, wo sich dann bis Mitternacht alt und jung, gross und klein in Gärten, auf Promenaden und an Flussufern herumtreibt und die sich langsam erfrischende Luft geniesst. Trotz der etwas späten Stunde waren daher immer noch genug Leute auf der Strasse, die Wasser verlangten. Das wusste Perejil, der gutmütige Vater der grossen Kinderschar, und sich selbst aufmunternd sagte er: «Jetzt noch ein Gang zum Brunnen und dann ist auch für morgen schon das Essen da.» Mit diesen Worten machte er kehrt und trabte munter den steilen Weg zur Alhambra hinauf; dazu sang er eine *copla* und gab von Zeit zu Zeit dem Esel mit einem Prügel einen Stoss in die Rippen, um ihn anzutreiben und gleichzeitig auch die Verse des Liedes taktmässig zu unterstreichen. Was die Schläge als solche anbelangt, muss man wissen, dass diese in Spanien ganz allgemein als Futterersatz gelten, und Eseln wie auch Maultieren statt des Hafers verabreicht werden.

Als Perejil wieder zum Brunnen hinaufkam, hatten ihn bereits alle Faulpelze verlassen, und leer und einsam stand er da. Nur ein einzelner Fremdling in Maurentracht sass auf einer der Steinbänke im hellen Mondlicht. Treiber und Esel hielten an und betrachteten den Araber mit Überraschung, die nicht ganz frei von Furcht war. Auf ein mattes und müdes Zeichen mit den Händen hin, näherte sich Perejil dem Fremden, der zu ihm sagte: «Ich bin schwach und krank. Bringe mich in die Stadt zurück, und ich will dir das doppelte von dem bezahlen, was du mit deinen Wasserkrügen verdienen könntest.»

Die Bitte des Fremden rührte das gute Herz des biederen Wasserträgers, der ihm voll Mitleid antwortete: «Davor schütze mich Gott! Nie werde ich für eine so alltägliche Dienstleistung der Menschlichkeit einen Lohn fordern.» So half er denn dem Mauren auf den Esel und schritt langsam und vorsichtig den Weg nach Granada hinunter. Der Maure war derart schwach und krank, dass Perejil ihn im Tragsattel auf dem Tier festhalten musste, denn sonst wäre er ihm auf den Boden gefallen.

Als sie in die Stadt kamen, fragte der Wasserträger, wohin er ihn bringen solle. «Ach», sagte der Maure schwach, «ich habe weder Haus noch Wohnung; ich bin hier ganz fremd und kenne niemanden. Erlaube mir, dass ich nur diese Nacht bei dir zubringe, wofür ich dich reichlichst belohnen will.»

So kam also der gutherzige Perejil ganz unerwartet und ohne sein Zutun zu einem Gast aus Arabien. Wenn ihm auch der Ungläubige gerade keine besondere Freude machte, und das bescheidene Heim kaum die eigene Familie fassen konnte, gebot ihm doch seine Menschenfreundlichkeit, den Mauren mitzunehmen und ihn nicht auf der Strasse seinem Schicksal zu überlassen. Langsam trabten sie des Gallegos Hütte zu, aus der schreiend und grölend die Kinderschar stürzte, als sie das Getrappel des Esels hörte. Doch diesmal konnten die kleinen und kleinsten Perejils nicht spielend und lachend ihren Vater umringen, um seine Taschen nach Atzung zu durchstöbern! Als sie den Fremden im Turban gewahrten, rissen sie vor Schreck die Mäuler auf, liefen ins Haus zurück und versteckten sich hinter ihrer Mutter. Diese kam nun unerschrocken vor die Tür, gleich einer Bruthenne, die ihre Küken verteidigte, wenn ein herumstreifender Hund ihnen nahe kam. Als auch sie des Muselmanns gewahr wurde, funkelten zornig ihre Augen und vorwurfsvoll rief sie ihrem Manne zu:

«Was?!, einen Ungläubigen bringst du uns mitten in der Nacht nach Haus? Mann bedenke, damit wirst du mit der heiligen Inquisition übers Kreuz kommen, und wir werden grossen Verdruss haben. Du weisst ja wie diese Herrn denken!»

«Seit still, Frau», sagte der *Gallego*; «es ist ein armer, kranker Fremdling, ohne Freunde und Unterkommen! Willst du ihn hinauswerfen, dass er dann auf der Strasse wie ein Hund sterbe?»

Gerne hätte sich das Weib noch gesträubt und keifend weitergeschrien, denn trotz der Armut hielt sie was auf den sauberen Ruf ihrer Hütte; aber der sonst so gutmütige Wasserträger war diesmal hartnäckig und wollte sich keineswegs unters Joch beugen. Er half dem alten Moslem vom Esel, führte ihn ins Haus und breitete eine Matte auf dem Boden aus, dort wo der Raum am kühlsten war, legte ein Schaffell darüber und lud den Gast ein, auf diesem Lager auszuruhen. Es gab nichts anderes als solche Betten; bessere Einrichtungsgegenstände erlaubte die grosse Armut dem Ehepaar nicht.

Nach kurzer Zeit schon wurde der Maure von heftigen

Krämpfen befallen, die aller hilfreichen Geschicklichkeit des einfachen Wasserträgers spotteten und seinen Anstrengungen trotzten. Dankbar blickten die Augen des armen Kranken zum freundlichen Samariter auf, und in einem schmerzfreien Augenblick zog er ihn zu sich aufs Lager herunter und sagte mit schwacher Stimme: «Ich fürchte, mein Ende ist nahe. Wenn ich sterbe, so vermache ich dir für deine Barmharzigkeit und Güte als Belohnung diese Schatulle!» Bei diesen Worten öffnete er seinen *albornoz*, das maurische Überkleid, und zeigte dem staunenden Freund eine Büchse aus Sandelholz, die er am Körper befestigt trug. «Gott gebe», erwiderte der gute *Gallego* «dass Ihr noch viele Jahre leben könnt und Euch eures Schatzes erfreuen möget, welcher Art auch immer er sei». Traurig schüttelte aber der alte Maure sein Haupt, berührte mit beiden Händen die kleine Büchse auf seiner Brust und bewegte dabei die bleichen Lippen. Doch keinen Laut brachte er hervor; die Krämpfe wiederholten sich mit erhöhter Gewalt und nach kurzen Minuten gab der Unbekannte seinen Geist auf.

Die Frau des Wasserträgers war nun wie von Sinnen. Voll Zorn und Sorge schrie sie ihren Mann an und sagte, mit den Händen wild herumfuchtelnd: «Das haben wir von deiner dummen Gutmütigkeit! Immer mischt du dich in Dinge ein, die dich nichts angehen; immer willst du anderen helfen, ohne dass du dabei dir selber helfen könntest! Was soll jetzt aus uns werden, wenn man eines Tages den Leichnam hier findet? Sicherlich steckt man mich und dich als Mörder ins Gefängnis, und sollten wir mit dem Leben davonkommen, dann richten uns ganz bestimmt die Advokaten, Richter, Notare und ihre Diener, die *alguaciles*, zu Grunde. Oh! Welch Unglück!»

Auch der arme Perejil hatte Angst, und fast bereute er es schon, ein gutes Werk getan zu haben. Da kam ihm endlich ein guter Gedanke, und nahe an sein weinendes Weib herantretend sagte er mit unterdrückter Stimme: «Es ist noch nicht Tag, und ich kann die Leiche leicht aus der Stadt bringen und im Ufersand des Genil einscharren. Niemand sah den Mauren in unser Haus kommen und niemand soll etwas von seinem Tode wissen.»

Gesagt! Getan! Seine Frau hielt endlich doch ihren Mund

und half ihm. Gemeinsam wickelten sie den Leichnam des Mauren in die Binsenmatte, auf der er gestorben war, legten diesen verschnürten Pack quer über des Esels Rücken und eilten den Weg zum Fluss hinunter.

Zum Unglück aber wohnte dem Wasserträger gegenüber ein Barbier, *Pedrillo Pedrugo* war sein Name, der wohl einer der neugierigsten, schwatzhaftesten und böswilligsten Rasierer war, die sich im allgemeinen bestimmt nicht durch Schweigsamkeit und Stille auszeichnen. Es war ein Kerl mit dem Gesicht einer Spitzmaus, spinnbeinig und repulsiv; dabei aber listig, einschmeichelnd und aalglatt. Jeder Klatsch Granadas war ihm geläufig; er wusste die heikelsten Familiengeschichten aus der Umgebung und selbst sein grosser Meister, der berühmte Barbier von Sevilla, konnte ihn in allumfassender Kenntnis fremder Angelegenheiten nicht übertreffen. Nichts von dem, was man ihm erzählte, oder was er hörte und sah, behielt er für sich zurück, einem Sieb glich er, durch dessen Löcher alles durchlief. Man erzählte sich von diesem ehrenwerten Mitglied der Haarschneiderzunft, dass er immer nur mit einem Auge schliefe und sich nachts nur ein Ohr bedeckte, damit er auch im Schlafe alles hören und sehen könne, was um ihn herum vorginge. Sei dem wie immer, sicher ist, dass er der Lästerchronist aller Vorfälle Granadas war, und dass sich bei ihm die Klatschmäuler beiderlei Geschlechtes ihre Informationen einholten, was dazu führte, dass er viel mehr Kunden hatte als die übrigen ehrenwerten Berufsgenossen.

Dieser sich in alles mischende Bartputzer hörte den Perejil in der Nacht zu einer ungewohnten Stunde nach Hause kommen und vernahm dann auch das Schreien der Kinder und das Keifen des Eheweibes. Sofort schaute er durch das kleine Fenster, das ihm als Lugins-Land diente, und sah, wie sein Nachbar einem Mann in maurischem Kleid in seine Wohnung half. Dieses ausserordentliche Ereignis liess, klar ist's, den *Pedrillo* in jener Nacht keinen Augenblick schlafen. Alle fünf Minuten war er an seinem Guckloch und beobachtete das Licht der Oelfunze, das durch die Türspalten seines Nachbars flimmerte, bis endlich kurz vor Tagesanbruch der Höhepunkt der Geschichte kam, und er sah, —ihm verschlug es fast den Atem—

wie Perejil und sein Esel mit der ungewöhnlichen Ladung forteilten.

Unter solchen Umständen blieb natürlich der Barbier nicht daheim! das ist erklärlich und verständlich! Allsogleich schlüpfte er in seine Kleider, schlich dem Wasserträger vorsichtig nach, bis er sah, dass dieser im sandigen Ufer des Genil ein Loch grub und einen Binsenbund hineinlegte, der ganz wie ein menschlicher Körper aussah.

Der Barbier lief nach Hause und wurstelte ruhelos und aufgeregt in seinem Laden herum, bis endlich doch die Sonne aufging und der Tag kam. Jetzt nahm er eiligst eine Schüssel unter den Arm und stürmte wie der Wind zum Haus des *Alcalden*, der zu seinen täglichen Kunden zählte.

Der *Alcalde* war gerade aufgestanden und demnach, was bei dergleichen Autoritätspersonen überall vorkommen soll, sehr schlechter Laune. Pedrillo Pedrugo setzte den Stadtvater in einen Stuhl, band ihm eine Serviette um den Hals, hielt ihm sodann die Schüssel mit heissem Wasser unter das Kinn und fing an, ihm den Bart mit den Fingern weich zu machen.

Sogleich begann der Barbier und Nachrichtenmann zu reden: «Seltsame Geschichten!» sagte er mit heiserer Stimme, «ja, wirklich sehr merkwürdige Vorfälle! Raub-Mord-Begräbnis und das alles in einer einzigen Nacht!»

«Wie! Was sagst du da», schrie ihn der *Alcalde* sofort an.

«Ich sage», versetzte der Barbier, und rieb dem Würdenträger dabei ein Stück Seife über die Nase und den Mund, denn Pedrillo, gleich allen spanischen Barbieren, verschmähte den Gebrauch eines Pinsels, «ich sage, dass Perejil der Gallego in dieser stockfinsteren Nacht einen *moro* beraubt, ermordet und dann wie einen toten Hund verscharrt hat. ¡*Maldita sea la noche*! —verflucht sei die Nacht dafür».

«Aber wie habt Ihr das alles erfahren?» fragte der Bürgermeister.

«Nur Geduld, *señor*! Alles sollt Ihr erfahren», versetzte Pedrillo, fasste die höchste Amtsperson im Orte bei der Nase, hielt sich dort fest und handhabte mit ausserordentlicher Geläufigkeit sein Rasiermesser. Er erzählte dann alles, was er gesehen hatte; und während er des *alcalden* Wangen glättete, dessen Kinn wusch und ihn mit einer schmutzigen Serviette abtrocknete, liess er den Moslem berauben, ermorden und im Ufersand des Genil begraben.

Nun war aber dieser *alcalde* einer der hochmütigsten, schlechtesten und zugleich geldgierigsten Geizhälse Granadas, ein echter Filz im vollsten Sinne des Wortes. Doch konnte man ihm nicht absprechen, dass er einen sehr hohen Wert auf die Gerechtigkeit legte, denn er verkaufte sie nach ihrem jeweiligen Gewicht in und für gediegenes Gold und Schmuckstücke. Er vermutete sogleich hinter dem fraglichen Fall, den ihm der Barbier berichtet hatte, einen Raubmord oder so was ähnliches, wobei er mit Spürsinn eines Kenners reiche Beute witterte. Als gerechter und staatstreuer Richter dachte er nun angestrengt darüber nach, wie man den vermutlichen reichen Schatz in die von der Vorsehung gewollte Hand des Gesetzes bringen könne. Denn, so sagte er sich als umsichtiger Mann, den Verbrecher allein fangen—das hiesse nur den Galgen füttern, —aber den Raub erwischen, das könnte den Richter bereichern, und dies war, seiner bescheidenen Ansicht nach, der Endzweck aller Gerechtigkeit. Zu solch herrlichen Schlussfolgerungen gekommen, befahl er umgehend seinen treuesten *alguacil* zu sich, um mit diesem ehrenwerten Vertreter der Exekutivgewalt den Fall näher zu besprechen. Es war ein hagerer, hungrig aussehender Kerl mit ainem Halsabschneidergesicht, das solcherart in dieser Berufsgruppe selten zu finden war. Der Sitte seines auserwählten Standes gemäss trug er altspanische Tracht: einen dunklen seitlich aufgeklappten Schlapphut, feine Halskrausen, enganliegende schwarze Unterkleider, die seine dürre Gestalt nur noch dünner machten, und dazu einen ihm von den schmalen Schultern flatternden kurzen Mantel, ebenfalls aus schwarzer Seide. In der Rechten trug er das von allen Leuten gefürchtete Zeichen seines Amtes, den langen, weissen Stock, der ihn erst zum gesetzlichen Spürhund altspanischer Rasse machte. Der *alcalde* setzte seinen vertrauten *alguacil* auf die Fährte des unglücklichen Wasserträgers, und so gross war dessen Schnelligkeit und Ortskunde, dass er dem armen Perejil schon auf den Fersen war, ehe dieser in seine Wohnung zurückkehren konnte. Auf der Strasse schnappte er ihn und seinen Esel, und führte beide zum *alcalden*, vor den Richterstuhl, wo dieser Amtmann im Namen von Reich und König, unter Anrufung des Allerhöchsten Recht sprach.

Der ehrenwerte Bürgermeister durchbohrte den Missetäter mit einem seiner furchtbarsten Blicke und brüllte ihn mit einer Stimme an, dass dem armen *Gallego* und dem anwesenden *alguacil* die Knie schlotterten: «Du Schurke! Mörder! Hörst du, du Schuft! Du brauchst deine Schuld nicht zu leugnen! Ich weiss alles! Der Galgen ist der richtige Lohn für das begangene Verbrechen. Doch ich bin barmherzig und gerne geb ich der Vernunft Gehör, und nehme die Motive der Tat wohlwollend erwägend zu Kenntnis. Der Mann, der in deinem Hause ermordet wurde, war ein Maure, ein Ungläubiger, ein Feind unseres heiligen Glaubens und ein Frevler der Kirche. Ohne Zweifel hast du ihn in einem Anfall religiösen Eifers erschlagen. Ich will deshalb nachsichtig sein und Güte walten lassen; gib das geraubte Eigentum des Mauren heraus, auf dass es vom Staate verwaltet werde, und die ganze Sache soll totgeschwiegen werden.»

Der arme Wasserträger rief alle Heiligen als Zeugen seiner Unschuld an; doch, wie es schon oft in diesem Leben geht, nicht ein einziger erschien, und wenn einer gekommen wäre, der wütende *alcalde* hätte nicht nur diesen einen, sondern den ganzen Heiligenkalender der Lüge geziehen. Der arme Perejil erzählte die Geschichte vom sterbenden Mauren angeschmückt und einfach, wie sie der Wahrheit entsprach. Aber alles war vergebens. «Willst du wirklich behaupten, dass der Moslem weder Geld noch Juwelen hatte, die deine sündhafte Habgier reizten?» fragte ihn der Richter listigen Blicks.

«So wahr ich hoffe, einmal selig zu werden, Euer Gnaden», rief schnell der Wasserträger, «er hatte nichts als eine kleine Büchse aus Sandelholz, die er mir als Belohnung für meine Dienste schenkte».

«Was, eine Büchse aus Sandelholz! eine Schatulle, ein Schmuckkästchen aus edlem Holz!» rief der *alcalde* mit habsüchtigem Blick. «Und wo ist diese Büchse? Wo hast du sie versteckt?»

«Euer Gnaden zu dienen», versetzte Perejil voll Angst,

«die Büchse steckt in einem der Körbe des Tragsattels meines Esels, und sie steht Euer Gnaden jederzeit zur Verfügung».

Kaum hatte er das letzte Wort ausgesprochen, da eilte auch schon der diensteifrige *alguacil* davon, zur Hütte des Wasserträgers und war in wenigen Minuten mit der geheimnisvollen Schatulle von Sandelholz wieder im Dienstraum des Bürgermeisters. Dieser nahm die Büchse und öffnete sie mit zitternden Fingern. Alle Anwesenden drängten sich vor, um den wertvollen Inhalt dieses Kästchens ja genau zu sehen. Doch bitter wurden sie enttäuscht, denn nichts war drinnen, was einen augenscheinlichen Wert gehabt hätte. Eine mit arabischen Schriftzeichen beschriebene Pergamentrolle und ein kleines Stümpfchen Kerze war die ganze Erbschaft, die unser Perejil gemacht hatte.

Wenn durch die Überführung eines Gefangenen nichts zu gewinnen ist, so kann selbst im Süden die Gerechtigkeit unparteiisch sein. Als sich der *alcalde* von seiner Enttäuschung erholt hatte und überzeugt war, dass diesmal weder dem Fiskus noch seiner privaten Kasse eine erkleckliche Summe einverleibt werden konnte, hörte er sich die Aussagen des Wasserträgers ganz leidenschaftslos an, und da diese mit den Angaben von Perejils Weib übereinstimmten, ward dieser gerechte Richter von der Unschuld des Angeklagten bald überzeugt und entliess ihn aus der Haft. Als Lohn für seine so menschliche Tat überliess ihm der *alcalde* sogar die Büchse aus Sandelholz und ihren Inhalt, behielt sich aber als Bezahlung für die erwachsenen Gerichtskosten des Gallegos Esel zurück.

Da war denn der arme Perejil ärmer als früher, denn nun musste er wieder sein eigener Wasserträger sein und mit dem grossen irdenen Krug auf der Schulter zum Brunnen auf der Alhambra hinaufkeuchen.

Oft verlor er so seine gute Laune, wenn ihm an heissen Sommertagen auf halbem Weg der Atem ausging, dann rief er wohl empört: «O, du Hundesohn von einem *alcalden*! Schämst du dich wirklich nicht, einem armen Mann das Mittel seines Unterhaltes, seinen besten Freund, seinen einzigen Arbeitsgenossen schmählich geraubt zu haben?» Und dann erinnerte sich der arme Mann voll Wehmut seines geliebten

Gefährten, der mit ihm alle Mühen still und ergeben geteilt hatte. «Ach, Esel meines Herzens», seufzte er hernach trüb, stellte die schwere Last auf einen Stein und wischte sich den Schweiss von der brennenden Stirn, «ach Esel meines Herzens! Ich bin sicher, dass du an mich denkst, an deinen rechtmässigen Herrn! Gewiss vermisst du die Wasserkrüge, du armes Tier!»

Aber nicht genug damit! Noch viel grösser war das Elend des armen Perejils, wenn er abends hundsmüde heim kam. Dann empfing ihn sein Weib keifend, klagend und weinend und amachte ihm das Leben sauer. Jetzt hatte sie ja Oberwasser, denn sie war es, die den Moslem nicht in der Hütte beherbergen mochte. Sie wollte jenen Besuch verhindern, von dem nun alles Unglück, alle Not und das grosse Elend kamen; und als kluge Frau nahm sie jede Gelegenheit beim Schopf, um ihrem Mann ihr überlegenes Wissen und ihren bewiesenen Scharfsinn vorzuhalten. Wenn die Kinder nichts zu essen hatten oder ein neues Kleid brauchten, dann sagte sie höhnisch lächelnd: «Geht doch zu eurem überklugen Vater! Er ist der Erbe des Königs *Chico* von der Alhambra! Sagt ihm, er soll euch mit dem Schatz helfen, der in des Mauren Schatulle versteckt liegt!»

Hatte jemals ein Sterblicher für eine gute Tat schwerer zu büssen? Wurde jemals ein armer Sterblicher für seine Mildtätigkeit härter bestraft? Der unglückliche Perejil war krank an Leib und Seele, aber er ertrug den Spott und den Hohn seines Weibes mit Gelassenheit und schleppte Wochen und Monate sein schweres Kreuz durchs Dasein. Endlich eines Abends, als sein Gespons ihn wieder in der gewohnten Weise verhöhnte, da verlor er seine Geduld. Freilich wagte er es nicht, seiner Frau eine derbe oder durchschlagende Antwort zu geben, aber sein Blick fiel auf die Büchse von Sandelholz, die mit halb offenem Deckel auf einem Gesimse lag und über das harte Geschick, das ihn drückte, zu lachen schien. Zornig griff er nach ihr und schleuderte sie auf den Boden. «Verflucht sei der Tag», schrie er, «an dem ich dich zuerst erblickte und deinen Besitzer unter meinem Dach beherbergte!»

Als das Köfferchen auf den Boden fiel, öffnete sich der Deckel weit und die Pergamentrolle kollerte auf den Fussboden.

Perejil betrachtete eine zeitlang das Stück mit mürrischem Schweigen, bis er endlich seine Gedanken sammelte und sich sagte: «Wer weiss, ob diese Schrift nicht von Wichtigkeit ist? Jedenfalls hat sie der Maure mit grösster Sorgfalt aufbewahrt.» Er nahm daher die Rolle zu sich, steckte sie in die Brust, und als er am nächsten Morgen auf der Strasse Wasser verkaufte, blieb er vor dem Laden eines Mauren aus Tanger stehen, der im *Zacatín* Schmucksachen und wohlriechende Parfüms feilhielt. Er bat den Moslem, ihm diese Schrift auf dem Pergament zu entziffern.

Dieser las die Rolle aufmerksam durch, strich sich dann den langen weissen Bart und sagte lächelnd: «Diese Handschrift enthält eine Zauberformel, um verborgene Schätze zu heben, die irgendwo gebannt liegen. Sie sei von einer solchen Kraft, erzählt der Schreiber der Zeilen, dass sie die stärksten Schlösser und Riegel breche, und ihr selbst Diamantenfelsen weichen müssten.»

«Ach!» seufzte der kleine Gallego, «was soll ich damit anfangen? Ich bin kein Zauberer und kein Beschwörer und weiss auch nichts von vergrabenen Schätzen.» Mit diesen Worten nahm er den Wasserkrug wieder auf seine Schultern, liess die Rolle in der Hand des Mauren zurück und trabte ruhig weiter, um seine gewohnte Runde zu machen.

Doch als er dann am Abend wieder auf die Alhambra kam und sich beim Brunnen etwas ausruhen wollte, da traf er dort eine Versammlung von tratschenden Weibern und tratschenden Männern an, deren Gesprächsstoff auf Märchen und Sagen von übernatürlichen Ereignissen Bezug hatte. Und da sie alle arme Teufel waren, sprachen sie von verzauberten und verborgenen Schätzen, die einstens von den Mauren auf der Alhambra vergraben wurden. Und alle waren sich darüber einig, dass tief in der Erde unter der *torre de Siete Suelos*, dem Turm der sieben Stockwerke, grosse Schätze zu heben wären, wenn man nur ihren Standort genau wissen könnte.

Diese Geschichten machten einen tiefen Eindruck auf den armen Perejil, und als er den schon dunklen Weg von der Alhambra in die Stadt hinunterstieg, grübelte er noch über die gehörten Berichte nach und sagte halblaut zu sich selbst:

«Und wenn am Ende doch unter diesem Turm mit den sieben Böden ein Schatz aus der Maurenzeit verborgen läge, —und wenn die Papierrolle, die ich dummerweise beim Moslem aus Tanger zurückliess, viellecht gar den Schlüssel enthielte, wie man das Gold heben könne...!» In der plötzlichen Aufregung, die sich seiner bei diesen Gedanken bemächtigte, wäre ihm bald der Wasserkrug von der Schulter auf den Boden gefallen. Geld! Reichtum! Keine Not und keinen Hunger mehr!

In dieser Nacht wälzte er sich ruhelos auf seinem Lager von einer Seite auf die andere, denn die Pläne und Einbildungen, die sein armes Gehirn peitschten, hielten ihn wach und munter. In aller Früh lief er gleich zum Laden des Mauren und erzählte ihm alles, was er gehört und in der Nacht allein gedacht und geplant hatte. «Ihr könnte arabisch lesen», sagte er dem tangeriner Moslem; «warum gehen wir eigentlich nicht gemeinsam zum Turm und versuchen die Wirkung der Zauberformel? Rührt sich nichts, so sind wir deswegen nicht schlimmer daran als vorher. Es kostet uns nur den Gang auf die Alhambra, und nichts riskieren wir dabei. Sollte aber der Bann wirklich gebrochen werden, dann wollen wir den ganzen reichen Schatz brüderlich teilen».

«Sachte, sachte und immer nur langsam voran!», erwiderte der Händler aus Tanger, «mit dieser Schrift allein können wir wenig machen, denn sie muss um Mitternacht beim Schein einer ganz besonders zubereiteten Kerze gelesen werden. Ich kann dir eine solche nicht beschaffen, es fehlen mir dazu die erforderlichen Zutaten, Gewürze und Spezereien; und, wie du verstehen wirst, ist eine solche Zauberkerze die notwendige Voraussetzung zum Erfolg.»

«Sprecht kein Wort weiter», rief der kleine Wasserträger, «ich habe die Kerze, die wir brauchen! Gleich bring ich sie!» Mit diesen Worten lief er aus der Bude des Moslem, rannte nach Hause und kehrte bald darauf mit dem Kerzenstumpf zurück, den er in dem Kästchen aus Sandelholz gefunden hatte.

Er übergab das Wachs dem Mauren, und dieser roch lange Zeit daran und sagte endlich dem aufhorchenden Perejil: «Das gelbe Bienenwachs da schliesst ganz seltene Wohlgerüche ein.

Es ist die Kerze, die wir brauchen. So lange sie brennt, werden die stärksten Mauern und die geheimsten Höhlen offen bleiben. Doch wehe dem, der wartet bis sie verlöscht! Mit dem Schatz bleibt er verzaubert in alle Ewigkeit.»

Sie kamen nun überein, die Formel noch in derselben Nacht zu versuchen. In später Stunde, als sich schon nichts mehr regte als Fledermäuse und Eulen, da stiegen sie den mit Kriechholz bewachsenen Hang zur Alhambra hinauf und näherten sich schweigend der düsteren *torre de los Siete Suelos*. Dichtes Gebüsch, Bäume und mannshohes Unkraut umwucherten den Platz, wo der Turm stand, von dem viele Sagen erzählten, dass man dort das Gruseln lernen könne. Beim matten Schein einer kleinen Laterne tappten und stolperten sie zum Eingangsgewölbe des Turms. Vor Furcht und Aufregung zitternd stiegen sie eine in den lebenden Fels gehauene Treppe hinab und ins Innere des Turms hinein. Sie kamen bald in eine dumpfe feuchte Felskammer, von wo aus andere Stufen in ein tieferes Gewölbe führten. So tappten sie vier Treppen dahin und gelangten endlich ins unterste Stockwerk, dessen Fussboden eine feste Fläche bildete, obwohl der Sage nach noch drei weitere folgen sollten; bis dorthin könne man allerdings nicht vordringen, so hiess es wenigstens, da ein furchtbarer Zauber die unteren drei Gewölbe verschlossen hielte. Eine Zeitlang standen Perejil und der Maure atemlos da, schauten sich stumm an und wussten nicht, was sie tun sollten. Die Luft war im Gewölbe dumpf und kalt; es roch nach muffiger Erde, Wasser tropfte von den Felswänden, und Mäuse und Ratten huschten wie geisterhafte Schatten die Treppe hinauf und herunter. Da, endlich, hörte man die Turmuhr die Mitternachtsstunde schlagen. Dumpf drang der Ton bis ins Gewölbe im Schoss der Erde. Gleich zündeten sie die Wachskerze an, und ein feiner Duft von Myrrhen, Weihrauch und Storax schwängerte den trüben Kellerraum.

Der Maure begann mit leiser Stimme eilig zu lesen. Kaum hatte er geendet, als man unterirdischen Donner hörte, ein Rollen und Dröhnen, das beiden, Christen und Moslem, die Haare zu Berge stehen liess. Die Erde bebte, der Boden tat sich auf, und es kam eine schmale Wendeltreppe zum

Vorschein, die noch weiter hinunter führte. Zitternd und bebend drangen sie vor, stiegen abwärts und kamen wieder in ein Gewölbe, das mit Arabesken und kufischen Schriftzeichen bedeckt war. Hoch hoben sie ihre Funze und sahen im Schein des Lichts einen grossen mit starken Eisenbändern am Boden verankerten Koffer. Rechts und links davon sassen unbeweglich wie Bildsäulen zwei verzauberte Mauren in voller Rüstung, den runden Schild vor sich und das krumme Schwert im Gürtel. Hier standen Krüge und Amphoren bis zum Rand voll Gold, Silber und Perlen. Christ und Moslem steckten ihre Hände hinein und begannen aus dem Vollen zu schöpfen. Und was sie alles hervorzogen! Schmuckstücke, Reifen und Ringe, und manchmal blieb sogar eine feine Perlkette an den Fingern hängen. Fieberhaft atmend, zitternd und schlotternd vor Angst und Habsucht stopften sie sich wahllos die Taschen voll, und weder der Muselman noch der Wasserträger sprachen dabei ein Wörtchen. Nur manchmal trafen sich ihre Blicke, wenn sie zu der verzauberten Maurenwache hinaufschauten, die bewegungslos dasass und sie mit starren Augen ansah. Endlich bei einem eingebildeten Geräusch erfasste die Schatzgräber ein derartiger Schrecken, dass sie wild aufsprangen, wie gejagt die Treppe hinauf stolperten, im obersten Zimmer die Wachskerze umwarfen und verlöschten. Allsogleich schloss sich der Boden wieder dröhnend und donnernd, und keine Spur erinnerte an den Vorfall.

Von Entsetzen erfüllt hielten die beiden keine Sekunde an, rannten weiter, fielen auf den Boden und standen wieder auf und beruhigten sich erst, als sie die Sterne durch die Aeste der Bäume schimmern sahen. Dann setzten sie sich einig auf den Rasen und teilten die reiche Beute. Leise sprechend überlegten sie, was nun bei der gegebenen Sachlage zu tun wäre und beschlossen, sich für jetzt mit diesem blossen Abschöpfen der Krüge zu begnügen, aber später, in einer anderen Nacht zurückzukehren und dann aber das Gewölbe bis auf den Grund zu leeren. Um sich gegenseitig vor Treulosigkeit zu schützen, nahm der eine die Pergamentrolle und der andere den Kerzenstummel zu sich, dass sie also nur gemeinsam und in Eintracht den Schatz heben konnten. Leichten

Herzens und mit wohlgefüllten Taschen gingen sie dann den Weg nach Granada hinunter.

Auf halbem Weg flüsterte der schlaue Maure dem etwas gutmütigen Perejil einen guten Rat ins Ohr und sagte ihm zwar leise aber mit Nachdruck:

«Freund! Ihr werdet einsehen, dass dieser ganze Handel ein tiefes Geheimnis bleiben muss, bis wir den ganzen Schatz gehoben und in Sicherheit gebracht haben. Denn sollte der *alcalde* auch nur ein Wörtchen davon hören, dann ist es um uns geschehen, und Gott müssen wir danken, wenn er uns nur beraubt!»

«Gewiss», erwiderte der *Gallego*, «nichts ist wahrer als das!»

«Freund Perejil», fuhr der andere fort, «du bist ein vorsichtiger Mann und kannst ohne jeden Zweifel ein so grosses Geheimnis für dich behalten. Aber bedenke! Du hast eine Frau!»

«Die soll kein Wort davon erfahren», antwortete barsch der Wasserträger.

«Genug nun», satge der Maure, «ich verlasse mich auf deine Klugheit und dein Versprechen.»

Wohl niemals war ein Wort aufrichtiger und bestimmter gegeben worden; aber ach!, welcher Mann kann ein solches Geheimnis seiner Frau verschweigen? Einer wie Perejil gewiss nicht, der ja der folgsamste und gutmütigste aller Ehemänner war. Als er ins Haus trat, fand er seine Frau schmollend in einer Ecke sitzen. «Na, endlich bist du doch wieder da», rief sie ihm gleich zu, ehe er noch den Mund auftun konnte; «bis zum grauen Morgen treibst du dich in den Strassen Granadas herum, weiss Gott wo! Mich wundert nur, dass du nicht wieder einen Mohren als Gast mitbringst, du elender Lump». Dann brach sie in Tränen aus, rang die Hände zum Himmel und schrie ganz erbärmlich: «O Gott, wehe mir! O ich unglücklichste aller Frauen! Was soll aus mir und meinen Kindern werden? Mein Haus von Advokaten, Notaren und Gerichtsdienern beraubt und geplündert, mein Mann ein Lump und Taugenichts, der seine Familie vergisst, für Weib und Kind kein Brot bringt, sondern Tag und Nacht mit ungläubigen

Mauren durch die Gegend strolcht! O meine armen Kinder, meine ärmsten Würmer! Was wird aus uns noch werden? Bei diesem Rabenvater müssen wir alle noch auf die Strasse betteln gehen!»

Der ehrsame Perejil wurde durch den Kummer seines guten Eheweibes so gerührt, dass er sich hinsetzte und auch weinte. Sein Herz war so voll wie seine Taschen und liess sich nicht zügeln, er musste es ausschütten! So steckte er also seine Hände in den Hosensack, zog mehrere Goldstücke heraus und liess sie ihr in den Busen gleiten. Die arme Frau war starr vor Staunen. Wie geistesabwesend stierte sie ihn an, denn sie wusste nicht, was dieser Goldregen bedeuten sollte. Und ehe sie sich noch von ihrer Überraschung erholen konnte, zog der kleine Gallego eine goldenen Kette hervor und schwenkte sie vor ihren Augen hin und her; dabei machte er die wildesten Luftsprünge und riss sein Mundwerk weit auf.

«Die heilige Jungfrau beschütze uns!», rief die Frau voll Schrecken. «Was hast du getan, Perejil? Du hast doch keinen Raub und Mord begangen?»

Kaum war der armen Frau dieser Gedanke durch den Kopf gefahren, als ihr auch auch schon alles zur Gewissheit wurde. Sie sah sich schon hinter Kerkermauern schmachten und den kleinen, krummbeinigen Gallego an einem Galgen baumeln. Ein kalter Schauer überfiel sie, der Schweiss trat ihr aus allen Poren und heftig weinend brach sie zusammen.

Was sollte der arme Mann machen? Er hatte kein anderes Mittel, seine Frau zu beruhigen und die Schreckensbilder ihrer Phantasie zu zerstreuen, als dass er ihr haargenau die ganze Geschichte seines Glücks erzählte. Freilich musste sie ihm vorher hoch und heilig schwören, das Geheimnis zu wahren und niemandem ein Sterbenswörtchen von der ganzen Sache zu erzählen.

Unbeschreiblich war die Freude des Weibes! Sie umarmte ihren Gatten inniglich und erdrückte ihn fast mit ihren Liebkosungen. «Nun, Frau», sagte stolz und mit Siegermiene der kleine Wasserträger, «was denkst du nun vom Vermächtnis des Mauren? Fortan schilt mich nicht mehr, wenn ich einem armen Mitmenschen helfe!»

Bald danach wickelte sich der Gallego in seinen Schafpelz, legte sich in eine Ecke der Hütte und schlief so gut und fest wie in einem Himmelbett. Nicht so seine Frau. Sie schüttete den ganzen Inhalt seiner Taschen auf die Bodenmatte und zählte die ganze Nacht arabische Goldmünzen, probierte sich Halsbänder, Armreifen und Ohrringe an und malte sich dabei aus, was sie einmal tun werde, wenn sie sich ihres Schmuckes öffentlich erfreuen durfte.

Am folgenden Morgen nahm der ehrliche Perejil ein dickes Goldstück und ging damit zu einem Händler auf dem *Zacatín*, um es zu verkaufen. Er erzählte dem Juden, dass er es auf der Alhambra unter den Trümmern eines Turms vor einiger Zeit gefunden hätte. Der biedere Geschäftsmann sah die maurische Inschrift und wusste sofort, was die Münze wert wart. Er bot aber wenig Geld dafür und zahlte nur ein Drittel des wirklichen Verkaufspreises, womit der Wasserträger vollkommen zufrieden sich auf den Weg machte und froh und glücklich seine Einkäufe besorgte. Er erstand neue Kleider für die Kinder, kaufte Spielsachen und dazu Fleisch und Lebensmittel für ein kräftiges Mahl. Dann kehrte Perejil in seine Wohnung zurück und verteilte alle Gaben unter die Kinder, die er um sich herum tanzen liess, während er in ihrer Mitte, als glücklichster aller Väter, Luftsprünge machte, die einem Hanswurst alle Ehre gemacht hätten.

Die Frau des Wasserträgers hielt ihr Versprechen des Stillschweigens mit überraschender Pünktlichkeit. Umgeben von Klatschbasen und Gevatterinnen ging sie mit geheimnisvollem Blick herum und trotz ihres frohen Herzens, das jeden Augenblick übergehen wollte, hielt sie mit lobenswerter Ausdauer ihren Mund, und das war wirklich bei dieser Frau allerhand. Zwar konnte sie es nicht unterlassen, sich ein wichtiges Ansehen zu geben und etwas gross zu tun. So entschuldigte sie sich bei den Freundinnen wegen ihres etwas zerschlissenen Kleides, das in Wirklichkeit voll Speck und Schmutz war, und schwätzte davon, dass sie bald eine neue *basquiña,* einen mit goldenen Borten besetzten Falten-Rock und eine neue Spitzenmantilla haben werde. Auch, so erzählte sie ihren erstaunt aufhorchenden Nachbarinnen, habe ihr Mann die

Absicht, sein Gewerbe als Wasserträger aufzugeben, da die schwere Arbeit seiner Gesundheit wirklich nicht bekömmlich sei. Ebenso werde sie während der heissen Sommermonate aufs Land gehen, um mit ihren Kindern frische Gebirgsluft zu atmen, weil ja für bessere Leute Granada im Juli und August unerträglich sei.

Bei solchen und ähnlichen Worten schauten sich die Basen und Freundinnen der Frau Wasserträgerin mit vielsagenden Blicken an und lächelten still und stumm vor sich hin. Hinter ihrem Rücken allerdings begannen sie zu tuscheln und huscheln, zu spotten und zu lachen, denn alle waren davon überzeugt, dass ihre *comadre* plötzlich an Grössenwahnsinn leide.

Das alles wusste sie natürlich ganz genau; dumm war sie ja nie gewesen! Wenn sie jedoch nach aussenhin zurückhaltend war, so hielt sie sich dafür zu Hause schadlos und freute sich ihres Schatzes und Reichtums. Sie behing sich mit orientalischen Schnüren und Perlketten, streifte Spangen und goldene Ringe über Arm und Finger, steckte sich mit Diamanten besetzte Nadeln ins Haar und krönte sich eigenhändig mit einem maurischen Diadem. So angetan segelte sie wie der Wirbelwind durch die Stube, dass die Lumpen, die ihren schönen Leib nur spärlich umhüllten, auf und nieder flogen und der arme Perejil oft mehr sah, als notwendig gewesen wäre. Dann beschaute sie sich wieder im Spiegel und freute sich ihres Anblicks. Ja! —einmal trieb sie ihre Einfalt und Eitelkeit sogar dazu, sich am Fenster zu zeigen um zu sehen, welchen Eindruck ihr Putz auf die Vorübergehenden mache.

Das Unglück wollte aber, dass gerade in diesem Augenblick der Barbier Pedrillo Pedrugo untätig in seiner Bude sass und menschenfreundlich darüber nachdachte, wem er wohl eins auswischen könne, als sein stets wachsames Auge von dem Funkeln eines Diamanten getroffen wurde. Mit einem einzigen Sprung war er bei seinem Guckloch und sah in der Hütte gegenüber das Weib des Wasserträgers im Schmucke einer morgenländischen Braut am Fenster stehen. Kaum hatte er ein genaues Inventar der Wertsachen aufgenommen, als er auch schon im Sturmschritt zum *alcalde* lief und ihm hastig alles erzählte. In wenigen Minuten war der ausgehungerte *alguacil* wieder auf der Fährte hinter dem armen Wasserträger her, und ehe es noch Abend ward, da stand der Unglückliche abermals vor seinem ungnädigen Richter.

«Du ganz gemeiner Schurke, wie geht das zu?» rief der erbitterte Stadtvater. «Du erzähltest mir, dass jener Ungläubige, der in deinem Haus auf so rätselhafte Art gestorben ist, nichts als eine leere Schatulle hinterlassen habe, und nun höre ich zu meiner Überraschung, dass dein lumpiges Weib sich daheim mit Perlen und Diamanten schmückt. Hundesohn! Gib die Beute heraus und bringe die Habe deines unglücklichen Opfers sofort zu mir, um dann am Galgen zu baumeln, der schon längst auf dich wartet.»

Der so angeschriene Wasserträger fiel auf die Knie und erzählte in seinem Schrecken ausführlich, wie er zu seinem Reichtum gekommen war. Der geldgierige *alcalde*, der habsüchtige *alguacil* und der hinterhältige Barbier hörten voll Staunen dieses maurische Märchen von verzauberten Schätzen. Der Gerichtsdiener brachte bald den Mauren daher, der bei der Beschwörung als Fachmann mitgewirkt hatte. Ungemütlich war dem Moslem zu Mute, als er sich in den Händen dieser Harpyien des Gesetzes sah, doch als er den Wasserträger erblickte, der mit Schafsaugen blöd vor sich hinstierte, da war ihm gleich alles klar. «Elendes Vieh!», zischte er dem ehrlichen Perejil ins Ohr, «habe ich dich nicht davor gewarnt, deiner schlitzmäuligen Alten etwas auszuplaudern?»

Die Erzählung des Moslem stimmte genau mit der des Wasserträgers überein; aber der *alcalde* stellte sich hartgläubig und drohte beiden mit Gefängnis, Galgen und strengen Untersuchungen.

Doch der Muselmann war nicht auf den Kopf und noch viel weniger auf den Mund gefallen und erklärte ruhig und besonnen den anwesenden Vertretern von Recht und Gerechtigkeit: «Nur immer mit Umsicht voran, guter *señor alcalde*! Lassen wir nicht Geld und Glück dadurch entfliehen, dass wir allzu gierig danach greifen! Niemand —ausser uns— weiss etwas von der Sache. Wir wollen also das Geheimnis bewahren! Es sind Schätze genug in der Höhle, um uns alle reich zu machen. Versprecht eine ehrliche Teilung, dann wird alles ans Licht des Tages geschaffen werden! —Schlagt sie nicht ab, denn die Höhle würde für immer verschlossen bleiben.»

Der *alcalde* besprach sich umgehend mit dem *alguacil*, und der alte Lump flüsterte seinem Vorgesetzten leise ins Ohr: «Versprecht alles, bis Euer Gnaden sich in den Besitz des Schatzes gesetzt haben. Dann könntet Ihr ihnen ja wieder alles nehmen, und sollte der Maure oder gar sein Mitschuldiger murren, so droht ihnen mit dem Scheiterhaufen und dem Schandpfahl, den von Gott und seiner Kirche gewollten gerechten Strafen für Ungläubige und Zauberer.»

Dem Alcalden gefiel der Plan. Es glättete sich seine Stirne, und treuen Blickes schaute er zum Mauren hinüber, als er diesem freundlich sagte: «Das ist eine wirklich ganz seltsame Geschichte. Sie kann wahr sein, ich gebe es zu, aber um mich davon zu überzeugen, müsst ihr noch in der heutigen Nacht in meiner Gegenwart die Beschwörung wiederholen. Ist wirklich ein Schatz vorhanden, so wollen wir denselben brüderlich unter uns teilen, und über die Sache soll Gras wachsen. Habt ihr mich aber belogen, dann erwartet keine Gnade von mir! Bis zum Abmarsch und zur Klärung des Falles bleibt ihr als Gefangene hier im Kotter.»

Der Maure und der Wasserträger gingen herzlich gern auf diese Bedingungen ein, denn sie wussten, dass die Tatsachen die Wahrheit ihrer Ausage bestätigen würden.

Gegen Mitternacht brach der *alcalde* in aller Stille auf. Ihn begleitete der Gerichtsdiener und der aufdringliche Bartputzer. Alle drei waren gut bewaffnet, führten sie doch den Mauren und Perejil als Gefangene mit zur Alhambra hinauf. Es trippelte auch des Wasserträgers Esel nach, der dann später den gehobenen Schatz in die Stadt hinuntertragen sollte. Ohne gesehen zu werden kamen sie bis zum Turm *de los Siete Suelos* hin, banden dort den Esel an einen Feigenbaum und stiegen in das vierte Gewölbe hinab, wo die Stiege aufhörte und der nackte Felsboden zum Vorschein kam.

Die Rolle wurde hervorgeholt, die gelbe Wachskerze angezündet, und der Maure las mit lauter und fester Stimme die geheimnisvolle Beschwörungsformel. Die Erde bebte und der Boden tat sich mit donnerähnlichem Rollen und Dröhnen weit auf, und wieder wurde die Stiege sichtbar, die ins Innere der Erde zu führen schien. Der *alcalde*, sein *alguacil* und der *Barbier*, Hasenfüsse und Feiglinge erster Sorte, wie Tyrannen und deren Kreaturen es immer zu sein pflegen, waren derart vom Schrecken erfasst, dass sie nicht den Mut aufbrachten, in die bewusste Schatzkammer hinabzusteigen. Der Moslem aber und der Wasserträger taten es mit Seelenruhe und fanden im untersten Gewölbe wieder die beiden maurischen Wachen stumm und steif dasitzen. Der granadinische Muselmann aus Tanger wählte zwei Krüge voll Goldmünzen und Edelsteinen aus, —man konnte merken, dass er von diesen Dingen was verstand, —und der Wasserträger trug sie nacheinander hinauf. Der Gallego war bestimmt ein kräftiger Mann und ans Lasttragen gewöhnt, aber jetzt wankte er unter der Schwere des Kruges, und als er beide Amphoren dem Esel aufgeladen hatte, da ging das Tier in die Knie und konnte sich nur mit Mühe wieder aufrichten.

«Wir wollen jetzt zufrieden sein», sagte der Maure; «hier haben wir so viele Wertstücke, dass wir wirklich reich sind und nun in Ruhe leben können, ohne dass die Gefahr einer Entdeckung bestünde.»

«Ist vom Schatz noch etwas unten», fragte arglistig der *alcalde*?

«Das Wertvollste von allem», antwortete der Maure; «eine riesige Truhe voll Perlen und Edelsteinen von unermesslichem Wert; sie ist aber mit Stahlbändern im Boden verankert.»

«Männer! Diese Kiste müssen wir haben. Auf, ans Werk!», rief der *alcalde*.

«Ich steige nicht hinab», sagte der Maure mürrisch; «ich habe genug, —mehr ist überflüssig.» «Und ich», sagte der Wasserträger, «will keine Last mehr heraufschleppen, denn mehr würde meinem armen Esel den Rücken brechen.»

Der *alcalde* musste nun erleben, dass Befehle, Drohungen und auch Bitten gleich vergeblich waren. Er wandte sich also an seine beiden Spiessgesellen und befahl ihnen: «Helft mir die Kiste heraufschaffen! Ihren Inhalt wollen wir unter uns teilen!» Er ging voraus, schreckensbleich folgten ihm der Gerichtsdiener und der Barbier.

Der Maure schaute ihnen nach, und als er sah, dass sie wirklich unten waren, verlöschte er die Kerze. Krachend schloss sich der Boden wieder und die drei Ehrenmänner blieben im Schoss der Erde vergraben.

Dann eilte er die verschiedenen Treppen herauf und hielt nicht eher an, als bis er unter freien Himmel war. Perejil zappelte ihm nach, so schnell als es ihm seine kurzen Beine erlaubten.

«Was hast du getan?», rief der Wasserträger, sobald er wieder Atem schöpfen konnte. «Der *alcalde* und die beiden anderen sind in dem Gewölbe eingeschlossen.»

«Lieber Freund! Es ist Allahs Wille!», sagte der Moslem mit frommer Stimme.

«Und willst du sie nicht wieder erlösen?», fragte ängstlich der Gallego.

«Davor bewahre uns Allah und sein Prophet!», erwiderte der Maure, sich ernst den Bart streichend. «Es steht nämlich im Buch des Schicksals geschrieben, dass sie verzaubert bleiben sollen, bis in der fernen Zukunft irgendein Mensch den Bann bricht. Gottes Wille geschehe!» Bei diesen Worten warf er den Kerzenstumpf weit ins Unterholz, das den Berghang deckte.

Mithin war also die Sache abgeschlossen, und der Maure und der Wasserträger zogen froh mit ihrem Esel zu Tal, der unter der schweren Last oft schwankte und zu stürzen schien. Perejil unterhielt sich mit seinem langohrigen Freund, den er glücklich den Krallen des Gesetzes entreissen konnte. Er herzte und küsste ihn, und in der Tat wusste man nicht, was im Augenblick dem einfachen Burschen mehr Freude machte, —der Gewinn des Schatzes oder die Wiedererlangung des Esels.

Die beiden Gefährten teilten ihre Beute wirklich brüderlich und ohne Streit, und wenn auch der Maure eine grosse Vorliebe für Perlen und Edelsteine zeigte, und es so einzurichten wusste, dass derlei Wertsachen auf seine Seite kamen, so schob er dann dem Wasserträger immer Schmuckstücke aus gediegenem Gold hinüber, die fünfmal grösser waren, wobei letzterer zufrieden und einverstanden nickte. Bald verliessen sie den Schauplatz ihrer frühren Tätigkeit, um in anderen Ländern sich ungestört ihres Reichtums erfreuen zu können. Der Maure kehrte nach Afrika in seine Vaterstadt Tetuán zurück, und der Gallego schlug mit Weib und Kind und Esel den kürzesten Weg nach Portugal ein. Hier wurde er unter Anleitung seiner Frau ein Mann von Rang und Namen. Er hiess nun klingend *Don Pedro Gil*; sein langer Körper mit den kurzen Beinen steckte in Wams und engen Hosen; den mächtigen Schädel schmückte ein Federhut neuester Mode und am Koller hing ein Degen. Seine Nachkommenschaft gedieh wundervoll, wenn auch alle etwas krumme Beine hatten, was aber ihrer Fröhlichkeit keinen Abbruch tun konnte. Die *señora Gil* zog stolz wie ein Gockel durch die Strassen, vom Kopf bis zu den Füssen mit Fransen, Spitzen und Troddeln behängt; an allen Fingern trug sie glitzernde Ringe, als Muster einer schlumpigen Eleganz, die alle Neureichen auszeichnet.

Was den Alcalden und seine Helfeshelfer betrifft, so blieben sie unter dem grossen Turm mit den unterirdischen sieben Stockwerken begraben und warten dort auch heute noch auf ihre Befreiung. Wenn allerding einmal irgendwo kupplerische Barbiere, gaunerhafte *alguaciles* und bestechliche *alcaldes* fehlen sollten, dann möge man sie suchen; allerdings, wenn sie bis dahin auf ihre Erlösung warten müssen, dann wird die Verzauberung bestimmt bis zum «Jüngsten Tag» dauern, denn Lumpen sterben ja nie aus.

DIE SAGE VON DER ROSE DER ALHAMBRA
ODER DER PAGE MIT DEM GEIERFALK

Als die spanischen Mauren ihr Königreich, Granada und die Alhambra den siegreichen Christenheeren übergeben hatten, und auf dem Bergfried der alten Pfalz das kastillisch-aragonesische Banner wehte, da war die herrliche Stadt am Genil durch Lustren die Lieblingsresidenz des königlichen Hofes. Doch folgende Erdbeden, die Häuser und alte arabische Türme in Trümmer warfen, verscheuchten den Adel und die Granden aus diesem Paradies auf Erden. Granada und die Alhambra begannen ihren Dornröschenschlaf, aus dem sie selten und nur für ganz kurze Zeit geweckt wurden.

So verflossen viele Jahre in ärmlicher Ruhe; kein königlicher Gast zeigte sich auf der Burg, keine Feste wurden gefeiert, keine Aufmärsche belebten die Strassen der Stadt und kein Hofklatsch die Salons. Der Adel schloss seine Paläste, leer standen bald die Schlösser der Junker, und die Alhambra schien in ihren vernachlässigten Gärten ein Opfer der Zeit zu werden. Die *torre de las Infantas*, wo einstens die drei schönen Prinzessinnen wohnten, zeigte schon Sprünge und Risse, und Quadersteine begannen zu zerbröckeln. In den Wohnräumen der drei holden Schwestern, in den Zimmern Zaydas, in den Hallen Zoraydas und in den Erkern und Nischen und auf den Balkonen, wo Zorahayda träumte, da nisteten Fledermäuse und Käuze, Eulen und Uhus, während Spinnen in Unzahl ihre feinen Fäden von einer Decke zur anderen zogen. Wenn nun auch hie und da einmal an Bauwerken und Gebäuden herumgepfuscht und ausgebessert wurde, so war bei derartigen Arbeiten immer der Turm der Prinzesinnen vergessen worden. Ob es absichtlich oder unabsichtlich geschah, das kann nicht festgestellt werden, doch ist sicher, dass die damaligen Bewohner mit einer gewissen scheuen Furcht zum Turm hinüberblickten, denn allerlei gruselige Geschichten sollten sich dort zugetragen haben und fallweise noch vorkommen. Wie allen bekannt sein dürfte, starb die jugendliche Zorahayda einsam und traurig in einem der Prachtzimmer dieses Turms. Man erzählt sich nun, dass viele Leute in hellen Mondnächten sie noch nach Jahren gesehen hätten: sinnend sass das schöne Königskind neben dem Springbrunnen in der grossen Halle, oder traurig wandelte ihr Geist über Treppen und Stiegen, durch Gänge und Gemächer. Auch auf der Zinne des Turms sah man ihre Alabastergestalt, während Wanderer draussen im Tal den Klang ihrer Laute und arabische Melodien gehört hatten.

Noch einmal sollte Granada sich jedoch seiner vergangenen Grösse bewusst werden. Ein Königspaar wollte die Flitterwochen oben auf der Alhambra verbringen, wo Maurenfürsten und Sultaninnen sich ehemals umarmten. Es ist allbekannt, dass Philipp V. der erste Bourbon auf spanischem Throne war. Ebenso dürfte jedermann wissen, dass er in zweiter Ehe die schöne Elisabeth von Parma geheiratet hatte, und so durch eine wahre Kette von zufälligen Ereignissen, ob glücklich oder unglücklich, das bleibt dahingestellt, ein französischer Prinz und eine rein italienische Prinzessin zusammen in Spanien regierten. Ganz Granada arbeitete fieberhaft an der Restaurierung und dem Aufputz von Stadt und Alhambra, um Landesvater und Landesmutter würdig empfangen und beherbergen zu können. Mit der Ankunft des Hofes und der Hofhaltung kam bald Leben in die eben noch verödeten Paläste, in die verlassenen Herrenhäuser und einsamen Schlösser. Trommelwirbel und Trompetenstösse tönten über Höfe und Plätze, vor den Toren stampften Rosse, Ehrenwachen im vollen Schmuck der Waffen bezogen ihre Posten, Geschütze an den Aussenwerken und Fahnen auf den Zinnen erinnerten an den alten Glanz der Alhambra, als sie noch Schutz und Trutzburg war der spanischen Muselmänner. Aber in ihrem Innern herrschte der Geist von Versailles. Hier vernahm man das Rauschen von Seidenwäsche, die vorsichtig leisen Schritte der Höflinge, die unterdrückten Stimmen antichambrierender Minister und Aristokraten. Pagen und Ehrenfräulein wandelten flirtend durch die Gärten, und aus den offenen Fenstern stahl sich der Klang der Musik und das glückliche Lachen froher Menschenkinder.

Im Gefolge der Monarchen befand sich auch *Ruiz de Alarcón*, der Lieblingspage Elisabeths, und das soll allerhand heissen, denn jeder Dienstmann der schönen Italienerin zeichnete sich durch äussere Reize, virile Schönheit und geistige Vorzüge aus. Der junge Mann hatte gerade sein achtzehntes Lebensjahr vollendet, war hübsch, schlank und anmutig wie Antinous aus Bithynien, der Liebling Kaiser Hadrians. Seine Königin verehrte er voll Hingabe und Achtung, war aber mit anderen ein etwas gar zu vorlauter Grünschnabel, eigensinnig und von den Damen bei Hof verzogen; mit Frauen wusste er weit besser umzugehen, als seiner Jugend bekömmlich gewesen wäre.

Dieser Page streifte eines Tages müssig durch die Gärten des Generalife und genoss die schöne Aussicht auf die Alhambra. Zur Unterhaltung hatte er den Geierfalken der Königin mitgenommen, und als ein Vogel aus dem Gebüsch aufstieg, nahm er schnell dem Beiztier die Haube ab und liess es fliegen. Der Falke stieg hoch in die Luft, stiess wild auf seine Beute herab und... verfehlte sie. So schnell wollte sich nun der Vogel nicht wieder die Kappe über den Kopf stülpen lassen. Er flog also mit starkem Flügelschlag davon und liess den Pagen rufen und schreien. Dieser blickte dem Lieblingstier seiner Königin entsetzt nach bis er sah, dass sich der Vogel weit draussen bei der Ringmauer auf einen hohen Turm niederliess, dort wo eine tiefe Schlucht die königliche Residenz vom Generalife trennt. Es war die «*torre de las Infantas*».

Unternehmungslustig lief Alarcón dem Falken nach, stieg entschlossen die Klamm hinunter und näherte sich dem Turm, auf dessen Zinnen der Vogel hockte. Klarerweise hatte jedoch dieser Wehrturm von der Talseite her keinen Zugang, und seiner Höhe wegen musste sich der feurige Page den Gedanken aus dem Kopf schlagen, ihn von aussen zu erklettern. Er machte also einen Umweg der Festungsmauer entlang, bis er endlich ein Tor fand, durch das er in den Hof und so auch auf die andere Seite des Turms kommen konnte.

Ermüdet ging er weiter über mehrere wenig gepflegte Plätze und Höfe und stand bald wieder beim steinernen Koloss. Davor lag ein kleiner Ziergarten, und ein von Kletterrosen und Myrthen überwachsenes Gitterwerk schloss diesen ab. Alarcón öffnete leise das Pförtchen und schritt zwischen Blumenbeeten und Sträuchern rasch auf die Turmtür zu. Doch sie war verschlossen und von innen verriegelt. Neugierig schaute er herum, und als erfahrener Hofmann fand er bald einen Spalt im Holz, der ihm nähere Untersuchungen gestattete. Da war ein kleiner maurischer Salon, dessen Wände herrliche Atauriquen und andere Stuckarbeiten zierten. In der Mitte plätscherte lustig ein Springbrunnen, Blumen säumten ihn, und schlanke Marmorsäulen trugen wohlgeformte Hufeisenbögen. In einem blütenreichen Oleanderstock baumelte ein Vogelbauer, aus dem das Zwitschern und Trillern gefiederter Sänger zu hören war. Neben dem Alabasterbecken des Brunnens schnurrte auf einem Schaukelstuhl zwischen weiblichen Handarbeiten ein roter Kater und blinzelte listig zu den Vögeln hinauf. An einem Wandhaken hing eine mit bunten Bändern verzierte Gitarre, während Kastagnetten und Tamburin auf einem kleinen Ziertischchen daneben lagen.

Ruiz de Alarcón war natürlich von diesen Zeugnissen fraulicher Anmut überrascht, denn er glaubte, dass der Turm leer stehe. Er erinnerte sich sogleich an verschiedene Märchen, die von verwunschenen Hallen berichteten, von ehemaligen Bewohnern der Alhambra, deren Geist und Seele noch nicht zur Ruhe gekommen waren und auf Befreiung warteten. Etwas kalt lief es dem sonst gewiss nicht zimperlichen Pagen über den Rücken, als ihn die Katze wild anfauchte, denn leicht konnte es sich um den Hexenmeister handeln, der seine Opfer in der Vogelsteige bewachte, die ihrerseits hart auf den sie befreienden Prinzen warteten.

Doch bald schlug er sich derlei Gedanken aus dem Kopf und klopfte an die Tür. Ein schönes Gesicht lugte oben aus einem kleinen Fenster, wurde aber sofort wieder zurückgezogen, und nur Sekunden konnte er das holde Frauenantlitz bewundern. Er wartete und hoffte, dass die Turmtür geöffnet würde. Doch er wartete vergebens, kein Laut, keine Tritte waren drinnen zu hören, —alles blieb still. Hatten seine Sinne ihn etwa gar getäuscht, oder war diese liebliche Erscheinung die gute Fee des Bergfrieds? Dieser Sache wollte Alarcón resolut auf den Grund gehen und klopfte nunmehr etwas stärker, dass es laut widerhallte. Es erschien auch gleich wieder das liebliche

Gesichtchen oben im Fensterrahmen, das zu einem blühenden Mädchen von etwa fünfzehn Jahren gehörte.

Der Page riss wie ein Blitz sein mit Federn geschmücktes Barett herunter, verneigte sich tief und bat mit höflichen Worten, dass man ihm erlauben möge, auf den Turm zu steigen, um seinen Falken wiederzuholen.

«Ich darf die Tür nicht öffnen, *señor*», versetzte das kleine Fräulein errötend, «meine Tante hat es mir verboten».

«Ich bitte Euch dringendst, schönes Mädchen, öffnet mir—es ist der Lieblingsfalke der Königin. Ich darf ohne ihn nicht in den Palast zurückkehren!»

«Dann seid Ihr also einer der Hofkavaliere?»

«Ja, holde Maid, so ist's. Doch ich werde meine Stelle und die Gunst der Königin verlieren, wenn ich den Falken nicht wiederbekomme.»

«Heilige Jungfrau María! Gerade vor Euch Höflingen hat mich meine gute Tante ganz besonders gewarnt und mir aufgetragen, keinem die Tür aufzumachen.»

«Damit meinte Eure Tante nur die schlechten Kavaliere. Ich bin jedoch keiner von diesen; ich bin nur ein ganz harmloser Page, der alles verliert, was er noch hat, wenn Ihr die kleine Bitte ihm abschlägt.»

Das Herz des Fräuleins wurde von der Not des Pagen gerührt. Es wäre doch Jammer und schade, wenn er wegen einer so geringfügigen Sache der Königin Gunst verlöre und ins Unglück gestürzt würde. Auch gehörte er sicherlich nicht zu jenen gefährlichen Wesen in Wams und engen Hosen, die ihrer Tante nach wahre Kannibalen waren, und wie wilde Panther lauerten, ein nichts ahnendes Mädchen zu überfallen und als Beute zu verschleppen. Der Knabe da vor der Tür war sanft und bescheiden; flehend blickte er zum Fenster herauf, das Barett verlegen in der Hand drehend. Auch sah er recht reizend aus und musste, seinem Gehaben nach, ein anständiger und frommer Junge sein.

Der in Punkto Liebe beschlagene Page merkte gar bald, wie die Turmbesatzung langsam aber sicher sturmreif wurde. Er verdoppelte daher seine Bitten und fand dazu solch rührende Worte, dass es keinem sterblichen Mädchen je möglich gewesen wäre, ihn kaltherzig stehen zu lassen. Langsam kam der kleine Türmer herunter, schob mit zitternden Händen den Riegel zurück, öffnete die Tür und liess den *caballero* eintreten. Hingerissen starrte dieser die holde Maid an, deren zarte Schönheit ihn zu bannen schien.

Ein andalusisches Mieder und die faltenreiche *basquiña* hoben das Ebenmass ihrer Formen hervor. Das Haar trug sie gescheitelt und unten im Knoten des Zopfes stak eine frische rote Rose, wie dies die Landessitte heute noch vorschreibt. Die südliche Sonne hatte ihr Gesichtchen ziemlich gebräunt, aber das erhöhte nur die Lieblichkeit des fraulichen Errötens und den Glanz ihrer bezaubernden Augen.

Ruiz de Alarcón erfasste dies alles in einem Augenblick, hielt sich aber nicht unnötig auf, sondern murmelte nur einige Dankesworte und sprang leichtfüssig die steile Wendeltreppe hinauf, um den Falken zu suchen.

Bald kehrte er mit dem flüchtigen Vogel auf der Faust zurück. Das Mädchen hatte sich mitterweile wieder zu ihrer Handarbeit am Springbrunnen gesetzt und knäuelte emsig einen Strang Seide auf. Doch als sie den Pagen sah, da fielen ihr gleich mehrere Strähnen auf den Boden und die Winde gar auch. Der junge Hofmann sprang eilfertig herzu und hob die Haspel auf, dann beugte er anmutig sein Knie und reichte die Garnwinde ehrfurchtsvoll der kleinen Dame. Dabei ergriff er rasch die ausgestreckte Rechte des Mädchens und drückte einen heissen Kuss darauf, wie er es inniger noch nie getan hatte, selbst bei seiner so schönen Herrscherin nicht.

«*Ave María, señor*», rief das Mädchen voll Verwirrung und Erstaunen, denn so etwas war ihr noch nie passiert!

Der ehrenwerte Page bat allsogleich tausendmal um Entschuldigung und versicherte dem unerfahrenen Kind, dass dies Sitte bei Hof sei, und man auf diese Art einer Dame seine Verehrung zeige.

Ihr Zorn, angenommen dass sie überhaupt zornig war, schwand dahin, doch blieb sie aufgeregt und verlegen. Hochrot bis zu den Haarwurzeln sass sie mit niedergeschlagenen Augen bei der Arbeit, und statt den Strang zu knäueln, verfingen sich die Fäden ineinander.

Der schlaue Page sah und erkannte die Verwirrung im feindlichen Lager und hätte sich diese gern zu Nutzen gemacht. Aber die schönen Redensarten, die er anbringen wollte, blieben unausgesprochen, seine galanten Vorstösse wirkten ungeschickt, seine Künste als Herzensbrecher versagten, und zu seiner Überraschung fühlte er, dass jenes kleine Mädchen vor ihm am Springbrunnen, ihn, den Hofpagen der Königin, schüchtern machte, was selbst den klügsten und erfahrensten Damen aus der französisch-italienischen Gesellschaft bis heute nicht gelungen war.

Das Mädchen hatte in ihrer engelhaften Unschuld und Sittsamkeit einen weit wirksameren Schutz, als mit den Schlössern und Riegeln, die ihre wachsame Tante vorschrieb. Doch wo ist das weibliche Wesen, das für das erste Flüstern der Liebe unempfänglich wäre? Trotz ihrer Unerfahrenheit verstand das kleine Fräulein rein gefühlsmässig all das, was die stammelnde Zunge des Pagen nicht auszudrücken im Stande war, und ungestüm pochte ihr Herzlein jetzt, da zum ersten Male ein Verehrer zu ihren Füssen von Liebe sprach, —und dabei noch ein Anbeter von solcher Art!

Die Schüchternheit des Pagen war zwar wirklich und ungekünstelt, aber nicht von langer Dauer, und schon kam er wieder in den Besitz seiner Kaltblütigkeit und seines Selbstvertrauens, als gerade zur rechten Zeit vom Eingange her eine scharfe Frauenstimme zu hören war.

«Meine Tante kommt aus der Messe zurück!», rief das Mädchen erschrocken, «ich bitte Euch, *señor*, geht fort».

«Nicht eher, als bis Ihr mir die Rose aus Eurem Haar als Andenken gewährt.»

Sie nahm hastig die Rose aus ihren schwarzen Locken und rief: «Nehmt sie, aber ich bitte Euch, macht dass Ihr fortkommt.»

Der wilde Knabe empfing die Rose, bedeckte die Hand die sie ihm reichte mit Küssen, steckte die Blume dann auf sein Barett und sprang mit dem Falken auf der Faust eiligst durch den Garten und über den Zaun davon und nahm das heisse Herz der holden Jacinta mit sich.

Als die wachsame Tante endlich angewatschelt kam, fiel

ihr natürlich sogleich die Unruhe ihrer Nichte auf. Doch mit wenigen Worten war die Sache geklärt. «Ein Geierfalke hatte seine Beute bis in den Salón hinein verfolgt.»

«*Bendito sea Dios*. Gott sei uns gnädig! Wer hat jemals gehört, dass ein Falke bis in den Turm flöge? Ein so verwegenes Tier, selbst unser Vogel im Käfig ist heutzutage nicht mehr sicher!»

Die alte Fredegunda war eine der schlauesten alten Jungfrauen, die es je gegeben hat. Grosses Misstrauen hegte sie gegen die Männerwelt, «das feindliche Geschlecht» wie sie sagte, und ein langes unfreiwilliges Zölibat schien sie in dieser ihrer Meinung nur bestärkt zu haben. Nicht, dass die gute Dame jemals von Vertretern dieses gefürchteten Geschlechtes verfolgt worden wäre oder an dessen Tücken zu leiden gehabt hätte, denn davor schützte sie ihr Aeusseres, aber es ist schon so im Leben, dass Frauen, die keinen Grund haben um sich selbst besorgt zu sein, bereitwilligst ihre hübschen Nachbarinnen bewachen, da diese ja etwaigen Versuchungen ausgesetzt waren und ganz ungewollt danebentreten konnten.

Die Nichte, die schöne Jacinta, war die Waise eines im Kriege gefallenen Obersten. Ihre Jugendjahre hatte das arme Kind in einem Kloster verbracht, aus dem sie erst vor einigen Wochen entlassen wurde, um von ihrer Tante weitererzogen zu werden. Wie eine Rose unterm Dornenstrauch, so erblühte Jacinta in ihrer Abgeschlossenheit an der Seite der alten Fredegunda, und der Vergleich ist nicht zufällig, diese frisch aufknospende Schönheit war selbst den Leuten auf der Festung aufgefallen, die sie poetisch nur «die Rose der Alhambra» nannten.

Die vorsichtige Tante hielt auch fernerhin strenge Wacht und liess die kleine Nichte keinen Augenblick aus ihrer Obhut; wenigstens so lange der Hof mit seinen Kavalieren in Granada weilte, schien der Dame die Sache nicht geheuer. Die gute *Doña* war mit sich selbst recht zufrieden, war doch, ihrer Ansicht nach, all die Wachsamkeit von Erfolg gekrönt, denn niemand belästigte das liebe Mägdelein in der «*torre de las Infantas*». Der gutmütige Hausdrachen ärgerte sich zwar hin und wieder, wenn in Mondscheinnächten aus den Stauden unterm Turm Liebeslieder heraufklangen, die ein feuriger Trobadour zur Laute seiner Minne sang. Bei solchen Gelegenheiten pflegte dann Fredegunda ihre Nichte ernstens zu ermahnen, ja nicht auf diesen Singsang zu hören, da es sich nur um einen Kunstgriff des «feindlichen Geschlechtes» handle, mittels dessen unerfahrene Frauen ins Verderben gelockt werden sollten. Aber mein Gott im Himmel! wie kann ein junges Mädchen einer alten Tante glauben, wenn bei Frühlingsvollmond aus dem Garten ein Ständchen klingt!

Endlich brach König Philipp den Hofaufenthalt in Granada ab und zog mit seinem Gefolge beiderlei Geschlechts davon. Die wachsame Fredegunda wandte kein Auge von dem königlichen Zuge ab, als sich dieser durchs «Tor der Gerechtigkeit» langsam und feierlich nach Granada hinunterbewegte. Wie aber das letzte Banner ihren Blicken entschwunden war und man auch keinen Trompetenton mehr hörte, da kehrte sie voll Freude zum Turm zurück, waren doch alle ihre Sorgen nunmehr zu Ende. Aber welche Überraschung harrte ihrer! An der Gartentür stand ein gesatteltes arabisches Ross und scharrte ungeduldig mit den Hufen im Boden und —oh Schreck!— hinter den Rosensträuchen bei den Nelkenbeeten kniete ein Jüngling in Hoftracht zu Füssen der Nichte! Beim Schall ihrer Schritte nahm dieser zärtlichst Abschied, sprang gewandt über die Verzäunung von Myrthen, schwang sich auf seinen Hengst und war in wenigen Augenblicken verschwunden.

Im Übermass ihres Schmerzes dachte die verliebte Jacinta gar nicht an den Unwillen ihrer Tante. Sie warf sich laut schluchzend an die bebende Brust Fredegundas und rief unter Tränen:

«Weh mir!, er ist fort—er ist fort!—, fort ist er! und ich werde ihn nie wieder sehen!»

«Fort? —Wer ist fort?— was war das für ein junger Laffe, den ich zu deinen Füssen sah?»

«Ein Page der Königin, Tante. Er kam, um sich von mir zu verabschieden.»

«Ein Page der Königin, mein Kind!» wiederholte die wachsame Alte laut, halb ohnmächtig vor Schreck, «und wann hast

du die Bekanntschaft mit diesem Pagen der Königin gemacht?»
«Damals als der Geierfalke in den Turm flog. Es war der Falke der Königin, und er kam, um ihn wiederzuholen.»

«Oh du heilige Einfalt! Wisse du dummes Ding; dass kein Falke jemals so gefährlich werden kann, wie diese leichtlebigen Hofschranzen, die sich ohne Barmherzigkeit auf einfältige Vögel, wie du einer bist, herabstürzen und in ihre Krallen nehmen.»

Als die Tante so erfuhr, dass sich ungeachtet ihrer gerühmten Wachsamkeit fast unter den ureigenen Augen ein zartes Liebesverhältnis angesponnen hatte, da war sie natürlich äusserst ungehalten. Aber als sie fand, dass die kleine Jacinta auch ohne den Schutz von Schloss und Riegel allen Tücken und Angriffen des «feindlichen Geschlechtes» siegreich widerstanden hatte und aus der Feuerprobe unversengt hervorgegangen war, da tröstete sie sich voll Stolz auf ihr Werk. Hoch zufrieden mit sich selbst sagte sie, dass solche Charakterstärke nur die Folge der keuschen und sittsamen Grundsätze sein könne, in die sie das Mädchen sozusagen bis zu den Fersen getaucht habe, wie weiland Achilles Mutter den späteren Helden von Troja.

Während die resolute Tante diesen lindernden Balsam auf ihren verletzten Stolz streute, wiederholte sich die Nichte die oft gesprochenen Gelöbnisse ewiger Treue und hütete den Schatz der ersten Liebe im Herzen. Aber was bedeutete Liebe und Treue einem ruhelos umherschwärmenden Hofmann? Sie sind einem flüchtigen Strome gleich, der eine zeitlang am Ufer mit jeder Blume tändelt, dann aber weiterfliesst und alles zurücklässt.

Tage, Wochen, Monate gingen dahin, und der Page liess nichts von sich hören. Die Granatäpfel reiften, die Reben wurden geschnitten, die Fluten des Herbstregens stürzten in Strömen von den Bergen. Die Sierra Nevada hüllte sich in einen dichten Schneemantel, und die Winterstürme heulten durch die leeren Hallen der Alhambra; —der Page gab keine Nachricht! Wieder kam der Frühling, Blüten, Blumen, Vogelsang und linde Lüfte. Auf den Bergen schmolz der Schnee. Nur der Gletscher auf dem *Mulhacén* blieb und glitzerte durch die schwüle Sommerluft. Immer noch hörte man nichts von dem vergesslichen Pagen der Königin.

Mittlerweile wurde die kleine Jacinta blass und traurig. Ihre früheren Beschäftigungen und Spiele gab sie auf, der Spinnrocken schnurrte nicht, zerrissen lagen die Stränge am Boden, die Gitarre war ohne Saiten, die Blumen vertrockneten und der Vogel blieb unbeachtet. Ihre Augen wurden trüb, die Wangen fielen ein und kein Gesang war mehr zu hören. Wenn irgendein Ort auf der Welt geeignet war, tief die Leiden eines verlassenen Mädchens zu steigern, dann ist es ohne Zweifel die Alhambra, wo alles dazu geschaffen scheint, romantische Träume zu wecken und zärtliche Liebe zu zeugen. Die Alhambra ist das Paradies für Liebende; wie hart muss es also sein, sich in einem solchen Eden einsam zu fühlen und aussichtslos auf eine Liebespost zu warten!

«Ach, du albernes Mädel!» sagte wohl ab und zu die keusche Fredegunda, wenn sie ihre Nichte schluchzend und seufzend voll Trauer antraf, «hab ich dich nicht oft genug vor den Tücken und Gemeinheiten dieser Männer gewarnt? Und was deinen Jüngling anbelangt, denkst du denn wirklich daran, dass der Familienrat dieses ehrgeizigen und stolzen Hauses einer Verschwägerung mit einem mittellosen Geschöpf, wie du es bist, zustimmen konnte? Nie wird der Vater einverstanden sein, dass sein vielversprechender Spross eine unstandesgemässe Ehe eingehe, auch wenn der Jüngling dich wirklich und ehrlich lieb hätte! Merk dir, armes Kind! Gesellschaftliche Schranken sind unübersteigbare Hindernisse. Fass dir daher dein Herz, vergiss und schlag dir diese unnützen Gedanken aus dem Kopf.»

Solche Worte erhöhten nur die Schwermut der kleinen Jacinta, die fortab still und stumm leidend einsame Plätzchen aufsuchte, um so ungestört ihren Gedanken nachzuhängen. So auch einmal in einer schwülen Sommernacht. Die Tante war der Hitze wegen erst recht spät zu Bett gegangen, die verlassene Maid aber blieb noch wach, ging in den *patio* und setzte sich neben den melodisch leise plätschernden Alabasterbrunnen. Traurig starrte sie ins Wasserbecken. —Hier hatte der reuloso Page zuerst gekniet und ihr die Hand geküsst—,

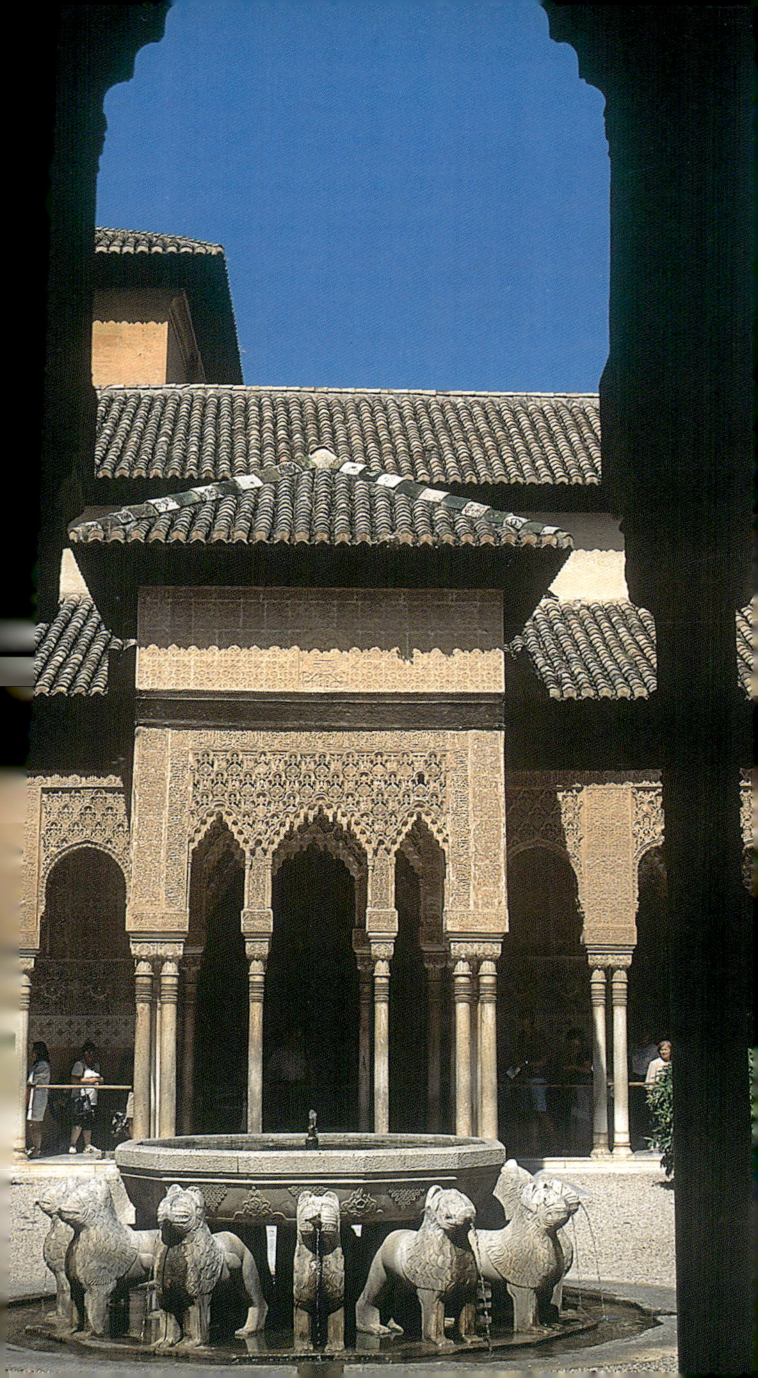

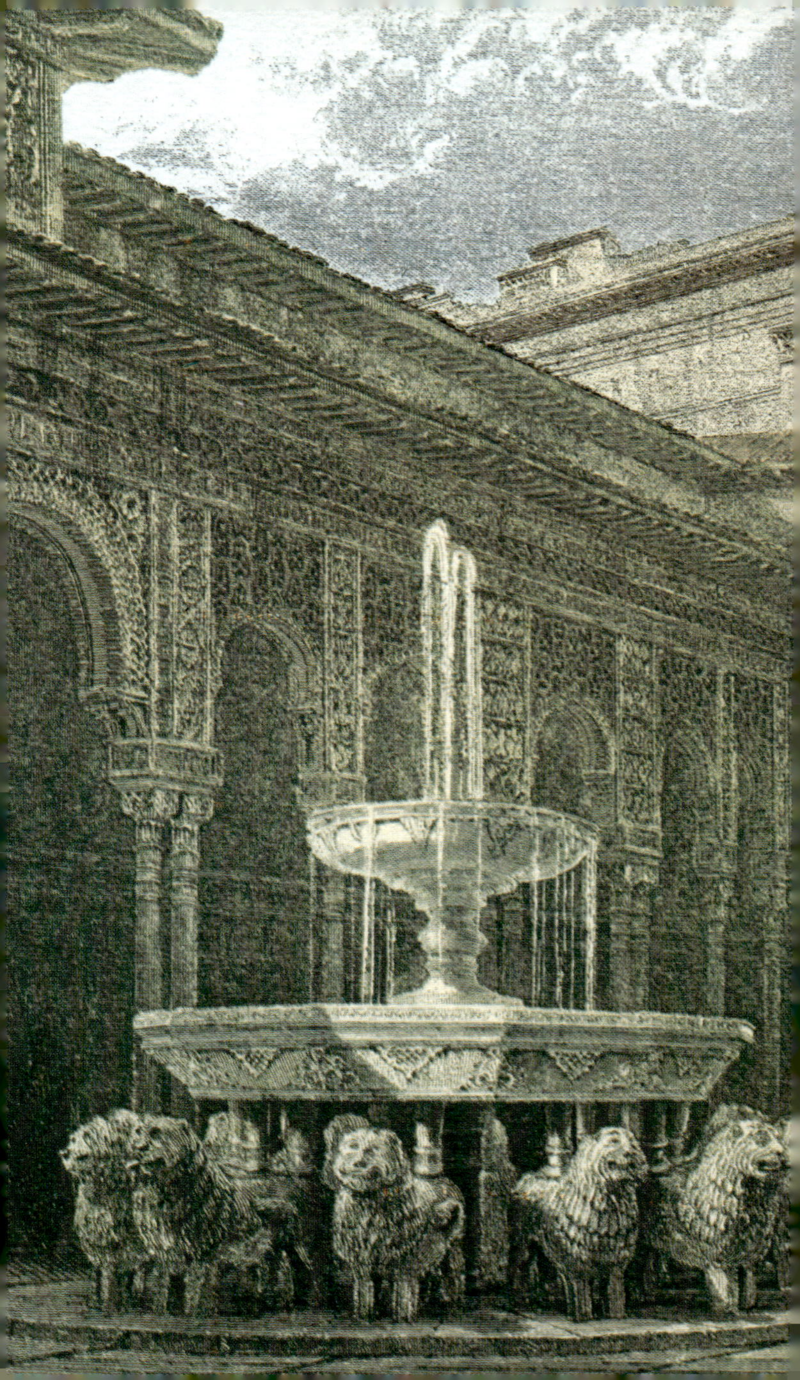

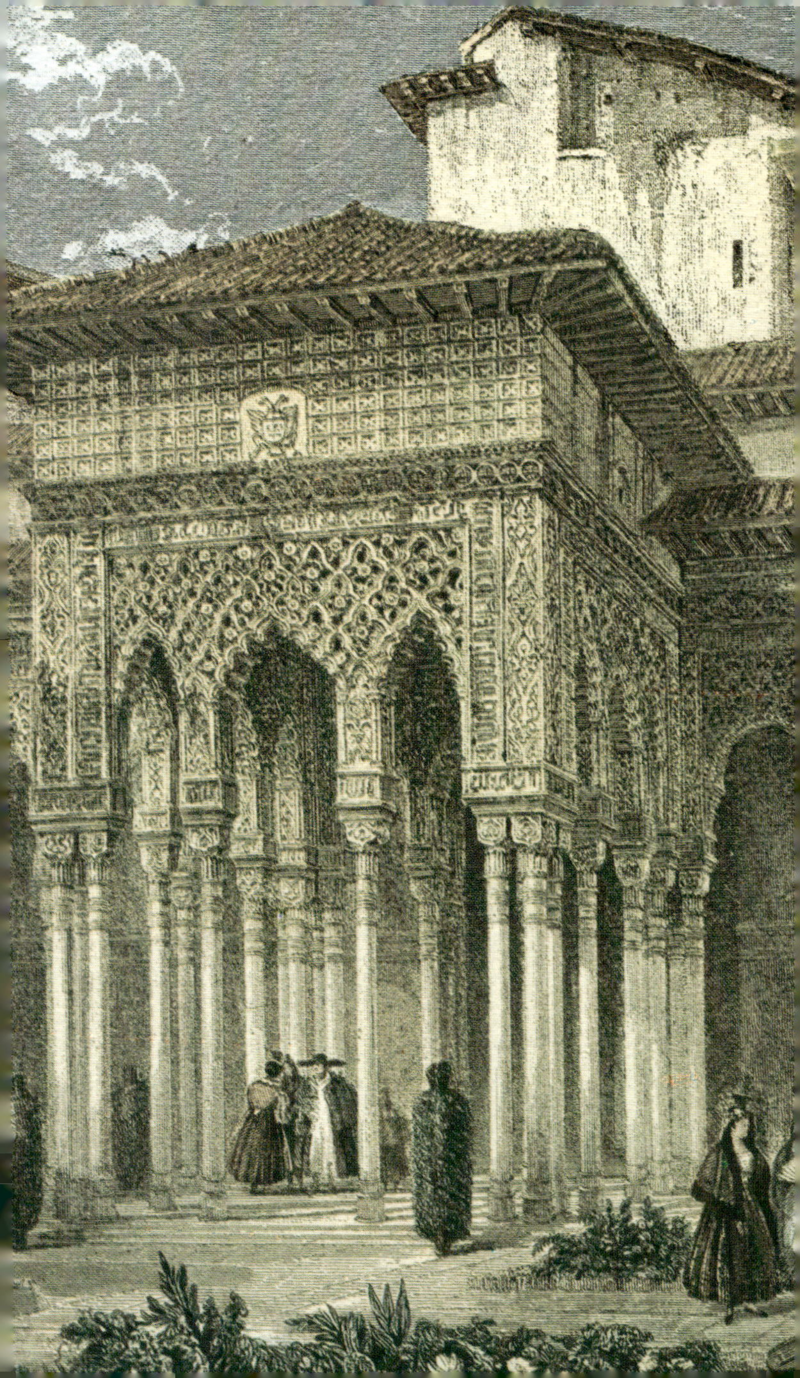

Detail der Dekoration des Löwenhofes.

◀ *Abbildung des Löwenhofes auf einem Kupferstich.*

Teilansicht des Inneren der Alhambra.

Hof des Palastes Karls des V. Säule Karls des V.

Aussenansicht des Palastes Karls des V. ▶

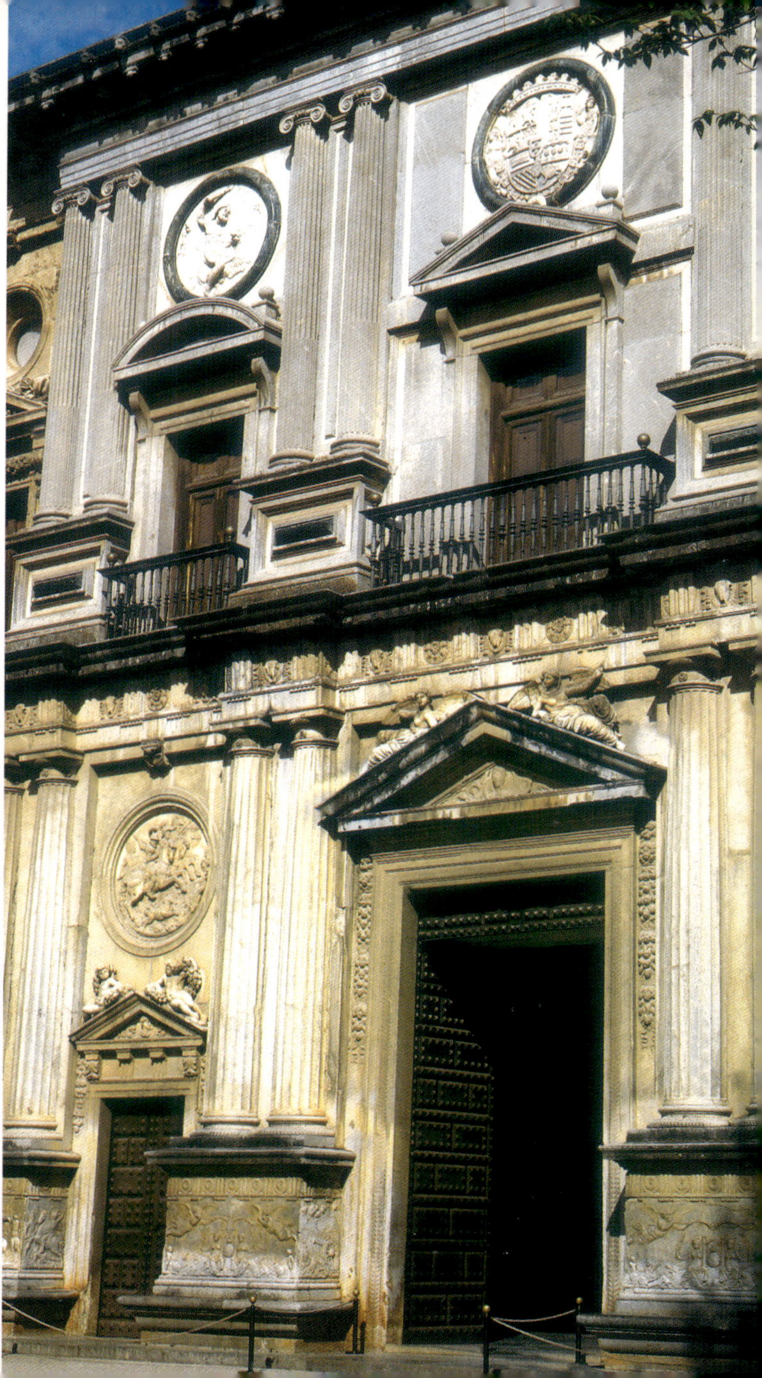

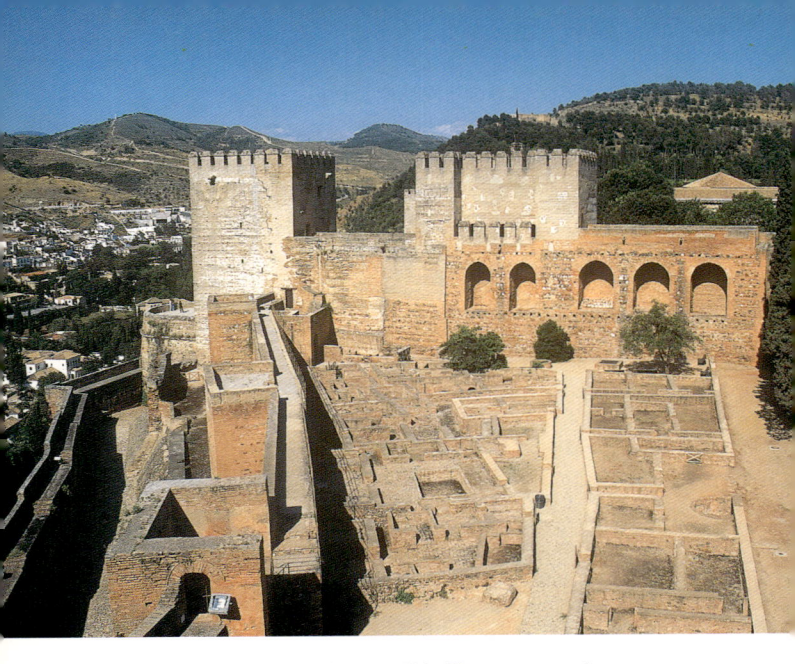

Die Alkazaba vom Vela-Turm aus gesehen.

Die „Allee der Traurigen" (Paseo de los Tristes).

hier hatte er ihr hundertemal ewige Treue geschworen! Das Herz des armen Mädchens war übervoll von zärtlichen und traurigen Erinnerungen, ihre Tränen begannen zu fliessen und fielen langsam, ein Tropfen nach dem anderen in die Brunnenschale. Das kristallklare Wasser begann nach und nach unruhig sich zu kräuseln, brodelte und sprudelte schliesslich heftig, wogte hin und her, und langsam wuchs aus ihm eine weibliche Gestalt heraus, die in reiche maurische Gewänder gehüllt war.

Erschrocken floh Jacinta aus der Halle und kehrte in dieser Nacht dorthin nicht mehr zurück. Am nächsten Morgen erzählte sie eiligst ihrer Tante, was sich zugetragen hatte, aber die alte Dame glaubte nicht an derlei Erscheinungen und hielt alles für ein blosses Trugbild und einen Traum, da das Kind sicher neben dem Brunnen eingeschlafen war, während ihr unruhiger Geist weiter gearbeitet hatte. «Du hast gewiss an die Geschichte der drei maurischen Prinzessinnen gedacht, die einst in diesem Turm lebten», fuhr die alte Dame fort, «und dann hast du eben davon geträumt».

«Was ist das für eine Geschichte? Tante? Ich weiss nichts davon.»

«Aber du wirst doch schon einmal von den drei Prinzessinnen Zayda, Zorayda und Zorahayda gehört haben? Von jenen drei Königstöchtern, die ihr strenger Vater hier in diesem Turm gefangen hielt und sich dann entschloss, mit drei christlichen Rittern zu fliehen? Die zwei älteren Schwestern führten auch wirklich die Flucht aus, die dritte aber brachte dazu den Mut nicht auf, blieb daheim und soll dann an gebrochenem Herzen in diesem Bau gestorben sein.»

«Ja, jetzte erinnere ich mich daran! Ach, wie oft habe ich über das Schicksal der holden Zorahayda geweint!»

«Du magst über das harte Los der Zorahayda weinen», fuhr die Tante fort, «ihr Geliebter war dein Vorfahr! Lange Monate konnte er seine maurische Liebe nicht vergessen und gar arg schmerzte ihn die Wunde im Herzen. Doch die Zeit heilt jeden Kummer, und auch der des jungen Cordobeser Grafen schwand dahin. Nach einem Jahr heiratete er eine spanische Dame, von der du abstammst.»

Jacinta gingen diese Worte ihrer Tante nicht wieder aus dem Sinn. Darüber nachgrübelnd, sagte sie sich: «Das, was ich gesehen habe, ist kein Trugbild des Gehirns, dessen bin ich sicher. Wenn es wirklich der Geist der edlen Zorahayda ist, der in diesem Turm umherwandelt, warum sollte ich mich dann fürchten? Ich will heute Nacht am Springbrunnen bleiben und sehen, ob der Besuch sich wiederholt.»

Um Mitternacht, als alles bereits still war, setzte sie sich daher wieder in die Halle und wartete auf den Beginn der Geisterstunde und auf die Dinge, die sich da tun würden. Endlich tönten vom Wachtturm der Alhambra die zwölf Glockenschläge herüber. Alsogleich begann das Wasser im Brunnenbecken zu brodeln, es wogte hin und her, bis die weibliche Gestalt in maurischer Tracht wieder sichtbar wurde, die langsam aus den Wassern emporschwebte. Sie war jung und schön. Ihr Gewand war reich an Juwelen, und in der zarten Hand hielt sie eine kleine silberne Laute. Jacinta zitterte vor Schreck und es verschlug ihr den Atem, aber die sanfte Stimme der Erscheinung beruhigte sie, und der liebliche Ausdruck ihres bleichen und melancholischen Gesichtes flösste ihr Vertrauen ein.

«Tochter des Sterblichen», sagte in melodiösem Ton die Gestalt, «was fehlt dir? Warum trüben deine Tränen meinen Brunnen, und warum stören deine Klagen die stillen Stunden der Nacht?»

«Ich weine über die Treulosigkeit eines Mannes und beklage mein trauriges Los.»

«Tröste dich, deine Sorgen können bald ein Ende finden. Ich kann dir helfen! Du siehst in mir eine maurische Prinzessin, die, wie du, Unglück in ihrer Liebe hatte. Ein christlicher Ritter, es war dein Ahnherr, gewann mein Herz und bezauberte meinen Sinn. Er wollte mich in sein Vaterland entführen und dort zu einer guten Christin machen. In meinem Innern war ich zwar schon eine Bekehrte, aber meinem Glauben fehlte der Mut und die Kraft, unter die Vergangenheit einen Strich zu ziehen und hoffnungsvoll ein neues Leben zu beginnnen. Ich zauderte und zögerte, bis es eben spät war. Dafür haben nun böse Geister Macht über mich, und ich bin in diesen Turm gebannt und wandle nachts ruhelos umher, bis ein sündenloser Mensch den Mut aufbringt, den Bann zu lösen. Willst du dies tun?

Dann komm zu mir her und fürchte dich nicht! Tauche deine Hand in das Wasserbecken, besprenge mich und taufe mich nach dem Brauch deines Glaubens, so wird der Bann gelöst· und meine gequälte Seele kann endlich die ewige Ruhe finden.»

Das Mädchen trat mit unsicheren Schritten hinzu, tauchte ihre Hand in den Springbrunnen, schöpfte Wasser und goss es über das Haupt des unerlösten Geistes. Gleichzeitig sprach sie: Ich taufe dich...!»

Liebevoll blickte das zarte Gesicht auf Jacinta und lächelte voll unsäglicher Dankbarkeit. Dann liess die Erscheinung die Laute zu den Füssen ihres jugendlichen Täufers gleiten, kreuzte die weissen Arme über der Brust und entschwand allmählich, dass es schien, als wären viele tausende von Tautropfen in das Wasser gefallen.

Von Furcht und Staunen ergriffen floh Jacinta aus dem Saal. Sie schloss diese Nacht kaum ein Auge, und als sie bei Tagesanbruch aus unruhigem Schlaf erwachte, da erschien ihr alles wie ein verworrener Traum. Doch unten in der Halle, dort fand sie die Wirklichkeit der Erscheinung bestätigt, denn neben dem Springbrunnen sah sie in der Morgensonne die silberne Laute blinken.

Sie eilte umgehend zu ihrer Tante und erzählte ihr alles, was sie erlebt hatte. Als Beweis für die Wahrheit ihrer Geschichte wies sie die silberne Laute vor. Alle Zweifel, die die gute Dame noch hegte, schwanden dahin, als Jacinta in die Saiten des Instrumentes griff und demselben so entzückende Töne entlockte, dass selbst die schneeigen Regionen im kalten Busen der keuschen Fredegunda auftauten, der nun gerührt auf und nieder wog. Klar ist es, dass nur übernatürliche Musik solches Wunder vollbringen konnte.

Die ausserordentliche Macht der Laute trat von Tag zu Tag deutlicher hervor. Am Turm vorübergehende Wanderer hielten an und lauschten wie gebannt in atemlosem Entzücken den himmlischen Klängen. Ja, sogar die Vögel sammelten sich auf den Bäumen in der Nähe und horchten in lautlosem Schweigen.

Bald wusste ganz Granada die Neuigkeit und bis in die *vega* hinaus drang die Nachricht von der himmlischen Musik. In Scharen kamen Leute aus nah und fern auf die Alhambra und standen um die *torre de las Infantas* herum, um dem Lautenspiel Jacintas zuzuhören.

Von Haus zu Haus, von Palast zu Palast und von Schloss zu Schloss ging das Gerücht, und so wurde endlich die kleine Künstlerin aus ihrer Abgeschiedenheit und Ruhe herausgerissen und in den Trubel des gesellschaftlichen Lebens hineingezogen. Die Reichen und Mächtigen des Landes stritten sich darum, sie bewirten und als Gast begrüssen zu können, denn der Zauber, der von der Laute ausging, lockte die feine Welt in Unzahl in die Salons, wo Jacinta auftrat. Scharen von Bewunderern und Anbetern folgten ihr auf Schritt und Tritt und ergötzten sich an ihren Liedern, die sie zur Laute sang. Aber keiner der heissblütigen Edelmänner konnte ihr nahetreten, denn treu stand ihr die Tante Fredegunda zur Seite und wachte einem Drachen gleich über sie. Auch drang der künstlerische Ruf Jacintas bis in die anderen Städte Andalusiens. In Málaga, Sevilla, Córdoba, Mérida, in Cádiz und Huelva jubelte man ihr zu. Alles sprach von der schönen Künstlerin, von der Rose der Alhambra. Und bei den sangesfreudigen und ritterlichen andalusischen Menschen konnte es auch gar nicht anders sein; die Künstlerin jung und schön, von Liebe beseelt, und die Laute ein Zauberinstrument, deren Töne ans Herz griffen und ins Gemüt gingen.

Während so ganz Andalusien in musikalischen Freuden schwelgte, war die Stimmung am spanischen Hof wohl grundverschieden. König Philipp V., wie ja bekannt sein dürfte, kein Geisteskind, sondern ein etwas schwachsinniger Hypochonder, der Einfällen und Grillen jeder Art unterworfen schien, hütete wochenlang das Bett und stöhnte und seufzte vor Schmerzen, die er in Wirklichkeit gar nicht hatte. Ein anderes Mal wieder wollte er dem Thron entsagen, was seiner Gemahlin natürlich schon gar keine Freude machte, denn sie fand am Glanz des Hofes und an der Herrlichkeit der Krone, sehr viel Geschmach und führte das Szepter ihres kindischen Ehemanns mit sicherer und fester Hand.

Musik war die beste Medizin für den armen Monarchen, bei deren Klang er förmlich auflebte. Die Königin trug daher Sorge, dass stets die besten Sänger und Tonkünstler sich in der Nähe aufhielten, um sie im Bedarfsfalle umgehend einsetzen zu können. Damals fungierte gerade der berühmte italienische Sänger Farinelli als eine Art von Leibarzt am königlichen Hof.

Nun hatte sich aber des Geistes dieses erlauchten und erhabenen Bourbonensprossen eine Idee bemächtigt, die an Wunderlichkeit alle früheren weit übertraf. Nach einer langen eingebildeten Krankheit, die allen Arien und Sonetten Farinellis und den Konzerten des ganzen Hoforchesters Hohn sprach, entschloss sich der Monarch, probeweise seinen Geist aufzugeben und hielt sich infolgedessen für mausetot.

Das wäre nun an sich ganz harmlos und unwichtig, und für die Königin und die Höflinge sogar bekömmlich gewesen, wenn Ihro Mäjestät sich damit zufriedengegeben hätte und in der einem Toten geziemenden Ruhe verharrt hätte. Doch zum Verdruss aller Hofleute bestand er energisch darauf, dass auch die entsprechende Leichenfeier stattfände und er standesgemäss beigesetzt werden müsse. Auch begann er schon ganz gewaltig zu schimpfen und zu schreien, denn es war seiner Ansicht nach unerhört und eine grobe Verletzung der Dienstpflichten, ihn so lange unbegraben liegen zu lassen. Was sollte man da anfangen? Ein Unding war es, den bestimmt ausgesprochenen Befehlen des Königs nicht zu gehorchen —aber gehorsamst dem Wunsch nachzukommen, das schien selbst dem diensteifrigsten aller Hofschranzen unmöglich, denn es wäre ja offenkundiger Königsmord gewesen!

Während dieser wirklich nicht ergötzlichen Tage kam nun die Nachricht an den Hof, dass in Andalusien eine Künstlerin lebe, deren Gesang wahre Wunder wirke. Die Königin sandte schleunigst Boten ab und ordnete an, dass die kleine Sängerin sich in St. Ildefonso einzufinden habe, wo gerade der königliche Hof weilte.

Als einige Tage später die Königin mit ihrem Schranzen in den prächtigen Anlagen des Schlosses lustwandelte, das mit seinen Bauten, Alleen, Terrassen und Springbrunnen, Blumen und Gärten die Herrlichkeiten von Versailles verdunkeln sollte, wurde ihr die weitberühmete Künstlerin vorgestellt. Elisabeth, ganz Majestät, blickte erstaund auf das jugendliche und so anspruchslose Aeussere des unscheinbaren Wesen, das die ganze spanische Welt in Taumel versetzte. Jacinta trug ihr malerisches andalusisches Kleid, hatte die silberne Laute in der Hand und stand mit bescheiden niedergeschlagenen Augen vor ihrer Landesherrin. Trotz der Einfachheit aber, oder gerade deswegen, kam ihre Frische und Schönheit voll zum Ausdruck, und selbst Neider mussten zugeben, dass sie den Namen «die Rose der Alhambra» mit vollem Recht führte.

Wie gewöhnlich war sie von der stets wachsamen Fredegunda begleitet, welche auf die Fragen der Königin bereitwilligst Auskunft gab und die ganze Familiengeschichte Jacintas ausführlich erzählte. Hoch erfreut war Elisabeth, als sie erfuhr, dass das junge Mädchen einem zwar armen, doch verdienten Geschlecht entstamme und dass ihr Vater als Offizier im Kampfe für Gott, König und Vaterland gefallen war. «Wenn deine Begabung deinem Rufe gleichkommt», sagte sie, «und du die bösen Geister austreibst, von denen dein König besessen ist, dann lass mich künftig für dich sorgen. Du wirst es nicht bereuen, denn bei mir sollst du bleiben, wo Ehren und Reichtum deiner harren.»

Und ungeduldig, die Geschicklichkeit des Mädchens zu erproben, ging die Königin alsbald voraus und ins Gemach ihres schwermütigen Gemahls.

Jacinta folgte ihr mit gesenktem Blick und ging durch eine Reihe von Wachen und Scharen von Höflingen, welche sie neugierig angafften. Endlich kamen sie in ein grosses, schwarz ausgeschlagenes Zimmer. Die Fenster waren geschlossen und mit dicken Tüchern verhängt, so dass kein Lichtstrahl eindringen konnte. Eine Anzahl gelber Wachskerzen in silbernen Stehleuchtern und Kandelabern verbreiteten einen düsteren Schimmer, daher konnte man nur schwach und wie Schattenrisse die Gestalten von stummen Dienern in Schwarz und von Höflingen erkennen, die geräuschlos und mit Trauermienen herumschlichen und nur darauf zu warten schienen, dass aus der Marotte eines geistesschwachen Königs endlich Wahrheit werde. Mitten in diesem Raum stand ein Paradebett, und darauf lag mit über der Brust fromm gefalteten Händen der nach dem Grabe verlangende Monarch, bedeckt mit dem Familienbanner, so dass nur die Nasenspitze sichtbar ward.

Die Königin trat schweigend in das Gemach, zeigte auf einen Fusschemel in einer dunklen Ecke und gab der Jacinta einen Wink, sich niederzusetzen und anzufangen.

Diese griff allsogleich in die Saiten und schlug die Laute mit zitternder Hand. Doch während des Spielés fasste sie Mut und freute sich selbst am Klang des Instruments, dem sie fast überirdische Harmonien entlockte. Alle Anwesenden waren vor Staunen und Entzücken ausser sich, und der das Sterben ausprobierende Philipp wähnte sich bereits im schönen Jenseits bei Sphärenmusik und dem Gesang von Engeln neben dem Thron des Allerhöchsten. Nach und nach wählte die kleine Künstlerin andere Melodien und schliesslich hörte man auch ihre Silberstimme zum Saitenspiel. Sie sang eine alte maurische Ballade von der Alhambra und den Muselmännern in Andalusien und deren Heldentaten im Kampf fürs Königreich Granada. Jacinta lebte ihre Rollen mit Leib und Seele, mit der Alhambra war ja die Geschichte ihrer grossen Liebe verwebt. Das Totengemach hallte wieder von dem begeisterten Gesang. Er drang in das düstere Herz des Monarchen. Dieser hob sein Haupt und schaute um sich, dann setzte er sich auf, starrte ins Leere, seine Augen fingen an zu glänzen, —endich sprang er aus dem Bett und von der Bahre auf den Boden, stellte sich breitspurig auf und rief mit lauter Stimme nach Panzer, Schild und Schwert.

Der Sieg der Musik war vollständig und die Zauberlaute erfüllte, was man von ihr wusste und erzählte: der Geist der Schwermut war verscheucht und gewissermassen ein Toter dem Leben wiedergegeben. Die Fenster des königlichen Gemachs wurden geöffnet, dass Spaniens helle Sonne bis in den letzten Winkel scheinen konnte. Alle schauten nun nach der lieblichen Zauberin, die solches vollbracht hatte. Der aber war die Laute entfallen und sie selbst sank zu Boden, wurde aber gerade noch zur rechten Zeit von *Ruiz de Alarcón* aufgefangen, in die Arme geschlossen und an die Brust gedrückt.

Die Hochzeit wurde bald darauf gefeiert. Der König und die Königin waren Trauzeugen, ein hoher Geistlicher sang das Tedeum, und voll Freude zog das glückliche Paar nach den Festlichkeiten auf das Schloss bei... —doch halt— hör ich den Leser fragen, wie hat Ruiz de Alarcón sein langes Schweigen entschuldigt? O, daran war einzig sein alter Vater schuld, der stolz und eigensinnig keine arme Schwiegertochter haben wollte. Ausserdem begraben und vergessen junge Liebesleute allen Hader, Zank und Verdruss, sobald sie sich wieder haben und wieder sehen!

Aber wie war es möglich, dass der harte Vater endlich doch in die Heirat einwilligte?

Auch das ist leicht erzählt. Zwei oder drei Worte der Königin brachten den alten Hidalgo bald zum lächeln, und freudigst gab er seinen väterlichen Segen, als Jacinta der erklärte Liebling der Monarchin war. Dann gab es ja auch noch die Laute mir ihren Zaubermelodien, die den härtesten Kopf lenkten und noch ins kälteste Herz drangen, um es umzustimmen und nur Liebe und Freude schenken zu lassen.

Und was wurde aus der Wunderlaute?

O, das ist das Merkwürdigste von allem und beweist deutlich die Wahrheit dieser ganzen Geschichte. Die Laute blieb eine Zeitlang in der Familie, wurde dann aber, wie man vermutete, von dem grossen Sänger Farinelli aus blossem Brotneid mitgenommen. Nach seinem Tode ging sie in Italien in andere Hände über, wo man von ihrer geheimnisvollen Macht nichts wusste. Einer von den neuen Besitzern schmolz das Silber ein und bezog mit den Saiten eine alte cremoneser Geige, so dass auf dieses Intrument etwas von der früheren Zauberkraft überging... Ein Wort dem Leser ins Ohr, aber bitte streng geheim—diese Geige bezaubert jetzt die ganze Welt—es ist die Geige Paganinis!

DER VETERAN

Zu den merkwürdigsten Bekanntschaften, die ich dort oben auf der Alhambra machte, gehört ohne Zweifel ein alter kriegsversehrter Obrist des Invalidenkorps, der in einem der verwitterten Türme der Maurenpfalz einem wilden Habicht gleich horstete. Gern und oft erzählte der Haudegen seine Lebensgeschichte; aber immer lauschte ich mit Interesse und Freude den Berichten von Unfällen und Todesgefahren, Abenteuern und Widerwärtigkeiten, die in gleicher oder ähnlicher Weise das Leben aller Spanier von Rang und Namen kennzeichnen und es so seltsam, bewegt, bunt und wunderlich gestalten, wie es in den spannend geschriebenen «*Abenteuern des Gil Blas*» berichtet wird.

Mit zwölf Jahren war unser Oberst schon in Amerika und rechnet es zu den bedeutendsten und glücklichsten Ereignissen seines bestimmt bewegten Lebens, den General Washington persönlich gesehen zu haben. Er hatte an allen Kriegen seines Vaterlandes teilgenommen und schlug sich tapfer im Mutterland und in den Kolonien. Allerdings waren ihm auch viele Kerker und Gefängnisse auf der Halbinsel bekannt, was bei der wechselvollen politischen Geschichte Spaniens nicht Wunder nehmen darf. An einem Fuss war er lahm geschossen, seine Hände verstümmelt, der Schädel zerhauen und der Körper zerschlagen und zerhackt. Er glich einem wandelnden Mahnmal, an dem Gefechte und Schlachten verzeichnet waren, wie am Baum Robinson Crusoes die Jahre der Gefangenschaft auf der einsamen Insel. Während der Zeit der Franzosen-Kriege befehligte er in Málaga die dortigen Truppen mit Umsicht, derart, dass ihn die Einwohner jener wichtigen Küstenstadt taxfrei zum General machten, damit er sie gegen den einfallenden Feind führe. Aber gerade diese Ernennung sollte für den braven alten Herrn von dauerndem Unglück sein, denn aus dieser seiner obersten Führertätigkeit liessen sich eine ganze Menge von gerechten Forderungen an den Staat ableiten, die ihn, wie ich befürchte, bis zu seinem Tod mit dem Schreiben von Eingaben und Gesuchen beschäftigen werden, was ganz bestimmt zu seiner Beruhigung beiträgt, aber auch zur völligen Erschöpfung seiner Börse und zur Belästigung seiner Freunde und Bekannten, von denen ihn keiner besuchen kann, ohne ein langweiliges Aktenstück anhören und ein Dutzend Streitschriften nach Hause mitnehmen zu müssen. Dies ist aber in Spanien überall so! Allenthalben stösst man aud irgendeinen ehrenwerten Herrn, der im Winkel sitzend über ein ihm willfahrenes Unrecht nachbrütet und mit den Behörden auf Kriegsfuss steht. Überdies kann man fest behaupten, dass jeder Spanier, der an Behörden oder Amtspersonen Eingaben zu machen oder gar Forderungen zu stellen hat, sich für den Rest seines Lebens als vollbeschäftigt betrachten darf.

Ich besuchte mehrmals den alten Veteranen in seinem Quartier im oberen Teil der *Torre del Vino*, dem so genannten Weintor. Das Zimmer des Hagestolzes war klein, aber recht nett und hatte eine herrliche Aussicht auf die Vega von Granada; die Einrichtung einfach, wie es sich für einen Soldaten geziemt. Drei sauber geputzte Musketen und ein Paar hell glänzender Pistolen hingen an der Wand, daneben ein schwerer Reitersäbel und der Krückstock des Invaliden. Den Abschluss darüber bildeten zwei dreispitzige Hüte, einer für die Paraden und der andere für den täglichen Gebrauch. Auf einem kleinen Gesimse standen etwa ein halbes Dutzend Bücher, von denen ein alter zerschlissener Band philosophischer Maximen seine Lieblingslektüre war. In dieser Schwarte blätterte und grübelte er Tag für Tag, und wandte jede Maxime auf sich selbst an, vorausgesetzt natürlich, dass sie einen leisen Beigeschmack von Bitterkeit hatte und von der Ungerechtigkeit der Welt und ihrer Bewohner handelte.

Bei all dem ist er aber ein recht gutmütiger und geselliger Herr, und wenn man ihn für eine Zeit von seinen Gedanken abbringen konnte, dann war er sogar ein überaus unterhaltender Gesellschafter. Ich habe eine grosse Vorliebe für diese alten, wetterharten und vom Schicksal zerzausten Männer und finde an ihren schmucklosen Kriegsanekdoten immer grossen Gefallen. Während meiner Besuche beim Veteranenobrist erfuhr ich einige interessante Tatsachen von einem früheren Festungskommandanten, dessen Schicksal in Krieg und Frieden dem seinen glich, da auch er vergebens auf den Dank des Vaterlandes wartete.

Diese mir bekanntgegebenen Einzelheiten erforschte ich gründlich bei einigen alten Bewohnern des Platzes, wobei mir der Vater meines *Mateo Jiménez* grosse Dienste erwies, da ja gerade der Held der Geschichte, den ich den Lesern vorstellen werde, in seinen Erzählungen immer eine Hauptrolle spielte.

DER STATTHALTER UND DER NOTAR

So amtierte einmal auf der Alhambra als Statthalter Seiner Majestät des Königs von Spanien ein braver Kavalier, der im Kriege einen Arm verloren hatte, und daher unterm Volk der «einarmige Statthalter» oder el *Gobernador Manco* genannt ward. Voll Stolz bekannte sich der mutige Kämpe zum Kriegerstand, was man ihm schon äusserlich anmerkte. Seinen Schnauzbart zwirbelte er steif bis in die Augenwinkel hinauf; er verschmähte feine Aristokratenschuhe und schöne Kleider und trug nur Stulpstiefel und Kommissuniform. An seiner Seite rasselte ständig ein schwerer Reitersäbel aus bestem toledaner Stahl, in dessen Korb er sein Schneuztuch unterbrachte.

Er war aber auch ein sehr empfindlicher Herr, der ehrgeizig und eifersüchtig darüber wachte, dass ja niemand seine Privilegien der Statthalterschaft antaste und man die ihm gebührenden Ehrenbezeigungen erweise. Die Alhambra war nämlich königliche Residenz und landesherrliches Gut, mit besonderen Vorrechten ausgestattet, die unter des «*Manco*» Fuchtel aber schon ganz genau eingehalten und beobachtet werden mussten. Niemand durfte mit Feuerwaffe oder Säbel, ja nicht einmal mit einem Stock versehen die Feste betreten, wenn der Besucher nicht einen ganz bestimmten Rang einnahm, und sein Name in den diesbezüglichen Ordonanzen aufschien. Jeder Reiter musste am Tor absitzen und sein Pferd am Zügel führen, denn es war verboten, hoch zu Ross im Burghof zu erscheinen. Wenn man nun bedenkt, dass sich der Hügel, auf dem die Alhambra steht, mitten im Stadtgebiet befindet und aus Granada wie ein zu ihm gehörender grosser Turm emporragt, dann wird es jedermann verständlich sein, dass er zwischen dem königlichen Statthalter auf der Burg und dem Provinzialchef und Korpskommandeur unten unbedingt zu Reibereien kommen musste. Letzterem war, was ja klar ist, dieser eingesprengte fremde Gebietsteil, in dem er nichts zu wollen und zu sagen hatte, ein Dorn im Auge, der schon sehr lästige Schmerzen verursachen konnte, wenn auf der Maurenpfalz oben ein etwas unzugänglicher Herr sass. Jetzt war dieser Fall eingetreten;

peinlich genau und mit reizbarer Eifersucht wachte der alte Haudegen auf der Burg darüber, dass ja niemand seine Privilegien antaste und sich in Fragen seiner Autorität einmenge. Aber noch ein anderer Umstand kam dazu, der beide Amtspersonen betraf, und einer dringenden Regelung bedurfte, was aber beim vorliegenden Kompetenzstreit fast unmöglich war: Im Laufe der Jahre hatten sich nämlich im Festungsgebiet auf der *asabica* eine Menge von Zigeunern und Landstreichern eingenistet, die von dort aus auf Kosten der ehrlichen Stadtbewohner ein freies Räuberleben führten und wie hungrige Ratten über das Eigentum der Bürger Granadas herfielen, während sich beide Autoritäten darüber stritten, wessen Polizei und Scharfrichter zu amtieren hätte.

Zwischen dem General unten im Korpskommando und dem Veteranenoberst oben auf der Alhambra herrschte also ein Streit und Hader, der sich sehen lassen konnte. Wie überall auf der Welt, so führte auch hier der kleinere der beiden benachbarten Machthaber den Federkrieg mit ganz besonderer Hartnäckigkeit und Ausdauer, wobei an giftigen Worten nicht gespart wurde. Der prächtige Palast des Generalkapitäns und Provinzialchefs von Granada stand auf der *Plaza Nueva* am Fusse des Festungshügels. Geschäftig liefen Leute hin und her, Beamte und Bediente kamen und gingen, fremde Gesandtschaften statteten ihre Besuche ab, Wachen paradierten und Truppen defilierten vor ihrem General. Oben aber auf einer vorspringenden Festungsbastion, von wo aus man den Platz beherrschte, da schritt festen Trittes der alte Oberst-Statthalter auf und ab, den rasselnden Säbel an der Seite, den Federhut fest in die faltige Stirn gedrückt, und beobachete funkelnden Auges seinen unlieben Nebenbuhler, gleich einem Habicht, der von einem Baum aus nach Beute sucht.

So oft unser braver Oberst in die Stadt hinab musste tat er dies in grossem Staat, hoch zu Ross von einer Ehrenwache umgeben oder in seiner Staatskarosse, einem altspanischen unbehilflichen Fahrzeug aus geschnitztem Holz und vergoldetem Leder, das acht Maultiere aus dem staatlichen Gestüte zogen. Es gab Vorreiter, Läufer und Lakaien. Adjutanten und Veteranen *a la suite*, ein prunkvoller Aufzug, dessen Veranstalter grosse Freude daran hatte, den Zuschauern, wie er meinte, Furcht und Respekt einzuflössen. Doch die Witzbolde von Granada und die um den Gouverneurspalast herumlungernden Speichellecker, solche soll es auch anderswo geben, verhöhnten die armselige Pracht des Kriegshelden und sprachen von einem Bettlerkönig, dessen Untertanen sich stehlend ihr Brot verdienten. Eine der Hauptursachen der zwischen den tapferen Nebenbuhlern statthabenden Kompetenzstreitigkeiten war eine alte königliche Verordnung, nach der jeder für die Besatzung bestimmte Proviant und Furage abgabenfrei durch die Stadt auf die Festung geliefert werden konnte, ein Privileg, das einen schwungvollen Schleichhandel zum Aufblühen brachte. Eine Bande von Schmugglern und Paschern liess sich in den Hütten und Höhlen um die Festung nieder und betrieb im stillschweigenden Einverständnis mit den Soldaten der Besatzung ein einträgliches Geschäft.

Eines Tages wurde nun dem hohen Generalgouverneur die Sache doch zu bunt. Es musste Abhilfe geschaffen werden, sollte er nicht unterm Volk von Granada sein Gesicht verlieren. Er zog also seinen amtlichen Notar zu Rate und liess sich von dieser alten Kanzlistenseele zweckdienlich über die Rechtslage informieren. Der schwindsüchtige Schreiber wartete schon lange darauf, dem schneidigen Frontsoldaten auf der Alhambra verwaltungstechnisch eins auswischen zu können, und er riet dem General, auf seinem Recht zu bestehen und jede Zufuhr zur Alhambra, die die Stadt passierte, zu untersuchen. Diesen seinen Vorschlag begründete er in einer langen Eingabe voll juristischer Spitzfindigkeiten, in deren Netze sich unser Oberst verfangen sollte. Dieser aber war ein etwas derber doch offener und ehrlicher Soldat, der alle Schreiber und Notare im allgemeinen und den *escribano* des Generals im besonderen mehr als alle Teufel hasste.

«Was!», schrie er wild und drehte sich den Ratzen zornig in die Höh, «der Federfuchser des Generals will mich in Verlegenheiten bringen? Ich werde ihnen zeigen, dass sich ein alter Soldat nicht verblüffen lässt.»

Er griff zur Feder und kritzelte in rauher Handschrift einen kurzen Bericht, in welchem er, ohne auf Beweise näher einzugehen, auf seinem Rechte bestand, dass jede durch die Flagge der Alhambra gedeckte Zufuhr freien Durchgang habe und nicht kontrolliert werden dürfe. Auch bedrohte er jeden Zöllner mit seiner persönlichen Rache, der sich unterstehe, seine dreckigen Finger in die für die Besatzung bestimmten Menagesäcke zu stecken. Während nun diese so heikle Frage zwischen den beiden pedantischen Machthabern erörtert und behandelt wurde, geschah es, dass eines Tages ein mit Vorräten für die Festung beladenes Maultier zum Tore des Genil kam, um dort durch eine Vorstadt von Granada zur Alhambra zu gelangen. Den Geleitzug befehligte ein alter und mürrischer Korporal, der lange unter dem Statthalter schon bei der Truppe gedient hatte und ein Mann nach dessen Herzen war, rostig und zuverlässig wie eine alte Klinge aus feinstem Stahl. Als sich die Männer von der Alhambra dem Stadttor näherten, breitete der Korporal seine Hoheitsflagge über den Packsattel des Mulos, richtete sich kerzengerade auf und setzte sich an die Spitze des Zuges. Erhobenen Kopfes schritt er voran, aber mit den vorsichtigen Seintenblicken eines bissigen Köters, der durch feindliches Land läuft und zum Knurren und Beissen jederzeit bereit ist.

«Halt! Wer da!», rief die Wache am Tor.

«Soldat von der Alhambra, wie ihr an der Flagge sehen könnt», antwortete der Korporal, ohne den Kopf zu wenden.

«Was führt ihr mit», fragte der Posten weiter.

«Proviant für die Besatzung.»

«Passiert!»

Der Korporal zog vom Geleite gefolgt weiter, hatte aber nur wenige Schritte gemacht, als ein Haufen bewaffneter Zöllner aus einem kleinen Diensthaus laufend sich auf den Konvoi stürzte.

«Halt!», rief ihr Anführer. «Maultiertreiber, halt und öffne deine Säcke.»

Blitzartig machte der Korporal eine Kehrtwendung und nahm wie auf dem Exerzierplatz eine fertig Stellung ein. «Achtet das Banner der Alhambra», sagte er ernst, «es ist Proviant für den Statthalter».

«Ich frage den Teufel nach deinem Statthalter und noch viel weniger um seine Flagge! Eseltreiber, halt, habe ich befohlen!»

«Haltet das Tier auf eure Gefahr an!», rief der Korporal, den Hahn seiner Muskete spannend. «Maultierführer: Vorwärts!»

Der Mann gehorchte dem Befehl seines Vorgesetzten und gab dem Mulo einen tüchtigen Stoss in die Rippen. Doch der Zöllner sprang vor und fiel dem Tier in die Zügel, worauf der Korporal sein Gewehr in Anschlag brachte und den Beamten niederschoss.

Die Strasse war sofort in Aufruhr. Der alte Korporal wurde ergriffen und mit Ketten beladen in das Staatsgefängnis abgeführt, was allerdings nicht so schnell vonstatten ging, denn vorher und auf dem Weg dorthin erhielt er manche Stösse, Schläge und Prügel. Eine liebevolle Behandlung seitens des Pöbels, gand und gäbe hier in Spanien, als Vorgeschmack der nachfolgenden amtlichen Strafe. Die Kameraden des Korporals liess man nach der Alhambra weiterziehen, nachdem vorher ihre Ladung gründlich untersucht worden war.

Der alte Statthalter geriet in grimmige Wut, als ihm von dieser Beleidigung seiner Flagge und von der Gefangennahme und Behandlung seines Korporals gemeldet wurde. Eine Zeitlang tobte er in den maurischen Sälen herum und fluchte dann mit blitzenden Augen von der Bastion auf den Palast des Generals hinunter. Als er so seinem ersten Grimme Luft gemacht hatte, fertigte er einen Boten ab und forderte in energischen Worten die Auslieferung des Korporals, der unter seinem Befehl und also auch unter seiner Gerichtsbarkeit stünde. Der General, vom schadenfrohen *escribano* juristisch beraten, antwortete lang und breit und führte aus, dass der Korporal von ihm gerichtet werden müsse, da das Kapitalverbrechen innerhalb der Stadtmauern und an einem seiner besten Beamten begangen worden sei. In einem neuen Dienstschreiben wiederholte der Statthalter militärisch kurz und exakt seine Forderung. Des Generals Faktotum, der Notar, verfasste eine Gegenschrift voll juristischer Schlingen und Schlageisen. Der alte Oberst wurde immer hitziger und bestimmter in seinen Forderungen, der General immer kühler und ausführlicher in seinen Repliken, bis das Löwenherz oben auf der Alhambra wirklich vor Wut tobte und kochte, und sich in den Netzen des spitzfindigen Schreibers und Rechtsverdrehers verfing.

Während der schlaue *escribano* sich auf Kosten des Statthalters köstlich unterhielt, leitete er natürlich auch gleichzeitig das Verhör des Korporals. Dieser war in einem engen Loch des Gefängnisses eingesperrt und konnte nur duch ein kleines vergittertes Fenster hindurch seinen Kameraden sein trotziges Gesicht zeigen und ihre Tröstungen entgegennehmen.

Der Amtsschimmel häufte unterdessen wahre Berge von Schriftstücken, Zeugnissen und Aussagen auf, denn nicht nur anderswo sondern auch hier in Spanien wiehert diese Art von Schimmel. Der Korporal wurde des gemeinen Mordes überführt, was aus den Akten ja alles klar hervorging, und zum Tod durch den Strang verurteilt.

Vergeblich sandte der Statthalter Proteste und Drohungen von der Alhambra hinunter. Der Tag der Urteilsvollstreckung kam heran, und man brachte den Korporal *en capilla*, damit er so in der Kapelle des Gefängnisses vor der Hinrichtung noch einen kurzen Tag Zeit habe, über sein nahes Ende nachzudenken und seine Sünden zu bereuen. Ein frommer Brauch, der in Spanien allen Verbrechern zu gute kommt.

Als der alte Obrist also sah, dass es ums Ganze ging, beschloss er persönlich einzugreifen und nach dem Stand der Dinge zu sehen. Er liess seine Staatskutsche anspannen und rumpelte von Wachen umgeben den Weg von der Alhambra in die Stadt hinunter. Er fuhr direkt vor das Haus des ehrenwerten *escribano* und liess diesen an die Tür rufen.

Die schwarzen Augen des Statthalters funkelten wie glühende Kohlen, als er den schmunzelnden Paragraphenschmied und Rechtsverdreher herankommen sah.

«Was muss ich hören», rief er,. «Ihr wollt einen meiner Soldaten hängen lassen?»

«Alles dem Gesetze gemäss. Alles in strengster Form des Rechtes, dem ich mit meiner ganzen Seele diene», sagte kichernd der selbstzufriedene Notar und rieb sich vor Vergnügen die Hände. «Ich kann Eurer Exzellenz die ganzen Akten und

Zeugenaussagen vorlegen, die den Fall klar beleuchten und eindeutig beurteilen lassen.»

«Bring die Papiere her», sagte der Statthalter. Der Notar eilte geschäftig in seine Schreibstube zurück, voll Freude darüber, dass sich nun eine neue Gelegenheit geboten habe, seinen juristischen Scharfsinn auf Kosten des ehrenwerten Veteranen entfalten zu können.

Er kehrte bald mit einer Tasche voll von Papieren zurück und fing an, mit handwerksmässiger Zungenfertigkeit eine lange Zeugenaussage vorzulesen. Mittlerweile hatte sich eine grosse Menge von Menschen angesammelt, die neugierig mit ausgestreckten Hälsen und offenen Mäulern den Worten des *escribano* lauschten und der Dinge harrten, die sich da tun würden.

«Höre, Mann», sagte der Obrist, «steige zu mir in den Wagen, damit ich dich fern von diesem verfluchten Gesindel besser hören und verstehen kann.»

Der Schreiber setzte sich stolz in den Wagen. In einem Augenblick danach wurde die Tür des Wagenschlages geschlossen, der Kutscher hieb ein, die Lakaien sprangen auf ihre Plätze—Mulos, Wagen, Wachen und Vorreiter, alles stob wie ein Wirbelwind polternd davon und liess die gaffende Menge zurück. Der Oberst-Statthalter ruhte nicht eher, als bis er den Amtmann in einen der festesten Kerker der Alhambra gesperrt hatte.

Er schickte sodann ein Dienstschreiben in die Stadt zum General hinab, dem er den Abschluss eines Waffenstillstandes und den Austausch der Gefangenen—des Korporals und des Notars—vorschlug. Doch des Generals Stolz war arg verletzt. Er gab mit wegwerfenden Worten eine abschlägige Antwort und lies mitten auf der *Plaza Nueva* einen starken Galgen errichten, auf dem der arme Korporal, als Opfer eines Kompetenzstreites, baumeln sollte.

«Aha! Das ist deine Absicht!», sagte der *Manco*, als er die leicht verständlichen Vorbereitungen der Henkersknechte des Stadtoberhauptes sah. Also gab auch er die ihm zweckdienlich scheinenden Befehle. Augenblicklich wurde von seinen Leuten am Rand der grossen vorragenden Bastion, die den

Platz vor dem Generalspalast überschaute, ebenfalls ein Galgen aufgerichtet. Umgehend liess er dann dem Generalgouverneur melden: «Hängt meinen Korporal, wenn es Euch beliebt. Aber in demselben Augenblick, in dem er über dem Platze schwebt, werdet Ihr Euren *escribano* in den Lüften sich regen sehen!»

Der General blieb unbeugsam. Truppen marschierten ins Karree, Trommeln wirbelten, Glocken läuteten und der Platz füllte sich mit Neugierigen beiderlei Geschlechtes und jeden Alters, denn niemand konnte sich doch ein solches Schauspiel entgehen lassen. Der Statthalter seinerseits stellte die Festungsbesatzung in Paradeformation auf der Bastion auf und liess dem Notar von der *Torre de la Campana* die Todesglocke läuten.

Da drängte sich unten auf der *Plaza Nueva* die Frau des *escribano* durch die Zuschauer und schob sich mit ihrer ganzen Nachkommenschaft, mehr als ein Dutzend Embryo-Kanzlisten zerrten an ihrem Kittel, bis zum Kommandoplatz vor, warf sich dort dem General zu Füssen und flehte ihn an, seinem Stolz nicht das Leben ihres Gatten, ihr und ihrer zahlreichen Kinder Wohl zu opfern, «denn», sagte sie, «Ihr kennt den alten Oberst oben auf der Alhambra zu genau und wisst, dass er kein Redhaus ist sondern seine Drohung durchführt. Sobald Ihr den Soldaten hängt, wird auch mein Mann, der Vater dieser unschuldigen Würmer den gleichen Tod erleiden müssen.»

Der General liess sich von ihren Tränen, vom Geschrei und den Klagen der noch ungefiederten Kanzlistenbrut rühren. In Mönchskutte und Kapuze, dem üblichen Galgenkleid aller amtlichen Todeskandidaten, wurde der Korporal zur Alhambra hinaufgeschickt. Aufrechten Ganges, mit hoch erhobenem Kopf und ohne mit einer Wimper zu zucken, schritt er langsam durch die Menge, dann den steilen Weg zur Festung, durchs Burgtor und meldete sich stramm militärisch bei seinem Oberst. Dem Uebereinkommen gemäss wurde nun die zitternde Kanzlistenseele, mehr tot als lebendig, aus seinem Kerker hervorgezogen und vor den eintatzigen Statthalter geführt. Des Schreibers List und aufdringliche Geschwätzigkeit war dahin!

Sein Blick war niedergeschlagen und schlaff hingen ihm die dürren Arme von den schmalen Schultern. Furchtsam schaute er manchmal auf, als fühle er den Galgenstrick um den Hals.

Der Statthalter stemmte seinen Arm, der ihm geblieben war, fest in die Seite, schaute den *escribano* einen Augenblick an und sagte dann lächelnd: «In Zukunft, mein Freund, mässigt Euren Eifer, andere an den Galgen zu befördern. Seid Eurer Sache nie zu gewiss, selbst wenn Ihr das geschriebene Recht auf Eurer Seite zu haben glaubt! Und vor allen Dingen hütet Euch künftig, Euer Mütchen an einem alten Soldaten kühlen zu wollen oder Eueren Schulwitz an einem Krieger zu versuchen!»

DER STATTHALTER UND DER SOLDAT

Damals, als der einarmige Haudegen, *Gouverneur Manco* oben auf der Alhambra autoritär sein Regiment führte, da liefen allzeit Klagen ein, dass die Festung und deren Glacis eine Brutstätte und ein Zufluchtsort für Lumpen, Diebe, Schmuggler und Pascher geworden wäre. Über diese wirklich ehrenrührigen Vorwürfe erbittert, beschloss der alte Herr radikal durchzugreifen und eine ganz unerwartete Reform durchzuführen. Er schlug kräftig zu und ging schneidig ans Werk. Ziegeunerhöhlen, die wie Waben an den Hängen klebten, wurden ausgeräuchert und Hütten und verborgene Winkel von lichtscheuem Gesindel gereinigt. Ununterbrochen überwachten Soldaten seiner Garnison Wege und Stege, die zur Festung hinaufführten, und hielten alles Volk zur Ausweisleistung an.

An einem klaren Sommermorgen rastete nun eine solche Streife an der Gartenmauer des Generalife neben der Strasse, die vom «Sonnenberg» herab nach Granada führte. Der Führer dieser wackeren Schar war jener alte mürrische Korporal, der sich bei der Notargeschichte einen Namen gemacht hatte und seitdem mit ganz wichtigen Missionen betraut wurde. Plötzlich stutzten die Männer der Streife und griffen rasch zu ihren Waffen..., von ferne her hörte man das Aufschlagen von Pferdehufen und die abgerissenen Akkorde eines alten Kampfliedes Hochkastiliens.

Bald darauf sahen sie einen stämmigen, braungebrannten Kerl in zerlumpter Uniform daherkommen, der ein feuriges maurisch aufgezäumtes Pferd am Zügel führte.

«Eine wirklich merkwürdige Sache», dachte der Korporal, zwirbelte sich den Bart und überschaute strengen Auges seine Truppe, die aufgesprungen war und nun vor ihm stand, —ein Hornist und zwei Mann. Entschlossen trat der Korporal auf den Weg hinaus und rief mit lauter Stimme: «Halt! Wer da?»

«Gut Freund!»

«Wer und was seid Ihr?»

«Ein armer Soldat, der eben aus dem Kriege kommt, mit

Narben bedeckt und zerschlagenen Schädel, doch mit leerem Beutel, als Dank des Vaterlandes.»

Unterdessen standen sich die Männer forschend gegenüber, massen sich mit den Augen, und der Korporal warf seinen Leuten einen vielsagenden Blick zu, denn der Kerl vor ihnen schaute wie ein wahrer Galgenvogel aus.

Ein schwarzes Pflaster quer über die Stirne hin und der graue ungepflegte Stoppelbart gaben seinem Gesicht einen verwegenen Ausdruck, und man sah es dem Reservisten an, dass er auch dem Teufel trotzen konnte.

Mit seinen schielenden Augen listig zu den Soldaten hinüberblinzelnd sagte er höflich: «Darf ich Sie, meine Herrn, fragen, was das für eine Stadt ist, die ich dort unten am Fusse des Hügels sehe?»

«Was für eine Stadt?», rief lachend der Trompeter; «wirklich, eine überaus dumme Frage. Treibt sich dieser Kerl, seit weiss ich wie lange, in der Gegend herum, kommt den Sonnenbergweg herunter und fragt uns nun nach dem Namen der grossen Stadt Granada!»

«¡Granada! ¡Madre de Dios! Um des Himmels Willen! Ist das möglich?»

«Vielleicht nicht!», versetzte der Trompeter wieder; «und möglicherweise habt Ihr gar keine Ahnung, dass das dort drüben die Türme der Alhambra sind.»

«Oh Sohn einer Trompete», rief entsetzt der Fremde, «treibe mit mir keinen Spott und mach dich über mich nicht lustig; denn wenn dies dort wirklich die Alhambra ist und dort unten Granada liegt, dann habe ich dem Statthalter auf der Festung gar seltsame Dinge zu berichten.» «Dazu werdet Ihr bald Gelegenheit haben», sagte mürrisch der Korporal, «denn wir gedenken, Euch vor ihn zu führen.»

Mittlerweile hatte der Trompeter die Zügel des Pferdes gefasst, jeder der beiden Soldaten hatte sich eines Armes des Reservemanns bemächtigt, der Korporal stellte sich an die Spitze der Eskorte und kommandierte mit lauter Stimme: «Vorwärts—Abteilung marsch!», und fort ging's, der Alhambra zu.

Der Anblick des von der Streife eingebrachten zerlumpten

Infanteristen mit einem schönen arabischen Zelter, zog natürlich die Aufmerksamkeit der Festungsbewohner auf sich. Es bildeten sich Gruppen jener faulen Nichtstuer, die schon in früher Morgenstunde am Brunnen im Schatten der *higueras*, der breitästigen Feigenbäume, ihren Morgenplausch hielten. Die blossfüssigen Mädchen und Weiber vergassen, den Wasserkübel aus der Zisterne zu ziehen und gafften, den Krug in Händen, den Korporal und seinen Arrestanten an, als die Gruppe stramm an ihnen vorbei und zur Kommandantur marschierte. Bald kam jedoch Leben in die ganze Gesellschaft, sie schloss sich schwatzend dem Zuge an und bildete so den malerischen Nachtrab der Truppe.

Weise Winke, Bemerkungen und verständnisvolle Andeutungen machten die Runde und gingen von einem zum anderen. «Es ist ein Fahnenflüchtling», sagte eine *comadre* ihrem Gevatter, «ein Schmuggler», antwortete dieser, «ein Strassenräuber», wollte eine dralle Schöne wissen. So ging es hin und her, bis man sich endlich darauf einigte, dass es sich um einen ganz verwegenen Räuberhauptmann handle, der nur dank der Tapferkeit des Korporals und seiner Leute überwältigt und gefangen werden konnte. «Gut, gut», sagten die alten Weiber zueinander. «Hauptmann oder nicht, —der soll nur schauen, wie er wieder loskommt, denn der Griff unseres einarmigen Statthalters ist fest und hart!»

Unterdessen sass der Gouverneur Manco in einem der kühlen Säle der Alhambra beim Frühstück und schlürfte behaglich seine Morgenschokolade. Dem Hausbrauche nach war er in Gesellschaft seines Beichtigers, eines feisten Franziskaners aus dem benachbarten Kloster. Des Hausmeisters Töchterlein bediente sie; ein höchst ehrsames Mädchen aus Málaga, mit feurigen Augen und rabenschwarzen Haaren, die geschäftig, sich dabei rhythmisch in den Hüften wiegend, ihres Amtes waltete. Allerdings munkelten die Leute, dass bei aller Ehrbarkeit diese Jungfrau eine ganz schlaue und abgefeimte Hexe wäre, die den verwundbaren Fleck in des Statthalters Herz gefunden habe und ihn nun vollkommen beherrsche. Doch Schluss mit diesen Sachen—Familienangelegenheiten und die privaten Verhältnisse mächtiger Potentaten soll man nie genau erforschen, wenn man unter ihrer Fuchtel leben muss.

Als nun Seiner Exzellenz gemeldet wurde, man habe einen Fremden gefangen, der im Festungsbereich herummarodierte und nun im Aussenhof stehe, um vom Korporal vorgeführt zu werden, da warf sich der alte Krieger stolz in die Brust, voll Freude, seines hohen Amtes walten zu können. Allsogleich gab er die Schokoladetasse in die Hände des ehrbaren Mädchens aus Málaga, liess seinen schweren grosskorbigen Schleppsäbel bringen, schnallte ihn um, wirbelte seinen Schnauzbart in die Höhe, setzte sich in einen grossen, hochlehnigen Stuhl, nahm eine strenge Miene an und befahl mit grimmiger Stimme, den Gefangenen vorzuführen. Voran der Korporal, dann die beiden Soldaten mit dem Delinquenten—mit festem Griff hielten sie ihn am Kragen—und zum Schluss der Hornist; so traten sie im Parademarsch ein und stellten sich vor ihrem Generalissimus auf. Der Korporal erstattete militärische Meldung, während die Soldaten der Festungswache stramm standen und starr geradeaus blickten. Der Gefangene hingegen bewahrte sein selbstbewusstes Wesen und erwiderte frech den durchbohrenden Blick des Gouverneuers mit einem leichten Schielen, was dem alten Machthaber von der Alhambra schon gar nicht gefiel.

«Nun, Angeklagter», sagte der Statthalter mit ernster Basstimme, nachdem er ihn einige Augenblicke stumm gemessen hatte, «was könnt Ihr für Euch vorbringen—wer seid Ihr?»

«Ein Soldat, der eben aus dem Kriege kommt und nichts als Narben und Wunden sein Eigen nennt.»

«Ein Soldat—ja, ja ich sehe—ein Infanterist nach Eurer Uniform. Man hört, Ihr habt ein schönes arabisches Pferd. Vermutlich bringt Ihr es auch aus dem Kriege mit; also nicht nur Narben und Beulen!»

«Gerade in Betreff dieses Pferdes habe ich, wenn Exzellenz gütigst erlauben wollen, ganz merkwürdige Dinge zu erzählen. Es ist wirklich etwas ganz Wunderbares und höchst Merkwürdiges; noch dazu eine Sache von staatspolitischer Wichtigkeit, da sie nicht nur die Sicherheit dieser Festung betrifft, sondern die Ruhe und der Friede von ganz Granada auf dem Spiele stehen. Allerdings kann ich nur zu Eurer Hoheit allein sprechen, denn der Bericht ist strengstens geheim. Sollten jedoch Exzellenz daran interessiert sein, dass eine Vertrauensperson an der Unterhaltung als Zeuge teilnehme, so überlasse ich das natürlich ergebenst Eurer Hoheit.»

Der Statthalter überlegte einen kurzen Augenblick und befahl dann dem Korporal und seinen Leuten, sich umgehend aus dem Salon zurückzuziehen und draussen vor der Tür bereitzustehen, wenn man ihrer wieder bedürfe.

«Dieser fromme Pater ist mein Beichtvater», sagte der alte Obrist mit einer leichten Verbeugung zum Mönch hin, «in seiner Gegenwart könnt Ihr ruhig sprechen; und dieses ehrsame Mädchen», dabei deutete er auf die dralle Dirn, die neugierig stehengeblieben war und dem allgewaltigen Hausherrn vielsagend zugeblinzelt hatte, «diese Jungfer ist verschwiegen wie ein Grab, sie ist klug und vorsichtig, dass man ihr also vertrauen kann.»

Der Soldat sah mit seinem schielenden Blick zur sittsamen Magd hinüber und sagte: «Ich bin vollkommen damit einverstanden» und zwinkerte nun seinerseits der holden Maid zu.

Als sich alle anderen zurückgezogen hatten, begann der Soldat mit seiner Geschichte. Er sprach geläufig und mit guten Worten, ohne zu stocken oder zu zaudern; auch legte er in seine Worte einen Ton hinein, der die Geschichte spannend machte. Dieser seiner Bildung nach schien er einem anderen Stand anzugehören als er angab.

«Mit Euerer Exzellenz Erlaubnis», sagte er, «bin ich, wie schon erwähnt, ein Soldat und habe einen schweren Dienst und harte Zeiten hinter mir. Vor einigen Wochen rüstete ich ab und wurde vor kurzem aus der Armee, die vor Valladolid ihr Feldlager hat, ordnungsgemäss entlassen, da ich meine Militärdienstpflicht beendet hatte. Zu Fuss machte ich mich auf den Weg und ging fest dahin, um möglichst bald in mein Heimatdorf in Andalusien zu kommen. Gestern abend bei Sonnenuntergang trottelte ich müde und matt über die weite dürre Ebene Altkastiliens, und ich...»

«Halt!», brüllte der Statthalter, «welch blödes Zeug schwatzt

Ihr daher? Von hier sind's fast dreihundert Meilen bis Altkastilien hinauf!»

«Ganz recht», erwiderte der Soldat kaltschnäuzig, «ich erlaubte mir jedoch schon eingangs Eurer Exzellenz zu sagen, dass ich ganz seltsame Dinge zu berichten habe. Es handelt sich um Vorfälle und Ereignisse, die ebenso wahr wie merkwürdig sind, was Hoheit mir bestätigen werden, wenn Ihr mir geduldig und gütigst Gehör schenken wollt.»

«Fahrt fort, Gefangener», sagte der Gouverneur und drehte seinen Schnurrbart in die Höhe.

«Als die Sonne unterging», erzählte der Soldat weiter, «sah ich mich nach einem Nachtquartier um; aber auf der weiten Ebene war keine Spur von einer menschlichen Behausung zu entdecken. So musste ich eben daran denken, mein Lager unter freiem Himmel aufzuschlagen, mit dem Brotsack als Kopfkissen und dem zerschlissenen Soldatenmantel als Decke. Eure Hoheit sind selbst ein alter Krieger und wissen, dass aber so etwas einem richtigen Frontkämpfer schon gar nichts ausmacht.»

Der Gouverneur nickte zustimmend, zog dabei das Taschentuch aus dem Säbelkorb, um eine ihm um die Nase summende Fliege zu verjagen.

«Nun, um die Sache kurz zu machen», setzte der Mann fort, «ich trabte noch einige Meilen weiter, bis ich an eine Brücke kam, die über einen Tobel führte, durch den ein wasserarmer Bach floss. Am jenseitigen Brückenkopf stand ein alter maurischer Turm; er schien ganz verfallen, doch als ich hinüberkam, sah ich mit Freuden, dass in seinem Fundament noch ein Gewölbe gut erhalten war. Hier, so dachte ich mir, wirst du bleiben. Bevor ich aber die Lagerstatt herrichtete, ging ich noch zum Bach hinunter und trank mich an dem frischen Wasser satt, denn meine Kehle war trocken und ich vor Durst fast verschmachtet. Dann setzte ich mich auf einen Stein, zog aus meinem Schnappsack Zwiebel und einige Brotkrusten hervor, mehr hatte ich nämlich nicht, und begann mein Abendmahl zu halten. Höchst zufrieden dachte ich schon während des Essens an mein herrliches Nachtquartier im Turmgewölbe, denn Eure Exzellenz als alter Soldat können sich vorstellen, dass ein aus dem Kriege kommender Infanterist nicht anspruchsvoll ist.»

«Ich habe zu meiner Zeit mit Schlimmerem freudigst vorlieb genommen», sagte der Statthalter und steckte sein Taschentuch wieder in den Säbelkorb.

«Doch plötzlich hörte ich mit der Kauerei auf» spann der Reservist seinen Faden weiter, «denn im Gewölbe regte sich etwas; ich lauschte aufmerksam, —es war das Stampfen eines Pferdes. Bald darauf kam aus einem Tor im Fundament des Turms ein Mann hervor, der ein kräftiges Pferd am Zügel führte. Ich konnte bei dem Sternenlicht natürlich nicht genau sehen, wer der Mann war. Auf jeden Fall war es höchst verdächtig, hier in der einsamen und wilden Gegend in den Trümmern eines alten maurischen Wachtturms herumzustöbern. Allerdings konnte er auch, wie ich selbst, ein einsamer Wanderer sein! Doch wer garantierte mir, dass er nicht *contrabandista* oder gar ein *bandolero* war? Aber was ging mich das an? Dank meiner Armut konnte ich nichts verlieren, und der Herr im Himmel wird mich schon beschützen, dachte ich und blieb ruhig sitzen, an meinem harten Brote weiternagend.

Der Mann kam zur Tränke, ganz nahe an der Stelle wo ich sass, so dass ich die beste Gelegenheit hatte, ihn scharf ins Auge zu fassen. Zu meinem Erstaunen war er in maurischer Kleidung, trug einen Stahlpanzer und auf dem Kopf eine Sturmhaube, wie ich aus dem Glanz im Sternenlicht schliessen konnte. Auch das Ross war auf maurische Art geschirrt, mit grossen, schaufelförmigen Steigbügeln. Er führte es am Zaum, wie ich schon gesagt habe, zum Bach herunter, dort steckte das Tier seinen Kopf bis zu den Augen ins Wasser, und soff und soff, dass ich glaubte, es müsse bersten.

«Kamerad, sagte ich, dein Pferd trinkt tüchtig; es ist ein gutes Zeichen, wenn ein Pferd sein Maul brav ins Wasser steckt.»

«Es kann wohl trinken», sagte der fremde Krieger mit maurischem Akzent, «ein gutes Jahr ist es her, seitdem es seinen letzten Trunk getan hat».

«Bei *Santiago*», rief ich, «das bringen nicht einmal die Kamele zuwege, die ich beim Feldzug in Afrika gesehen habe! Doch komm, du scheinst auch von meinem Stand zu sein! Setz dich zu mir und nimm an meinem frugalen Soldatenmahl teil. Ich muss gestehen, dass mir die Einladung von Herzen kam, denn an diesem einsamen Ort fühlte ich mich verlassen und hatte Sehnsucht nach einem Gefährten, und da eben niemand anderer zur Stelle war, gab ich mich auch mit einem Ungläubigen zufrieden. Ausserdem, Eure Exzellenz wissen es selbst als alter Truppenchef, dass wir Soldaten uns in Bezug auf den Glauben der Kameraden nie den Kopf zerbrochen haben, und dass für uns die Soldaten aller Länder und Nationen auf neutralem Boden Kameraden sind.»

Der Gouverneur strich sich den Bart und nickte zustimmend mit seinem Haupt.

«Nun wie gesagt, ich lud ihn ein, sich zu mir zu setzen und mit mir zu essen. Es war dies das wenigste, was ich nach hergebrachter Gastfreundschaft tun konnte. = Ich habe keine Zeit, antwortete er mir, und kann mit Essen und Trinken keine kostbaren Stunden vergeuden; noch vor Tagesanbruch muss ich einen weiten Weg zurückgelegt haben, wenn ich pünktlich zur Stelle sein will. =

= In welcher Richtung reitest du? =, sagte ich.

= Andalusien =, antwortete er.

= Genau mein Weg, rief ich; es tut mir leid, dass du dich nicht zu mir setzen und mit mir essen kannst; doch die Pflicht geht vor. Aber eine Frage: Ich sehe, dein Pferd ist stark und kräftig gebaut! Leicht könnte es eine doppelte Last tragen. Würdest du mich hinter dir auf der Kruppe aufsitzen lassen? =

= Einverstanden! =, sagte er kurz, und es wäre von ihm wahrlich nicht höflich und kameradschaftlich gewesen, hätte er meine Bitte abgeschlagen, wo ich ihn noch dazu gleich eingangs zum Abendessen eingeladen hatte. Als das Ross seinen Durst gelöscht hatte, sprang der merkwürdige Maure in den Sattel und ich hinter ihm aufs Pferd.

= Halt dich fest, rief er noch, mein Pferd geht wie der Wind. =

= Sei meinetwegen unbesorgt =, lachte ich, während er mit der Zunge schnalzte und dem Tier die grossen Sporen in die Weichen drückte.

Vom Schritt ging das Pferd bald zum Trab über, vom Trab zum Galopp, und vom Galopp zu einem noch niemals erlebten Jagen. Felsen, Bäume, Häuser, alles flog wie ein Sturmwind an uns vorüber.

=Was ist das für eine Stadt?=, fragte ich.

=Segovia=, sagte er, und ehe das Wort aus seinem Munde war, da konnte man von den Türmen Segovias schon nichts mehr sehen. Wir stürmten wie die wilde Jagd dahin, die Berge von Guadarrama hinauf, beim Escorial vorbei, die festen Mauern von Madrid entlang, quer über die weite Ebene, die *La Mancha* genannt wird und hinunter durch die Engpässe von *Despeñaperros* nach dem schönen Andalusien. Es ging bergauf und bergab, wir flitzten an Schlössern und Burgen vorbei, liessen im Schlaf liegende Städte und Dörfer seitwärts liegen und setzten im Sturm über Flüsse, in deren Wasser sich die Sterne spiegelten.

Um schnell zu sein und um Eure Hoheit nicht zu ermüden, will ich mich kurz fassen. Der Reiter hielt plötzlich und ganz unerwartet am Fuss eines Berges an und sagte: =Hier sind wir am Ziel unserer Reise!= Ich sah mich um, aber konnte keine Spur einer Behausung entdecken; ich sah nichts anderes als den Eingang zu einer Höhle. Während ich so nach links und rechts, nach vorn und hinten blickte, bemerkte ich ganze Scharen von Menschen in Maurenkleidung zu Fuss und zu Ross, die wie vom Winde getragen aus allen Himmelsrichtungen ankamen und sich zu uns gesellten, dann aber gleich dem Eingang zuströmten und dort in der Höhle verschwanden, ähnlich den Bienen, die abends in ihren Korb zurückkehrten.

Ich riss vor Staunen Mund und Augen auf, doch ehe ich eine Frage stellen konnte, stiess der Reiter dem Pferd seine langen Maurensporen in die Flanken, stürzte sich in den eilenden Menschenstrom, und hinein ging's in den Berg. Wir ritten einen steilen sich windenden Weg entlang, immer weiter ins Innere des Gebirges. Langsam schien es zu dämmern; doch konnte ich keine Lichtquelle sehen. Wie beim Morgengrauen wurde es allmählich heller und heller, und schon unterschied ich klar die Dinge, an denen wir vorbeiritten. Grosse Gewölbe öffneten sich wie Arsenalhallen rechts und links von uns. Da hingen an den Wänden einiger dieser unterisdichen Magazine eine Unzahl von Schilden, Helmen, Panzern, Lanzen und Schwertern; anderswo wieder lagen Haufen von Kriegsmaterial und Feldausrüstungen.

Als tapferen Krieger würde es Eure Exzellenz gefreut haben, solche gewaltigen Kriegsvorräte aufgestapelt zu sehen. Andere Höhlen glichen grossen Kasernen, auf deren Sammelplätzen ganze Schwadrone von Reitern standen, bis an die Zähne bewaffnet, mit erhobenen Lanzen und entfalteten Bannern und in Kampfstellung; aber alle sassen regungslos in ihren Sätteln, und es rührte sich weder Ross noch Reiter, wie Statuen und aus Stein gehauen schien das Ganze. In anderen Hallen schliefen Soldaten neben ihren Pferden, und in ungeheuren Sälen rasteten still und starr Regimenter von Fussvolk, die Waffen in den Händen und bereit, jeden Augenblick in Reih und Glied zu treten. Alle trugen altmaurische Rüstungen und Überkleider.

Nun, Exzellenz, um eine lange Geschichte kurz zu machen, wir kamen endlich in eine unermesslich grosse Höhle, besser gesagt in einen Palast, dessen Gold und Silber geäderten Wände im Diamantenschmuck funkelten. Am oberen Ende dieser Halle sass ein maurischer König auf einem goldenen Thron, ihm zu Seiten seine Edlen und Ritter, und eine afrikanische Leibgarde von Negern mit gezogenen Krummsäbeln. Die ganze Menschenmenge, die ununterbrochen hereinströmte, es dürften sicher mehrere tausend maurische Krieger gewesen sein, zogen einer nach dem anderen an ihrem König vorbei, und jeder verbeugte sich tief von ihm und leistete so die vorgeschriebene Ehrenbezeugung. Da waren unter den Vasallen viele Ritter in prachtvollen Gewändern, ohne Fleck und Tadel gekleidet; mehrere trugen schwere goldene Ketten und diamantenbesetzte Überwürfe; andere wieder hatten sich feldmässig in ihren funkelnden, fein gearbeiteten Rüstungen eingefunden und salutierten stolz, aber dabei doch ehrerbietig, vor ihrem obersten Kriegsherrn. Allerdings, es muss gesagt sein, sah ich auch Gruppen von Mauren in verwitterten und vermoderten Gewändern, und viele Soldaten in zerschlagenen und vom Rost zerfressenen Rüstungen.

Ich hatte bisher geschwiegen, denn Eure Exzellenz wissen, dass ein auf Posten stehender Soldat nicht viel reden soll. Aber nun sah ich den Moment gekommen, wo es meine Pflicht war, bestimmte Erkundigungen einzuziehen. Ich fragte also meinen Begleiter, was das alles zu bedeuten habe, und wo wir uns eigentlich befänden.

= Das, antwortete er mir, ist ein grosses und furchtbares Geheimnis. Denn merke gut, o Christ, dass du am Hofe Boabdils, des letzten Maurenkönigs Spaniens bist. =

= Was soll das heissen?, rief ich erstaunt aus; Boabdil und sein Hof sind vor mehreren hundert Jahren aus Spanien vertrieben worden, und alle starben in Afrika. =

= So sagen eure verlogenen Chroniken, erwiderte der Maure, doch wisse, dass Boabdil und seine tapfere Garde nach ihrem letzten Kampf um Granada, dank eines mächtigen Zaubers, hier in diesem Berg eingeschlossen wurden. Was damals bei der Uebergabe der Alhambra an den katholischen Königen, ihrem Hofstaat und den spanischen Granden vorbeizog und ins afrikanische Exil marschierte, das war nur eine Armee von Schemen und Dämonen, denen der Prophet Menschengestalt gab, um die christlichen Machthaber zu täuschen. Und nimm zur Kenntnis, Freund, dass ganz Spanien unter der Macht eines Zaubers liegt: Da gibt es keine Höhle in den Bergen, keinen Wachtturm auf weiter Ebene, kein verfallenes Kastell in wilden Tälern, in Städten und Märkten keinen Alkazar, in deren Gewölbe nicht verzauberte Krieger von Jahrhundert zu Jahrhundert schliefen, bis die Sünden gebüsst sind, deretwegen Allah in seiner Weisheit es zuliess, dass die Herrschaft der Welt für einige Zeit den wahren Gläubigen verloren ging. Einmal jedoch jedes Jahr, am St. Johannisabend, sind sie von Sonnenuntergang bis Sonnenaufgang vom Zauber frei und alle gehen hierher, um ihrem König und Herrn zu huldigen; und die Menge, die du in diese Höhle eilen sahst, das sind maurische Krieger, die für diese Nacht von der Berückung frei, aus allen Gegenden Spaniens kommend, sich zum grossen Appel melden. Ich selbst komme von dem verfallenen Brückenkopf in Altkastilien, wo du mich trafst. Dort bringe ich nun schon seit hunderten von Jahren Winter und Sommer zu, und dort muss ich auch wieder bei Tagesanbruch zurück sein, ehe der erste Sonnenstrahl mich und mein Pferd treffen könnte. Die Reiterschwadrone und Sturmstandarten, die du in den umliegenden Höhlen in Schlachtordnung aufgestellt sahst, das sind Krieger von Granada, die einstige Besatzung der Alhambra. Im Buche des Schicksals steht geschrieben, dass einmal sich der Bann lösen wird, und dann zieht Boabdil an der Spitze dieser Armee aus dem Berg heraus, wird den Thron wieder auf der *Alcazaba* aufschlagen und über Granada herrschen, wie damals als man noch Allah, dem wahren und einzigen Gott diente und ihn anbetete. —Es werden sich auch aus allen Teilen Spaniens die bezauberten Krieger des Islams einfinden, sich unterm grünen Banner des Propheten um Boabdil scharen und im Sturmschritt die Halbinsel zurückerobern und das grosse Maurenreich wieder herstellen.»

«Und wann soll all das eintreffen?», fragte ich etwas ängstlich.

«Das weiss Allah allein! Wir hatten gehofft, dass der Tag der Befreiung schon gekommen sei; aber nun erfahren wir, dass auf der Alhambra ein tapferer Soldat das Kommando führt, der überall als Gouverneur Manco wohl bekannt ist. Es ist ganz klar und einleuchtend, dass dieser Krieger, bei seinen Fähigkeiten, bei seinem Mut und der ständigen Kampfbereitschaft seiner Truppe, jeden Ausfall aus dem Berg verhindern und jeden Umsturzversuch vereiteln würde, uns daher nichts anderes übrig bleibt, als weiterhin zu warten, bis man einen neuen General auf die Burg Granadas schickt.»

Als der General Manco, der alte Haudegen solche Worte hörte, richtete er sich stramm auf, fasste den Säbel fester und schaute funkelnden Blickes um sich.

«Um eine lange Geschichte kurz zu machen und um Eure Exzellenz nicht zu ermüden, —Der Reiter stieg nach diesen Worten vom Ross und sagte mir: «Warte hier und halte mein Pferd, ich gehe unterdessen, wie es Pflicht ist, zum Thron, um vor König Boabdil mein Knie zu beugen und ihm zu huldigen.»

Was soll ich jetzt tun?, dachte ich mir, als ich allein war. Soll ich hier warten, bis dieser Ungläubige zurückkommt und mich auf seinem Teufelspferd weiss Gott wohin entführt?

Oder mache ich mich aus dem Staub und kehre dieser Geistergesellschaft den Rücken? Ein Soldat ist schnell entschlossen, wie eure Exzellenz selbst wissen. Was das Pferd anging, so gehörte es unzweifelhaft einem offenen Feind des Glaubens und des Reiches; es war also nach Kriegsrecht meine Beute. So schwang ich mich rasch vom Kreuz des Pferdes in den Sattel, kehrte die Zügel um, drückte die maurischen Steigbügel dem Ross in die Weichen und trabte eiligst den Weg zurück, den ich vorher mit dem Mauren hereingekommen war. Als wir bei den Hallen vorbeikamen, wo die bewegungslosen Schwadrone standen und das Fussvolk in Bereitschaft lag, da glaubte ich Waffengeklirr, Kommandostimmen und dumpfes Murmeln zu hören. Erschrocken spornte ich das Pferd an und verdoppelte meine Eile. Doch es half nichts! Schon hörte ich hinter mir her das Rauschen und Brausen eines Sturmwindes, das Klappern tausender von Pferdehufen und das Klirren von Waffen. Ein zahlloser Menschenhaufen holte mich ein, riss mich mit sich vorwärts, stürzte mit mir aus der Höhle ins Freie hinaus, wo all die Schemengestalten in die vier Winde stoben, während ich in der Hast und Verwirrung des Vorganges vom Pferde stürzte und besinnungslos zu Boden sank.

Als ich wieder zu mir kam, lag ich am Fuss eines Hügels, und das arabische Ross stand neben mir; beim Sturz musste nämlich mein Arm durch die Zügel geglitten sein, wodurch es verhindert wurde—so glaube ich—nach Altkastilien zurückzujagen.

Eure Exzellenz können sich leicht mein Erstaunen denken, als ich um mich herum ausgesprochen südliche Flora sah, Aloegewächse, Kaktusfeigen und eine Unmenge von Zwergpalmen, —war ich doch abends noch weit oben im Norden in Altkastilien. Der verhexte Maure hatte also recht gesprochen, als er mir sagte, dass er nach Andalusien reite. Bald fand ich mich jedoch in die neue Lage hinein, denn ein guter Soldat lässt sich nie und von niemandem verblüffen, das wissen Eure Hoheit sehr genau. Wo war ich? Das musste erkundigt werden. In einiger Entfernung gewahrte ich eine Stadt; deutlich konnte man Paläste, Türme und eine hohe

Kathedrale unterscheiden. Welche Stadt war das? Schnell entschloss ich mich zu einer zweckdienlichen Rekognoszierung.

Das Pferd vorsichtig am Halfterband führend stieg ich langsam den Hügel herab; aufsitzen getraute ich mich nicht, denn zu einem neuerlichen Fernritt durch die Lüfte hatte ich wirklich keine Lust. Gemach trottete ich so dahin und stiess bald auf Eure Streife, von der ich erfuhr, dass die Stadt vor mir Granada war, und dass ich mich wahrhaftig unter den Mauern der Alhambra befände, der Festung des gefürchteten Gouverneurs Manco, dem Schreck aller lebenden, verstorbenen und behexten Mauren. Als ich solche Kunde vernahm, beschloss ich, Eure Exzellenz umgehend aufzusuchen, Euch von allem, was ich gehört und gesehen hatte, in Kenntnis zu setzen und vor den Gefahren zu warnen, die Euch umgeben und untergraben. Ich erkannte allsogleich in dieser Berichterstattung eine patriotische Pflicht in Erfüllung meines militärischen Diensteides, damit Exzellenz bei Zeiten die nötigen Massregeln ergreifen könnten, um diese wichtige Festung, ja das ganze Königreich und sein erlauchtes Herrscherhaus zu schützen und im gegebenen Augenblick diesen gefährlichen inneren Feind zu vernichten, der sich gleichsam in die Eingeweide dieser allerchristlichsten Erde hineingefressen hatte.»

«Nun höre, Freund», sagte der Gouverneur, «du bist ein alter und erfahrener Soldat; ich möchte dich gerne um Rat fragen. Sag an! Was meinst du, dass ich tun soll, um diesem Übel vorzubeugen?»

«Exzellenz, es geziemt sich nicht, dass ich, ein simpler und gewöhnlicher Infanterist, einem General vom Scharfsinn Eurer Hoheit einen Rat gebe. Ganz gehorsamst und untertänigst gestatte ich mir aber meine bescheidene Ansicht zu äussern, und ich meine, dass es sehr ratsam wäre, wenn Exzellenz alle Höhlen und Felsenlöcher vermauern liesse. Man könnte so ganz leicht und auf einfache billige Weise jeden Ausfall Boabdils Heerscharen verhindern, die auf diese Art im Erdinnern eingestöpselt blieben. Wenn obendrein Euer Hochwürden», fügte der Soldat hinzu und verbeugte sich ehrerbietigst, sich fromm bekreuzigend, vor dem Pater, «die Arbeit segnen und die Schutzwälle mit geweihten Kreuzen, Heiligenbildern und Reliquien versehen würden, dann könnte bestimmt keiner der ungläubigen Staatsfeinde aus seinem unterirdischen Versteck heraus, um die Ruhe der christlichen Bewohner Spaniens zu stören».

«Gebete, Segnungen, heilige Reliquien und fromme Zeichen sind ohne Zweifel immer von grossem Nutzen,» sagte salbungsvoll der Mönch.

Der Gouverneur legte jetzt seine Hand auf den Korb des schweren Reitersäbels, heftete seinen scharfen Blick auf den vor ihm stehenden Soldaten, wiegte seinen Kopf lächelnd von einer Seite auf die andere und sagte: «Also, Freund, du glaubst wirklich, mich mit deinem blöden Märchen von verzauberten Mauren und verwunschenen Bergen an der Nase herumführen zu können? Höre, Gefangener! —kein Wort mehr. Ein alter Soldat magst du ja sein, aber du sollst wissen, dass du hier einen noch älteren Soldaten vor dir hast, dem man nicht so leicht übers Ohr hauen kann. —Hallo! Wache! Legt diesen Burschen in Eisen.»

Das sittsame Mädchen aus Málaga hätte gerne ein gutes Wort für den Gefangenen eingelegt, aber der Statthalter, in anderen Dingen vielleicht nachgiebiger, gebot ihr jetzt mit ernstem Blick zu schweigen und den Mund zu halten.

Als der Korporal dem Soldaten die Schellen anlegte, fühlte er etwas Hartes in dessen Tasche; er griff hinein und zog eine grosse pralle Lederbörse hervor. Er hielt die Geldkatze am unteren Ende fest und entleerte deren Inhalt auf dem Tisch vor seinem Vorgesetzten. Nie gab eines Räubers Tasche eine stattlichere Beute: Ringe, goldene Ketten, Juwelen, Perlenrosenkränze, funkelnde Diamantkreuze und eine Unzahl alter Goldmünzen fielen heraus, von denen einige auf den Boden und in die entferntesten Winkel des Zimmers rollten.

Angesicht dieses Ereignisses wurde die Gerichtssitzung sofort unterbrochen. Alles eilte hinter den wertvollen Flüchtlingen her. Nur der Gouverneur, stolz wie ein Spanier, bewahrte seine Würde und Ruhe, doch liess er keinen der Anwesenden aus dem Auge, bis nicht die letzte Münze wieder im Sack war.

Der fromme Mönch allerdings konnte seine innere Unruhe nicht tarnen. Rot wie eine Pute und mit leuchtenden Augen rief er beim Anblick der Rosenkränze und Kreuze dem gefangenen Infanteristen zu: «Ruchloser Frevler und Gottesschänder, welche Kirche, welches Gotteshaus hast du bestohlen? Woher sind diese heiligen Reliquien?»

«Ehrwürdigster Sohn des heiligen Franziskus, ich bin weder Frevler noch Gottesschänder! Wenn diese Kostbarkeiten tatsächlich von einem Kirchenraub herrühren, dann müssen sie schon vor langer langer Zeit gestohlen worden sein und sicher von jenem ungläubigen Reiter, den ich vorher erwähnte. Als mich nämlich Seine Exzellenz unterbrach und mich um meine Meinung zu fragen geruhte, da wollte ich eben erzählen, dass ich in der Satteltasche des Pferdes einen Ledersack fand, der vermutlich Beutegut aus den damaligen Feldzügen enthielt, als die Mauren noch die Herren dieses allerchritlichsten Landes waren.»

«Sehr gut gesprochen; jedoch für jetzt wirst du dich entschliessen müssen, dein Quartier in einem stillen Kämmerlein des roten Turms aufzuschlagen, das zwar nicht unter einem magischen Zauber steht, dich aber so sicher von der Aussenwelt abschliessen wird, wie irgendeine Höhle deiner schlafenden Maurenkrieger.»

«Exzellenz wird nach Belieben und eigenem Ermessen handeln», sagte der Gefangene kaltschnäuzig. «Ich werde Eurer Exzellenz für jede Bequemlichkeit in der Festung dankbar sein. Ein Soldat, der hunderte von Nächten vor dem Feind im Freien kampieren musste und bei Regen und Sturm Feldwache schob, der ist bezüglich seines Quartiers nicht heikel und wählerisch; wenn ich einen reinlichen Kerker und anständige Menage habe, dann bin ich's zufrieden, und ich werde mir die Geschichte schon behaglich regeln. Nur möchte ich bitten, dass Eure Exzellenz, bei all der verständlichen Sorge um mich, auch auf die Festung ein Auge habe und sich meines untertänigsten Winkes erinnere, bezüglich der Vermauerung der Bergeingänge.»

Hier endete der Auftritt. Der Gefangene kam in ein festes Kerkergelass im roten Turm, *torres Bermejas* genannt, der arabische Zelter in den Stall seiner Hoheit und der wertvolle Sack des Reiters in die schwere Geldkiste der gleichen

Autorität. Zwar meinte der Mönch, man müsse den Goldschmuck und die Juwelen, die offensichtlich von einem Kirchenraub stammten, der Kirche in Verwahrung geben und die geistlichen Würdenträger darüber entscheiden lassen. Doch der Statthalter, in dieser Sache äusserst kurz angebunden, duldete nicht, dass sich jemand in seinen Kompetenzkreis menge. Der Pater war also klug genug, um über den Fall nicht weiter zu sprechen, beschloss aber, die ganze Angelegenheit den kirchlichen Autoritäten Granadas zweckdienlich zu melden.

Die raschen und strengen Massnahmen des alten Gouverneurs Manco sind gar leicht vertändlich, wenn man weiss, dass um diese Zeit die Berge der *Alpujarra* bei Granada und die ganze Umgebung von einer Räuberbande terrorrisiert wurde, deren Hauptmann der überaus kühne *Manuel Borasco* war. Die Wegelagerer durchzogen plündernd das offene Land und tauchten sogar in allerlei Verkleidung in der Stadt selbst auf, um Nachrichten über Warenzüge oder wohlhabende Reisende zu bekommen, denen sie dann in den Engpässen der Berge auflauerten und sich ihrer Habe bemächtigten. Diese verwegenen und andauernden Verbrechen und Überfälle hatten bereits die Aufmerksamkeit der höheren und höchsten Regierungsstellen auf sich gezogen, und die Befehlshaber der verschiedenen Posten und Garnisonen, Stafetten und Forts hatten Alarmbefehl und griffen alle verdächtigen Leute auf und perlustrierten jeden Fremdling, der sich ihren Kontrollposten näherte. General Manco ging in dieser Sache ganz besonders schneidig ins Zeug, da böse und missgünstige Zungen sagten, dass gerade seine Alhambra der Zufluchtsort für alles Gesindel sei. In diesem konkreten Fall nun zweifelte der strenge Statthalter keinen Augenblick daran, einen der waghalsigsten und geriebensten Halsabschneider der *Borasco-Bande* gefangen zu haben.

Mittlerweile wurde die Geschichte mit dem Soldaten ruchbar und war das Tagesgespräch auf der Festung und in ganz Granada. Auf Promenaden, in Schenken, Hütten und Palästen, in Sakristeien und Boudoirs erzählte man sich, dass der berüchtigte Strassenrauber *Manuel Borasco*, der

Schreck der *Alpujarra*, dem Gouverneur Manco in die Klauen gelaufen sei und nun hinter schwedischen Gardinen wohl verwahrt auf *torres Bermejas* sitze und seiner Aburteilung entgegensehe. Diese roten Türme stehen, wie schon einmal gesagt wurde, etwas abseits von der Alhambra auf einem Hügel, durch einen Steilhang von der Hauptfestung getrennt, an dessen Fuss ein Promenadenweg vorbeiführt. Festungsmauern oder Aussenbasteien hatte der Tum keine, nur eine Schildwache stand dort und schritt gravitätisch ernst auf und ab. Das Fenster des Arrestlokals der Soldaten war stark vergittert und sah auf einen kleinen freien Platz hinaus. Hierher kamen in Scharen alle jene, die einmal von *Borasco* ausgeraubt oder angehalten worden waren, um ihn aus sicherer Entfernung wieder zu sehen und sich an seinem Anblick zu ergötzen, vorausgesetzt natürlich, dass dieser Soldat wirklich mit dem gefürchteten *bandolero* identisch war. Es kam aber auch anderes Volk aus nah und fern und sogar die gute Gesellschaft Granadas, und alle gafften zum Kerkerfenster hinauf. Niemand indessen erkannte im Gefangenen den furchtbaren *Manuel Borasco*, und die Besucher waren sich darin einig, dass das gutmütige Lumpengesicht des Soldaten mit seinem launigen Schielen nichts mit den grimmigen Gesichtszügen und dem grausamen Blick des Räubers zu tun habe. Dem Volk stiegen bald Zweifel auf und viele fragten sich schon, ob nicht doch etwas Wahres an der ganzen Geschichte daran sei, und also der arme Unbekannte schuldlos in Ketten liege. Die Geschichte von Boabdil und seinem eingeschlossenen Heere und den gespenstischen Turmbewohnern und Schlossbesatzungen, das war ja eine ganz alte Sage, die viele der älteren Leute schon von ihren Eltern her kannten. In Haufen zogen die Menschen den Sonnenberg, den Berg der heiligen Helena, wie er auch genannt wird, hinauf und suchten die Höhle, von der der Gefangene gesprochen hatte. Sie fanden einen tiefen Schacht, lugten in das dunkle Loch hinunter, das tief in die Erde hineinführte, niemand wusste wie weit, und das heute noch als der fabelhafte Eingang zu Boabdils unterirdischem Königsschloss bekannt ist und gezeigt wird.

Der Soldat wusste sich nach und nach bei allen beliebt zu

machen. Ein *bandolero* aus den Bergen Andalusiens wird vom Volke hier nicht als Schnapphahn und gemeiner Wegelagerer behandelt, im Gegenteil, man sieht in ihm fast einen Ritter der Landstrasse. Und schon begannen die Leute, die strengen Massnahmen des Gouverneurs Manco zu bekritteln, man schimpfte über die Behörden im allgemeinen und über den General im besondern, und nach und nach bemitleidete man den Gefangenen im roten Turm als ein Opfer der Rechtsprechung.

Zudem war der Soldat ein lustiger, witziger Bursche, der fröhlich jedem Vorbeikommenden aus seinem Fenster ein Scherzwort und jeder Maid eine Schmeichelei zurief. Auch hatte er sich, weiss Gott wie, eine alte Gitarre verschafft und sass nun hinterm Gitter auf der Fensterbank und sang zum Klang der Saiten Liebeslieder und Balladen, was die Weiber aus der ganzen Nachbarschaft entzückte. Sie kamen abends allein oder mit ihren Liebhabern auf die Esplanade und wiegten sich zu des Gefangenen Musik im *bolero*. Er hatte sich bereits seinen wilden Bart abnehmen lassen, und sein nicht unschönes, sonnenverbranntes Gesicht schien Gnade vor den Augen der holden Besucherinnen zu finden. Die sittsame Magd des Statthalters erklärte sogar ganz öffentlich, dass der schielende Seitenblick des neuen Bewohners auf der Alhambra geradezu unwiderstehlich sei. Dieses gutherzige Mädchen zeigte vom ersten Augenblick an grosse Teilnahme für den verabschiedeten Soldaten; zwar konnte sie den alten Statthalter ihm gegenüber nicht milder stimmen, doch fand sie schliesslich selbst Mittel und Wege, um dem Schützling die Härte seiner Gefangenschaft zu lindern. Alle Tage brachte sie ihm nahrhaften und wohlschmeckenden Trost aus des Gouverneurs Speisekammer und ab und zu auch einige Flaschen ausgesuchten roten *Valdepeñas* oder eine treffliche Auslese vorzüglichen Malagaweins.

Während man so auf unschuldige Art dem strengen Statthalter im engsten Kreis übers Ohr haute, rotteten sich seine äusseren Feinde drunten in Granada zu einem offenen Angriff gegen ihn zusammen. Bekanntlich fand man bei dem vermeintlichen Räuber einen Sack voll Gold, Juwelen und andere Kostbarkeiten. Diese einfache Tatsache wurde natürlich auch in der

Stadt weitererzählt, und aus der Geldkatze des Soldaten wurden Säcke, die mit Diamanten und Gold gefüllt waren, und die das Pferd nur mit Mühe bis zur Alhambra hinaufchleppen konnte. Es entstand also ein Kompetenzstreit mit dem kommandierenden General der Provinz Granada, dem gegebenen Rivalen des autonomen Statthalters auf der Festung, wegen der Territorialen Gerichtsbarkeit. Die militärischen Behörden des Wehrbezirkes erklärten, dass des Räuber ausserhalb des Festungsvorfeldes, also im Machtbereich des granadiner Generals festgenommen wurde, daher müsse er mit der bei ihm vorgefundenen *spolia optima* an das ordentliche Militärgericht ausgeliefert werden. Da aber auch der Grossinquisitor eine diesbezügliche Anzeige vom Franziskanerpater erhalten hatte und gar eingehend informiert wurde, dass sich unter den beschlagnahmten Kleinodien heilige Reliquien, Rosenkränze und Kreuze befänden, so forderte er den Gefangenen als einen Kirchenräuber für sich und erklärte feierlichst, der Schatz gehöre der Kirche, der Gotteslästerer aber mit seinem verdammten Körper vor das nächste *auto de fe*. Die Wogen des Streites gingen hoch, der Gouverneur wütete und schwor, seinen Gefangenen nicht auszuliefern, sondern als einen im Festungsbezirk gefangenen Spion auf der Alhambra aufknüpfen zu lassen.

Der Generaloberst drohte mit dem Aufmarsch seiner Truppen, um den Missetäter aus dem roten Turm in die Stadt zu schaffen. Der Grossinquisitor seinerseits aber war auch entschlossen, sich den seltenen Vogel nicht entschlüpfen zu lassen und gab den Büttehn des heiligen Offiziums Befehl, bei Tagesanbruch ihres Amtes zu walten. Spät in der Nacht kamen diese Umtriebe dem wackeren Statthalter *Manco* zu Ohr. «Lasst sie kommen», sagte er, «sie werden mich auf meinen Posten finden; der muss sehr früh aufstehen, der einen alten Kämpen überrumpeln will». Er gab sodann Befehl, den Gefangenen vor Tagesanbruch in das im Festungsinneren liegende Verlies zu schaffen. «Und höre, Kind», sagte er zu seiner sittsamen Dienerin, «klopfe an meine Zimmertür und wecke mich ehe der Hahn kräht, damit ich selbst alles überwachen kann».

Der Tag dämmerte, der Hahn krähte, aber niemand klopfte

an die Tür des Statthalters. Die Sonne stieg schon hoch über die Gipfel der Berge empor und strahlte hell durch die Fenster, als der Gouverneur von seinem alten Korporal jählings aus dem Schlaf geweckt wurde. Mit verzerrtem Gesicht und am ganzen Körper zitternd stand dieser vor seinem strengen Vorgesetzten und rief, bei jedem Wort nach Luft schnappend:

«Er ist davon! Er ist fort!»

«Wer ist davon? Wer ist fort?»

«Der Soldat, —der Räuber, —der Teufel, —nach allem, was ich gesehen und gehört habe. Sein Kerker ist leer, aber die Tür ist verschlossen und verriegelt, —niemand weiss, wie er herauskam.»

«Wer sprach zuletzt mit ihm?»

«Euere Dienerin, sie brachte ihm das Abendessen.»

«Lass sie sofort rufen.»

Jetzt gab es neue Verwirrung. Die Kammer des sittsamen Mädchens war gleichfalls leer, ihr Bett unberührt. Sie war ohne Zweifel mit dem Gefangenen auf und davon, da sie, wie sich ergab, seit mehreren Tagen häufige Unterredungen mit ihm gehabt hatte.

Dieser Pfeil verwundete den alten Statthalter an seiner empfindlichsten Stelle. Aber er hatte keine Zeit darüber zu klagen, denn schon überraschte ihn ein neus Unglück. Als er nämlich sein Wohnzimmer betrat, fand er den Geldschrank offen. Die lederne Geldkatze des Reiters fehlte und mit ihr auch zwei dicke Säcke mit Dublonen.

Wie und auf welchen Wegen waren nun eigentlich die beiden Flüchtlinge entkommen? Ein alter Bauer, der in einer Hütte an der Strasse wohnte, die zur *sierra* hinaufführte, sagte aus, dass er kurz vor Tagesanbruch das Getrappe eines kräftigen Pferdes gehört hätte, das den Bergen zueilte. Vom Fenster aus habe er gerade noch einen Reiter gesehen, der vor sich eine Weibsperson sitzen hatte.

«Durchsucht die Ställe!» rief Statthalter Manco. Man befolgte sogleich seinen Befehl; alle Pferde standen in ihren Ständen, nur der Araber fehlte. Statt seiner war ein dicker Knüppel an die Krippe gebunden mit einem Zettel, auf dem zu lesen stand: «Ein Geschenk für den Statthalter Manco, von einem alten Soldaten.»

DIE SAGE VON DEN ZWEI VERSCHWIEGENEN STATUEN

Einst lebte in einem der weiten Gemächer der Alhambra ein fröhliches Männlein, Namens Lope Sánchez, das in den Gärten arbeitete, dabei zufrieden sein Liedchen sang und allzeit lustig und munter wie eine Springmaus herumhüpfte. Dieser zappelige Andalusier war das Um und Auf, das Leben und die Seele der Festung. Wenn er Feierabend machte, dann setzte er sich auf eine der Steinbänke der Esplanade, klimperte auf seiner Gitarre und sang lange Romanzen vom Cid, Bernardo del Carpio, Hernando del Pulgar und von anderen spanischen Helden, um so die alten Soldaten und Veteranen der Besatzung zu unterhalten, oder er schlug fröhlich in die Saiten, stimmte ein Volkslied an und liess Dirnen und Mädchen dazu einen *Bolero* oder *Fandango* tanzen.

Wie die meisten kleinen Männer hatte auch Lope Sánchez ein grosses dralles Frauenzimmer zum Eheweib, das ihn fast in die Tasche stecken konnte; allein das gewohnte Los der Armen war ihm nicht zuteil geworden, —statt der üblichen zehn Kinder hatte er nämlich nur eins. Es war Sanchica, ein sauberes schwarzäugiges Mäderl von ungefähr zwölf Jahren, so lustig wie der Vater und die Wonne seines Herzens. Sie spielte um ihm herum, wenn er in den Gärten arbeitete, tanzte zu den Melodien, die er der Guitarre entlockte, wenn er im Schatten sass und rastete, dann wieder sprang sie wie ein Wiesel durch Haine und Alleen und stöberte in den zerfallenen Hallen der alten Maurenpfalz herum.

Es war an einem St. Johannisabend. Die plappernden Bewohner der Alhambra, Männer, Weiber und Kinder, gewohnt die Feste zu feiern wie sie fielen, zogen singend, lachend und schreiend den *cerro del Sol* hinauf, der beim Generalife aufragt; dort auf seinem geräumigen und weiten Gipfel wollten sie das Sommersonnwendfest ortsüblich begehen. Mondhelle Sommernacht! Fern standen, wie Kulissen, silbern die Berge der *Sierra Nevada*; die Stadt mit ihren Kuppeln und Türmen lag unten im Schatten, und die Vega glich einem

Feenland mit glitzernden Bächen und Strömen, die aus den dunklen Hainen und Gärten heraufschimmerten. Oben auf der Berplatte zündete das schnatternde Völklein altem Brauche nach das Johannisfeuer an. Die Bewohner der Umgebung taten dasselbe, und bald lohten auf allen Bergen, Hängen und auch aus der Vega im hellen Mondlicht blass leuchtende Flammen auf. Heiter verbrachte man die Stunden; es wurde getanzt, gesungen, und Lope Sánchez, einer der Lustigsten, zupfte wacker auf seiner Guitarre. Während dieses allgemeinen Trubels spielte die kleine Sanchica mit ihren Altersgenossen unter den Trümmern eines alten maurischen Wachtturms, der den Berg krönte. Im Graben sammelten sie schöne Kieselsteine und dabei fand des Lope Töchterlein eine kleine seltsam aus Gagat geschnitzte Faust, deren Daumen fest auf die geschlossenen Finger drückte. Überglücklich eilte sie mit ihrem Fund zur Mutter. Die Hand aus schawarzem Bernstein wurde alsbald der Gegenstand weiser Vermutungen, doch von den meisten Weibern mit abergläubischem Misstrauen betrachtet. «Wirf's weg», sagte eine Alte, «es ist maurisch —verlass dich drauf, Unheil und Hexerei sind dabei im Spiel». «Keineswegs», meinte eine andere, «du kannst's bei einem Händler im Zacatín verkaufen». So ging das Gerede hin und her, bis sich endlich ein alter, braun gebrannter Soldat dreinmischte, der lange Jahre in Afrika gedient hatte und selbst bald einem Mauren glich. Er prüfte und beschaute die Hand mit Kennerblick. «Ich habe Dinge dieser Art» —sagte er— «bei den Mauren in der Berberei gesehen; es ist ein kräftiges Mittel gegen den bösen Blick schielender Menschen, was ja bekanntlich Unglück bedeutet, aber auch gegen Zauberei und jede Art von Hexenwerk. Ich gratuliere dir, Freund Lope, das ist ein gutes Vorzeichen für die Zukunft deines Kindes.»

Als die Frau Lope Sánchez dies hörte, befestigte sie die kleine Bernsteinhand an einer Schnur und hängte das Schmuckstück dem Töchterlein um den Hals.

Der Vorfall mit diesem Talisman beeinflusste natürlich die weitere Unterhaltung. Der Tanz wurde vernachlässigt, man setzte sich in Gruppen auf den Boden und erzählte sich alte, von den Vorfahren überlieferte Sagen und abergläubige Geschichten aus der Maurenzeit. Klar, dass sich die meisten dieser Erzählungen um den Ort drehten, auf dem man gerade sass, denn der *cerro del Sol* war, wie allgemein bekannt und von niemandem angezweifelt, der Sammelplatz von Gespenstern und Geistern, wo schon manch verwegener Mann das Gruseln gelernt hatte. So beschrieb eine alte Frau eingehendste den unterirdischen Palast im Innern dieses Berges, in dem Boabdil und sein ganzer mohammedanischer Hof verzaubert und festgebannt den Tag ihrer Erlösung erwarten. «Unter jenen Trümmern», sagte sie und zeigte auf einen Erdwall von zerbröckelten Mauerresten in der Nähe, «ist ein tiefes, schwarzes Loch vorhanden, das tief, tief in den Berg hineingeht. Nicht für alles Geld von Granada möchte ich in den Schacht hinuntersehen. Einstmals kletterte ein armer Ziegenhirt von der Alhambra ins Loch hinab, um ein Lamm zu holen, das drinnen verschwunden war. Ganz stier und verwirrt kam er wieder zurück und erzählte Dinge, die er gesehen haben wollte; und jeder, der ihn hörte, glaubte, er wäre verrückt geworden. Er redete noch dann einige Tage ganz irr von spukhaften Mauren, die ihn in der Höhle drunten im Schacht verfolgt hätten, und er konnte nur mit viel Mühe dazu gebracht werden, seine Ziegen wieder auf den Berg zu treiben. Aber ach, hätte er es doch nicht getan! Nie kam der arme Mann wieder vom Berg herunter. Einige Tage später fanden gute Nachbarn des Hirten Hut und Mantel neben dem Loch; die Ziegen grasten ruhig und meckerten in der Nähe der maurischen Ruine; von ihm selbst aber war keine Spur vorhanden».

Die kleine Sanchica lauschte dieser Geschichte mit atemloser Aufmerksamkeit. Sie war von Natur aus neugierig und es kam ihr daher gleich der Gedanke, in dieses gefährliche Loch hinunterzusehen. Sie stahl sich von ihren Spielkameraden fort, lief zu den vorhin bezeichneten Trümmern und Ruinen hinüber und kroch dort zwischen den Mauerresten herum. Sie gelangte so bis an den Rand des Bergplateaus, wo dieser steil ins Tal des Darro abfällt. Da, ganz in der Nähe, war im Boden eine Art von Brunnenbecken zu sehen, in dessen Mitte

Sanchica die Oeffnung eines Schachtes zu erkennen glaubte. Und so war es auch. Das Mädchen wagte sich bis an den Kranz des Loches und schaute in den pechschwarzen Schlund hinunter. Sanchicas Blut stockte in den Adern; es lief ihr eiskalt über den Rücken. Sie trat zurück, blickte aber doch wieder hinunter, wollte weglaufen und schaute noch einmal hinein —selbst das Gruselige an der Sache hatte für sie etwas Angenehmes. Endlich rollte sie einen grossen Stein herbei und stiess ihn gar ins Loch hinab. Eine Zeitlang herrschte tiefe Stille, dann schlug der dicke Brocken mit kräftigem Krachen auf einem Felsvorsprung auf, kollerte mit donnerähnlichem Getöse von einer Schachtwand zur anderen und fiel endlich tief, tief unten mit lautem Klatschen rollend und polternd ins Wasser— und dann war wieder alles still.

Das Schweigen dauerte indessen nicht lange. Es schien, als hätte dieser Steinbrocken unten am Boden des Schlundes schaurige Kräfte geweckt. Nach und nach kam von unten herauf ein dumpfes Gemurmel, ähnlich dem Summen in Bienenstöcken. Der Lärm nahm zu, wurde lauter und lauter; schon hörte man das Getöse der Stimmen einer noch fernen Menschenmenge, dazu schwaches Klirren von Waffen, den Klang der Zimbeln und Trompetengeschmetter, als ob Regimenter sich in Marsch gesetzt hätten.

Mit grossem Schreck lief das Mädchen weg und eilte zurück zum Platz, wo es seine Eltern und Gespielinnen gelassen hatte. Aber die ganze grosse Gesellschaft war schon aufgebrochen und heimwarts gezogen. Das Johannisfeuer glimmte nur mehr schwach und seine letzten Rauchwölklein kräuselten langsam zum Himmel empor. Auch die Feuer auf den umliegenden Bergen und drunten in der Vega waren alle ausgegangen und erloschen; alles schien zu schlafen. Sanchica rief ihre Eltern und einige ihrer Freundinnen beim Namen aber erhielt keine Antwort. Sie lief den Berghang hinunter und an den Gärten des Generalife vorbei, bis sie zur Allee kam, die in die Alhambra hinaufführte. Ausser Atem setzte sie sich auf eine Bank, etwas abseits im Gebüsch, um auszuruhen, ehe sie weiterging. Die Uhr vom Wachtturm der Alhambra schlug eben Mitternacht. Ringsum herrschte volle Stille, die ganze

Natur lag in tiefer Ruhe; man hörte nur das leise Murmeln eines Bächleins, das sich versteckt unter den Büschen dahinschlängelte. Der kühle Hauch der duftenden Nachtluft wiegte die müde Sanchica in Schlummer; doch plötzlich wurden ihre noch halb offenen Augen von einem hellem Glanz getroffen, der aus der Ferne kam, sich aber schnell näherte, deutlicher wurde und Formen annahm. Zu ihrem Erstaunen sah sie einen langen Reiterzug maurischer Krieger den Berghang herabkommen und in die Allee einbiegen. Einige waren mit Lanzen und Schilden bewaffnet, andere mit Säbeln, Streitäxten und glänzenden Harnischen, auf deren Politur sich das Mondlicht brach. Die Rosse bäumten sich stolz und bissen knirschend auf die Kandare; ihre Hufe hingegen machten fast kein Geräusch, und es schien, als wären Ballen und Eisen mit Filz überzogen. Die Reiter glichen Gespenstern, denn alle waren sie blass wie der leibhaftige Tod. Mitten unter ihnen ritt eine schöne Dame mit einer Krone auf dem blond gelockten Haupt. Perlen und Diamanten glänzten in ihrem Haar, geschliffene Edelsteine auf dem Mantel. Die Schabracke ihres stolzen Pferdes war aus rotem Sammet, mit Gold reich gestickt und hing bis auf den Boden herab. Dem Königskind machte jedoch all die Pracht keine Freude, müde sass sie im Sattel und hob kaum den umflorten Blick vom Weg hinauf in die herrliche Sommernacht, zum flimmernden Sternenhimmel.

Dann folgte ein ansehnlicher Zug von Höflingen in prächtigen Kleidern, und Turbanen verschiedenster Farben. An der Spitze der Minister ritt auf milchweissem Schimmel König *Boabdil el Chico*; ein von Juwelen übersäter Krönungsmantel hing von seinen Schultern, auf dem Kopf trug er eine strahlende Königskrone. Die kleine Sanchica erkannte ihn sogleich an seinem gelben Bart, denn oft hatte das Kind das Bildnis dieses Königs in der Galerie des Generalife gesehen. Jetzt starrte sie staunend und voll Verwunderung auf die königlichen Truppen, die sich feierlich unter den Bäumen dahin auf die Alhambra zubewegten und obwohl sie wusste, dass dieser bleiche und stumme Monarch, seine Höflinge und Krieger keine gewöhnlichen Lebewesen waren sondern das Werk einer magischen Zauberkraft, so betrachtete sie dennoch kühnen Herzens die unheimlichen Schemen mit Ruhe und Interesse, denn der Talisman—die Bernsteinfaust—machte sie stark und mutig.

Als die Reiter vorüber waren, sprang sie sogleich auf und folgte ihnen nach. Weit offen stand das Tor der Gerechtigkeit und die wachhabenden Veteranen schliefen auf den Steinbänken vor dem Turm fest und tief, wie verhext, und sahen nichts von dem gespenstischen Schattengepränge, das geräuschlos mit fliegenden Bannern und in stolzer Haltung an ihnen vorüberschwebte. Sanchica wollte folgen, doch zu ihrem Erstaunen erblickte sie im Torraum ein grosses Loch in der Erde, das unter die Grundmauern des Turmes hinabzugehen schien. Sie ging ein keines Stückchen hinein und schaute vorsichtig herum. Roh in den gewachsenen Fels gehauene Treppen führten in einen gewölbten Gang, dessen silberne Lampen mildes Licht und wundervolle Wohlgerüche verbreiteten. Neugierig wagte sie sich weiter und gelangte schliesslich in einen herrlichen Saal, der im Innern des Berges aus dem Gestein herausgebrochen war. Reicher maurischer Teppichschmuck zierte Boden und Wände, Lampen aus Kristall hingen von der Decke und Holzkohlenfeuer in goldenen Schalen erwärmten angenehm den Raum. Auf einer mit weichen Polstern bedeckten Ottomane sass ein alter Maure mit weissem Bart. Er schlummerte und nickte dabei mit seinem greisen Haupte hin und her, und der Stab in seiner Rechten schien jeden Augenblick den zitternden Fingern entschlüpfen zu wollen. In einiger Entfernung von ihm sass eine schöne Dame in altspanischer Tracht, mit einer kleinen Krone von Diamanten, die Locken mit Perlen durchflochten, auf dem Schoss eine silberne Leier, deren Saiten sie sanfte Töne entlockte. Die kleine Sanchica erinnerte sich jetzt jener Geschichte, die einmal eine alte Base ihrer Mutter erzählte, und in der berichtet wird, dass ein alter arabischer Zauberer eine schöne Gotenprinzessin im Innern des Berges unter der Alhambra gefangen hielt, den sie ihrerseits wieder dank der magischen Gewalt ihrer Melodien in süssen Schlummer wiegte.

Erstaunt schaute die edle Dame auf, als sie ein sterbliches Wesen in der Halle des Magiers aus dem Morgenlande sah.

«Ist heute der heilige Johannisabend?», fragte sie mit lieblicher Stimme.

«Ja», erwiderte Sanchica.

«Dann ist für eine Nacht der magische Zauber gelöst. Komm hierher, Kind, und fürchte dich nicht. Ich bin eine Christin wie du, wenn auch durch Zauber hier festgehalten. Berühre meine Fesseln mit dem Talisman, der um deinen Hals hängt, und ich werde für diese Nacht frei sein.»

Bei diesen Worten entfaltete sie ihre Gewänder und zeigte einen breiten goldenen Reifen, der ihren Leib umschloss und eine goldene Kette, mit welcher sie an den Boden gefesselt war. Ohne zu zögern berührte das Mädchen das goldene Band und sofort fiel es mitsamt der Kette zu Boden. Beim Klang des Metalls erwachte der Alte und begann sich die Augen zu reiben; aber schnell glitten die Finger der christlichen Prinzessin durch die Saiten der Leier, der Magier begann wieder zu dösen, nickte mit dem greisen Haupt, während der Stab in seiner Hand schwankte und doch nicht zu Boden fiel. «Jetzt», flüsterte die Dame, «berühre seinen Stab mit der schwarzen Faust aus Gagat.» Das Kind tat es, und schon entfiel er der Hand des Alten, der gleich darauf in tiefem Schlaf auf die Polster der Ottomane zurücksank. Die schöne Gotin legte die silberne Leier sachte auf den Diwan und lehnte sie dem schlafenden Zauberer an den Kopf! Dann zupfte sie leicht die Saiten, eine nach der anderen, bis die Töne vibrierten und in sein Ohr drangen und sagte gleichzeitig: «O mächtiger Geist der Harmonie, halte so seine Sinne in Knechtschaft, bis der Tag wiederkehrt. —Nun folge mir, mein Kind», fuhr sie fort, «ich will dir die Alhambra zeigen, so wie sie in den Tagen ihres höchsten Glanzes war, und du kannst alles sehen, denn der Talisman an deinem Hals enthüllt dir jeden Zauber.» Sanchica folgte stillschweigend der Dame. Sie gingen durch den erleuchteten Gang, die Treppen hinauf in das Aussenwerk der *Puerta de la Justicia* und von da zur *Plaza de los Aljibes*, der inneren Festungsesplanade. Hier standen ausgerichtet und in Ordnung maurische Reiterei und Scharen von Fussvolk in Wehr und Waffen, mit fliegenden Fahnen und Standarten; die königliche Leibwache inspizierte eben ein höherer Führer, während die Garde mit gezogenen Säbeln an den Portalen ihren Dienst versah. Niemand sprach ein Wort und Sanchica ging furchtlos hinter der neuen Freundin her. Ihr Erstaunen wuchs, als sie den königlichen Palast betrat, in dem sie gross geworden war. Der volle Mond erleuchtete alle Hallen, Höfe und Gärten taghell, doch ganz anders war das Leben und Treiben hier, nicht wie sonst an gewöhnlichen Tagen, nicht so wie sie es bis heute erlebt hatte. Verschwunden waren die Flecken und Risse an den Wänden der Gemächer; anstatt der staubigen Spinnengewebe deckten sie reiche Seidenstoffe aus Damaskus, und die goldenen Zierarten und arabischen Malerien zeigten ihren ursprünglichen Glanz und ihre Frische wieder. Auch die weiten Hallen und Salone standen nicht mehr öd und leer. Man sah Ruhebetten und Ottomanen, deren Überwürfe mit Perlen und Edelsteinen besetzt waren; und alle Springbrunnen sprühten ihre kunstvollen Spiele.

Die Küchen waren wieder in voller Tätigkeit; die Köche brieten mit Eifer ganz seltene Gerichte, rösteten und sotten allerlei Trugbilder von Hennen, Schnepfen und Pfauen, Geschäftig eilten Diener hin und her und deckten mit silbernen Geschirren und Bestecken irgendwo ein Bankett. Im Löwenhof drängten sich Leibgardisten, Höflinge und ausländische Gesandtschaften, während maurische Priester, die *alfaquíes*, ruhig um den Brunnen wandelten. Im *Salón de la Justicia* sass Boabdil auf einem hohen Throne umgeben von seinem ganzen Hofstaat und dessen Gefolge. Aber trotz dieses Gedränges und der enormen Geschäftigkeit hörte man jedoch keinen einzigen Laut, keine Stimme, keinen Fusstritt; nichts unterbrach das mitternächtige Schweigen als die plätschernden Wasser der Springbrunnen. Die kleine Sanchica folgte ihrer Führerin in stummem Staunen durch den Palast. So kamen sie auch an ein Portal, das zu den Gewölben unterhalb der *torre de Comares* hinabführte. Auf jeder Seite der genannten Turmtür sass eine aus Alabaster gehauene Nymphe. Ihre Köpfe waren etwas seitwärts gewandt und ihre Blicke auf dieselbe Stelle im Gewölbe gerichtet. Die verwunschene Prinzessin blieb stehen und winkte das Kind zu sich. «Hier», sagte sie, «ist ein grosses Geheimnis, das ich dir als Lohn für deinen

Glauben und deinen Mut jetzt offenbaren will. —Wisse, diese verschwiegenen Statuen bewachen einen Schatz, der in alten Zeiten von einem Maurenkönig hier versteckt wurde. Sage deinem Vater, er solle die Stelle suchen, auf die der Blick der beiden Nymphen fällt, und er wird dort Kostbarkeiten finden, die ihn zum reichsten Mann von Granada machen. Aber nur du mit deinen unschuldigen Händen—und im Besitz des Talismans—bist im Stande, den Schatz su heben. Dein Vater soll davon einen klugen Gebrauch machen und für einen Teil desselben täglich eine heilige Messe lesen lassen, dass ich bald befreit und meine arme Seele aus dieser unheiligen Verzauberung erlöst werde.»

Als die Dame diese Worte gesprochen hatte, führte sie das Kind weiter bis zu dem kleinen Garten der *Lindaraja*, der ganz in der Nähe der beiden Statuen lag. Der Mond zitterte auf den Wassern des einsamen Brunnens in der Mitte des romantischen Gärtchens, und übergoss die Orangenbäume und Zitronensträucher mit seinem silbernen Licht. Die Dame pflückte einen Myrtenzweig und flocht ihn dem Kind ins Haar und sagte dabei: «Dies soll dir ein Erinnerungszeichen an all das sein, was ich dir anvertraut habe, und ein Beweis von dessen Wahrheit. Meine Stunde ist gekommen—ich muss nun zurück zum alten Magier in der Halle, aber folge mir nicht nach, denn es könnte dir ein Unglück zustossen!—leb wohl, liebes Kind und denk an das, was ich dir gesagt habe! Vergiss die heiligen Messen nicht und bete, dass meine arme Seele endlich frei werde und in den Himmel komme.» Mit diesen Worten trat die Dame in einen dunkeln Gang unterhalb der *torre de Comares* und war nicht mehr zu sehen.

Aus den Hütten am Fuss der Alhambra, drunten im Tal des Darro hörte man schon das Krähen der Hähne, und draussen in der Ferne zeigte sich im Osten über den Bergen bereits ein blasser Lichtstreifen. Ein schwacher Wind blies durch die Höfe und Gänge, in den Ecken der Patios raschelte das dürre Laub, und Tür um Tür schloss sich von allein und so langsam, dass man das Knarren weithin hören konnte.

Sanchica kehrte in die Hallen zurück, die sie vor kurzen noch voll Schemen sah; aber Boabdil und sein Hofstaat waren verschwunden. Der Mond schien in die leeren Säle und Galerien; sie waren ihres Schmuckes entkleidet, überall hingen Spinnweben, und an den Wänden merkte man deutlich Flecken, Risse und Spalten, die vom Zahn der Zeit zeugten, der alles zerfrass. Fledermäuse flatterten im Zwielicht herum, Eulen kauzten in den Winkeln, und Frösche quakten in den Teichen und Brunnen.

Die Kleine eilte nun, so schnell sie konnte, zu einer Treppe und lief zur ärmlichen Wohnung ihrer Eltern hinauf. Die Tür stand wie gewöhnlich offen, denn Lope Sánchez war zu arm, um Schloss oder Riegel nötig zu haben. Sie suchte still ihr Lager auf, legte den Myrtenkranz unter das Kissen und schlief bald ein.

Am Morgen erzählte sie ihrem Vater alles, was ihr begegnet war. Lope Sánchez jedoch hielt das Ganze nur für einen schönen Traum und lachte das Kind wegen seiner Leichtgläubigkeit aus und meinte, sie solle wach werden, denn die Sonne stünde schon hoch am Himmel. Dann ging er an seine gewohnte Arbeit im Garten, war aber noch nicht lange dort, als seine kleine Tochter atemlos gelaufen kam, ihn bei der Hand fasste und rief: «Vater! Vater!, Sieh den Myrtenkranz, den mir die maurische Dame um den Kopf band!»

Lope Sánchez starrte voll Erstaunen auf das, was ihm das Mädchen zeigte und sah, dass der Stengel des Zweiges aus lauterem Gold und die Blätter funkelnde Smaragde waren! Da er jedoch in seinem Leben nie viel mit Edelsteinen zu schaffen gehabt hatte, so kannte er den wahren Wert des Kranzes natürlich nicht, aber soviel verstand er klarer Weise gleich von der Sache, dass ihm seine kleine Sanchica da etwas ganz Materielles unter die Nase hielt, etwas, was mit Träumen und Hirngespinsten absolut nichts zu tun hatte, und dass sie auf jeden Fall praktisch verwertbare Halluzinationen und Traumbilder gesehen hatte. Mit ernsten Worten und aufgeregter Stimme schärfte er seiner Tochter das unverbrüchlichste Stillschweigen ein. In dieser Hinsicht brauchte er sich keine Sorgen zu machen, denn das Kind war viel klüger und verschwiegener, als Jahre und Geschlecht es erwarten liessen. Nach dieser einleitenden und ernsten Unterredung begaben sich Vater und Tochter in das Gewölbe, wo die beiden alabasternen Nymphen standen und den vermauerten Schatz nicht aus den Augen liessen. Eingehend studierte Lope Sánchez die Lage und bemerkte, dass die Köpfe der zwei Statuen vom Eingang abgewandt waren und dass sie auf eine und dieselbe Stelle im Innern des Gebäudes zu blicken schienen. Diese sinnreiche Erfindung, einen Schatz zu bewachen, erregte die tiefste Bewunderung des armen Mannes zu dem genialen Bildhauer und dem Maurenfürsten, in dessen Auftrag das Kunstwerk vollführt wurde. Doch nur kurze Zeit dauerte seine Ehrfurcht vor den beiden Wächtern des vermauerten Geheimnisses. Ruhig und ohne mit der Hand zu zittern zog er von den Augen der Statuen eine Linie bis zu dem Punkt, auf den sie ihre starren Blicke richteten, machte dort ein geheimes Zeichen an der Wand und ging dann mit seiner kleinen Begleiterin wieder schnellstens fort.

Lope Sánchez war den ganzen Tag unruhig und von tausend Sorgen gequält. Aus der Ferne behielt er die Statuen im Auge und war voll Angst und Besorgnis, dass das goldene Geheimnis von jemandem entdeckt werden konnte. Jeder Schritt, den er in der Nähe hörte, brachte ihn zum Zittern und er bebte wie eine angstvolle Jungfer, wenn sich jemand dem Platze näherte. Er hätte viel darum gegeben, hätte er die Köpfe der zwei in Alabaster gehauenen Nixen etwas verdrehen können. Dabei vergass er in seiner Aufregung vollkommen, dass sie schon seit mehreren Jahrhunderten genau in dieselbe Richtung blickten, ohne dass darum irgendwer klüger geworden wäre.

«Der Kuckuck soll die beiden Weiber holen», sagte er zu sich selbst, «sie werden noch das ganze Geheimnis verraten! Hat jemals ein normaler Mensch auf solche Art einen Schatz bewachen lassen?» Wenn er dann und wann jemanden kommen hörte, dann stahl er sich ganz heimlich und leise weg, als ob schon seine blosse Anwesenheit in der Nähe des Platzes Verdacht erregen könnte. Nach einigen Minuten kehrte er wieder vorsichtig zurück und spähte schon aus der Ferne hinüber zum geheimnisvollen Gewölbe, ob ja noch alles unberührt und sicher wäre. Es fiel sein aufgeregter Blick wieder auf die Statuen, und voll Unwillen murmelte er vor sich hin: «Ja, da stehen sie und sehen und schauen und glotzen gerade immer dahin, wohin sie nicht sollten. Der Teufel hole sie! Sie sind genau so wie die anderen Weiber auf der Welt; wenn sie keine Zunge zum schwätzen haben, dann tun sie es eben mit den Augen.»

Endlich ging auch dieser sorgenvolle Tag zu Ende, und erleichtert atmete Lope Sánchez auf. In den weiten Sälen der Alhambra hörte man keine Schritte und kein Gerede mehr. Der letzte Fremde hatte bereits die Burg verlassen, das grosse Tor wurde verriegelt und verschlossen. Fledermaus, Frosch und Eule nahmen wieder ihre nächtlichen Geschäfte auf. Der Schatzgräber liess sich indessen Zeit und wartete, bis die Nacht weit vorgerückt war, dann aber, es war kurz vor Mitternacht, ging er vorsichtig und ganz leise mit seinem Töchterlein in den Saal, wo die beiden stummen Nymphen ihren Dienst versahen. Nichts hatte sich dort verändert. Geheimnisvoll und schlau starrten die zwei Statuen zum Schatz hinüber, der nun wieder ans Tageslicht gebracht werden sollte, vorausgesetzt, dass die Gotenprinzessin wahr gesprochen und Sanchica richtig gehört hatte. «Mit eurer Erlaubnis, holde Damen», dachte Lope Sánchez, als er bei den starr blickenden Wächterinnen vorbeikam, «ich will euch eures Dienstes entheben und ablösen, denn zwei oder gar drei Jahrhunderte steht ihr schon auf Posten, was gegen jede Regel verstösst.» Rasch ging er zur Mauer und begann an der von ihm früher bezeichneten Stelle die Ziegel herauszuschlagen. Fachmännisch verrichtete er diese Arbeit und bald lag eine Nische offen, in der zwei grosse Krüge aus feinstem Porzellan standen. Er versuchte sie hervorzurücken, doch vergebens, wie angewurzelt blieben sie unbeweglich stehen, bis Sanchica sie mit ihren unschuldigen Händen berührte. Dank ihrer Hilfe hob Lope den Schatz aus der Wandvertiefung hervor und fand zu seiner unermesslichen Freude, dass die Töpfe bis zum Rand mit maurischen Goldmünzen, Juwelen und Edelsteinen angefüllt waren. Es gelang ihm, sie vor Tagesanbruch in sein Zimmer zu schaffen, dann vermauerte er wieder das Loch in der Wand und verliess mit freundlichem Gruss die beiden wachhabenden

Statuen, die noch immer auf die —nunmehr leere— Mauernische starrte.

So war denn Lope Sánchez plötzlich ein reicher Mann geworden. Aber dieser Reichtum brachte, wie gewöhnlich, eine Menge von Sorgen mit sich, von deren Existenz er bisher nichts gewusst hatte. Wie konnte er seinen enormen Schatz mit Sicherheit und ohne Aufsehen zu erregen aus den ärmlichen Räumen schaffen? Wie sollte er ihn in Ruhe und Frieden geniessen, ohne Verdacht zu erwecken? Zum erstenmal in seinem Leben dachte er auch an Räuber und Diebe, Fassadenkletterer und Einschleicher. Er sah mit Schauer und Schrecken die Unsicherheit seiner Wohnung und ging gleich daran, Fenster und Türen zu verrammeln; doch trotz dieser Vorsichtsmassregeln konnte er nachts kein Auge schliessen, sondern bewachte starren Blicks, gleich den beiden Alabasternymphen, den Maurenschatz, den er in der Truhe versteckt hielt. Dahin war seine Fröhlichkeit, sein heiterer Sinn; kein neckisches Liedchen kam mehr über seine Lippen, kein Scherzwort hörten die Nachbarn, und bald war er das unglücklichste Geschöpf in der Alhambra. Seine alten Kameraden merkten natürlich die Veränderung, bemitleideten ihn von Herzen und fingen an, sich von ihm zurückzuziehen, den sie dachten, er wäre in grosse Not geraten und würde sie sicher eines Tages um Hilfe, um Unterstützung oder gar um ein Darlehen bitten. Wer konnte auch annehmen, dass gerade Reichtum die Ursache des ganzen Elends war?!

Die Frau des Lope Sánchez teilte natürlich all diese Sorgen getreulich mit ihrem guten Ehemann, doch war sie viel besser daran als er, denn sie hatte wenigstens einen geistlichen Trost, der ihm mangels Frömmigkeit nicht zuteil wurde. Diesbezüglich hätten wir schon früher erwähnen sollen, dass Lope Sánchez in Punkto Ehe ein ziemlich leichtfertiger und unbesonnener Mann war und wegen seines guten Humors und seiner Lieder beim schwachen Geschlecht hoch in Ehren stand, eine Auszeichnung, die der guten Ehefrau oft grosse Sorgen bereitete. Nun wir wissen ja aus eigener Erfahrung oder vom Hörensagen, dass Frauen mit derartigen Sorgen auf dem Herzen ihr diesbezügliches Leid dem Beichtvater zu klagen pflegten und um seinen Rat bittlich werden, wenn die Zweifel an der ehelichen Treue des fröhlichen Ehegespons gar zu arg wurden. So ist's heute noch, so war's früher und so wird's immer sein, solang eben Menschen nur schwache Menschen und keine Engel sind. Auch Frau Lope hatte ihren Beichtiger; es war Pater Simón, ein guter Franziskaner aus dem benachbarten Kloster; seinen geschorenen Bauernschädel zierte ein ehrwürdiger Vollbart und listige Äuglein blitzten im Gesicht des geistlichen Trösters, Tröster der guten Weiber in der ganzen Nachbarschaft. Ausserdem stand er auch in Nonnenresidenzen Granadas in hohem Ansehen, wo man ihm seine geistlichen Dienste mit häufigen Geschenken vergalt. So bekam er immer etwas von jenen kleinen Leckereien und Näschereien, wie sie in Klöstern gewöhnlich gemacht werden. Vorzüglich schmeckten ihm die eingemachten Früchte, süsse Biskuits und würzige Schnäpse, denn sie erquickten ihn wunderbar nach langen Fastenzeiten und harten Nachtwachen.

Pater Simón gedieh sichtlich in Ausübung seiner Pflichten. Sein fettiges Gesicht glänzte im Sonnenschein, wenn er an schwülen Tagen den Hügel zur Alhambra hinaufpustete. Doch trotz seines feisten Aussehens beobachtete er genauest die strengen Ordensregeln, und der knotige Strick um seinen Leib zeugte von der Härte der Disziplin, die er gegen sich selbst übte. Er war ein Spiegel der Frömmigkeit, was die Menge erkannt hatte und vor ihm in Ehrfurcht Hut und Mütze zog, ja sogar die Hunde witterten den Duft der Heiligkeit, der seinem Habit entströmte und heulten in ihren Hütten, wenn er vorüberging.

So war also Pater Simón der geistliche Berater des guten Weibes von Lope Sánchez; und da in Spanien in den unteren Ständen der Beichtvater auch der Vertraute in allen häuslichen Angelegenheiten ist, und die Weiber ihm nicht nur ihren Seelenschmerz klagen sondern auch Klatsch und Familienangelegenheiten ans Licht zerren, so wurde er gar bald unter dem Siegel der Verschwiegenheit mit der Geschichte von dem verborgenen Schatz bekannt gemacht.

Der Mönch riss bei dieser Nachricht Mund und Augen auf und bekreuzte sich zwölfmal nacheinander. Er verschnaufte ein wenig und sprach nach kurzem Besinnen mit ernst bewegter Stimme: «Tochter meiner Seele! Wisse, dein Gatte hat sich einer doppelten Sünde schuldig gemacht! —Er hintergeht sowohl den Staat als auch die Kirche! Er hob den Schatz auf königlichem Boden, daher gehört er der Krone! Da er aber seinerzeit von Ungläubigen vergraben wurde und jetzt dank der Vorsehung den Krallen des Satans entrissen werden konnte, so sollte eigentlich all das Geschmeide der Kirche geweiht werden. Doch kann man über den Fall ja immer noch reden und die Sache zufriedenstellend regeln. Bringe mir vorderhand einmal schnell den Myrtenkranz hierher.»

Frau Lope tat, was ihr befohlen wurde und brachte schleunigst das herrliche Schmuckstück. Als der gute Pater es erblickte, leuchteten seine listigen Äuglein vor Freude, denn immerhin verstand er etwas von Smaragden und deren Wert. Doch ruhig und ernst sprach er also zu der vor ihm stehenden Frau: «Hier, diese erste Frucht der Schatzgräberei, muss unbedingt frommen Zwecken geweiht werden. Ich will den Zweig als Votivgeschenk in unserer Kapelle vor dem Bild des heiligen Franziskus aufhängen und noch in dieser Nacht inbrünstig zu ihm flehen, dass dein Mann im ruhigen Besitz seines Reichtums bleibe.»

Die gute Frau war froh, dass sie so wohlfeilen Kaufes ihren Frieden mit dem Himmel wieder herstellen konnte. Der Pater aber, mit sich selbst hoch zufrieden, steckte den goldenen Myrtenkranz unter die Kutte und schritt mit heiliger Miene seinem Kloster zu.

Als Lope Sánchez nach Hause kam, erzählte ihm seine Frau, was sich zugetragen hatte. Der Mann geriet in höchste Wut, denn ihm fehlte der fromme Sinn seines Weibes, und schon seit einiger Zeit wuchsen ihm die Besuche des Mönchs zum Hals heraus. «Weib!» brüllte er seine bessere Ehehälfte an, «Was hast du getan? Du hast mit deinem Schwatzmaul alles aufs Spiel gesetzt.»

Die gute Frau war aber nicht auf den Mund gefallen und schrie ihrerseits: «Was? Du Antichrist! Du willst mir verbieten, vor meinem Beichtvater mein Gewissem zu erleichtern?»

«Nein, Weib! Beichte deine eigenen Sünden so oft du

willst, aber das mit der Schatzgräberei lass gefälligst meine eigene Sünde sein; gern werde ich damit mein Gewissen beschweren, das unter dieser Last wirklich nicht viel zu leiden hat.»

Allein kein Klagen half mehr; das Geheimnis war nun einmal ausgeplaudert und wie auf den Sand gegossenes Wasser nicht wieder zurückzunehmen. Aber sie hofften auf die Verschwiegenheit des Mönchs und erwarteten, dass er reinen Mund halten werde, da es sich ja immerhin fast um ein Beichtgeheimnis handle.

Als am nächsten Tag Lope Sánchez an seine Arbeit gegangen war, liess sich ein leises Klopfen an der Tür vernehmen, und Pater Simón trat mit milder und sittsamer Miene ein.

«Tochter», sagte er, «ich habe inbrünstig zum heiligen Franziskus gebetet, und er hat mein Gebet erhört. Um Mitternacht ist mir der Heilige im Traum erschienen, doch nicht mit seinem gütigen Antlitz; ärgerliche Falten durchfurchten seine weise Stirn, als er erzürnt sagte: Warum bittest du mich wegen dieses Heidenschatzes um Vergebung, obwohl du die bittere Armut meiner Kapelle kennst? Geh zum Haus des Lope Sánchez, bitte ihn in meinem Namen um einen Teil des maurischen Goldes, lass dafür zwei schöne Leuchter machen, stelle diese auf den Hauptaltar, und der Mann soll mit seiner Familie in Ruhe und Frieden leben und glücklich den Rest geniessen. Ja Frau, so sprach der grosse Heilige zu mir armen Sünder.»

Als die Gute von dieser wundervollen Erscheinung hörte, bekreuzigte sie sich ehrfurchtsvoll, ging zu der geheimen Stelle, wo Lope seinen Schatz versteckt hatte, füllte einen grossen, ledernen Bentel mit arabischen Geldstücken und gab ihn dem frommen Mönch. Der erteilte ihr zum Dank reichlichst seinen Segen mit einer so ausserordentlich grossen Herzlichkeit, dass alle Lope und deren Nachkommen durch Jahrhunderte glücklich leben konnten, fals der Himmel die Bitte und die Fürsprache des Paters hören sollte. Als Fray Simón auf solche Art seines Amtes gewaltet hatte, liess er die Geldkatze in den weiten Ärmeln seiner Kutte verschwinden, faltete die Hände über der

Brust zusammen und ging mit demütig dankbarer Miene aus dem Haus.

Als Lope Sánchez von diesem zweiten Geschenk an die Kirche hörte, hätte er beinahe den Verstand verloren. «Ich Unglücklicher», rief er, «was soll aus mir noch werden? Stückweise beraubt man mich; ich werde zu Grunde gerichtet und an den Bettelstab gebracht!»

Nur mit grosser Mühe konnte ihn sein Weib beruhigen. Sie erinnerte ihn daran, dass er ja noch immer genug Geld habe und dass es übrigens vom heiligen Franziskus sehr bescheiden sei, sich mit einem so kleinen Anteil zufrieden zu geben, wo doch in derlei Dingen der beste Freund viel mehr verlangt hätte.

Unglücklicherweise hatte aber der gute Franziskaner für eine grosse Anzahl armer Verwandter zu sorgen, und ausserdem wurden von ihm ein halbes Dutzen stämmiger Waisenkinder und nimmersatter Findlinge verköstigt, denen er Pflegevater und geistlicher Beistand war. Er wiederholte also seine Besuche Tag für Tag und bat im Namen des heiligen Dominikus, des heiligen Jakob, des heiligen Andreas, des heiligen Humbertus um eine milde Gabe, bis der arme Lope in Verzweiflung geriet und einsah, dass er wohl jedem Kalenderheiligen ein Friedensopfer darbringen müsse, ehe er zur Ruhe käme. Dazu war natürlich der Mann keinesfalls bereit. Er beschloss daher, seinen ihm noch bleibenden Reichtum zu verpacken und sich heimlich bei Nacht und Nebel aus dem Staub zu machen, um in einem anderen Teil des Königreiches sich niederzulassen und dort in Ruhe und Frieden als wohlsituierter Mann seine Tage zu verbringen.

Nachdem er seinen Plan reiflichst überlegt und studiert hatte, kaufte er ein starkes Maultier mit zwei festen Tragsätteln und stellte es in einem düsteren Gewölbe unterhalb der *torre de Siete Suelos* ein. Auch mit diesem improvisierten Stall unter dem Turm der sieben Stockwerke hatte es sein besonderes Bewenden, denn hier hielt sich kurz vor Mitternacht der *Velludo*, das zottige Höllenross auf, ehe es—wie man erzählte—gefolgt von einer ganzen Meute Teufelschunden durch die Strassen von Granada jagte. Lope Sánchez hatte von dieser

Geschichte nie viel gehalten, machte sich aber jetzt die allgemeine Geisterfurcht der Burgbewohner zu Nutzen, da er sicher war, dass kein Mensch im unterirdischen Stall des Geisterpferdes bei den Satanschunden etwas suchen würde. Im Laufe des Tages schickte er Frau und Kind in ein entferntes Dorf der Vega mit der Weisung, ihn dort zu erwarten. Als die Nacht vorrückte, brachte er seinen Schatz ins Gewölbe unter dem Turm, belud damit den neu erworbenen Maulesel, führte ihn am Zaum ins Freie und ritt vorsichtig den dunklen Saumweg ins Tal hinunter.

Der ehrliche Lope hatte all seine Massnahmen in grösster Stille und Heimlichkeit getroffen und sie nur seinem treuen Herzensweibe mitgeteilt, die natürlich mit niemandem darüber auch nur ein Wort verlor. Durch irgend eine wunderbare Offenbarung bekam jedoch der Pater Simón Wind von der Sache. Der eifrige Mönch verstand sofort, dass ihm nun der heidnische Schatz entschlüpfte und beschloss somit, noch vorher zum Besten der Kirche und des heiligen Franziskus einen tüchtigen Griff in den Geldsack zu tun.

Als alle Kirchenglocken zum Englischen Gruss geläutet hatten und *ánimas* verklungen war, da zogen sich die Bewohner der Alhambra in ihre Wohnungen zurück und legten sich zur Ruhe. Still wurde es in den Gärten, kein Mensch zeigte sich auf den Wegen. Jetzt schlich sich Pater Simón aus dem Kloster, eilte rasch durch das Tor *de la Justicia* und eine kurze Strecke den Weg hinunter. Bald schlug er sich seitwärts in die Büsche und verbarg sich zwischen Rosenstöcken und dichten Lorbeersträuchern, die den Zugang säumten. Hier lieb er ruhig sitzen und zählte die Viertelstunden, wie sie vom Wachtturm herüberklangen und lauschte auf das unheimliche Geschrei der Eulen und auf das ferne Bellen der Hunde aus den Zigeunerhöhlen.

Endlich hörte er Hufegetrappel und erblickte durch das Dunkel der überschatteten Bäume die undeutlichen Umrisse eines Pferdes, das den Weg von der Alhambra herunterkam. Das stämmig fette Paterle lachte leise in sich hinein, als es an den klugen Streich dachte, den es in wenigen Augenblicken dem ehrlichen Lope spielen würde.

Er zog seine Kutte hinauf, kauerte sich wie eine jagende Katze nieder und lauerte, bis die Beute gerade vor ihm war; dann sprang er aus dem Versteck heraus, legte eine Hand auf des Reittiers Rücken und die andere auf die Kruppe, gab sich einen Schwung, der dem erfahrensten Reiter Ehre gemacht hätte und sass dann rittlings wie festgenagelt oben. «Aha!» rief der schneidige Mönch lachend, «jetzt wollen wir sehen, wer von uns das Spiel am besten versteht». Aber kaum hatte er diese Worte gesprochen, als der Maulesel sich auch schon bäumte, nach allen Seiten hin ausschlug, wilde Sprünge machte und dann in vollem Lauf den Berg hinabgaloppierte. Der Pater versuchte das Tier aufzuhalten, aber vergebens. Der Mulo sprang von Fels zu Fels, von Busch zu Busch und über Stock und Stein; die Kutte des Reiters ward in Fetzen gerissen und flatterte im Winde. Der geschorene Schädel des armen Paters stiess gegen Baumäste, und Gesträucher rissen Schrammen in seine Haut. Ach! Wie gross war erst sein Schreck und seine Angst, als er hinter sich eine Meute von sieben heulenden Hunden rennen sah und zu spät bemerkte, dass er wirklich auf dem so gefürchteten Höllenross, dem *Velludo* sass.

Fort gings nun mit Windeseile den langen Weg in die Stadt hinunter, quer über die *Plaza Nueva*, am *Zacatín* vorbei, um die *Bibarrambla* herum! Nie gab's auf Erden eine wildere Jagd, nie einen höllischeren Lärm. Vergebens rief der Mönch die heilige Jungfrau María und alle seine Schutzpatrone an; all die Namen der Märtyrer und der heiligen Ordensgründer wirkten wie tiefe und scharfe Spornstösse in die Weichen des *Velludo*, der bei jedem Bitt-für-uns haushohe Sprünge machte. So galoppierte das Teufelspferd die ganze Nacht durch die Strassen und Gassen Granadas, durch die Vororte und die umliegenden Gehöfte, die kläffenden Höllenhunde hinter ihm her und oben der unglückliche Pater Simón, dem alle Knochen im Körper fürchterlich schmerzten. Dieser klammerte sich ängstlich an Kamm und Mähne, um nicht zu stürzen, denn das hätte ihm das Leben gekostet. Endlich kündete das Krähen eines Hahnes den Anbruch des neuen Tages an. Kaum war der letzte Schrei verklungen, als das Gespensterpferd sich auf den Hinterhufen herumdrehte, wie auf der Hohen Schule eine Kapriole schlug und davongaloppierte. Wieder jagte Ross und Reiter über die *Bibarrambla*, den *Zacatín*, die *Plaza Nueva* und durch die Prachtallee der *Alameda de las fuentes* der Alhambra zu, und hinter der wilden Jagd rasten kläffend und heulend die sieben Höllenhunde her und sprangen und schnappten nach den Fersen des verängstigten Paters. Der erste Sonnenstrahl schoss eben hinter den Bergen hervor, als sie den Turm erreichten. Hier schlug der Gaul kräftig aus, warf den Mönch kopfüber durch die Luft, stürzte sich in das Gewölbe hinab, die knurrenden Hunde hinter ihm drein, und alles war still, als wäre nie etwas geschehen, als hätte es nie vorher einen solchen Spektakel gegeben.

Wurde jemals einem frommem Klosterbruder ein böserer Streich gespielt? Ein Bauer, der in der Früh aufs Feld ging, fand den unglücklichen Pater Simón am Fuss der Turms unter einem Feigenbaum liegen, so zerschunden, zerschlagen und zerquetscht, dass er weder sprechen noch sich regen konnte. Er wurde mit aller Liebe, Sorgfalt und Aufmerksamkeit in seine Zelle geschafft, und bald hörte man allgemein erzählen, dass er von Räubern überfallen und malträtiert worden sei. Fast zwei Tage lang lag er im Bett, ohne ein Glied bewegen zu können; er tröstete sich während dieser schweren Stunden mit dem Gedanken, dass ihm zwar der Maulesel mit dem Schatz entwichen sei, er aber, Gott sei's gedankt, doch vorher manch guten Griff in den Sack getan hätte. Als er sich wieder bewegen konnte und halbwegs hergestellt war, versäumte er keine Minute mehr, entleerte seinen Strohsack, wo er den Myrtenkranz und die gefüllten Geldkatzen vorsichtshalber versteckt hatte. Aber es war ein Jammer! Wie schaute die einst so wertvolle Sühnegabe der frommen Frau Lope aus! Pater Simón fand nur lederne Säcke, die Sand und Kies enthielten, und darunter einen verwelkten Myrtenzweig.

Bei all seinem Aerger war Pater Simón klug genug, reinen Mund zu halten, denn Plaudern und Schwatzen hätten ihm nicht nur nichts geholfen sondern obendrein noch dazu geschadet. Das Volk würde ihn verlacht haben. Schadenfrohe Leute werden ja bekanntlich nie alle; und von den Ordensoberen schon gar nicht zu sprechen, was nämlich diese strengen Herrn von Simons Armutsgelöbnis gehalten und wie sie über ihn gedacht und was sie mit ihm gemacht hätten, das kann sich ein Laie ja gar nicht vorstellen. Erst viele Jahre später, auf dem Sterbebett, bekannte er seinem Beichtvater seinen nächtlichen Ritt auf dem *Velludo*.

Von Lope Sánchez hörte man lange Jahre nichts; er war und blieb verschwunden. Man behielt ihn in gutem Andenken; er war ein lustiger Kamerad und ein wirklich entgegenkommender Mensch. Manche erinnerten sich des raren Benehmens, das Lope kurz vor seinem geheimnisvollen Verschwinden an den Tag gelegt hatte, und so wurde allgemein angenommen, dass ihn Armut, Not und Schulden zu diesem traurigen Schritt veranlasst hätten.

Nach Jahren kam einmal einer der Veteranen von der Alhambra nach Málaga, überquerte auf einem Spaziergang eine Strasse und wurde dabei von einer sechsspannigen Staatskarosse umgeworfen und wenig fehlte, dass die Räder des Wagens über ihn gerollt wären. Die Kutsche hielt an, ein prächtig gekleideter Herr mit Perücke und Degen stieg aus, kam gemessenen Schrittes auf den alten Reservisten zu, um ihm beizustehen. Aber wie gross war das Erstaunen des Armen, als er in diesem vornehmen Herrn seinen Freund Lope von der Alhambra erkannte, der eben zur Kirche fuhr, wo sich Sanchica mit einem der blaublütigsten Edelleute Spaniens vermählen sollte.

Das Brautpaar sass in der Kutsche. Auch Frau Lope war dabei. Man sah ihr die Noblesse schon von weitem an. Rund wie eine Tonne und aufgedonnert wie ein Truthahn sass sie da; Juwelen zierten ihr Brokatkleid, auf dem gepuderten Haupte wackelten Straussfedern, Perlenhalsbänder hingen um ihren etwas zu dicken Hals und an allen Fingern glänzten und glitzerten Ringe, —ein Luxus wie man solchen seit den Tagen der Königin von Saba nicht mehr gesehen hatte. Die kleine Sanchica war zu einer wirklich sauberen Jungfrau herangewachsen und konnte ihrer Anmut und Schönheit nach für eine Gräfin, wenn nicht gar für eine echte Prinzessin genommen werden. Neben ihr sass der Bräutigam—ein ziemlich verwelktes, spindelbeiniges Männlein, was als unleugbarer Beweis seines edlen

Geblütes gelten konnte, denn ein spanischer Grande ist selten über vier Fuss hoch. Diese Heirat war von der Mutter Lope geplant und bewerkstelligt worden.

Der Reichtum hatte aber das Herz des ehrlichen Lope nicht verdorben. Er behielt seinen alten Kameraden mehrere Tage bei sich, bewirtete ihn königlich, führte ihn ins Komödienhaus, gemeinsam gingen sie zu den *toros* und sahen sich die Stierkämpfe an und als er endlich seinen alten Genossen mit herzlichem Gruss und Händedruck entliess, da schenkte er ihm noch dazu eine erkleckliche Summe Geldes, dass er keine Not mehr zu leiden habe und darüberhinaus noch die alten Freunde von der Alhambra beschenken könne.

Lope erzählte immer, dass er einen reichen Bruder in Amerika gehabt habe, der von einigen Jahren gestorben sei; von diesem nun stamme eine der besten Kupferminen Neu-Spaniens, die er gegenwärtig selbst ausbeuten liesse. Die alten Klatschbasen von der Alhambra glaubten natürlich davon kein Wort, da sie doch alles viel besser als irgendwer wussten, und erzählten daher überall herum, dass Lope Sánchez den beiden schweigsamen Nymphen das Geheimnis abgerungen und einen grossen Schatz gefunden habe. Es ist sehr bemerkenswert, und viele Besucher der Alhambra bestätigen diese Tatsache, dass die zwei alabasternen Statuen noch bis auf den heutigen Tag sehr bedeutsam zur Wand hinüberblicken, was bei manchen die Vermutung aufkommen lässt, dort sei noch ein grosser Teil des Schatzes zurückgeblieben, den man heben könne, wenn —ja, wenn— man ihn finde. Die weiblichen Besucher jedoch, die auf die Alhambra kommen, betrachten mit Stolz und Wohlgefallen die beiden stummen Frauengestalten als ewiges Denkzeichen dafür, dass auch Evastöchter ein Geheimnis bewahren konnten.

MOHAMMED ABU ALAHMAR, DER GRUENDER
DER ALHAMBRA

Nun zum Abschluss, nachdem ich bereits so viele Märchen erzählt habe, die uns von der Alhambra und deren gegenwärtigen und früheren Bewohnern berichten, ist es natürlich notwendig, dass wir auch auf die wirkliche Geschichte dieser alten maurischen Königspfalz eingehen. Es soll daher zweier prachtliebender Fürsten gedacht werden, des Gründers und Planers dieses orientalischen Bauwerkes sowie auch seines Vollenders, Männer, die sich in solch romantischem Bauwerk verewigten. Der Historiker mus die Poesie verlassen und aus den Sphären der Phantasie und Dichtung auf diese Welt, zur Wirklichkeit zurück. Ich begann also in der alten Universitätsbücherei der Jesuiten; las vergilbte Dokumente, walzte Legate und Chroniken, studierte religiöse Streitschriften von Dominikanern und Jesuiten und fand auch einige sehr interessante Abhandlungen über spanische Geschichte und Literatur, eine Anzahl jener alten, staubigen, in Pergament gebundenen Vermächtnisse, für die ich eine so besondere Vorliebe habe.

In dieser Bibliothek, deren Bestände zur Zeit der französisch napoleonischen Besatzung etwas gelichtet wurden, verbrachte ich angenehme Stunden ruhigen und ungestörten Forschens. Man hatte mir die Schlüssel zu Türen und Schränken anvertraut, dass ich dieser Art allein nach Herzenslust herumstöbern konnte. Es war das eine Bevorzugung, die man wohl in keinem ähnlichen Heiligtum der Gelehrsamkeit auf der ganzen Welt erwarten durfte, da es sich ja um von unseren Vorfahren und Ahnen geschaffene Werte handelte.

Bei meinen diesbezüglichen historischen Arbeiten hatte ich das Glück, einige sehr interessante Berichte von und über die Bauherrn der Alhambra und den bedeutenden Charakter dieser kunstsinnigen Fürsten zu finden.

* * *

Den granadinischen Mauren war die Alhambra von jeher ein wundervolles Kunstwerk, dessen königliche Bauherrn sich, wie man heute noch in Andalusien erzählt, wenn schon nicht direkt mit Zauberei, so doch wenigstens mit Alchimie beschäftigten. Denn, so sagt das Volk, woher hätten die kunstsinnigen Könige das Geld genommen, wenn nicht auf irgendeine übernatürliche Art und Weise; der Bau des Schlosses verschlang Riesensummen, aus dem Land und dessen Bewohnern konnte man keine solchen Beträge herauspumpen, also... es musste eben der Teufel oder ein ihm nahestehender Zauberer dabei seine Hand im Spiel gehabt haben.

Bei meinen diesbezüglichen dokumentarischen Forschungsarbeiten konnte ich erfahren, dass bei der ganzen Sache alles ganz normal herging, allerdings dass die Bauherrn all das, was sie wollten, vorher ganz genau durchdacht hatten und zur Deckung der Baukosten Quellen zu erschliessen wussten, die seit vielen Jahren schon wieder versiegt sind. Die Namen zweier Maurenkönige, beides Meister in der Kunst der Staatsführung und Staatsverwaltung, verdienen es, wie vorhin gesagt, ganz besonders der Nachwelt überliefert zu werden. Es sind dies *Abu Abdallah*, oder *Mohammed Abu Alahmar*, so nennen ihn die maurischen Historiker, der Planer und Erbauer der Alhambra, und König *Yusef Abul Hagig*, der Vollender der Burg am «Roten Berg» Granadas.

Mohammed Abu Alahmar, Vater des Abdallah und Sohn des Alahmar entstammte dem alten Geschlecht der *Beni Nasar,* deren Stammherrn bereits mit den ersten Mauren von Afrika herüber nach Gibraltar kamen und sich in der Gotenschlacht am Guadalete bei Jerez schon hervortaten. Geboren wurde er in *Arjona*, einem reichen Munizipium bei *Jaén*, im Jahre 591 der Hedschra, 1195 der christlichen Zeitrechnung. Seine Eltern, noch immer sehr angesehene Edelleute, liessen ihn mit aller Sorgfalt erziehen und scheuten keine Kosten, ihrem Sohn eine standesgemässe Bildung geben zu lassen. Die Sarazenen Spaniens waren zur damaligen Zeit bereits zu einem der ersten Kulturvölker vorgerückt, und selbst das alte Europa konnte von ihnen so manches lernen. Jede grössere Stadt zollte dem Wissen, der Gelehrsamkeit und den schönen Künsten ihren zukömmlichen Tribut, dass also kein Mangel an guten Lehrern, Künstlern und Forschern herrschte. Jedermann wird daher einsehen und verstehen, dass unter den jungen maurischen Aristokraten Granadas wirklich kluge und aufgeweckte Köpfe zu finden waren, die ihrer Generation einen bestimmt kultivierten Stempel aufdrückten. So kam es also, dass gesetzte und erfahrene Männer die Schlüsselstellungen bekleideten und Gelehrte die königliche Hofhaltung zierten, während man Parteipolitikern, was auch heute noch der Fall ist, wenig Gehör schenkte.

Abu Alahmar war einer der Besten unter den Besten. Schon mit jungen Jahren wurde er *alcayde* von *Arjona* und später Statthalter von *Jaén*, der reichsten Provinz des Königreiches. Auf beiden Posten zeichnete er sich durch Umsicht, Gerechtigkeit und Klugheit aus, dass also seine Popularität bald über die Gemeindegrenzen und die Provinz hinausging. In die damalige Zeit fiel der Tod des Königs *Abu Hud*, nach dessen Ableben das Maurenreich von Fraktionskämpfen und Parteizwisten fast neuzeitlich zerwühlt und unterwühlt wurde. Der junge Landeshauptmann von *Jaén*, ehrgeizig wie er war, erfasste sofort die Gelegenheit, reiste durchs Land, besuchte Dörfer und Städte, hielt Reden und mischte sich dann leutselig unters Volk. Bald jubelte ihm die Menge überall zu, und schon hörte man Stimmen, die ihn allenthalben aufs Schild heben wollten. Im Jahre 1238 kam er endlich auch nach Granada, wo ihn Adel und Bürger unter allseitigen Freudenskundgebungen zum König ausriefen. Als erster Spross aus dem berühmten Hause der Beni Nasar war Mohammed Abu Alahmar das von allen anerkannte Oberhaupt der Moslems in Spanien. Die Regierungsform dieses grossen Fürsten war äusserst segensreich für seine Untertanen. Er ernannte nur solche Männer zu Statthaltern, Ministern und Militärbefehlshabern, die sich durch Klugheit, Tapferkeit und moralische Sauberkeit ausgezeichnet hatten und beim Volk beliebt waren. Die von ihm geschaffene Polizeitruppe war musterhaft ausgebildet, die Vorschriften für Richter und Anwälte äusserst streng, um so seinen Untertanen wahre Gerechtigkeit garantieren zu können. Die Armen und Notleidenden hatten stets freien Zutritt zu ihm, und er kümmerte sich persönlich um sie. Er errichtete Hospitäler für Blinde und Kranke, Altersheime und Invalidenhäuser; diese seine Einrichtungen inspizierte er oft und sah nach dem Richtigen. Dabei meldete er sich aber nicht, wie es sonst Brauch war, schon Tage früher an, sondern er erschien ganz unverhofft, unterrichtete sich selbst durch Fragen und Beobachtungen und verlangte vom Aufsichtspersonal strengste Pflichterfüllung. Er gründete Schulen und Universitäten, da ihm die Volksbildung ganz besonders am Herzen lag. Lehrer und Professoren mussten die Stundenpläne genau einhalten und ihren Lehrplan eingehendst durcharbeiten, denn nie war man sicher, dass irgendwo und unerwartet der König auftauchte und sich vom Gang der Dinge berichten liesse. Den Schleichhandel und die Preistreiberei unterband er rasch durch den Bau von Schlachthäusern, Backöfen und von öffentlichen Geschäften. Das Volk kaufte also gute und gesunde Lebensmittel zu niedrigen und annehmbaren Preisen. Er regelte auch die Wasserversorgung der Stadt durch Zuführung reinen und gesunden Wassers aus den Bergen; es erstanden Bäder und Brunnen, Aquädukte und Kanäle berieselten die Felder der Vega und verwandelten diese in ein wahres Paradies auf Erden. So herrschte allenthalben Glück und Wohlstand, der Handel blühte und in Granada gab es bald Warenhäuser, die mit den besten und schönsten Produkten und Erzeugnissen aus aller Welt angefüllt waren.

Während Mohammed Abu Alahmar sein schönes Land so einzigartig weise und gerecht beherrschte, zogen sich am politischen Himmel dunkle Wolken zusammen, und es schien, als wolle ein Krieg die jahrelange Friedensarbeit unterbrechen und ein zufriedenes Volk ins Unglück stürzen. Die christlichen Herrscher der spanischen Reiche auf der Halbinsel machten sich damals um jene Zeit die Uneinigkeit unter den mohammedanischen Fürsten und Grossen zu Nutzen und eroberten in kühnen und glücklich geführten Gegenstössen schnell ihre alten Besitzungen zurück. Jaime der Eroberer hatte sich schon ganz Valencia unterworfen, und Ferdinand der Heilige stand mit seinen siegreichen Heeren bereits in Andalusien. Er belagerte gerade die zu Granada gehörende Stadt Jaén und hatte geschworen, sein Feldlager nicht eher abzubrechen, als bis er die Stadt eingenommen hätte. Mohammed seinerseits war sich bewusst, dass er selbst weder Mittel, noch Geld noch Truppen habe, um sich mit dem mächtigen kastilischen König in eine kriegerische Auseinandersetzung einlassen zu können. Rasch entschlossen ritt er insgeheim ins christliche Lager und trat unerwartet vor den siegreichen König, dem er sagte: «In mir erblickst du Mohammed, den König von Granada; ich vertraue auf dich und die redliche Gesinnung deiner Ritter und begebe mich unter deinen Schutz und Schirm. Nimm alles, was ich besitze und mache mich zu deinem Lehensmann.» Bei diesen Worten beugte er sein Knie und küsste die Hand Ferdinands, zum Zeichen der Unterwerfung.

Von solchem Vertrauen gerührt liess sich der christliche König von seinem mohammedanischen Nebenbuhler nicht an Edelmut überbieten; er hob den vor ihm knienden Abu Alahmar auf und umarmte ihn als Freund und Bruder. Die angebotenen Schätze und Reichtümer wies er grossherzig zurück, machte ihn jedoch zum Lehensmann und überliess ihm als solchen Stadt und Land von Granada unter der Bedingung, dass er einen jährlichen Tribut zahle, an den Versammlungen der *Cortes* als einer der Grossen des Reiches teilnehme und im Kriege mit einer bestimmten Anzahl von Rittern Heerfolge leiste.

Und wirklich, nicht lange darnach wurde Mohammed zum Kriegsdienst aufgeboten, um König Ferdinand bei der schweren Belagerung von Sevilla Hilfsdienste zu leisten. Der maurische Fürst zog mit fünfhundert der erlesensten Reiter von Granada fort; es war die Garde von der Alhmabra, in aller Welt berühmt als tapfere Reiter und verwegene Krieger. Traurig und demütigend war jedoch der Dienst, zu dem sie sich stellen mussten, denn man hiess sie gegen ihre eigenen Glaubensgenossen das Schwert ziehen und einen Bruderkampf führen.

Während der schweren Kämpfe um Sevilla erwarb sich Mohammed durch seine Tapferkeit einen für alle Mauren «schlimmen» Ruf, aber grossen Ruhm und viel Ehre dadurch, dass er seinen ganzen Einfluss auf Ferdinand geltend machte, um Kriegführung und Kriegsbräuche menschlich zu gestalten. Als sich 1248 die grosse Stadt Sevilla dem König Kastiliens ergeben hatte, da war auch die Dienstpflicht Mohammeds beendet und er kehrte gedrückt und voll Sorgen in sein Land zurück. Sehr beunruhigt war er, denn er sah das Unwetter heraufziehen, das die Mauren vernichten würde, und wie immer, wenn Gram ihn überkam, rief er auch bei diesen Gedanken bitter aus: «¡*Qué angosta y miserable sería nuestra vida, si no fuera tan dilatada y espaciosa nuestra esperanza*!» —Wie beschränkt und elend wäre doch unser Leben, hätten wir nicht eine so grosse und so weite Hoffnung—.

Als sich Mohammed verdrossen seinem viel geliebten Granada näherte und erlebte, wie das Volk aus den Toren drängte, um ihn zu sehen und zu begrüssen, wie alles, ob gross oder klein, ihm zujubelte, da glättete sich auch wieder seine Stirne. Glücklich lächelte er und dankte Gott und dem Geschick, dass er seinen Untertanen König, Führer und Vater sein durfte. Doch er lehnte alle Huldigungen ab und antwortete ernst der ihm mit «*El Chalib*» —Sieger— huldigenden Menge: «*Wa le galib ilé Alá*», —Es gibt keinen Sieger ausser Gott—. Dieser Sinnspruch blieb weiterhin der Leitsatz des Königs. Man las ihn im Staatswappen, auf Teppichen und Vorhängen und heute noch können diese erhebenden Worte versteckt in Atauriken und kunstvollen bunten Wandmustern als Mahnung und Motto für Herrscher und Machthaber gefunden werden.

Mohammed hatte sich seinerzeit den Frieden und die Ruhe durch Unterwerfung unter christliches Joch erkauft; aber er wusste genau, dass diese Freundschaft nicht dauernd sein konnte, denn dazu waren die rassischen und religiösen Unterschiede zu gross und die Urfeindschaft zu fest verwurzelt. Er hielt sich also an den alten Grundsatz: «Waffne dich im Frieden und kleide dich im Sommer», und nützte die zufälligen Friedensjahre aufs vorteilhafteste; es erstanden starke Festungen, Bergspitzen krönten Wachttürme, in Granadas Zeughäusern stapelten die besten Waffenmeister der Zeit Ausrüstungen und Wehren für hunderte von Reitern, Bogenschützen und anderem Fussvolk. Es blühte Handel und Gewerbe, Kunst und Wissenschaft wurden wie noch nie gefördert. Der König zeichnete die

Wichtigkeit eines planmässigen Bergbaues; tüchtige, im Ausland geschulte Fachleute trieben Stollen in die Berge seines Landes und förderten Gold, Silber, Kupfer und andere Metalle ans Tageslicht. Im Münzturm schlug man Münzen mit Mohammed Abu Alahmars Bildnis und Namen; ihr Feingehalt war genau, die Prägung geschickt und zweckdienlich.

Um diese Zeit, gegen die Mitte des dreizehnten Jahrhunderts und unmittelbar nach seiner Rückkehr von der Belagerung von Sevilla begann er den Bau des prachtvollen Palastes der Alhambra. Er überwachte persönlich alle Arbeiten, mischte sich unter die Werksleute, sprach mit Künstlern und Handwerkern, leitete und lenkte ihre Entwürfe und sorgte unermüdlich für eine einzig schöne Ausführung seiner Königspfalz.

Bei all diesen prächtigen Bauten und grossartigen Unternehmungen war er persönlich einfach und mässig in seinen Genüssen. Was seine Kleidung anbetraf, so unterschied sie sich in nichts von der seiner bürgerlichen Untertanen; weder Waffen noch Ketten und Ringe zeugten von seiner königlichen Würde. Im Harem hatte er nur wenie Frauen, diese allerdings von auserlesener Schönheit. Mit aller Pracht und allem Luxus wurden sie unterhalten, doch er besuchte sie selten. Es waren Töchter der vornehmsten Edelleute des Landes und sie wurden von ihm als verständnisvolle Gefährtinnen behandelt. Aber was noch viel mehr war! Er wusste sie so zu bilden und zu erziehen, dass sie unter sich Frieden hielten und sich als Freundinnen betrugen. Einen grossen Teil seiner Zeit verbrachte Mohammed in den Hofgärten, besonders in denen auf der Alhambra, die er mit den seltensten Bäumen und den schönsten Sträuchern, sowie den wohlriechendsten Blumen ausgestattet hatte. Hier lustwandelte er, liess sich erzählen und berichten, las und studierte und unterrichtete zuweilen seine drei Söhne, denen er die gelehrtesten und tugendhaftesten Lehrer bestellt hatte.

Einstens schwor er in misslicher Lage aus freien Stücken dem König Ferdinand den Treueid; er war und blieb ein lealer Lehensmann. Und als im Jahre 1254 dieser grosse, heute als Ferdinand der Heilige verehrte Monarch starb, da schickte Mohammed Abu Alahmar eine Gesandtschaft an den Hof des

Thronerben Alfons X. und liess diesem sein tiefstes Beileid ausdrücken. Die königlichen Gesandten waren von hundert maurischen Rittern aus adeligen Familien begleitet, die während der Begräbnisfeierlichkeiten die Bahre Ferdinands umgaben und mit brennenden Kerzen und Fackeln in den Händen Totenwache hielten. Immer, wenn sich der Todestag Ferdinands jährte, dann zogen die hundert Granadiner Ritter in Wehr und Waffen nach Sevilla und bezogen Ehrenwache am Grabmal des erlauchten Toten und Freundes ihres Königs.

Mohammed Abu Alahmar war bis ins hohe Alter hinein von ausserordentlicher Rüstigkeit und geistiger Schlagkraft. In seinem neunundsiebzigsten Jahre griff er noch zum Schwert und zog mit der Blüte seiner Ritterschaft zu Feld, um einen Feind über die Landesgrenzen zurückzuwerfen. Als das Heer durchs Tor von Granada hinausritt, zerbrach zufällig einer der vornehmsten Adaliden seine hoch erhobene Lanze am Innenbogen des Gemäuers. Die Räte des Königs waren durch diesen Vorfall, der ohne Zweifel ein böses Omen darstellte, zutiefs beunruhigt und baten ihn inständig, zurückzukehren und sie allein ziehen zu lassen. Aber ihre Bitten waren umsonst. Der König blieb bei seinem Entschluss und ritt an der Spitze seines Heeres weiter. Doch schon am Nachmittag, so erzählen die maurischen Chronisten, ging die verhängnisvolle Vorahnung auf traurige Weise in Erfüllung. Mohammed wurde krank und konnte sich nicht mehr auf dem Pferde halten. Man legte ihn auf ein Feldbett und wollte raschestens nach Granada zurück; doch das Leiden verschlechterte sich derart, dass man in der Vega zelten musste. Die Aerzte voll Bestürzung und Angst wussten nicht, was sie dem König geben sollten, um seinem Blutspucken abzuhelfen. Es kamen eiligst die besten arabischen Heilkünstler aus Granada, doch alles war umsonst; Mohammed starb unter heftigen Krämpfen in der folgenden Nacht. Als er seinen Geist aufgab, stand der kastilische Prinz Don Felipe, der Bruder Alfonso X. neben ihm am Schmerzenslager und drückte dem grossen Maurenkönig die Augen zu. Der Leichnam Mohammed Abu Alahmars würde einbalsamiert, in einen silbernen Sarg gelegt und auf der Alhambra in einem kostbaren Grabmal beigesetzt.

Unter aufrichtigen Wehklagen trauerte das Volk von Granada noch lange Jahre ihrem väterlichen Landesfürsten nach, den sie aus vollem und ehrlichem Herzen liebten.

Das war der aufgeklärte und erleuchtete Fürst, der die Alhambra gründete, dessen Name noch in den schönsten und geschmackvollsten Wandverzierungen und Inschriften prangt. Allmählich zerbröckelt sein Werk, es zerfallen Hallen und Höfe, es bleichen Bilder und Atauriken; aber die Alhambra zeugt noch heute trotz der verfallenden Szenerie von vergangener Pracht und Herrlichkeit und bringt im Besucher verborgene Saiten zum Klingen. Grosszügig und kostspielig waren die Arbeiten und Unternehmungen Mohammeds, aber geordnet und voll blieben die Staatskassen. Ein Widerspruch, den auch damals das Volk nicht verstand; daher also die Sage, dass er Alchimist gewesen sei und verstanden habe, unedle Metalle in Gold zu verwandeln. Wer aber das Leben Mohammed Abu Alahmars und seine gesunde Politik verfolgt, der wird leicht verstehen, wo der wahre Stein der Weisen zu finden ist, und dass es nicht Zauberei war, die seine geräumigen Kassen füllte.

YUSEF ABUL HAGIG, DER VOLLENDER DER ALHAMBRA

Gerade unter der Wohnung des Statthalters von der Alhambra befindet sich die königliche Privatmoschee, wo die maurischen Monarchen in Stille ihre religiösen Andachten verrichteten. Zwar ist sie heute schon seit vielen Jahren eine katholische Kapelle, trägt aber immer noch eindeutig moslemschen Charakter; da sind die arabischen Säulen mit ihren vergoldeten Kapitälen, der mit Jalousien vergitterte Gang für die Frauen des Harems, und an den Wanden hängen die Wappenschilder maurischer Könige bunt neben den Hoheitszeichen der christlichen Monarchen von Kastilien.

An diesem heiligen Ort kam der berühmte Yusef Abul Hagig ums Leben, jener hochherzige Fürst, der die Alhambra vollendete und der wegen seiner Tugenden und geistigen Vorzüge den gleichen historischen Ruhm verdient wie sein Ahnherr Mohammed Abu Alahmar, der Gründer der Alhambra. Es war mir eine Ehrenpflicht, den Namen dieses grossen Maurenkönigs dem Dunkel des Vergessens zu entreissen, der da mit Umsicht, Güte und Tapferkeit seinen hohen Pflichten nachkam und im fernen Andalusien glanzvoll regierte, zu einer Zeit, wo in Europa die politischen und kirchlichen Verhältnisse so manches zu wünschen übrig liessen.

Yusef Abul Hagig—zuweilen auch Haxis geschrieben—bestieg im Jahre 1333 den Thron von Granada; Hoch und Niedrig, Reich und Arm setzten all ihre Hoffnungen in den jungen Prinzen, dessen geistige Eigenschaften und persönliche Veranlagung eine glückliche Regierungszeit versprachen. Sein Auftreten war edel, körperliche Kraft paarte sich mit männlicher Schönheit; die Züge offen und klar, die Gesichtsfarbe aussergewöhnlich hell, und er erhöhte, den arabischen Chronisten nach, die Würde und Majestät seines Aeusseren noch dadurch, dass er einen langen Vollbart trug, den er ganz schwarz färben liess. Er hatte ein ausgezeichnetes Gedächtnis und verfügte über ein selten grosses wissenschaftliches und gelehrtes Rüstzeug; allgemein bewunderte man seinen lebhaften und scharfen Geist und hielt ihn für den besten Dichter seiner Zeit. Mit Anmut, Noblesse und Adel und dabei doch leutselig und gütig hörte er die Bitten und Beschwerden seiner Untertanen an und half, wo es möglich war. Yusef besass Mut und Schneid, wie alle edlen Seelen, aber sein Geist neigt sich mehr dem Frieden als dem Kriege zu, und seine kriegerischen Unternehmungen, zu denen er gezwungen wurde, hatten meist einen unglücklichen Ausgang. Er nahm die Milde und Güte seines Charakters mit in die Kriegführung hinüber, verbot alle Grausamkeiten und befahl seinen Kriegern, den Weibern und Kindern, den Alten und Kranken, den Mönchen, Nonnen und Priestern Gnade und Schutz und Schonung des Lebens teilhaftig werden zu lassen.

Zu seinen unglücklichsten Unternehmungen gehörte der Feldzug gegen die Könige von Kastilien und Portugal, den er gemeinsam mit dem König von Marokko unternahm, um seine innerspanischen Grenzen etwas zu entlasten. Er wurde aber in der denkwürdigen Schlacht am Salado vernichtend geschlagen, und bald wäre dies für die Maurenherrschaft in Spanien der Todesstoss gewesen.

Die grossmütigen Sieger bewilligten Yusef nach dieser Niederlage einen langen Waffenstillstand. Er verwandte die ganze Zeit darauf, die Kultur seines Volkes zu heben und Sitten und Bräuche auf dem flachen Land und in der Stadt zu verbessern und zu veredeln. Zu diesem Zweck errichtete er in allen Dörfern Schulen mit einem einfachen und gleichförmigen Unterrichtssystem; in jedem Weiler mit mehr als zwölf Häusern musste eine Moschee unterhalten werden und die Gemeindevorsteher waren strengstens angewiesen, dafür zu sorgen, dass alle religiösen Zeremonien, Feste und öffentlichen Vergnügungen von jenen Missbräuchen und sittlichen Verirrungen gereinigt würden, die sich zum Schaden der Moralität dort eingeschlichen hätten. Ein besonderes Augenmerk wandte er der städtischen Polizei zu, stellte Nachtwächter auf, organisierte Streifen und Razzien und überwachte selbst die munizipale Verwaltung in allen ihren Sparten. Die von seinen Vorfahren begonnenen grossen Bauwerke wurden vollendet und andere nach eigenen Plänen ausgeführt. Auch die

Alhambra erhielt nun ihre endgültige Form. Yusef erbaute die schöne *Puerta de la Justicia*, die den Haupteingang zur Festung dastellt; sie wurde im Jahre 1348 fertig. Er liess auch viele Höfe und Hallen ausschmücken; Wandmalereien, herrliche *azulejos, atauriques*, kufische Schriften und einzig schöne Stalaktitengewölbe zeugen heute noch vom hohen Kunstsinn dieses Fürsten. In Málaga erstand der *Alcázar*, als Residenz und Zitadelle ebenso geschmackvoll und prächtig wie die Alhambra Granadas auf der *Asabica*, heute aber leider nur zerbröckelnde Ruinen, die den früheren Glanz kaum ahnen lassen.

Der Genius und die Schöpferkraft eines Landesfürsten drückte und drückt seiner Zeit einen ganz bestimmten und persönlichen Charakter auf. So war es auch damals in Granada. Die maurischen Aristokraten ahmten Yusefs feinen Geschmack nach, und die reichen Bürger und Händler wollten natürlich nicht hinter den Adeligen zurückbleiben; es entstanden also überall prächtige Villen und Paläste. Hallen und *patios* pflasterte man mit Mosaik, Wände und Decken zierten Stuckarbeiten in Gold und Silber oder waren sonstwie geschmackvoll bemalt; die spanisch-arabischen Intarsiatoren verfertigten Arbeiten einzig in ihrer Art, die noch nach Jahrhunderten allgemeines Aufsehen erregen, denn selten sieht man schönere Einlegearbeiten in kostbaren Hölzern oder Metallen als die aus jenen Zeiten, wo maurische Kunst in Spanien sich zu ihrer höchsten Blüte entfaltet hatte. In vielen Häusern waren Springbrunnen, deren Strahlen und Wasserkünste die Luft abkühlten und erfrischten. Diese Wohnpaläste trugen auch Türme aus Holz oder Mauerwerk; ihre Wände zierten Schnitzereien, Söller, Bogenfenster, Wasserspeier und zierliche Erker, und statt Dachreiter und Turmhelm trugen sie oben eine Deckplatte aus Metall, die in der Sonne glitzerte und glänzte. So gross war der anmutige und verfeinerte Geschmack in der Architektur zur Zeit des Königs Yusef, dass ein arabischer Dichter sagen konnte: «Granada in Yusefs Tagen glich einer mit Smaragden und Hyazinthen gefüllten Silbervase», oder, wie später ein begeisterter Besucher ausrief: «einem zu Stein gewordenen Traum aus den Märchen *1001 Nacht*».

Den Edelmut dieses vortrefflichen Fürsten beleuchtet am klarsten eine kleine Anekdote, wie man solche in Andalusien erzählt: Der nach der Schlacht am Salado zugestandene lange Waffenstillstand ging unwiderruflich zu Ende und alle Anstrengungen Yusefs, ihn zu erneuern, waren vergebens und scheiterten an der Hartnäckigkeit seines Todfeindes Alfonso XI, von Kastilien. Dieser rückte mit grosser Heeresmacht ins Feld und belagerte Gibraltar, eine der Grenzfestungen des Königreiches Granada. Nur mit grossem Widerstreben griff Yusef zu den Waffen und sandte Truppen zum Ertsatz des festen Platzes an der Meerenge, als er die ganz unerwartete Nachricht erhielt, dass sein gefürchteter Feind plötzlich ein Opfer der im Feldlager der Christen wütenden Pest geworden sei. Anstatt zu frohlocken und die günstige Gelegenheit politisch und taktisch auszunützen, gedachte Yusef der grossen Eigenschaften des Toten und soll von edlem Schmerz erfüllt ausgerufen haben: «Ach! Die Welt hat einen ihrer besten Fürsten verloren, einen tapferen und klugen Herrscher, der Verdienste im Freund und Feind zu schätzen wusste.»

Selbst die kastilischen und christlich spanischen Chronisten bezeugen diesen Edelmut. Diesen Berichten nach teilten die maurischen Ritter die Gefühle ihres Königs. Sogar die eingeschlossene Besatzung von Gibraltar enthielt sich jeder feindlichen Bewegung, um die Umklammerung der Belagerer zu lösen. Am Tag, an dem das Lager des Christenheeres abgebrochen wurde und die spanischen Ritter mit ihrem toten König gegen Norden zogen, da kamen viele Leute von Gibraltar heraus, stellten sich in der Ferne auf und sahen stumm und ergriffen den Trauerfeierlichkeiten zu. Dieselbe Ehrfurcht vor dem Hingeschiedenen bewiesen alle maurischen Befehlshaber der Grenztruppen, die dem toten Feind die Ehrenbezeugung leisteten und den Trauerzug ungefährdet von Gibraltar nach Sevilla ziehen liessen.

Wörtlich berichtet einer der Chronisten jener Zeit: «Et los moros que estaban en la villa et castiello de Gibraltar, después que sopieron que el Rey Don Alonso era muerto, ordenaron entresi que ninguno non fuesse osado de facer ningún movimiento contra los christianos, sin mover pelea contra ellas.

Estovieron todos quedos et dezían entre ellos que aquel día muriera un noble rey y gran príncipe del mundo.» (Und die Mauren, welche in der Stadt und im Kastell von Gibraltar waren, sobald sie erfuhren, dass der König Don Alonso gestorben wäre, befahlen unter sich, dass keiner es wagen sollte, irgend eine Bewegung gegen die Christen zu machen, noch Kampf gegen sie zu führen. Sie hielten alle Frieden und sagten untereinander, dass an jenem Tag ein edler König und grosser Fürst der Welt gestorben sei).

Yusef überlebte den so beweinten Feind nicht lange. Im Jahre 1345, als er eines Tages in der Moschee auf der Alhambra seine Abendandacht verrichtete, da stürzte plötzlich ein Wahnsinniger von hinten auf ihn zu und stiess ihm einen langen Dolch zwischen die Rippen. Auf die Hilferufe des König kamen die Höflinge und Wachen herbeigelaufen, die ihn fast verblutet vorfanden. Man trug Yusef vorsichtig in sein Schlafgemach, wo er bald darauf unter heftigen Schmerzen verschied. Der Mörder wurde geviertelt und seine Glieder öffentlich verbrannt, um der Volkswut zu genügen.

Den König setzte man in einem Grabmal aus weissem Marmor bei, auf dem in goldenen Lettern als Epitaph zu lesen stand: «Hier liegt ein König und Märtyrer, aus einem erlauchten Geschlecht, edel, gelehrt und tugendhaft, dessen Milde, Frömmigkeit und Wohlwollen im ganzen Königreich Granada gepriesen wurden. Er war ein erhabener Fürst, ein berühmter Feldherr, das beste Schwert und die schärfste Klinge der Muselmänner, ein tapferer Bannerträger unter den mächtigsten aller Monarchen, der als König von Gottes Gnaden in Krieg und Frieden zum Wohle seines Volkes regierte, der seinen Staat mit Weisheit und Männermut verteidigte, und der mit der Hilfe Gottes das gesteckte Ziel erreichte, der Prinz aller Rechtgläubigen Yusef Abul Hagiag, Sohn des grossen Königs Abul Walid und Enkel des ausgezeichneten Königs Abu Sais Farag Ben Ismail aus der Familie der Nazari...»

Die Moschee, die einstens vom Schmerzensruf Yusefs widerhallte, ist noch erhalten, doch das Denkmal, auf dessen Deckplatten seine Tugenden zum ewigen Gedenken gemeisselt standen, das ist schon längst verschwunden, zerbröckelt und zerfallen. Aber den Namen dieses grossen Königs liest man noch in Inschriften, versteckt in Atauriken und Ornamenten, in den Höfen und Hallen auf der Alhambra, eng vereint so mit dem stolzen Schloss, das zu verschönern ihm Lebenszweck war.

GRANADA, ICH MUSS DICH LASSEN...!

Und eines Tages, als ich wieder in fast orientalischer Ruhe im kühlen Sultansbad auf der Alhambra meine Siesta hielt, da beendeten einlangende Dienstschreiben den so glücklichen Aufenthalt auf der granadinischen *asabica*. Ich musste nun wieder hinaus ins hastende Leben des Alltags, zurück in die Wirklichkeit mit ihren Härten, Blössen und Falschheiten, mit all dem unerquicklichen Kampf ums Dasein. Fast ängstigte mich das Rampenlicht der modernen Städte, mit Abscheu dachte ich an die muffige Luft der Büros aller Schattierungen, und bei dem Gedanken an die glatten Parketts der grossen Salons, da kroch mir eine Kälte über den Rücken hinauf, die mich erschauern liess. Was Wunder! Nach solcher Poesie, nach Geist und Seele ergötzender Romantik im Feenpalast maurischer Könige. Doch die harte Pflicht rief mich, und es gab also keine Entschuldigung, die ein weiteres Bleiben gerechtfertigt hätte.

Nun mussten die Bündel geschnürt werden; eine Arbeit, die wahrlich nicht viel Zeit in Anspruch nahm. Dann mietete ich zusammen mit einem jungen Engländer eine landesübliche *tartana*, ein zweirädiger Einspanner, ähnlich einem mit einer Wagenplache überdeckten Land-Breaks, das Vehikel, das uns über Murcia, Alicante und Valencia nach Katalonien bringen sollte, von wo aus wir eine direkte Verbindung nach Paris erwarteten. Auch warben wie einen ehemaligen Pascher als Führer an, der, nach Aussage einiger Fachleute, früher in den zu durchfahrenden Küstengebieten operierte und dort dank seiner Lokalkenntnisse nie gefasst wurde.

Die letzten Tage, die mir blieben, schlenderte ich abschiednehmend durch die Alhambra; melancholisch weilte ich in Patios, Hallen und Gärten, auf Türmen und Zinnenkränzen, und traurigen Sinns schaute ich hinaus auf die weite *vega*, hinüber zur *Sierra Nevada* und dann wieder hinunter auf Granada, dieser herrlichsten Stadt Andalusiens. Und als dann wirklich der Augenblick des Scheidens gekommen war, da fand ich nicht das Herz, den mir so lieben Frauen aus meiner engsten Umgebung die Hand zu drücken. Früh am Morgen verliess ich die Alhambra und ging den Weg hinunter und ohne das Gesicht zu wenden, rief ich der *Puerta de la Justicia* der Maurenpfalz und ihren Bewohnern ein herzliches und dankbares «Behüt Euch Gott» zu.

Vor der *posada*, dem mir unvergesslichen Gasthof, standen bereits Reisegefährte, Wagen, Ross und Führer bereit; auch einige Freunde warteten auf mich. Da war Manuel, der nette Neffe von *tía Antonia*, dann natürlich auch mein nun untröstlicher Schildknappe Mateo und ausserdem noch einige alte Veteranen von der Alhambra, mit denen ich öfters geplaudert hatte. Sie alle kamen, um mir noch ein herzliches Abschiedswort zu sagen. Es ist ein lieber Brauch bei den Andalusiern, einen abreisenden Freund mehrere Kilometer die Strasse entlang zu begleiten, ehe man ihn zum letzten Mal umarmt, so wie man auch einem Kameraden entgegengeht und ihn einholt als liebwerten Besuch ins eigene Heim.

Bald bestiegen wir den rumpelnden Reisewagen. Ein Schnalzen... und der Gaul zog an! Bei Gott! einen traurigen und armen Eindruck machte dieser Auszug des zweiten *Rey Chico*, des durch Monate unbestrittenen und ungekrönten Königs auf der Alhambra. Voran stelzte der mit allen Wassern gewaschene Führer; seine Muskete trug er geschultert; dann kam der Wagen, rechts und links davon Mateo und Manuel mit einigen Veteranen und als Nachhut ein paar hinkende Invaliden. Doch nicht lange hielt ich's im Karren aus; bald stieg ich ab und ging mit meinen Freunden zu Fuss weiter. Wir redeten über dies und das, und Manuel erzählte mir, dass er bereits das Doktordiplom habe und sich auch den Posten eines Amtsarztes der Alhambra erhoffe; zur Heirat und ewigen Vereinigung mit seiner heissgeliebten Dolorcita fehle also nichts mehr als die päpstliche Dispens, da sie Geschwisterkinder waren. Herzlichst wünschte ich dem guten Jungen Glück für die Zukunft, wie allen diesen ausgezeichneten Menschen hier, die Gottes Segen wirklich verdienten. Meinem untröstlichen Mateo sprach ich Mut zu und gab ihm noch einige Ratschläge mit auf den weiteren Lebensweg. Aber kaum hörte er mir zu, so unglücklich fühlte er sich. Klar, er sah sich wieder vor dem

Nichts, ohne Arbeit, ohne Lohn, als Bettler ums tägliche Brot! Doch, wie ich später erfuhr, auch er blieb Sieger im Kampf ums Dasein; er rappelte sich empor; als Führer und Cicerone zeigte er Einheimischen und Fremden die Alhambra und deren Umgebung, so wie er es bei mir gemacht und gelernt hatte.

Immer rascher schien der Gaul zu laufen und schnell verging die Zeit. Es kam der Augenblick des Scheidens, vielleicht für immer! Wirklich schwer fiel mir der Abschied... und irgendwas verschleierte mir den Blick, als ich den Leuten nachsah wie sie sich entfernten, langsam den Berg hinunterstiegen, oft die Köpfe wendeten und mir ein immer leiser werdendes *¡Adiós, vaya Usted con Dios!* zuriefen.

Gegen Abend erreichten wir die Höhen, von denen sich aus der Weg in die Berge hineinschlängelte. Ich hielt auf der *cuesta* und schaute nach Granada zurück. Die Sonne warf ihre letzten Strahlen über die Schneegipfel der *Sierra Nevada* herüber. Dort hinten glänzten im Abendlicht die rötlichen Türme der Alhambra. Deutlich konnte ich noch die Fenster der *torre de Comares* unterscheiden, jenen stillen Plätzchen, wo ich mich ganz meinen Träumen hingegeben hatte. Dom und Stadt glitzerten als wären sie in Gold und Silber getaucht, und die Wälder und Gärten hoben sich unwirklich vom flimmernden Purpurhintergrund ab. Rasch wandte ich mich weg, denn dies sollte das letzte Bild Granadas sein, jenes Bild das ich für immer als Erinnerung mitnehmen wollte.

Schnell ging ich dem Reisewagen nach, um eine Wegbiegung herum und... leider musste ich nun hinter eines der schönsten Kapitel meines Lebens den Schlusspunkt setzen:

> *Adiós Granada, Granada mía,*
> *ya no volveré a verte más en la vida...*

Behüt dich Gott Granada, mein liebes Granada,
nie mehr werde ich dich in diesem Leben wieder sehen...

INHALT

	Seite
Die Reise	5
Die Alhambra	28
Auf dem Turm des Comares	42
Die Maurenherrschaft in Spanien	48
Meine Haushaltung	53
Der Flüchtling	60
Die geheimnisvollen Zimmer	64
Die Alhambra im Mondlicht	70
Die Bewohner der Alhambra	72
Der Löwenhof	84
Ein Memento an Boabdil	93
Das Abenteuer des Maurers	101
Ein Spaziergang durch die Berge	106
Oertliche Sagen	115
Das Haus mit dem Wetterhahn	118
Die Sage vom arabischen Astrologen	120
Der Turm der Infantinnen	143
Die Sage von den drei schönen Prinzessinnen	145
Besuch auf der Alhambra	173
Die Sage vom Prinzen Ahmed al Kamel, dem Liebespilger	180
Des Mauren Vermächtnis	220
Die Sage von der Rose der Alhambra	246
Der Veteran	265
Der Statthalter und der Notar	268
Der Statthalter und der Soldat	277
Die Sage von den zwei verschwiegenen Statuen	298
Mohammed Abu Alahmar, der Gründer der Alhambra	320
Yusuf Abul Hagig, der Vollender der Alhambra	329
Granada, ich muss dich lassen!..!	335

S. 29 Kap I.
S. 63 Nachts
S. 99 Leben
S. 136 alter Fuester
S. 221 Berufe